U0423985

《史记研究集成》
　　总主编　袁仲一　张新科　徐　晔　徐卫民

《史记研究集成·十二本纪》
　　主　编　赵光勇　袁仲一　吕培成　徐卫民

《史记研究集成·十二本纪》编辑出版委员会

总顾问　张岂之

主　任　安平秋　徐　晔

副主任　张新科　马　来　徐卫民

编　委（以姓氏笔画为序）

　　　　　王子今　尹盛平　田大宪　吕培成　吕新峰

　　　　　李　雪　李颖科　杨建辉　杨海峥　吴秉辉

　　　　　何惠昂　陈俊光　张　萍　张　雄　张文立

　　　　　赵生群　赵建黎　骆守中　高彦平　郭文镐

　　　　　徐兴海　商国君　梁亚莉　彭　卫　程世和

主　编　赵光勇　袁仲一　吕培成　徐卫民

"十三五"国家重点图书出版规划项目

史记研究集成·十二本纪

殷本纪

商国君 编

西北大学出版社
·西安·

图书在版编目（CIP）数据

殷本纪／商国君编 . —西安：西北大学出版社，2019.3

（史记研究集成／赵光勇，袁仲一，吕培成，徐卫民主编 . 十二本纪）

ISBN 978-7-5604-4043-9

Ⅰ. ①殷… Ⅱ. ①商… Ⅲ. ①中国历史—古代史—纪传体②《史记》—研究 Ⅳ. ①K204.2

中国版本图书馆 CIP 数据核字（2017）第 131698 号

"十三五"国家重点图书出版规划项目

史记研究集成·十二本纪·殷本纪
SHIJIYANJIUJICHENG SHIERBENJI YINBENJI

商国君 编

出版发行	西北大学出版社		
地　　址	西安市太白北路 229 号	邮　编	710069
网　　址	http://nwupress.nwu.edu.cn	邮　箱	xdpress@nwu.edu.cn
电　　话	029-88303593　88302590		
经　　销	全国新华书店		
印　　装	西安华新彩印有限责任公司		
开　　本	787 毫米×1092 毫米　1/16		
印　　张	19		
字　　数	365 千字		
版　　次	2019 年 3 月第 1 版　2019 年 3 月第 1 次印刷		
书　　号	ISBN 978-7-5604-4043-9		
定　　价	120.00 元		

如有印装质量问题,请与西北大学出版社有限责任公司联系调换。电话：029－88302966

版权所有　　侵权必究

总　序

　　司马迁是我国西汉时期左冯翊夏阳（今陕西韩城市）人，伟大的史学家、思想家、文学家，1956年被列为世界文化名人。他的巨著《史记》，是我国第一部纪传体通史，记载了从黄帝到汉武帝时期中华民族三千多年的历史，体现了中华民族的智慧和力量，展现了中华民族维护统一、积极进取、坚韧不拔、革故鼎新、忧国爱国等民族精神。司马迁以"究天人之际，通古今之变，成一家之言"为宗旨，突破传统，大胆创新，开辟了中国史学的新纪元，在中国文化史上树立了一座巍峨的丰碑，正如清人李景星《史记评议·序》所说："由《史记》以上，为经为传诸子百家，流传虽多，要皆于《史记》括之；由《史记》以下，无论官私记载，其体例之常变，文法之正奇，千变万化，难以悉述，要皆于《史记》启之。"在世界文化史上，《史记》作为巨幅画卷，也是当之无愧的。苏联学者图曼说："司马迁真正应当在大家公认的世界科学和文学泰斗中占有重要的地位。"《史记》和古希腊史学名著比较，其特点在于它的全面性，尤其是对于生产生活活动、学术思想和普通人在历史上的地位的重视。"希腊历史学家的著作，往往集中到一个战争，重视政治、军事。普鲁塔克的传记汇编所收的人物也限于政治家和军事家，即使是最著名的希腊思想家、科学家如亚里士多德，在他的著作中也没有一字提到，更没有一个关于从事生产活动者的传记了。"[①]《史记》在唐以前传至海外，18世纪开始传入欧美，一直以来都是世界汉学界研究和关注的对象。毋庸置疑，《史记》是世界文化宝库中一颗璀璨的明珠。

一

　　据《汉书》记载，西汉宣帝时司马迁的外孙杨恽将《史记》公之于众。但当时史学还没有应有的独立地位，加之在正统思想家眼里，《史记》是离经叛道之作，是"谤书"，因而并没有受到重视。直到东汉中期，《史记》才逐渐流传。魏晋以后，史学摆脱了经学附庸，在学术领域内形成一门独立的学科，《史记》的地位得到相应的提高，抄写、学习《史记》的风气逐渐形成。谯周《古史考》等书对《史记》史实的考证，

[①] 齐思和：《〈史记〉产生的历史条件和它在世界史学上的地位》，载《光明日报》1956年1月19日。

揭开了古史考辨的序章。裴骃的《史记集解》是这个时期最有代表性的《史记》注本。此一时期，扬雄、班氏父子、王充、张辅、葛洪、刘勰等人对《史记》发表过许多评论，他们肯定了司马迁的史才，肯定了《史记》"不虚美，不隐恶"的实录精神。由于史论的角度不同，班彪、班固在《汉书·司马迁传》中提出"史公三失"问题。随之，以王充和张辅为开端，开始了"班马异同"的学术讨论，也即开《史记》《汉书》比较研究之先河。

唐代由于史学地位的提高，尤其是"正史"地位之尊，使《史记》在史学史上备受尊崇，司马迁开创的纪传体成为修史之宗。唐代编纂的《晋书》《梁书》《陈书》等八部史书全部采用纪传体的写法。史学理论家刘知幾对纪传体的优点也予以肯定："《史记》者，纪以包举大端，传以委曲细事，表以谱列年爵，志以总括遗漏，逮于天文、地理、国典、朝章，显隐必该，洪纤靡失，此其所以为长也。"① 史学家杜佑发展了《史记·八书》的传统，著《通典》一书，成为政书体的典范。唐代注释《史记》，成就最大的是司马贞的《史记索隐》与张守节的《史记正义》。这两部书和南朝刘宋年间裴骃所作的《史记集解》，被后人合称为《史记》"三家注"。"三家注"涉及文字考证、注音释义、人物事件、天文历法、山川草木、鸟兽虫鱼、典章制度等，是《史记》研究总结性、系统性的成果，因而也被认为是《史记》研究史上的一座里程碑。司马贞、张守节、刘知幾、皇甫湜等人，对司马迁易编年为纪传的创新精神做出了许多肯定性的评论。如皇甫湜《皇甫持正集》认为，司马迁"革旧典，开新程，为纪为传为表为志，首尾具叙述，表里相发明，庶为得中，将以垂不朽"。特别是唐代韩愈、柳宗元掀起的古文运动，举起了向《史记》文章学习的旗帜，使《史记》所蕴藏的丰富的文学宝藏得到空前的认识和开发，奠定了《史记》的文学地位。

宋代的《史记》研究步入一个新阶段。由于统治者对修史的重视，加之印刷技术的发展，《史记》得以大量刊行，广为研读。宋人特别注重《史记》的作文之法。如文学家苏洵首先发明司马迁写人叙事的"互见法"，即"本传晦之，而他传发之"②，开拓了《史记》研究的领域。郑樵在《通志·总序》中称《史记》为"六经之后，惟有此作"，肯定司马迁前后相因、会通历史的作史之法，这也是第一次在理论上从"通"的角度评论《史记》。本时期的评论，还把"班马优劣论"发展到一个新的阶段，苏洵、郑樵、朱熹、叶适、黄履翁、洪迈等人都发表过评论，涉及思想、体例、文学等方面的比较，乃至出现了倪思、刘辰翁的《班马异同》及娄机的《班马字类》这样的专门著作，把《史记》比较研究向前推进了一步。

元代除了在刊刻、评论《史记》方面继承前代并有所发展外，主要贡献在于把

---

① ［唐］刘知幾撰，浦起龙释：《史通通释·二体》，上海古籍出版社1978年版，第28页。
② ［宋］苏洵著，曾枣庄等笺注：《嘉祐集笺注》，上海古籍出版社1993年版，第232页。

《史记》中的历史人物、历史事件搬上舞台。元代许多杂剧的剧目取材于《史记》，仅据傅惜华《元代杂剧全目》所载就有180多种，如《渑池会》《追韩信》《霸王别姬》等，这些剧目的流传，又扩大了《史记》的影响。

明代是《史记》评论的兴盛期。印刷技术进一步提高，给刻印《史记》提供了有利条件，尤其是套版印刷的兴起，给评点《史记》提供了方便。明代从文学角度评论《史记》取得的成就最大，对于《史记》的创作目的、审美价值、刻画人物形象的方法、多样化的艺术风格等都进行了有益的探索①。唐顺之、归有光、茅坤、王慎中、钟惺、陈仁锡、金圣叹等人都是评点《史记》的大家。同时，由于《史记》评点著作大量出现，辑评式研究应运而生。凌稚隆《史记评林》搜集整理万历四年（1576）之前历代百余家的评论，包括"三家注"及各家评点和注释，并载作者本人考辨，给研究者提供了便利，后来李光缙对该书进行了增补，使之更加完备。明代晚期，《史记评林》传入日本，深刻影响了日本对《史记》的研究。另外，朱之蕃《百大家评注史记》，葛鼎、金蟠《史记汇评》，陈子龙、徐孚远《史记测义》等也进行了辑评工作。明代由于小说的繁荣，人们对《史记》的认识也开辟了新的角度，探讨《史记》与小说的关系，这是前所未有的新成就。在《史记》历史事实的考辨方面，杨慎《史记题评》、柯维骐《史记考要》、郝敬《史记愚按》等，以及一些笔记著作，均颇有新意。

清代迎来了《史记》研究的高峰期。专门著作大量涌现，如吴见思《史记论文》、汪越《读史记十表》、杭世骏《史记考证》、牛运震《史记评注》、王元启《史记三书正讹》、王鸣盛《史记商榷》、邵泰衢《史记疑问》、赵翼《史记札记》、钱大昕《史记考异》、梁玉绳《史记志疑》、张文虎《校勘史记集解索隐正义札记》、郭嵩焘《史记札记》、李慈铭《史记札记》、吴汝纶《桐城吴先生点勘史记》、程馀庆《历代名家评注史记集说》等，都是颇有特色的著作。这些著作最大的成就在于考据方面。清人考据重事实、重证据，大至重要历史事件，小至一字一句、一地一名，对《史记》史事和文字的考证极为精审。钱大昕为梁玉绳《史记志疑》作序，称其"足为龙门之功臣，袭《集解》《索隐》《正义》而四之矣"。许多学者是考中有评，如赵翼说："司马迁参酌古今，发凡起例，创为全史，本纪以序帝王，世家以记侯国，十表以系时事，八书以详制度，列传以志人物"，"自此例一定，历来作史者，遂不能出其范围，信史家之极则也。"② 其他非专门研究《史记》的著作如顾炎武《日知录》、刘大櫆《论文偶记》、章学诚《文史通义》以及一些古文选本等，也对《史记》发表了许多值得重视的评论。

---

① 详参张新科、俞樟华：《史记研究史略》第四章"明人评点《史记》的杰出成就"，三秦出版社1990年版。

② [清]赵翼著，王树民校证：《廿二史札记校证》卷一，中华书局1984年版，第3页。

近现代以来，中国内地及港澳台地区《史记》研究呈现出继承传统研究方法的同时，研究领域不断拓宽、研究问题不断深入的特点。从政治到经济、从思想到文化、从史学到地理、从文学到美学、从伦理到哲学、从天文到医学、从军事到人才，都进行了广泛深入的探索。诸如李笠的《史记订补》、王叔岷的《史记斠证》、钱穆的《史记地名考》、瞿方梅的《史记三家注补正》、陈直的《史记新证》、王恢的《史记本纪地理图考》等，从《史记》文本文字、地理名物及《史记》研究的再研究等方面进行考证或订补。另外，杨燕起等编纂的《历代名家评史记》，精选1949年前的《史记》评论资料；近年来，由张大可、丁德科主编的《史记论著集成》汇辑当代学者的专题研究成果；赵生群主持修订的中华书局《史记》点校本使《史记》校勘更上层楼。同时，各种不同类型的《史记》选注本、全注本、选译本、全译本相继问世。

《史记》在日本影响很大，近现代以来颇具影响的《史记》研究专家有泷川资言、水泽利忠、宫崎市定等。20世纪30年代出版了泷川资言的《史记会注考证》，之后水泽利忠对该书进行校补，使之成为《史记》研究总结集成式的成果，该书在辑佚、校勘、对《史记》史实的考证、对司马迁所采旧典的考证、对"三家注"的再考证、对词句的训释等方面，均取得了显著的成果。但缺点也是显而易见的，施之勉的《史记会注考证订补》、严一萍的《史记会注考证斠订》等均针对其缺憾专门做了订正。欧美学者对《史记》的研究，诸如法国的沙畹、康德谟，美国的华兹生、倪豪士，以及汉学家高本汉、崔瑞德、鲁惟一、陆威仪等，在关注《史记》传统研究方法的同时，以西方思维、理论及方法，将《史记》与西方传统的史学著作进行比较研究，亦颇具特色。

从以上简单勾勒《史记》研究的历史可以看出，近两千年《史记》研究呈现出"历代不辍、高潮迭起"的状态。不仅如此，海外汉学界特别是日本的《史记》研究亦有突出的表现。

二

《史记》研究积累了大量丰富的资料，这些资料是不同时期承前启后、不断深化的学术成果，这其中有就个别问题的深入探究，有零散的评论，亦有专题式的系统研究。除此之外，系统整理前代研究成果、提出新见的集成式整理方式，更有划时代的意义。在这个层面上，南朝刘宋至唐代形成的《史记》"三家注"和20世纪30年代日本学者泷川资言完成的《史记会注考证》，被视为《史记》研究系统、全面、最有代表性的著作，甚至被称为《史记》研究的两座里程碑。

今天，《史记会注考证》出版已经八十余年，《史记》研究又经过了一个不凡的历程，海内外《史记》研究新见迭出，特别是在研究方法上出现了新的变化，突出特征是由"史料学"向"史记学"发展，即从史料的整理和挖掘中分析司马迁的思想，通过具体史料探讨《史记》丰富的思想内涵及其价值。这也在客观上对《史记》研究成果再次进行集成式整理提出了新的学术要求，《史记研究集成》的编纂正是顺应这一学术发展的重要尝试。

《史记研究集成》系"十三五"国家重点图书出版规划项目，在陕西省人民政府参事室（陕西省文史研究馆）的关心、指导和支持下，由陕西省司马迁研究会和西北大学出版社具体组织实施。集成规模浩大，搜罗宏富；分类选目，采撷众家；纵横有序，类别集成。在总体架构上，分别形成"十二本纪""十表八书""三十世家""七十列传"各部分研究集成。集成以汇校、汇注、汇评为编纂体例，总体编纂表现出资料搜集的全面性、类别整理的学术性，以及体例设置的科学性和出版所具有的实用性特点，具体如下：

首先，资料翔实完备，涉及古今中外所有研究成果，是近两千年来《史记》研究的集大成之作。本集成所收资料，上自汉魏六朝下至21世纪初，不仅包括中国历代《史记》研究形成的资料，亦广泛涉及海外研究成果，特别注重对新材料、新观点的采撷吸收。近现代以来，《史记》研究呈现出以史学、文学为主干，包括政治、经济、文化、军事、哲学、地理、天文等多学科的特点，相关的研究成果自然也就成为本集成的组成部分。同时，遴选搜集所能见到的《史记》研究的相关资料，又针对性地搜集补充海外研究资料，充分显示了《史记研究集成》资料搜集的全面性。

其次，观点采撷众家，厘定甄选，兼及考古资料补正，充分体现了《史记研究集成》的学术性。《史记》研究者之众，多不胜数；成果之丰，可谓汗牛充栋。经过了汉魏六朝开启至唐代的注释繁盛期，两宋传播和品评期，明代评论兴盛期，清代考据高峰期，以及近现代的拓展深入期这些不同阶段，积累了大量的学术资料，这些资料就观点看，前后相继，但会通整理难度之大超乎想象。编纂者一要质其要义，二要考其先后，三要会通甄选以厘定条目，除此之外，还要参酌考古新发现做深入补正或提出新见解，这也体现出集成的学术性特点。

再次，体例设置科学，出版具有实用性。《史记研究集成》以汇校、汇注、汇评分类，以观点先后列目，类编得当，条贯秩然。一方面网罗《史记》研究多学科、多层次、全方位之学术观点，另一方面完整呈现《史记》研究的学术脉络，每篇前有"题解"，后有"研究综述"，在收集历代研究成果的同时，对一些有争议的或者重大的学术问题加以编者按语。本集成系统全面，方便使用，具有工具书的性质。

《史记研究集成》的编辑出版，无疑具有重要的学术价值。第一，它为《史记》研究者提供了非常丰富的有价值的资料，古今中外的重要成果尽收眼底，为理论研究铺路搭桥，为立体化的研究提供依据。第二，它既是历代资料的精选荟萃，又是近两千年《史记》研究史的全面呈现,具有学术史的认知价值。第三,它与前代的《史记》"三家注"、《史记会注考证》等里程碑式的著作相比,体现了编纂者的创新精神和力争超越前代的学术追求,有助于推动《史记》研究向纵深发展,有助于推动"史记学"的建立。第四,《史记》具有百科全书的特点,在中国和世界文化史上占有重要地位。集成的编辑出版,一方面可以为史学、文学、哲学等人文社会科学乃至有关的自然科学研究提供有益的资料,有助于促进这些学科的发展,繁荣当代学术;另一方面,有助于深入挖掘《史记》中蕴含的至今仍具有现代意义的价值理念、道德规范与治国智慧,以传承弘扬中华优秀传统文化,推动传统文化创造性转化与创新性发展。

三

《史记研究集成》的编纂是一项基础性文化工程,资料的搜集与会通整理不仅需要认真严谨的学术态度,也需要多学科的知识储备,更需要学术界的通力合作。书稿在编纂和审定过程中,得到了著名史学家、西北大学张岂之先生,中国《史记》研究会原会长、北京大学安平秋先生,中国秦汉史研究会原会长、中国人民大学王子今教授,中国社会科学院学部委员彭卫研究员,中国历史文献研究会会长、南京师范大学赵生群教授等学者的大力支持和帮助,在此谨表谢忱。

限于体例和篇幅,以及资料的限制,前贤时彦的成果难以全部吸收,颇有遗珠之憾,不足之处,敬请读者批评指正。

《史记研究集成》编辑出版委员会
(张新科执笔)
2019 年 3 月 18 日

《史记研究集成·十二本纪》编辑出版说明

作为《史记研究集成》的一部分，《史记研究集成·十二本纪》（以下简称"集成"）编纂工作实际始于1994年。它是在赵光勇教授审择资料、构设体例的基础上，由陕西省司马迁研究会组织启动编纂的。对于这项重大文化工程的实施，时任陕西省省长白清才、陕西省政协副主席董继昌、陕西师范大学原党委书记李绵等人高度重视，并给予重要支持。在几近十年的编纂中，十余位专家勤勉有为，爬梳浩如烟海的资料，会通比较，厘定条目，汇校、汇注、汇评出近两千年《史记》研究发展的学术脉络，至2003年形成初稿。

2013年，书稿经过十年"周转沉淀"，在陕西省人民政府参事室（陕西省文史研究馆）的支持下，西北大学出版社接手编辑出版，并邀纳资深编审郭文镐等组建《史记研究集成》编辑部，组织项目的编辑加工。从2013年至今，在六年的精心组织与实施中，编辑部的同志进行了大量细致的资料核查工作，其中不乏深入的校雠勘误；在内容处理上，听取专家意见，同样进行了庞杂的"考量删繁以求简练"的编辑加工。在此基础上，各位编纂者又进行了系统的补遗与增订。《史记研究集成·十二本纪》至此完成编辑审定。这期间，2015年，《史记研究集成》被列入"十三五"国家重点图书出版规划；2016年、2018年，出版社和陕西省司马迁研究会先后组织了两轮专家审定，形成了系统的修改意见，从增删与补遗等方面有力地保证了"集成"的全面性与学术性，从而提高了"集成"出版的代表性与权威性。

《史记研究集成·十二本纪》项目实施前后25年，十余位专家，淡泊名利，潜心以为，他们以司马迁"忍辱负重，发愤而为，成一家之言"的精神为榜样，砥砺前行，在此我们感念良多。殚精竭虑、因病辞世的吕培成教授，年愈九旬、依旧念兹的赵光勇教授，耋老鲐背、勉力而为的袁仲一先生等，他们都是司马迁精神不衰的实践与体现。已故陕西省司马迁研究会原副会长张登第先生在"集成"编纂的组织过程中发挥了重要作用。书稿的编、审、校前后持续六年，这期间，出版社的编辑同志承担着大量繁重的工作，他们珍视与编纂者的合作，在工作上与编纂者并肩前行，在专业上不断历练提高，受益良多。可以说，"集成"的编辑出版，是编纂者与出版者密切合作的结果，也充分体现着双方致力于文化传承创新的责任与使命意识。

值此《史记研究集成·十二本纪》付梓之际，特别感谢北京大学安平秋教授、杨海峥教授，中国人民大学王子今教授，中国社会科学院彭卫研究员，南京师范大学赵生群教授等专家学者所提供的重要的学术支持。同时，感谢社会各界给予的关心和指导。

西北大学出版社
2019年3月19日

凡 例

1. 本书《史记》正文以中华书局1959年版点校本为底本，参考《史记》新校本（修订本），汇集历代兼及国际汉学界《史记》研究资料，简体横排。凡古今字、通假字、俗字等，以及人名、地名中的异体字，均一仍其旧。各卷编排：卷前为题解，卷末为研究综述，正文分段，每段为单元，标示注码，段后依次排列汇校、汇注、汇评资料。

2. 本集成遴选的资料，录自古代文献和近现代学术专著，有参考价值的今人研究成果也予以酌录。汇校部分，以他校为主（点校本已作版本校）。汇注部分，不限于字词义诠释，句义、段义以及天文地理等考释也包括在内。所有部分，皆不惮其繁，一一罗列各家之言。

3. 本集成引录的资料中使用的书名简称依旧，个别生僻者，首次出现时，随文加"编者按"予以说明。如：《锥指》（编者按：《禹贡锥指》）；《经典》（编者按：《经典释文》）。

4. 本集成引录的资料中的原有夹注，改为括注，字体字号同正文。为方便读者解读研究资料中的个别问题，本书编者间或加有"编者按"，按语相应随文或置于该条资料文末。

5. 每条研究资料于文末括注出处，录自古代文献和近现当代学术专著者括注书名、卷名或章名，连续两条或三条出处相同者，后条简注"同上"；录自现当代期刊者括注篇目及期刊年次期次。书末附《引用文献及资料》，详注版本信息。

目 录

总 序 ……………………………………………………（1）

《史记研究集成·十二本纪》编辑出版说明 ……………（1）

凡 例 ……………………………………………………（1）

正文及校注评 ……………………………………………（1）

研究综述 …………………………………………………（261）

附录 ………………………………………………………（271）

引用文献及资料 …………………………………………（279）

殷本纪第三

【题解】

班　固：《书经·汤誓》汤伐夏桀。金生水，故为水德。天下号曰商，后曰殷。(《汉书·律历志下》)

司马光："殷"，亦号商，又封商汤居殷而受命，故二号。(《稽古录》卷六《殷上·原注》)

郑　樵：自契至成汤，凡八迁，亳都有濄水在焉，故亦谓之殷。后世迁于嚣，迁于相，迁于耿，迁于朝歌，而殷、商之名，未始偏废，以开国受命之祖，所以命也。(《通志》卷三《商》)

徐文靖：《笺》按：《诗·商颂谱》曰：商者，契所封之地。《国语》：元王勤商十四世而兴，是其始称商也。《竹书》：盘庚自奄迁于北蒙，曰殷。《玄鸟》云：殷受命咸宜，是其兼称殷也。《大明》云：殷商之旅。《荡》云：咨女殷商，是又总称为殷商也。《诗补传》曰：殷以濄水得名。古濄水县今陈州之商水县也。殷商，兼商山、濄水言之。郑氏《通志》曰：濄水出阳城东，至西华汝阳入于颍，与颍水合流。古人并称颍为殷，故命以殷焉。(《竹书纪年统笺》卷五《殷商成汤》)

刘咸炘：梁曰："契封于商，而汤亦以商为代号。其称殷者，子孙所改。当书曰《商本纪》。"按：此苛责也。"宅殷土芒芒，契始即居殷"，《诗》亦称"殷商"，是殷在前，何不信《诗》而信《竹书》邪？即从其后号而书之，亦何不可？(《太史公书知意·殷本纪》)

王献唐：商朝分为前期后期，盘庚迁殷(河南安阳)以前为前期，以后为后期。后期有许多文物出土，并有许多发掘报告，大体尚能掌握。前期似乎只摸索到郑州的一些遗址，从商汤开国以后的社会发展变化，要从客观实物来说明，还是茫然。(《山东的历史和文物》，载《文物参考资料》1957年第2期)

又：在山东，从文献上来说，大体中部以西地带，是商朝统治者早期的活动区域。他们的始祖叫契，据说在滕县地带住过。以后又一辈祖先叫相土，据说在泰安地带住过，称作"东都"。到了开国的汤，曾在曹县建都。又后有一位南庚，曾在泗水地带建

都,地名称为"庚宗"。他们是不时迁都的。到达盘庚迁殷以后,才算定住。(同上)

又:本来山东章丘龙山镇的"城子崖"发掘,就已出现新石器时期许多占卜用的卜骨,但是无字。以后济南市发现商朝的卜骨、卜龟,也是无字。河南"殷墟"却先后出土大批有文字的卜骨、卜龟,给商朝提供了各方面的重要史料,一般叫做"甲骨",成为专学。以文字而言,商代铜器上的铭文和甲骨刻辞,都在三千年前,时期最早。龙山下层遗址的陶片,间刻记号文字,有人说是祖国最古的文字,那就能古到五千年前去。但由此而到商朝后期一个悠久时间,又成了空白。(同上)

顾颉刚:商代甲骨文中根本没有"殷"字,而只有"衣"字。"衣"的意义有二,一为祭名,一为地名。地名的"衣",郭沫若谓即《水经·沁水》的殷城,地点在今沁阳(《卜辞通纂》635)。(《〈尚书·西伯戡黎〉校释译论》,《中国历史文献研究集刊》第一集)

又:商人从来不称自己为"衣"或"殷",而只自称为"商"。即使商亡后,封于宋的商王朝后代虽周人称之为宋("商"和"宋"是一声之转),却往往仍然称"商"。如《左传·僖公廿二年》"天之弃商久矣",《哀公九年》"不利于商",又《廿四年》"孝惠娶于商",以及《国语·吴语》"商鲁之间",《庄子·天运》"商太宰荡问仁于庄子",《列子·仲尼》"商太宰",《礼记·乐记》"肆直而慈爱,商之遗声也,商人识之"等都是。还有《书》的《商书》,《诗》的《商颂》是宋人编的,也仍以"商"为名。可见称"殷"不是商人自己的事。郭沫若对此有一个合理的解释:"殷人自己自始至终都称为'商'而不自称'殷'的。在周初的铜器铭文中方称之'殷',起先是用'衣'字,后来才定为'殷'。衣是卜辞中一个小地名,是殷王畋猎的地方。周人称商为'衣',为'殷',大约是出于敌忾。同样的情形也表现在其后的楚国的称谓上,楚国不自称为'荆',别的国家始称之为'荆',应该也是出于敌忾。"(《奴隶制时代》)这个名词是否会出于敌忾,今天材料稀少,还不够解决。当然,出于敌忾的情形是会有的,但更多的情况是,一个民族非恶意地称呼为别的名字,而不是本民族自定的名字,这在世界历史上差不多是常见的现象。因此在这里,"殷"不是商民族自称的名词,而是周人所称的名词,也是这种常见现象之一。(同上)

王恢:殷:殷盖地区名。《诗·商颂》"宅殷土芒芒",今河南省黄河以北之境——内黄及于大行,南极大河,北据衡漳,禹河斜贯其东,故泛称河北、西河,安阳略为其中心。自盘庚迁殷,至纣之亡,凡十世,二百七十三年,更不迁都。商居殷最久,故单称殷——如《殷本纪》,或兼称殷商。(《史记本纪地理图考·殷本纪·殷》)

安东:《殷本纪》全篇以"兴衰"二字为裘领,以德政之有无贯穿始终。(引自《史记题评·殷本纪》)

金景芳:成汤灭夏以后所建立的国家,到底称作什么,是个有争议的问题。见于前人称述的，有的称之为商，有的称之为殷，有的则称之为殷商。同时对殷商这两个称号的解释也不同。如有的认为契封于商，有的认为契本无封于商之事。商是契孙相土之所迁，那么，在相土迁商之前，是不可能称商的。有的认为成汤灭夏以后，新建的国家称为商，到盘庚迁于殷以后，才改商为殷。此外也还有人认为商人自己并不自称为殷，周人才称商为殷，殷是商王经常去田猎的一个小地方，周人称商为殷，完全是出于敌忾。

商，最初是个地名，即今河南商丘，在我国氏族社会时期，是高辛氏之子阏伯所居。进入阶级社会之后，在夏代，契孙相土始迁于此。因此，后来这一民族有了商的称号，实从这时开始。

殷，作为地名，其地在今河南安阳小屯殷墟。今本《竹书纪年》说："帝芒三十三年，商侯迁于殷。"王国维证以《山海经》郭璞注引真本《竹书纪年》有殷王子亥、殷主甲微，称殷不称商，断为可信。然则殷实为商的先公旧居，他们在迁商地、称商之前，就居住在这里。正因为这样，所以《吕氏春秋》于《慎大览》说："汤立为天子，夏民大悦，如得慈亲，朝不易位，农不去畴，商不变肆，亲郼如夏。"于《慎势》说："汤其无郼，武其无岐，贤虽十全，不能成功。"于《具备》说："汤尝约于郼、薄矣，武王尝穷于毕、裎矣。"于《高义》说："郼、岐之广也，万国之顺也，从此生矣。"这些材料，每提到汤时，都同时提到郼。郼与殷古音相同，故通用。那么，所谓盘庚迁殷，改商称殷之说，不攻自破了。至于商人不自称殷，这同春秋时代男子不自称姓，《春秋》为鲁史不自称鲁一样，出于没有必要。齐、晋人称鲁为鲁，鲁人称齐、晋为齐、晋，和战国时魏国迁都大梁后也称梁一样，只是一般的习惯称呼，这里并没有什么"敌忾"的意思。殷商并称，也同单称殷、单称商一样，并没有什么新义，这只不过是这个国家既可称殷，又可称商罢了。（《中国奴隶社会史》第二章第一节）

唐嘉弘： 商代或说上限为公元前1783年，下限为公元前1122年，共享国六百六十二年，或说为公元前1600年至前1028年，共约五百五十年。（《先秦史论集·先秦史概论》）

罗福颐： 距现在三千多年前，是商代王朝。据《竹书纪年》的记载，由商汤到纣王凡十七代三十王，经过约四百九十六年。当由商汤传十代到盘庚时，他带着贵族和民众渡河迁移到殷（其地当今之河南安阳县小屯村地）。因之盘庚以后称为殷。（《关于殷墟甲骨的一般知识》）

张大可： 殷朝最初称商朝，盘庚迁殷，始称殷朝。《殷本纪》系统地记载了殷王朝兴起、发展和灭亡的整个历史过程，并为出土的甲骨卜辞所证实，因此是研究商代历史的重要文献。商代帝系从成汤建国到殷纣之灭，历十七世三十一王，王位继承多兄终弟及。商代历运年代，《三统历》记载为六二九年，《殷历》记载为四五八年，《竹书纪年》记载为四七一年。依《三统历》商代约六百年天下，当公元前十七世纪至十一世纪之间。(《史记全本新注》卷三《殷本纪第三·题解》)

赵用贤：按《考要》云：汤初以商为国号，及盘庚迁于殷，故号曰殷。然亦兼称商。《诗》曰"咨尔殷商"，又曰"殷商之旅"，商号固未尝改也。(引自《百大家评注史记·殷本纪》)

张光直：关于商代唯一重要的历史文献是司马迁所著的《史记·殷本纪》。我们知道他写《殷本纪》的主要材料是《书经》(包括书序)《诗经》《国语》《左传》《世本》《大戴礼》(帝系篇)，以及其他一些书籍。(《商文明》)

宋镇豪：《殷本纪》对商代史研究具有重要史料价值，表现在三个方面，一、《殷本纪》产生于公元前100年前后，从实践上看，体现了其时间的早期性。二、《殷本纪》以世系为时间坐标，以历世商王贵族为叙述中心，体现了其系统的完整性。三、司马迁作《殷本纪》时所用材料的原始性和叙述史事的公正性，使其具有相当的客观可靠性。正因为如此，《殷本纪》为构建商代史提供了框架基础，也使复原真实的商史成为可能。目前，利用地下出土文字材料和考古材料，结合先秦文献，重新构建真正的商史，条件已经具备。(《商代史论纲》)

徐中舒："殷商"一词，是"殷"与"商"的合称，并不是商民族对自己的称号。他们是自称为"商"，如对其晚期经营很久的都城，后世都名之为殷墟，而甲骨卜辞中则记述商王出外田猎后返回都城为"入于商"。这个"商"就是殷墟，是《史记·项羽本纪》所记项羽与章邯期会洹水南的殷墟，这同甲骨出土地今之小屯村为洹水所围绕的地望相一致，可见殷墟如据"名从主人"例应称之为商墟。不称商而称殷，本是来自周人。周之金文有"殷"字，从身、从殳。身即人之形，含义为人。"殷"古读同"夷""衣""郼"音。因此周人称殷如夷，《中庸》"一戎衣"即"殪尔殷"，注家说"衣读如殷"；《吕氏春秋·慎大览》"亲郼如夏"，高诱注"郼读如衣"。这都是各据不同方音写成的异形同音字。周人既称商之人为殷，故在《诗经·大明》中出现了殷人与商人相混合的称号，而有"自彼殷商""殷商之旅"等词与句。(《先秦史论稿》)

朱凤瀚：这个问题主要是讨论商人是否自始称殷。郭沫若《奴隶制时代》提出，商人始终都自称商而不称殷，周人因敌忾之故称商为衣、为殷。衣是卜辞中小地名，为殷王猎地，殷代无所谓盘庚前称商，盘庚后称殷之事实。顾颉刚、刘起釪《盘庚三篇校释议论(下)》、史苏苑《商朝国号浅议》均从郭说。史文并提出今日还是称商朝为商好。郑慧生《商朝名称的由来》也认为盘庚迁殷后称殷之说无根据。今安阳小屯商人自称"殷商"，甲骨文中无殷字。但他不同意郭说称商为殷是出于敌忾，因为从周原甲骨看，周人还敬祭商先王。周人称商为衣因为衣在两国交往必经地，于是周人心目中印象日深，遂以为商代称。

李衡梅：《殷商称号辨析》与以上诸说不同，认为相土才始以商为称，而殷是商先公旧居，所以在相土之前商人已有殷之专号，自成汤灭夏后亦沿用殷，故商亦可称殷，或殷商连称。过去认为至盘庚迁殷后才称殷之说不妥。

由上面诸家议论可见，殷商名号问题，一方面牵扯到夏商历史地理问题，另一方面亦牵扯到夏商甲骨刻辞与金文的研究。在就此问题作出考察时，对殷墟甲骨文中商人不自称殷（或衣）的情况还是应注意的。（《先秦史研究概要》）

朱彦民：先秦历史中的"商代"，又每每被称之为"殷代"，或合称为"殷商时代"。关于"殷""商"之名，古今学者不乏辨之者，然多未得其实。"殷"与"商"究竟有何分别，二者的关系如何？今从"殷""商"得名的由来而分辨之，为其正名。

一、"商"名之得来《诗经·商颂·玄鸟》："天命玄鸟，降而生商。"《诗经·商颂·长发》："有娀方将，帝立子生商。"这里的"商"不像是地名，而像是人名或族名，商先祖中则无名"商"者，所以，此"商"只能作族名理解。但我们也不认同商族在起始就称"商"的说法。《诗经》中的《商颂》是春秋时宋人对祖先祭祀的颂赞诗歌，因而不能据此便认为契时商族便有"商"名。"商"的名称当是商族先人在迁徙途中因地名而得。正如王国维所云："商之国号，本于地名。"关于"商"的地望，学术界对其指归有不同的看法。如传统观点认为在陕西。《史记·殷本纪》：契"封于商"。《集解》："郑玄曰，商国在太华之阳。皇甫谧曰，今上洛商是也。"《索隐》："尧封契于商。即《诗·商颂》云，有娀方将，帝立子生商是也。"《正义》："《括地志》云：商州东十八里商洛县本商邑，古之商国，帝喾之子契所封也。"是把"商"地认在陕西省境太华之阳的华县和商州了。《水经注·丹水》亦云："（丹水）又东南过商县南，契始封商，殷商之名起于此矣。"近人顾颉刚等从之。我们认为，《史记》此记本身已误，正如金景芳先生所论："第一，尧舜时代还是氏族社会，绝无封国之事；第二，'陶唐氏之火正阏伯居商丘，祀大火，而火纪时焉，相土因之，故商主大火，商人阅其祸败之衅，必始于火'，明见于《左传》襄公九年，相土是契之孙，迁于商是相土而不是契。"如果契曾封"商"，相土乃契之孙，其居"商丘"，不当言因阏伯而应言因契也。这是契封于"商"之不可信者。后学注《史记》，以陕西的商洛释"商"，亦非正理。我们认为，商族起源于北方，即使当时有分封之事，也不会分封到关中之地。关中之地名"商""亳"者，乃商人入主中原、建立商王朝以后西进经略此地时留下的遗名，与商先祖的起源及迁徙无关。

二、"殷"名之所自对于"殷"的地望，古人也有误解。《尚书序》误记"将始宅殷"为"将治亳殷"。《尚书正义》受其影响而疏曰："此序，先亳后殷，亳是大名，殷是亳内之别名。"又曰："殷，亳之别名，则亳殷即是一都。"殷之为殷，亳之为亳，误亳殷为一地,自然不确。今天仍有学者据此"将治亳殷"之误记而定"殷"地在河南偃师西亳,也未分别"亳""殷"而言,同样错误,不仅文献依据有误,而且在考古学上也没有什么证据。现当代学者中有不少人考究过"殷"之地望。傅斯年"言殷"之地:"东包河济之间兖州,西达河内之沁阳,横亘千里,皆可以殷名称之。"赵铁寒从其言,认为"殷为区域名,似古九州中之一州","非一邑一地之专名"。遂以沁阳之"衣"、滑县之"韦"、淇县之"卫"、淇滑之间的"都"、安阳之殷墟五地皆当"殷"地称之。日本学者宫崎市定也以"殷"当为古黄河以西、淇水以北、洹水以南之大片土地,而非专指一地。我们也不认为这是正确的说法。"殷"之称成为国名后,其所指之地固然很大,可以包括殷王朝的整个疆域,而不仅仅指上举诸地。但作为国名得名之处的"殷"地,尤其是盘庚所迁之"殷",只能是一个具体的地点,而不可能指一大片的地域。赵氏所举五地更不可能皆是盘庚所迁之"殷"。"殷"当得自于一个具体的地名。关于"殷"地之名的由来,应从甲骨文中寻找线索。甲骨文中无"殷"字,但有"衣"字。我们认为"殷"即由"衣"而来。甲骨文"衣"演变成文献中的"殷",当是二字古音相通所致。《尚书·康诰》:"殪戎殷。"《礼记·中庸》:"壹戎衣而有天下。"可见"殷""衣"相通。郑玄注:"衣读如殷,声之误也。齐人言殷声如衣。"高诱注亦云:"今兖州人谓殷氏皆曰衣。"甚至同一篇、同一段古文献中"衣""殷"即有互用之例,如《尚书·康诰》:"今民将在祗遹乃文考,绍闻衣德言,往敷求于殷先哲王,用保民。"是以"衣""殷"无别可知。陕西岐山凤雏发现的周原甲骨卜辞中称殷王为"衣王",如"衣王田,至于帛"(Hll·3),也是个很好的例证。清代惠栋《古文尚书考》解释二字相通之因时云:"古衣字作𠂰,从反身,殷从𠤎殳声,故读为衣。"其实,从字形上看,"衣""殷"二字相差很大。甲骨文"衣"字象古人所穿之两襟交衽之上衣领口的俯视形。与古文"身"或反"身"迥别,惠栋之形训不确,仍应以二字音近字通说之为是。"衣"字在甲骨卜辞中除了作祭名外,也作地名。如"辛酉卜,在□贞:王田衣?戊午年卜,在□贞:王田衣?"(《前》2)郭沫若以此"衣"即沁水流域近怀之殷城,"盖殷人设有离宫别苑于此,故其国号本自号商,而周人称之为衣,后又转变为殷也"。又以为周人以殷人的一个田猎小地称其国为衣为殷,大约是出于敌忾,他还类举了楚人不自称荆而他国称之的例子。按沁阳之地作为商王的田猎区固然有"衣"地,且据《水经注》知此地后世有所谓"殷城",但决非如有的学者所说盘庚迁殷于此地。此地之城,据《水经注》引《竹书纪年》知筑于战国秦伐郑时。这里也未发现有什么商代中后期的遗物和遗迹。此地只是殷商王朝疆域里的一个小地名而已。周人即使以敌忾意气、卑夷心理称呼已亡的商王朝,也不会以其一地小名而称其国其都。周人称商人为"殷",如同"齐、晋人称鲁为鲁,鲁人称齐、晋为齐晋,和战国时魏国迁都大梁也称梁一样,只是一般的习惯称呼,这里并没有什么'敌忾'的意思"。周族曾是商王朝的臣属方国，奉商王为天下盟主。即使在商王朝灭亡之后，周人仍称"商"为"大邑商"（《何尊》）。因此，周人称商人为"殷""商"，并没有什么褒贬之义。杨升南先生与郭说恰恰相反，认为周人称商人为"殷"，乃是一种尊称。训"殷"字为盛、众、大之意，周人称商为大邦、大殷、大国，而自称小邦周、小国，是一种巩固统治的策略，使失去政权的殷商贵族得到精神上的满足，从而支持周人建立的统治。把"殷"由卑辞说成是尊称，走向另一个极端，我们认为也容有未谛。盘庚迁都之"殷"的得名，当来自于安阳一带的"衣"地之名。1959年在安阳殷墟大司空村商代遗址曾出土一片甲骨，上刻"辛贞：在衣？"（HS314：3），属于武丁时期的宾组卜辞。其中"衣"为地名，卜辞表明此次的贞卜之地在"衣"。杨宝成先生认为："这一卜辞的出土，确切地表明安阳殷墟商时名衣，即殷也，故商王朝之名即起于此地名也。"此说尚未得到学术界的普遍重视，但我认为这是正确的说法。与此可以补充发明者，是另一卜辞"丁亥贞：衣、洹"（《合集》13014），有人认为"衣"即王国维所云"殷祭"之"殷"，"衣洹"是殷人对洹水致以"殷祭"。此论误矣。"衣"之作为祭名，多指对祖先的合祭，未尝见对自然神作"衣祭"者。况且在甲骨卜辞中，洹水尚未像"河""岳"那样上升到自然神的规格。这是一条残辞，"衣""洹"二字相连，我们以为当指两个地名，且二者相近。此靠近洹水之"衣"或许正是杨宝成氏所云安阳附近的"衣"地。此"衣"地正是"殷"之为名其得来所自，而非郭说所云在沁水流域。至于金景芳先生认为"殷""都"古音通同，"殷"得名于"都"。我们也无法赞同，因为"都"即"韦"，地在今河南滑县。而"殷"在豫北安阳，不可能在滑县。其实，据文献中记载，作为地名的"殷"，早在商代之前已有之。今本《竹书纪年》："帝芒三十三年，商侯迁于殷。""孔甲九年，殷侯复归于商邱"。这里"商侯""殷侯"当是商族先公无疑。又《竹书纪年》："殷侯子亥宾于有易而淫焉，有易之君绵臣杀而放之。故殷侯上甲微假师于河伯，以伐有易，灭之，遂杀其君绵臣。"由此推知，"殷侯"当为王亥。王亥既然能宾于有易，其子又能假"河伯"之师，其居地当在古黄河与有易之间的今河北南部。其时已迁到漳水（商水）流域，故被封为"商侯"。又迁于"殷"这个地方，故其子上甲微称"殷侯"。从"有易""河伯""商邱"（即漳河流域之商丘）这些地名人名来看，这个"殷"很可能就是近于漳水的安阳附近的甲骨文中的"衣"地。如此说来，盘庚所迁之殷并非新辟之地，而是又回到了先商故地而已。

三、"殷"与"商"之纠葛。多数学者认为，商汤建国时称其国为"商"，至盘庚迁殷后，便改称其国号曰"殷"。如《帝王世纪》"商盘庚徙于殷"，始改"商"曰"殷"。《史记集解》："商家自徙此而号曰殷。"正如《商周考信录》所云："世儒多谓盘庚改商为殷，《纲目前编》因之，皆书曰'殷王'。于盘庚之元祀，书曰：'迁都于殷，改国号曰殷。'"今验之卜辞，并非如此。商代后期商人仍自称为"商"，其国为"商"，其都为"商"。罗振玉依新发现的甲骨卜辞曰："史称盘庚以后，商改称殷，而遍搜卜辞，既不见殷字，又屡言入商。田游所至曰往曰出，商独言入，可知文丁、帝乙，虽居河北，国尚号商。"王国维亦云："在甲骨文中，商人自称'商'而不称'殷'。"郭沫若也继其说："殷代无所谓盘庚以前称商、盘庚以后称殷的实事。旧式史籍中的殷、商之分是毫无道理的。"实际上也正是如此。寻检《诗》《书》《礼》等古文献，有称"殷"者，也有称"商"者，又有合称"殷商"者。据统计，称"商"者有：《泰誓》六见，《牧誓》四见，《立政》三见，《旅獒》《金縢》《周官》各一见，共十六见。称"殷"者有：《召诰》十三见，《洛诰》《无逸》各四见，《大诰》三见，《洪范》《微子之命》《君奭》《顾命》《康诰》《吕刑》各一见，共十三见。"殷商"合称者，有《诗经·大雅·大明》之"自彼殷商""殷商之旅"，《大雅·荡》之"咨汝殷商"等，凡十七见。又有同篇中既称"商"，又称"殷"者，如《武成》称"商"者六见，称"殷"（衣）者一见；《康诰》《酒诰》均称"商"者一见，称"殷"者七见；《多士》称"商"者二见，称"殷"者十二见；《君奭》称"商"者一见，称"殷"者八见；《毕命》称"商"者一见，称"殷"者四见；《多方》称"商"者一见，称"殷"者三见。《左传》中也有时称"商"时称"殷"者，甚至一段话中"殷""商"并用，如《左传》定公四年"昔武王克商，成王定之……殷民七族"等。纷纭如此，无甚规律可言。可见，后世文献中称"殷"称"商"，极为随意，似不必强分为盘庚迁殷前称"商"，其后称"殷"。可以肯定的是，盘庚之前商人国号称"商"是不成问题的。崔述云：盘庚迁殷之前已称其都为"殷"，"商迁于他邑皆名之曰殷"。此论是不对的。盘庚迁殷前固然已有"殷"地名，但其国其都绝不称"殷"。盘庚之后，商人自称其国其都为"商"，周代乃至后世既称之为"商"，又称之为"殷"。这种情况，从殷商后裔宋人的称谓中也可看出。宋人自称或他称皆为"商"者，如《左传》僖公二十二年：楚人伐宋，宋公将战，大司马固谏曰："天之弃商久矣！"是宋人自称为"商"。《左传》哀公二十四年："孝惠娶于商，自桓公以下娶于齐。此礼也则有之。"是别国称宋国为"商"。但也有称宋国为"殷"者，如《礼记·檀弓上》孔子对子贡曰："丘也，殷人也。"至于"殷商"连称者，李济先生认为是指"迁殷以后的商朝"，傅斯年先生则解"殷商"为"在殷之商"，都是说得通的。不过今天我们再说"殷商"时代这一名词时，似不宜单指盘庚迁殷至殷纣亡国这段在"殷"的商王朝，而应指整个商王朝。综上所述，我们认为，"殷""商"分别由地名而升为殷商时代的国号名、朝代名。在文献中，二者纠葛搅绕，似不可强分。但若细究二者得名之由及其名称性质之演变，仍可得其分别之处有三：其一，二者所称出处不一。甲骨文、金文中皆称"商"，无称"殷"者，盖"商"为当时人称法，"殷"为周人及后世文献的称法。其二,二者得名有大小之分。"商"得名于漳水,其初意当指漳水流域一个大范围。而"殷"得名于漳水附近的一个地名"衣"地。其三,二者得名时间有别。"商"名早而"殷"名晚。"商"之得名,盖在商先人的相土或昭明之世。而"殷"之得名时,可能已到了王亥或上甲之世。商族建国后,以"商"为国名,而"殷"仍为一地名,直到"殷"地为都,文献上才称其为国名。基于此,我们建议,称呼商汤至殷纣这个朝代时,考虑到其得名之由及名实涵盖相合,可径称为"商代",或称其为"殷商"时代,但最好不要再称作"殷代"。(《殷商名辨》,《南开大学学报》,1998年第1期)

胡阿祥:殷是商的别号,是周人及后世文献对商国的一种称法;何以会有这样的别号与如此的称法呢?为免枝蔓,此不详论,而表明笔者观点如下。

(1)殷起自夷。姜亮夫尝"结合古史、古文字、先秦古籍、东方民习等,以为殷即夷之繁体,即所谓东方引弓之民","殷为后起字,夷为准初文",尸、人、夷、殷为一列系的字形结构之发展;而"自其音论之,则殷复变如衣"。又徐中舒指出:"周人称殷为夷,衣、殷、夷读音相近,都是古方音的不同。"盖周人泛称东方民族为夷,而特称商为衣,后为殷。

(2)殷之称谓,本于地名,若郭沫若之衣(殷王畋猎之地,即沁水流域近怀之殷城)说,王国维之殷墟即今安阳(即盘庚以来殷之旧都)说,傅斯年、赵铁寒、宫崎市定之黄河下游或河北大地域说,邹衡之韦(即都,今河南郑州境)说,杨宝成之安阳衣地说,均有欠妥之处,不及姜亮夫夷殷之变说圆通。

(3)周灭商以后,周对商的称呼并不含贬义,如成王时器《何尊》铭文之"大邑商",周代文献《逸周书·祭公》之"大殷""大邦殷",而与此同时,周人在文献中却自称"小邦周""小国",此诚如杨升南所指出的,是周人巩固统治的一种策略,"以使商朝的旧贵族们在失掉政权后,在精神上得到某些满足,从而支持自己的统治"。

(4)殷从实质上说,本是一个不贬不褒的称呼。郭沫若所谓"衣是卜辞中的一个小地名周人称商为衣、为殷,大约是出于敌忾",杨升南所谓"周人称商人为殷是一种尊称",均无强有力的证据。殷字具有美义,《说文》:"殷,作乐之盛称殷。"段注:"引伸之为凡盛之称,又引伸之为大也,又引伸之为众也,又引伸之为正也,中也。"如《尔雅·释言》"殷,中也",《庄子·山木》"翼殷不逝",晋司马彪注"殷,大也",等等,都是后世的解释,并非殷字初义;又殷作为"国号"之属美号,如《白虎通德论·号》"夏者,大也,明当守持大道;殷者,中也,明当为中和之道也",忽必烈至元八年(1271)《建国号诏》"驯至禹兴而汤造,互名夏大以殷中",也都是"违其正实,失其初意"的后起之说。然则殷字之具有美义,殷号之属于美号,与夏为国号后产生的引申义,殆相仿佛。

（5）曰商曰殷，虽然在后世极为混乱，但值得注意者有二事：孔子为商人后裔，其专用殷，自称殷人，盖因殷之引申义较商美好；又赵宋一代大体改殷而称商，则不仅有避讳的原因，还与赵匡胤起自商后裔封国宋之故地、居火德之运又与"商主大火"契合等因素有关，故赵宋于三代之商，用其本号"商"，而基本不用其别号"殷"。

（6）既然商是本号、自称，殷是别号、他称，若依"名从主人"的通例，则《史记·殷本纪》当订正为《商本纪》，而盘庚以后商之故都，即《史记·项羽本纪》之"殷虚"，今考古学上大名鼎鼎的河南安阳小屯村之"殷墟"，也当改称为"商墟"了。（《商国号考说》，《中国历史地理论丛》，1999年第4期）

　　殷契①，母曰简狄②，有娀氏之女③，为帝喾次妃。三人行浴，见玄鸟堕其卵④，简狄取吞之，因孕生契⑤。契长而佐禹治水有功⑥。帝舜乃命契曰："百姓不亲，五品不训⑦，汝为司徒而敬敷五教⑧。五教在宽。"封于商⑨，赐姓子氏⑩。契兴于唐、虞、大禹之际，功业著于百姓⑪。百姓以平。

① 【汇校】

梁玉绳：案：《竹书》夏帝芒三十三年，商侯子亥迁于殷，乃始称殷。子亥即契七世孙振，其后乃称商。汤以商为代号，至盘庚复改称殷。是以殷商可兼称之，然不得以子孙所改之号，易始祖受封之名。故孔子言语尝曰殷礼、殷人，而序《诗》《书》则曰《商书》《商颂》。国号之所定也，奈何称"殷契"乎？考其地则异，揆于理则乖，当书曰"商"契。（《史记志疑》卷二《殷本纪第三》）

【汇注】

皇甫谧撰、徐宗元辑：商契始封于商，在禹贡太华之阳，今上洛商是也。《世本》，契居番，相土徙商丘，本颛顼之墟，故陶唐氏之火正阏伯之所居也。故《春秋传》曰：阏伯居商丘，祀大火，相因之，故商主大火，谓之辰。故辰为商星，今濮阳是也。然则契之所封商丘，商洛是也。商土，于周为卫是也。而学者以商丘为契封，谬矣。汤始居亳，学者咸以亳本帝喾之墟，在《禹贡》豫州洛河之间，今河南偃师西二十里尸乡亭是也。谧以经考之事实，甚失其正。孟子称，汤居亳与葛为邻，是即亳与葛地，案：《地理志》，葛，今梁国宁陵之葛乡是也。汤地七十里，葛又伯耳，封域有制，葛伯不祀，汤使亳众为之耕，有童子饷食，葛伯夺而杀之。计宁陵去偃师八百里，而使亳众为耕，童子饷食，非其理也。今梁国自有二亳，南亳在谷熟，北亳在蒙，非偃师也。故古文《仲虺之诰》曰：乃葛伯仇饷，初征自葛，即孟子之言是也。汤又盟诸侯于景亳，然则二亳皆在梁矣。《春秋》，会于亳是也。太甲既立，不明，伊尹放诸桐。《世本》又言，太甲徙上司马，在邺西南。案《诗》《书》，太甲无迁都之文，桐宫其在斯乎？仲丁徙嚣，或曰今河南之敖仓是也。故《书·序》曰：仲丁徙于嚣，河亶甲徙相，在河北。故《书·序》曰：河亶甲居相是也。祖乙徙耿，为河所毁。故《书·序》曰：祖乙圮于耿。今河东有耿乡是也。及盘庚立，复南居亳之殷地，故《书·序》曰：盘庚五迁将治亳殷，今偃师是也。然则殷有三亳，二亳在梁国，一亳在河、洛之间，谷熟为南亳，即汤都也。蒙为北亳，即景亳，汤所盟地。偃师为西亳，即盘庚所徙者也。故《立政篇》曰：三亳阪尹是也。武丁徙朝歌，于周为卫，今河内县也。纣自朝歌北筑沙丘台。沙丘，《地理志》，在钜鹿东北七十里邯郸国，属赵，于《禹贡》在冀州大陆之野，昴毕之分，大梁之次，至今民俗歌谣，男女淫纵，犹有纣之余风，世称赵女之美是也。（《帝王世纪辑存·殷商第三》）

司马贞：契始封商，其后裔盘庚迁殷，殷在邺南，遂为天下号。契是殷家始祖，故言殷契。（《史记索隐》）

张守节：《括地志》云："相州安阳本盘庚所都，即北蒙，殷墟南去朝歌城百四十六里。《竹书纪年》云'盘庚自奄迁于北蒙，曰殷墟，南去邺四十里'，是旧邺城西南三十里有洹水，南岸三里有安阳城，西有城名殷墟，所谓北蒙者。"今按：洹水在相州北四里，安阳城即相州外城也。（《史记正义》）

吴其昌：据《史记·殷本纪》帝喾次妃有娀吞鸟卵而生子曰契，而甲骨文字中无契一代，虽然甲骨文字中有名"商"之一代；"商"即"契"也。甲骨文字中"商"字甚多，然什九为地名之"商"，而不为人名之"商"也。其确知其为人名之"商"，确为商代先公者，凡五见。《商颂·玄鸟》之诗云："天命玄鸟，降而生商，宅殷土芒芒。"马瑞辰《毛诗传笺通释》曰："天使鳦下而生商者，谓鳦遗卵，有娀氏之女吞之而生契。"因契受封于商，遂以生契为生商耳。（《卜辞所见殷先公先王三续考·契》，载《燕京学报》第十四期）

张大可：殷契：契是商朝始祖，舜封契于商。古商邑在今陕西商县。契十四传至汤，汤建商朝，迁于南亳。南亳在今河南商丘县东南。汤二十传后至盘庚，迁都西亳称殷，故史又称商为殷朝、殷契。（《史记全本新注》卷三《殷本纪第三》）

马持盈：契始封于商，其后裔盘庚迁于殷，遂为有天下之号，契是殷家始祖，故称殷契。盘庚迁都之殷，即北蒙殷墟，在河南安阳县。契，音谢。（《史记今注》，第79页）

张光直：商王室来自子姓氏族，其神话中的始祖是契。……这一关于子姓氏族的

祖先的神话，也见于《诗经》。吞鸟卵降生的神话主题，在早期历史时代广泛存在于中国东部的海滨地区。(《商文明》，第4页)

② 【汇校】

司马贞：旧本作"易"，易狄音同。又作"逷"，吐历反。(《史记索隐》)

王叔岷：案：《路史·后纪》九下注引《书·中侯》狄作遏；《淮南子·地形》篇高注、《脩务》篇高注、《艺文类聚》十一及《御览》八十、三七一、八五八引《帝王世纪》《金楼子》与《玉篇》皆作瞿，狄、易、遏、瞿，古并通用。(《史记斠证·殷本纪第三》)

【汇注】

刘　向：契母简狄者，有娀氏之长女也。当尧之时，与其妹娣浴于玄丘之水。有玄鸟衔卵过而坠之，五色甚好。简狄与其妹娣竞往取之。简狄得而含之，误而吞之，遂生契焉。简狄性好人事之治，上知天文，乐于施惠。及契长，而教之理顺之序。契之性聪明而仁，能育其教，卒致其名。尧使为司徒，封之于亳。及尧崩，舜即位，乃敕之曰契。百姓不亲，五品不逊，汝作司徒，而敬敷五教在宽，其后世世居亳，至殷汤兴为天子。君子谓简狄仁而有礼。《诗》云："有娀方将，立子生商。"又曰："天命玄鸟，降而生商。"此之谓也。(《古列女传·契母简狄》)

丁　山：简狄，一名娀简，即卜辞所常见的"高祖夔"，此商人原始的图腾。(《商周史料考证》，第41页)

【汇评】

刘　向：契母简狄，敦仁励翼，吞卵产子，遂自修饰。教以事理，推恩有德。契为帝辅，盖母有力。(《古列女传·契母简狄颂》)

曹　植：瞽有四妃，子皆为王，帝挚早崩，尧承天纲，玄鸟大迹，殷周美祥。稷契既生，翊化虞唐。(《曹植集校注·姜嫄简狄赞》)

③ 【汇校】

钱　穆：案：有娀，说在"高辛"条。"桀败于有娀之墟"，与下文"汤伐三㚲"在曹州济阴县古定陶，地亦相接。《正义》误说鸣条，故曰有娀在蒲州。(《史记地名考》，第269页)

马持盈：有娀，当在蒲州。(《史记今注》，第79页)

晁福林：有娀氏的"娀"字，从戎从女，应当和戎族有直接关系，或者可以视其为母系氏族的戎族。值得注意的是，古代文献常将戎与殷商合称。这应当和商族源于有娀氏有关系。(《夏商西周的社会变迁》，第62页)

关于有娀氏的地望，《史记·殷本纪》正义说在蒲州，为汤败夏桀处，后世称为"有娀之墟"。若此则有娀氏在晋境，但这已经是夏末之事，夏代以前及其前期的有娀氏是否在晋境还是一个问题。

上古时代的有娀氏的地望应在今辽西、冀北一带,既然商族源于有娀氏,那么商族的起源也应当在这个地域。(《夏商西周的社会变迁》,第64页)

徐中舒:商的母系,契母有娀氏女,名简狄,此娀和狄即戎狄之戎狄,表明她可能属于北方荐草中居的北方濊貊族。关于简狄的传说,说明东方民族与北方民族在外婚制的条件制约下才产生的事实。(《先秦史论稿》,第55页)

【汇注】

裴　骃:《淮南子》曰:"有娀在不周之北。"(《史记集解》)

张守节:按:《记》云"桀败于有娀之墟",有娀当在蒲州也。(《史记正义》)

王　恢:《路史·国名纪》:"桀败有娀之虚,盖陕虢间有娀氏、嵩氏。"按定陶西南有戎城,近亳,《路史》谬误。(《史记本纪地理图考·殷本纪·有娀》)

【汇评】

沈长云:虽然我们不赞同有的学者提出的商人是以鸟作为其图腾的观点,但不可否认,在商人的骨子里流动着东方部族的血液。之所以这么说,与商人始祖契的母族地望的考证有直接关系。契的母亲简狄为有娀氏之女,此有娀或即是有仍。《左传·昭公四年》载:"夏桀为仍之会,有缗叛之。"《韩非子·十过》篇于此却书为"桀为有戎之会,而有缗叛之",可见有仍即有戎。有仍的地望据顾颉刚先生考证,在今山东曹县。有仍是三代时期著名的酋邦,曾经与夏有过姻亲关系,上文提及的夏后相的母亲有缗就出自有仍。与夏相比,商与有仍的关系似乎更为密切一些。不仅契的母亲出自有仍,商代晚期的商王亦娶有仍之女为妇。于省吾先生在上世纪50年代末就在属于第五期的甲骨卜辞中找到了"娀"字,并得出结论说"商代从先世契母简狄一直到乙辛时期还与有娀氏保持着婚媾关系"。商人在其早期历史上与东方部族的这种联系,在考古学方面虽然没有直接的证据,但也不是没有踪迹可寻。因而我们可以说,处于母系氏族末期的契所率领的商族,是融合了东西不同部族的血缘而产生的。(《中国古代国家起源与形成研究》,第260页)

宋镇豪:有娀氏与商的关系,见于《诗经·商颂·长发》,《楚辞》的《离骚》和《天问》,《吕氏春秋·音初》《史记·殷本纪》等文献。根据这些文献,契母为有娀氏之女,在先秦时期的神话传说中是明确的,据此,若追溯契以前的商族渊源,可以追溯到有娀氏。然而,既然商族的始祖是契,商族的形成以契的出现为开端,那么契以前的有娀氏就只能是商族渊源中的母方支系。这正像周族始祖后稷,其母姜原为有邰氏之女,属于姜姓炎帝族系统,我们由此可以探讨周与姜姓的关系,还可以说有邰氏是周族渊源中的母方支系,但不能说姬姓的周族起源于姜姓的炎帝族。同样的道理,有娀氏只能是商族的渊源之一,从而商族起源于晋南说中,把《史记·殷本纪》正义

"按《纪》云'桀败于有娀之墟',有娀当在蒲州也"作为其证据之一,也可做重新解释。因为我们说有娀当在蒲州,或许只是说商族形成之前,构成商族的母方支系曾活动于晋南的蒲州,而不能说整个商族发祥于晋南,商族形成时,构成其族源的,并非仅仅是有娀氏一支,它还有东部地区的鸟图腾和高辛氏等问题。也就是说,作为商族的重要渊源之一,有一支或许来自晋南,但不能说商族就发祥于晋南地区。当然,有娀氏本身究竟是在晋南还是在其他什么地方,也是需要讨论的。(《商族起源与先商社会变迁》,第17页)

④【汇注】

沈　括:世以玄为浅黑色,璊为赭玉,皆不然也。玄乃赤黑色,燕羽是也,故谓之玄鸟。(《梦溪笔谈》卷三)

胡厚宣:由上面这些史料来看,说殷的始祖,是玄鸟的儿子,其母亲是有娀氏。殷商氏族以玄鸟为图腾,而古代鸟生传说的部落,多分布在东方沿海一带,所以判断商族最早活动于东方的渤海沿岸及河南河北,它同山东半岛、辽宁半岛的古代土著民族有许多共同之处:有以玄鸟为始祖的神话,还有用兽骨占卜、杀人殉葬、衣着尚白等习惯,山东城子崖龙山文化中有无字的卜骨,就被认为是殷人早期的遗留。(《殷商史》,第15页)

徐中舒:商民族出于东方。《诗·商颂·玄鸟》说:"天命玄鸟,降而生商。"《商颂》是宋国颂扬其先代的诗,记载了商人的古代传说。玄鸟即燕子,可视为商的图腾。《吕览·音初》说:"有娀氏有二佚(美)女,为之九成之台,饮食必以鼓,帝令燕往视之,鸣若隘隘,二女爱而争搏之,覆以玉筐,少选,发而视之,燕遗二卵,北飞,遂不反。"高注说:"天命燕降卵于有娀氏,女吞之生契。"《史记·殷本纪》说商族的祖先是契,契母简狄是有娀氏之女,帝喾次妃(按此为后来附会),"三人行浴,见玄鸟堕其卵,简狄取吞之,因孕生契"。《楚辞·天问》也说:"简狄在台喾何宜,玄鸟致贻女何嘉?"可见简狄传说出自先秦旧籍。《史记》原有所本,不是汉人杜撰的。

《左传·昭公十七年》载鲁叔孙昭子问郯子,少昊(皞)氏以鸟名官之故,郯子说:"吾祖也,我知之。……我高祖少昊,挚之立也,凤鸟适至,故纪于鸟,为鸟师而鸟名。凤鸟氏历正也,玄鸟氏司分者也……爽鸠氏司寇也。"东方历法发达,很早就测定了二至二分,玄鸟氏就是主管此项工作的。《左传·昭公二十年》载晏子与齐景公谈到齐地的早期居民,说"昔爽鸠氏始居此地……蒲姑氏因之,而后大公因之"。鲁国的曲阜是少昊之墟,蒲姑是商的同盟部落,可知商的先祖是少昊部族之一,山东半岛齐鲁一带是商民族早期活动的地方。

原始民族除商的先祖外,其他也有以鸟为图腾,以鸟名官之制。如《魏书·官氏志》载元魏"法古纯质,官号多不依周、汉旧名,或取诸身,或取诸物,或以民事,皆拟远古云鸟之义"。"诸曹走使谓之凫鸭，取飞之迅疾；以伺察者为候官，谓之白鹭，取其延颈远望"。鲜卑早期也有以鸟名官之制。鲜卑拓跋氏出于东北，可能与商民族同出一源。此义当别为文论之。

许多东北民族都保存了始祖卵生的传说。如《魏书·高句丽传》说高丽出自夫余，先祖朱蒙（与邹牟、东明、逢蒙都是一声之转），母河伯（黄河之神，即冯夷）女，夫余王将女幽闭于宫中，太阳照射而怀孕，生一卵，男孩破卵而出，就是朱蒙，长而善射。清代在辑安发现了高丽《广开土好大王碑》称："惟昔始祖邹牟，天帝之子，母河伯女，剖卵降生，生子有圣才。"满族也说他们的祖先是仙女佛库伦吞了雀衔朱果而怀孕降生的（见《皇朝通志》卷一）。（《先秦史论稿》，第53至55页）

许倬云：商是用燕作为图腾的部族，所谓"天命玄鸟，降而生商"。（《求古编》，第12页）

⑤【汇注】

司马贞：谯周云："契生尧代，舜始举之，必非喾子。以其父微，故不著名。其母娀氏女，与宗妇三人浴于川，玄鸟遗卵，简狄吞之，则简狄非帝喾次妃明也。"（《史记索隐》）

李　昉：《尚书·中候》曰：玄鸟翔水，遗卵于流，娀简拾吞，生契封商（原注：玄鸟，燕也。翔水，徘徊于水上。娀，娀氏也。简，简狄也，契母名。商，国名）。《诗》云"天命玄鸟，降而生商"是也。（《太平御览》卷八十三《皇王部八》）

唐仲友：契：始封商，为商太祖。（《帝王经世图谱》卷六《庙室昭穆禘祫诸图》）

又：契：十四世至汤，有天下，推本始封，以契为商太祖。（同上）

张居正：於铄圣绪，长发其祥。瑶台有女，玄鸟来翔。乃遗之卵，覆于玉筐。简狄吞之，感而生商。玄王之胤，是为成汤。（《张太岳先生文集》卷十四《圣母图赞·简狄生商》）

王　圻：商之始也，有神女简狄，游于桑野，见黑鸟遗卵于地，有五色文，作"八百"字。简狄拾之，贮以玉筐，覆以朱绂，夜梦神母谓之曰："尔怀此卵，即生圣子，以继金德。"狄乃怀卵，一年而有娠，经十四年而生契，祚以八百，叶卵之文也，虽遭早厄，后嗣兴焉。（《稗史汇编》卷二〇《人物门·后妃·简狄怀卵》）

王玉哲：这种只知其母不知其父，说明商族当时也与世界上其他民族一样，经历过漫长的母系氏族社会阶段。大概在契时，商族开始向父系氏族社会过渡，契以下的世系是按父系排列的。（《中华远古史》，第164页）

沈长云：然而，相当多的文献在转述这一传说时，发现了契只有母亲没有父亲这一荒诞不经之处，于是演化出帝喾为其父亲。《史记·殷本纪》明确说简狄"为帝喾次妃"，《世本·帝系》篇，《帝王世纪》和《大戴礼记·帝系》对于帝喾家事记载更为详备：帝喾共有四妃，其子皆有天下，其元妃为有邰氏之女，产后稷；次妃为有娀氏之女，产契；次妃陈丰氏之女，生尧；次妃娵訾氏，生帝。

　　相传帝喾本为黄帝之曾孙，自幼聪慧过人，且"仁而威，惠而信，修身而天下服"，因他能"顺天之义，知民之急"而位居五帝之列。依上举传说，当帝喾之时，已施行诸如后代流行的一夫多妻制，且其后多享有天下。关于这一点，很早以前便有人提出了怀疑。三国时人谯周即说："契生尧代，舜始举之，必非喾子，以其父微，故不著名。"意为契本有父，只不过没有什么名声，于是后人以帝喾附会之。巧合的是，近年发现的上博简《子羔》篇也有这样一段对话："子羔问于孔子曰：三王者之作也，皆人子也，而其父贱不足称也与？殹（抑）亦成（诚）天子也与？孔子曰：善，而问之也……契之母，有娀氏之女也，游于央台之上，有燕衔卵而措诸其前，取而吞之，（娠）三念（年）而画（?）于雁（膺），生乃呼曰：'钦'（?）是契也"。在这篇简文中，子羔向孔子提出了他的疑问，即当时盛传的夏商周三代始祖均为天帝之子，他推测可能是因为这三位始祖其实是人父所生，只不过其身份低贱不足称道罢了。因而有学者称，至少在《子羔篇》写成的战国早期或中期，以帝喾为契和后稷生父的观点尚未出现。既然帝喾与契之生父无关，那么在讨论商人起源时，就不必对其加以考虑，可以径从契开始。（《中国古代国家形成与起源研究》，第259页）

　　彭邦炯：首先，商人所传说的第一个父系祖先是从契开始的，但契没有明确的生父。虽然有说其母简狄是帝喾次妃的，可商人并不那样认为，而认为"天命玄鸟，降而生商"，是简狄吞食了燕子蛋感孕而生。其实，帝喾也并非真有其人，传说把契的母亲说成帝喾次妃，帝喾可能是一个部落联盟的名字，其中商族人也包括在内，这部落和有娀氏族或部落有着婚姻关系，后世把帝喾说成是古帝王，而把有婚姻关系的氏族部落当作了他的后妃，这显然是后人的附会。商族人关于契母吞玄鸟而生子的传说，实则透露了他们刚从母系氏族社会跨入到父系氏族社会。（《商史探微》，第47页）

　　宋镇豪：契是商人可追溯的有世系相连的第一位男先祖，见于《诗经·商颂·玄鸟》《诗经·商颂·长发》《楚辞·天问》《楚辞·离骚》《楚辞·九章·思美人》的"玄鸟生商"，记简狄吞玄鸟而孕契的故事，表明了两层含义：1. 商族以玄鸟为其图腾物；2. 从商契开始即已进入父系社会。（《商代史论纲》，第195页）

　　泷川资言：《考证》：以上依《诗·商颂·玄鸟》诗附会。……毛《传》以玄鸟降为祀高禖之候，履帝武，为从高辛之后，当毛公作《传》时，未有迁史也，迁史出，而乃有吞践之说。其说起于周秦间好事者，是以屈原《天问》言简狄在台，玄鸟致胎。《列子·天瑞》言后稷生于巨迹。夫毛公岂不知吞践之说哉？亦鄙不道尔。自史公信其说，而汉儒如康成，宋儒如朱子，并援以为据，遂有谓稷契无父而生者，母乃诞欤。史公作史，每采世俗不经之语，故于《殷纪》曰吞卵生契；于《周纪》曰践迹生弃；

于《秦纪》又曰吞卵生大业；于《高纪》则曰梦神生季。一似帝王豪杰俱生于鬼神异类，有是理乎？愚按：苏洵《嫛妃论》、杨慎《丹铅总录》亦有此说。又按：契非帝喾子，娀氏非帝后妃，谯周说是，崔述《唐考信录》论之甚详。(《史记会注考证卷三·殷本纪第三》)

【汇评】

梁玉绳：案：《诗》曰"天命玄鸟，降而生商，宅殷土芒芒"。毛《传》以元鸟降为祀高禖之候，履帝武为从高辛之行。当毛公作《传》时未有迁《史》也，迁《史》出而乃有吞、践之说。其说起于周、秦间好事者，是以屈原《天问》言"简狄在台，元鸟致贻"，《列子·天瑞》言"后稷生于巨迹"。夫毛公岂不知吞、践之说哉？亦鄙弗道耳。至史公信其说，而汉儒如康成，宋儒如朱子，并援以为据，遂有谓稷、契无父而生者，毋乃诞欤？行浴、出野，淫泆孰甚，稷、契之母，不宜若此；鸟卵、巨迹，惊避不遑，吞之践之，殊非情事。圣人之生，虽异于众庶，然不外气化形化之常，宁妖僻如是耶？前贤辟之详矣。甚至转相传述，《吕氏春秋·音初》篇以燕遗卵在简狄为处女时，《诗》《疏》引王肃解以姜嫄寡居生子，尤属乖妄。盖史公作《史》，每采世俗不经之语，故于《殷纪》曰吞卵生契，于《周纪》曰践迹生弃，于《秦纪》又曰吞卵生大业，于《高纪》则曰梦神生季，一似帝王豪杰俱产于鬼神异类，有是理乎？蛟龙见于泽上，雷电晦冥，而刘媪犹梦卧不觉，将与土木何殊？即《史》所载，其诬已显，《论衡·奇怪》篇尝辨之。元方回《续古今考》云"好事之人，见刘邦起于亭长为王为帝，相与扶合附会，以诧其奇。司马迁采以成《史》，班固不能改，知道君子，扫除而弗信可也"。余因以考谶纬杂说，称伏羲、帝喾感履迹而生，神农、尧、汤感龙神而生，黄帝感大龟生，少昊感白帝生，颛顼感瑶光生，舜感大虹生，禹感流星贯昴又吞神珠薏苡生，文王母梦天人生，孔子母与黑帝交生。《御览》八十七卷引《世纪》"丰公妻梦赤马若龙戏已而生太公"，则卯金两世俱龙种。而薄太后生文帝复有苍龙据腹之祥，王太后生武帝亦有梦日入怀之兆，嗣后生天子者，往往藉怪征以夸之，传诸史册，播诸道路，皆此类也。《北齐》《刘书》《新论·命相》篇反津津道之，谓圣贤受天瑞相而生者，不亦惑之甚哉！(《史记志疑》卷二《殷本纪第三》)

郭嵩焘：三人行浴……因孕生契。案：殷、周之始，所言异征皆本《毛诗》，而毛公《玄鸟诗传》云："春分元鸟降。简狄配高辛氏帝。帝率与之祈于郊禖而生契。"《生民诗传》云："后稷之母配高辛氏帝焉。玄鸟至之日，祠于郊禖，从于帝而见天。天生后稷，异之于人，欲以显其灵也。"毛公生秦、汉间，尚在史公之前，其《诗》传自荀卿为周末大儒，于二《诗》但举"郊禖"之祀言之而已，不闻有异说也。史公《五帝纪》于黄帝、颛顼之生，所传奇异削而不书，《殷》《周本纪》乃反创为异说，亦谓《毛诗》可以附会而取信也，是亦好奇之过也。(《史记札记·殷本纪》)

编者按：《诗经·商颂·玄鸟》直云："天命玄鸟，降而生商。"陈子展《诗经直解》卷三〇云：《玄鸟》一诗，当与《生民》一诗同读。不妨同视为商周时代奴隶社会奴隶主贵族自道其先祖开国之史诗。契为商祖，正与稷为周祖同。禹母吞薏苡而生禹，简狄吞玄鸟卵而生契，姜嫄履大人迹而生稷，同属无父而生子之神话。此《说文》所谓"古之神圣母感天而生子故称天子"者也。……感生之说当以图腾之说释之也。柯斯文《原始文化史纲》云："如认为生育是由于图腾入居妇女体内，死亡就是人返回于自己的氏族图腾。"切博克罗夫《原始文化史·图腾主义》一章说，澳大利亚之阿兰达部落人"他们的图腾祖先曾在各地漂泊，在各地（在石头里，树林中，水池里）留下了'童胎'拉塔尔，这种'童胎'从那时起就留在那里了。如果妇女，特别是结了婚的，并且是年轻的妇女，在走近这种地方时，那么，'童胎'就会进入她的体中，她就会怀胎。此后她所生的那个小孩就属于在传说中和这个地点有关的那个图腾"。可以推知我国上古三代、禹母吞薏苡而生禹，启母化石而生启，以及简狄吞玄鸟卵而生契，姜嫄履大人迹而生稷，等等神话之意义，即图腾童胎一类神话之意义也。于省吾《略论图腾与宗教起源和夏商图腾》一文说："商代青铜器《玄鸟壶》，有玄鸟妇三字合书之铭文……我以为玄鸟妇三字合文，是研究商人图腾的唯一珍贵史料，系商代金文中所保留下来的先世玄鸟图腾的残余。它的含义是作壶者系以玄鸟为图腾的妇人，可以判定此妇既是简狄的后裔，又属商代的贵族。"此晚近历史学者根据考古资料，从原始氏族社会之宗教起源与图腾崇拜，而论证《玄鸟》一诗之意义，可资研究者也。

⑥【汇注】

晁福林：契的时代约略与大禹同时，当时商族有渐次南移的迹象。契的后期商族可能已经从辽西、冀东北一带移居于冀东和冀中平原上。当时的黄河从渤海入海，所以商族实已居于黄河下游。史记殷本纪说契"佐禹治水有功"，应当是可信的。（《夏商西周的社会变迁》，第71页）

【汇评】

梁玉绳：案：契佐治水，未见所出，岂因禹让契故耶？（《史记志疑》卷二《殷本纪第三》）

⑦【汇注】

陈蒲清：五品：五种伦常关系，指父义、母慈、兄友、弟恭、子孝。品：秩。训：《尚书》作"逊"，同顺。（引自王利器主编《史记注译》卷三《殷本纪》）

⑧【汇注】

唐仲友：契敷五教：既析食货，则此司徒专主五教，饱食、暖衣、逸居而无教，则近于禽兽。（《帝王经世图谱》卷二《八政旁通之图·司徒》）

王宇信：由于契管理商族父系氏族部落的民事表现出管理才能，又被华夏部落联盟的酋领舜看中，提拔到联盟议事会"居官相事"。由于私有财富的增加，"对财富的贪欲把氏族成员分为富人和穷人"，从而使"同一氏族内部的财产差别把利益的一致变为氏族成员之间的对抗"。《史记·五帝本纪》载，舜在"百姓不亲，五品不驯"的社会对抗中，任命商部族酋长契"为司徒，而敬敷五教，在宽"。所谓"五品"，《集解》引郑玄曰："五品，父、母、兄、弟、子也。"王肃曰："五品，五常也。""五品不驯"，就是部落内部各家族及其成员间产生利害的矛盾冲突。而作为主管民事之官的契，要认真而小心地去处理部落联盟内各部落与部落，各部落内家族与家族之间的关系。《国语·鲁语上》说"契为司徒而民辑"，为政大有成效。（《谈上甲至汤灭夏前商族早期国家的形成》，《殷都学刊》，2007年第1期）

⑨【汇校】

钱　穆：案：《左》文十，楚使子西为商公。商洛故城，今陕西商县东。商君封商，徐广说是；《索隐》《正义》皆牵说南阳商於，恐非。谓契封于商在此，更不可信。（《史记地名考》，第265页）

沈长云：关于契之居地，学界存在两种不同的说法，一是《史记·殷本纪》载契"封于商"，二是《世本·居》篇云"契居蕃"。分封制在契生活的时代显然不可能存在，因而契封于商这一说法可以弃而不论。故而可以确定契所居应该在蕃地。据丁山先生考证，博、薄、蒲、番、蕃五个字在汉初时尚未定形，因而可以相通。而文献中名蕃之地极多，除在河北中南部和山东有众多的地点名博陵、蒲阴、蒲阳山、蒲水、博水、蒲吾、蒲姑等之外，山西境内类似的地名也极为多见，如蒲、蒲子、蒲城、蒲水等。如《左传·庄公二十八年》载"重耳居蒲城，夷吾居屈"，《韩非子·难言三》言"献公使寺人披攻之蒲城"，《国语·晋语》也有"蒲与二屈，君之疆也"的说法，此蒲地据杜预注在"平阳蒲子县"，即今蒲县和隰县一带。王玉哲先生对河北中南部地区的这些地点考证后说："博水、蒲水、蒲吾、番吾都可能是商族的最早居地'亳'字一音之变，是商契的后裔移徙时带到各地的遗迹。"山西境内存在的与此类似许多的名蒲的地点，也应当与商族的早期活动地域有一定关联。（《中国古代国家形成与起源研究》，第259页）

【汇注】

裴　骃：郑玄曰："商国在太华之阳。"皇甫谧曰："今上洛商是也。"（《史记集解》）

司马贞：尧封契于商，即《诗·商颂》云"有娀方将，帝立子生商"是也。（《史记索隐》）

张守节：《括地志》云："商州东八十里商洛县，本商邑，古之商国，帝喾之子契所封也。"（《史记正义》）

王国维： 商之国号，本于地名。《史记·殷本纪》云，契封于商。郑玄、皇甫谧以为上雒之商，盖非也。古之宋国，实名商邱，邱者虚也（《说文解字》：虚，大丘也。昆仑丘谓之昆仑虚，又云"丘谓之虚"）。宋之称商邱，犹洹水南之称殷虚，是商在宋地。《左传·昭元年》，后帝不臧，迁阏伯于商邱，主辰，商人是因，故辰为商星。又《襄九年传》，陶唐氏之火正阏伯居商邱，祀大火而火纪时焉，相土因之，故商主大火。又《昭十七年》传：宋，大辰之虚也。大火谓之大辰。则宋之国都，确为昭明、相土故地。杜预《春秋释地》以商邱为梁国睢阳（今河南归德府商邱县），又云：宋、商、商邱，三名一地，其说是也。始以地名为国号，继以为有天下之号，其后虽不常厥居，而王都所在，仍称大邑商，迄于失天下而不改。……然则商之名起于昭明，迄于宋国，盖于宋地终始矣。（《观堂集林》卷十二《说商》）

王　恢： 商：商代都邑。须先理解商本是"不常厥居"的游牧部落，渐进于农业，才居有定所。在迁殷之前，所谓"前八后五"，不过是其传闻频频迁徙之概词。后人据周以后文献推测比附，而未知其游牧亦不太远。观其不离河南与河北，亦不全因河患（郑玄谓祖乙圮于耿，修德以御之，不复徙。经学家固不知游牧为何等事）。（《史记本纪地理图考·殷本纪·商》）

又： 契始封于商，应即今河南商丘。《左》襄九年、昭元年："子产曰：昔高辛氏有二子：伯曰阏伯（即契），季曰实沈……迁阏伯于商丘，主辰，商人是因。"昭十七年："宋、大辰之虚也。"杜氏《集解释例》："宋、商、商邱，三名一地也。"按商丘在商丘南门外西南三里护城河南岸，周三百步，高八丈，其上有阏伯祠，俗名火星台。《瓠子河注》："濮阳，故颛顼之虚，号商丘，或谓之帝丘。《春秋传》阏伯居商丘，相土因之。"盖沿《世纪》之谬；《寰宇记》《纪要》，又袭《郦注》之误，"商"盖"帝"形讹也。（同上）

又： 郑玄、《世纪》，又以为上洛之商。稽汤以前，商人未尝涉足郑州以西，《汉志》"秦相卫鞅邑"，贾逵又以商丘在漳南（见《郑世家》注）；《渭水注》更说在今陕西华县西之峦城；皆异说。（同上）

【汇评】

曲英杰： 契居所在，有蕃、砥石、商等说法。《荀子·成相》云："契玄王，生昭明，居于砥石，迁于商，十有四世，乃有天乙是成汤。"此所云"居于砥石，迁于商"者，当是指契，而非指昭明。《尚书》序疏引《世本》云："昭明居砥石"，很可能为误引。《水经注》引《世本》作"契居蕃"。《水经注·渭水》载："渭水又东迳峦都城北，故蕃邑，殷契之所居。《世本》曰：契居蕃。阚骃曰：蕃在郑西。然则今峦城是矣。俗名之赤城，水曰赤水。非也。苻健入秦，据此城以抗杜洪。小赤水，即《山海经》之灌水也。水出石脆（《山海经·西山经》王念孙等校脆作脆）之山，北迳萧加谷于孤柏原西，东北流，与愚水合，出英山北流，与招水相得，乱流西北，注于灌。灌水又北注于渭。渭水又东合沙沟水，水即符禺之水也。南出符禺之山，北流入于渭。渭水又东，西石桥水南出马岭山，积石据其东，丽山距其西，源泉上通，悬流数十丈，与华岳同体。其水北迳郑城西，水上有桥，桥虽崩褫，旧迹犹存，东去郑城十里，故世以桥名水也，而北流注于渭。阚骃谓之新郑水。渭水又东迳郑县故城北。"据此，蕃地在今陕西华县境。《诗经·商颂·玄鸟》云："天命玄鸟，降而生商，宅殷土芒芒。"《长发》云："有娀方将，帝立子生商。"毛传曰："有娀，契母也。将，大也。契生商也。"《史记·殷本纪》亦载："殷契，母曰简狄，有娀氏之女，为帝喾次妃。三人行浴，见玄鸟堕其卵，简狄取吞之，因孕生契。"张守节《正义》云："有娀当在蒲州也。"此有娀氏居于河东，与蕃临近，故有娀氏之女可与契之父通婚而生契。《说文解字》云："蕃，艸茂也，从艸，番声。"古音在元部。有人以为蕃即亳。而亳字古音在铎部。元、铎二部字古不相通，故不确。王国维以为契本帝喾之子，原居亳，后迁蕃，而疑蕃即《汉书·地理志下》所载鲁国之蕃县，在今山东滕县境。丁山以为蕃即春秋时之燕亳，战国时之番吾，在今河北平山县境，均不确。《荀子·成相》云契居砥石，而不云居蕃；《世本》云契居蕃，而不云居砥石。如此看来，二者或有可能同指一地；或虽为二地，而彼此相临近。上引《水经注》载，蕃地与郑地之间有石脆山、英山、符禺山、马岭山、丽山、积石山等。砥石或有可能即指积石。古音积属支部，砥属脂部。《左传·昭公十二年》载穆子曰："有酒如淮，有肉如坻。寡君中此，为诸侯师。"此坻，与淮、师叶韵，属古音支部。砥字从氐得音，如坻字同，则砥字亦当可读如古音支部字，或可与古支部字通转，砥字，或作厎，五经石刻作厎，似亦可证古砥字可从氏字读音，如古音支部字。如此，则砥石即积石位于蕃地之东，与之相临近。大略言之，以二者为一地似亦无不可，故《荀子·成相》只云契居砥石，而《世本》只云契居蕃。然共二者之间既隔有一段距离，则还是分其为二地较妥。自蕃地迁居砥石，可视为自契至于成汤八迁中之第一迁。或以为砥石即砥柱，丁山则以为砥石即泜水与石济水的混名，砥石所在在今河北宁晋县境；金景芳又以为砥石即《淮南子·坠形训》所载"辽出砥石"，在今内蒙古昭乌达盟克什克腾旗的白岔山等，均不确。

契原居蕃，而后迁砥石，再迁商，为二迁。除《荀子·成相》外，《史记·殷本纪》亦载："契封于商。"《集解》引宋忠曰："相土就契封于商。"当解为契时商人已迁居于商，而后昭明、相土相继因之，而并非自相土时始迁居商。《集解》引郑玄曰："商国在太华之阳。"引皇甫谧曰："今上洛商是也。"《水经注·丹水》载："（丹水）又东南过商县南，又东南至于丹水县，入于均。契始封商。鲁连子曰：在太华之阳。皇甫谧、阚骃并以为上洛商县也。殷商之名起于此矣。"此商地在今陕西丹凤县境，周时为楚之商县。《左传·文公十年》载，楚穆王使子西"为商公"。杜预注："商，楚邑，今上雒商县。"后为秦之商鞅封邑。《史记·商君列传》载："卫鞅既破魏还，秦封之于商十五邑，号为商君。"《集解》引徐广曰："弘农商县也。"今丹凤县城以西约三公里的古城村发现有战国时期城址，出土有"商"字瓦当，可判断为商邑所在。此地无与商有关之名物，其所以名商，当是由于商人曾居于此。而商人以商为国号，当始于相土居商丘以后，在相土迁居商丘以前，似不称商。郦道元以为"殷商之名起于此"，不确。后世称契封于"商"，当是用后起之名称契原居之地。至于契迁居此地时，其名为何，已不可考。（《先秦都城复原研究》，第32页）

编者按：契始封之地，涉及到商文化的起源问题，目前尚处于不断探讨之中。古今观点综括为如下五说：一为陕西说，认为商族起源于今陕西渭水流域，此说出现最早。《史记·六国年表》言："夫作事者必于东南，收功实者常于西北。故禹兴于西羌，汤起于亳，周之王也，以丰镐伐殷，秦之帝用雍州兴，汉之兴自蜀汉。"《书·序》言："汤始居亳。从先王居。"东汉郑玄，西晋皇甫谧都认为汤从先王所居之亳在今华山之南。东汉许慎《说文解字》则认为："亳，京兆杜陵亭也。"徐广在《史记·封禅书》之《索隐》引文中，也持同样见解，认为"京兆杜县有亳亭"。如上所言，陕西说又可细分为二，具体凿实则其地一为"太华之阳"，一为杜亳——今陕西长安县。二为山东说，认为商的起源地当在今河南东部和山东一带，主要是在山东。此说首倡者是王国维，他在《殷周制度论》一文中认为："自五帝以来，政治文物所自出之都邑，皆在东方，惟周独崛起西土。"又说："以地理言之，则虞、夏、商皆居东土，周独起于西方。"经考证认为商即今河南商丘，亳在今山东曹县，此即所谓"北亳说"。此说得到较多学者支持。徐中舒早在1930年就曾提出商民族起于环渤海地区并有由东西渐之势（《殷人服象及象之南迁》，《史语所集刊》第2卷第1期）。近年又重申了自己的观点，明确指出山东半岛齐鲁一带是商民族早期活动的地方，到相土时商族势力远达北方，可能越渤海而至东北境（《殷商史中的几个问题》，《四川大学学报》1979年第2期）。郭沫若、王玉哲也均赞同此说，详情请参阅《中国史稿》第一册156页及《历史研究》1984年第1期《商族的来源地望试探》一文。三为河北说，认为商族起源于河北中部。丁山认为："商人发祥地决在今永定河与滱河之间。"（《商周史料考证》，第17页）李亚农则认为："殷人的发祥地是在易水流域和渤海湾。""到相土时代就已发展到济水黄河之间了"。（《殷代社会生活，第3页》）四为东北说，认为商族起源于东北辽西和内蒙古中南部一带。20世纪30年代傅斯年提出商族发迹于东北、建业于渤海及古兖州的观点（《夷夏东西说》，《庆祝蔡元培先生65岁论文集》下册，1935年版）。1978年，金景芳考证文献，认为契居北方，昭明所居之砥石在辽水发源处，即今内蒙古昭乌达盟克什克腾旗的白岔山，从而明确提出商文化起源于东北说。具体请参阅《商文化起源于我国东北说》，载于《中华文史论丛》第七辑。近年以来，辽西红山文化的一系列重大发现引起了学术界高度重视，于志耿等人认为："只有在红山文化中才能找到商先文化的基因、主干和渊源。"（《商先起源于幽燕说》，《历史研究》1985年第5期）五为山西说，认为商文化起源于山西中部或南部。邹衡在对考古资料作了缜密细致的类型学分析后，指出商文化来源于先商文化漳河型（分布于豫北、冀南），而漳河型"来自黄河西边的冀州之域，是沿着太行山麓逐步南下的"。（《夏商周考古学论文集·试论夏文化》）李民则认为商族发源地在今永济至华县之间，后沿黄河北岸向东迁徙，昭明时达今沁水，相土时迁到豫北并在那里兴旺发达。（《关于商族的起源》，《郑州大学学报》1984年第1期）

以上对商族起源的分歧，主要是由于各家对文献资料的解释不同，各据一是。要正确地研究商的起源问题，必须将文献与考古资料相互结合，综合考察，不可蔽于一端。

⑩【汇校】

梁玉绳：按：禹、契、稷之封国赐姓，皆出于尧，注疏言之甚明，它若《白虎通》《潜夫论》诸书亦然。《史》俱以为舜，非也。（《史记志疑》卷二《殷本纪第三》）

王　恢：《正义》引《括地志》："故子城在渭州华城县东北八十里，盖子姓之别也。"渭州无华城县，"渭、华"乃"滑、韦"之形讹。韦城，古豕韦国，隋置韦城县，金圮于水，遂废。故城在滑县东南。（《史记本纪地理图考·殷本纪·子城》）

施之勉：水泽利忠曰："各本，'左'字作'在'。"按《泷本》，"左"，"在"伪。（《史记会注考证订补·殷本纪第三》）

【汇注】

裴　骃：《礼纬》曰："祖以玄鸟生子也。"（《史记集解》）

张守节：《括地志》云："故子城在渭州华城县东北八十里，盖子姓之别邑。"（《史记正义》）

闻一多：简狄吞燕卵而生契，故契为子姓……卵一曰子，子姓者犹言卵所生也。（《神话与诗·姜嫄履大人迹考》）

⑪【汇注】

孔颖达：法施于民则祀之者，若神农及后土、帝喾与尧及黄帝、颛顼与契之属是也。（《礼记正义·祭法》）

契卒①，子昭明立。昭明卒，子相土立②。相土卒，子昌若立③。昌若卒，子曹圉立④。曹圉卒⑤，子冥立⑥。冥卒⑦，子振立⑧。振卒，子微立⑨。微卒⑩，子报丁立⑪。

报丁卒，子报乙立⑫。报乙卒，子报丙立⑬。报丙卒，子主壬立⑭。主壬卒，子主癸立⑮。主癸卒，子天乙立⑯，是为成汤⑰。

① 【汇评】

刘知幾：古者诸侯曰薨，卿大夫曰卒……夫子修《春秋》，实用斯义，而诸国皆卒，鲁独称薨者，此略外别内之旨也。马迁《史记》西伯已下与诸列国王侯，凡有薨者同加卒称，此岂略外别内耶，何贬薨而书卒也？（《史通·因习》）

② 【汇注】

裴　骃：宋忠曰："相土就契封于商。《春秋左氏传》曰'阏伯居商丘，相土因之'。"（《史记集解》）

司马贞：相土佐夏，功著于商，《诗·颂》曰"相土烈烈，海外有截"是也。《左传》曰"昔陶唐氏火正阏伯居商丘，相土因之"，是始封商也。（《史记索隐》）

张守节：《括地志》云："宋州宋城县古阏伯之墟，即商丘也，又云羿所封之地。"（《史记正义》）

王国维：相土之字，《诗·商颂》《春秋左氏传》《世本·帝系篇》皆作土，而《周礼》校注引《世本·作篇》相土作乘马，作士，而《荀子·解蔽篇》曰乘杜作乘马，《吕览·勿躬篇》曰乘雅作驾，注：雅一作持。持、杜声相近，则土是士非。杨倞注《荀子》曰：以其作乘马，故谓之乘杜。是乘本非名，相土或单名土，又假用杜也。……假土为社，疑诸土字皆社之假借字。今观卜辞中殷之先公，有季，有王亥，有王恒，又自上甲至于主癸，无一不见于卜辞，则此土亦当为相土，而非社矣。（《观堂集林》卷九《殷卜辞中所见先公先王考·相土》）

丁　山：相土，商人的原始社神。（《商周史料考证》，第41页）

【汇评】

王　恢：《商颂》："相土烈烈，海外有截。"颂词不免夸饰，而后人遂以为相土扩境及于海外，有以琉球、朝鲜、日本等为说者，不知相土当夏太康失国之世，羿浞淫暴，诸侯无所归，而相土能修其德，东方诸侯咸归之也；或畏羿、浞之威胁，乃东还故居之商丘。（《史记本纪地理图考·殷本纪》）

丁　山：所谓"相土作乘马"，是否即发明车战，尚待研究。但在工业上，知道利用轮轴以代替人力的载重，在交通业上，知道利用兽力以代替人力的推挽，这确是人类文化史一种飞跃的进步。（《商周史料考证》，第41页）

马持盈：《左传》曰："昔陶唐氏火正阏伯居商丘，相土因之。"此是其封商之始。《诗·颂》曰："相土烈烈，海外有截。"可见相土在东部影响力之大。《括地志》云

"宋州宋城县古阏伯之墟,即商丘也"。(《史记今注》,第80页)

王宇信:郑玄注:截,整齐也。相土居夏后之世,承契之业,入为王官之伯,出掌诸侯,其威武之盛烈烈然。四海之外率服,截尔整齐。《世本·作篇》"相土作乘马",据今本《竹书纪年》,此为夏朝帝相十五年之事。"乘马"既可解释为驾车之马,又可解释为骑乘之马。但无论"乘"还是"驾",皆可在军事行动中派上大用场。相土能使"四海之外率服,截尔整齐",与商族拥有一支武装力量是分不开的。这表明商族在相土时期,社会已进入部落联盟组织的最高阶段——军事民主制时期。"其所以称为军事民主制,是因为战争以及进行战争的组织现已成为民族生活的正常职能"了。《商颂·长发》疏谓"相土在夏为司马之职,掌征伐也"。虽然司马之职乃为后起,但《长发》中的相土,已俨然一副军事统帅的形象。(《谈上甲至汤灭夏前商族早期国家的形成》,《殷都学刊》,2007年第1期)

编者按:相土有功于商,受其后裔歌颂。《诗经·商颂·长发》第二章云:"相土烈烈,海外有截。"陈子展《诗经直解》译曰:相土威风烈烈,海外也都这样整齐服帖。言相土绳其祖武,而盖逞其雄心。

③【汇校】

丁　山:止若,《史记》作昌若,即海若,北海神也。(《商周史料考证》,第41页)

【汇注】

吴其昌:《世本·帝系》篇,《史记·殷本纪》,皆以相土之后为"昌若",而"昌若"卜辞中无之。今考:《卜辞》中之"若",即"昌若"也。……"若"者,"土"之子也。"土",土之神也;"若",海之神也。"相土生昌若",即父为土之神,子为海之神之谓也。换言之,即土之神生海之神之谓也。更换言之,即大地生海,地为母,海为子也。此吾初民有系统之神话也。(《卜辞所见殷先公先王三续考·若》,载《燕京学报》第十四期)

④【汇校】

司马贞:《系本》作"粮圉"也。(《史记索隐》)

梁玉绳:案:考《礼》疏引《世本》曰"遭圉生根国,根国生冥",是知《史》叙世次缺根国一代,而《人表》误合二人为一也。《外纪》云:"曹圉卒,子根国立。""曹"乃"遭"之省,"粮"乃"根"之讹。(《史记志疑》卷二《殷本纪第三》)

郭嵩焘:《汉书·人表》《国语》韦昭《注》并作"根圉"。《祭法·疏》引《世本》又云:"遭圉生根国,根国生冥。"疑皆形近展转讹衍。(《史记札记》卷一《殷本纪》)

⑤【汇注】

　　张守节：圉音语，出《系本》。(《史记正义》)

⑥【汇注】

　　裴　骃：宋忠曰："冥为司空，勤其官事，死于水中，殷人郊之。"(《史记集解》)

　　司马贞：《礼记》曰"冥勤其官而水死"，殷人祖契而郊冥也。(《史记索隐》)

　　王国维：卜辞人名中又有季，其文曰：贞之于季。季亦殷之先公，即冥是也。《楚辞·天问》曰：该秉季德，厥父是臧。又曰恒秉季德。则该与恒皆季之子，该即王亥，恒即王恒，皆见于卜辞，则卜辞之季，亦当是王亥之父冥矣。(《观堂集林》卷九《殷卜辞中所见先公先王考·季》)

　　吴其昌：《楚辞·天问》有"该秉季德，厥父是臧"。及"恒秉季德"语；该，即王亥，恒，即王恒。故先师王先生据此考定季即是冥，是也。截至最近止，卜辞中记有季之名者凡六片。……然而数万卜辞中，迄无一片有"冥"字者，冥字果何自而来耶？"冥"字果何故而代替"季"字耶？欲解答此问题，先须通观殷先公之名次，地下卜辞与传世经典之异同。按今地下发掘之卜辞数万片中，不特绝无"冥"之名氏，且亦绝无"昭明"之名氏，且亦绝无"昌若"之名氏。按卜辞中王亥之子，为"上甲"，或作"报甲"，而《鲁语》《孔丛子》《竹书》等称为"上甲微"，《天问》称为"昏微"，此"微"与"昏微"之名，又何自而来耶？"微"与"昏微"又何故而与"上甲"或报甲"为一人耶？"微"之义为不明，《后汉书·安帝纪注》："微，不明也。"又《诗·小雅·十月之交》："彼月而微，此日而微。"郑笺："微，谓不明也。"微之义为不明，昏之义为昏黑，是"微"或"昏微"者，乃昏夜之意也。以此推知"昭明"之意为清晨，"昌若"之意为日中（昌为光昌之义，是日中也）。"冥"之意为晚暮，故"昏微"之意为昏夜也。今以《史记》之次序写之，则成

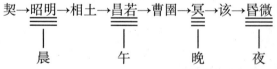

此其现象之奇异，已显瞭而可见。此种奇象，究当作何解释乎？第一，若云以所生之时辰为名，与此后以所生之日之天干为名者正为同例。然八世祖生于晨，六世祖生于午，四世祖生于晚，二世祖生于夜，人间宁有如此之巧事耶！何以齐整划一，必间一代而有此奇异名字，何以不以"昌若"居"相土"之前，何以不以曹圉居冥之后，何以"昭明"不为七世祖，"昏微"不为三世祖耶？且何以整齐划一，晨、午、晚、夜，以次而下？何以"昌若"不在"冥"之后，"昏微"不在"昭明"之前耶？此皆足以证明：此种名称，此种次序，定为出于人造，而非出于天然也。定为出于幻想，而非出于事实也。定为出于后人之口，而非出于原先之史也。第二，若云此种名

称，古所确有，惟其次序，或有错乱，则何以"昭明""冥""昏微"及"昌若"之"昌"，出土数万片甲骨中绝未一见耶？是甲骨文中，根本无此四种奇异之名氏，可证也。故窃以为此"昭明""冥""昏微"者，乃战国末叶或秦、汉间人，已误译"菖若"为"昌若"以后，受其影响，乃加造此"昭明""冥""昏微"三名氏，按整齐划一之次序，每间一代以搭配之。……传世数万甲骨文中，又根本绝无"根圉"之名辞，又其证也。(《卜辞所见殷先公先王三续考·季》，载《燕京学报》第十四期)

王宇信：相土以后，商族经过昌若、曹圉二代的发展，就为第六世冥了。冥是水利专家，曾为夏朝水官，即《国语·鲁语上》"冥勤其官而水死"。据今本《竹书纪年》在夏少康十一年"使商侯冥治河"。在夏帝杼十三年，"商侯冥死于河"。冥作为夏朝水官，前后历二十三年之久。水利是农业的命脉，商族的农业在这一时期应有了较大发展。(《谈上甲至汤灭夏前商族早期国家的形成》，《殷都学刊》，2007年第1期)

⑦【汇注】
　　苏　辙：冥为水官，勤于水事，而死于水。(《古史》卷四《殷本纪》)

⑧【汇校】
　　司马贞：《系本》作"核"。(《史记索隐》)
　　陈　直：直按：《楚辞·天问》云："该秉季德，厥父是臧，胡终弊于有扈，牧夫牛羊。"今本《竹书纪年》云："夏帝泄十二年，殷侯子亥宾于有易，有易杀而放之。"徐文靖笺云："子亥迁殷见《世本》，子亥为冥子，迁殷在夏侯帝芬三十三年，至是三十八年矣。"余考亥为冥子，《世本》作核，《史记》作振，振即核字传写之误。《古今人表》作垓，《天问》作该，惟殷墟甲骨文及《竹书》作王亥。《天问》又云："恒秉季德，焉得夫朴牛，何往营班禄，不但还来。昏微遵迹，有狄不宁。"戬寿堂所藏殷墟甲骨文，有"高祖王恒"一片卜辞，王静安先生考王恒即《天问》之"恒秉季德"，其说至确。盖王恒与王亥为昆弟，季当为冥之字无疑。《山海经·大荒东经》云："璃民国，有人曰王亥，王亥托于有易河伯仆牛，有易杀王亥取仆牛。"《竹书纪年》云："帝泄十六年，殷侯微以河伯之师伐有易，杀其君绵臣。"沈约注云："殷侯子亥宾于有易而淫焉，有易之君绵臣，杀而放之，故殷上甲微假师于河伯以伐有易灭之，杀其君绵臣。"《国语·鲁语》云："上甲微能率契者也，故殷人报焉。"甲骨文卜辞中，对殷之先王先公，祭祀用牲，最为隆重，祭王亥则多至三百牛(见《观堂集林》卷九《释王亥》)。《天问》之"昏微"，昏必为上甲微之字无疑。(《史记新证》)

【汇注】
　　王国维：卜辞多记祭王亥事。……观其祭日用辛亥，其牲用五牛、三十牛、四十牛、乃至三百牛，乃祭礼之最隆者，必为商之先王先公无疑。按《史记·殷本纪》及《三代世表》，商先祖中无王亥，惟云"冥卒，子振立，振卒，子微立"。《索隐》：振，

《系本》作核，《汉书·古今人表》作垓，然则《史记》之"振"，当为核或为垓字之讹也。《大荒东经》曰："有困民国，句姓而食，有人曰王亥，两手操鸟，方食其头，王亥托于有易河北仆牛，有易杀王亥，取仆牛。"郭璞注引《竹书》曰："殷王子亥，宾于有易而淫焉。有易之君绵臣杀而放之。是故殷主甲微假师于河伯以伐有易，克之，遂杀其君绵臣也（此《竹书纪年》真本，郭氏隐括之如此）。"今本《竹书纪年》："帝泄十二年，殷侯子亥宾于有易，有易杀而放之。十六年，殷侯微以河伯之师伐有易，杀其君绵臣。"是《山海经》之王亥，《古本纪年》作"殷王子亥"，今本作"殷侯子亥"。又前于上甲微者一世，则为殷之先祖冥之子微之父无疑。卜辞作王亥，正与《山海经》同。又祭王亥，皆以亥日，则亥乃其正字，《世本》作核，《古今人表》作垓，皆其通假字。《史记》作"振"，则因与核或垓二字形近而讹。夫《山海经》一书，其文不雅驯，其中人物，世亦以子虚乌有视之。《纪年》一书，亦非可尽信者。而王亥之名，竟于卜辞见之，其事虽未必尽然，而其人则确非虚构，可知古代传说存于周秦之间者，非绝无根据也。（《观堂集林》卷九《殷卜辞中所见先公先王考·王亥》）

又：王亥之名及其事迹，非徒见于《山海经》《竹书》，周、秦间人著书多能道之。《吕览·勿躬篇》"王冰作服牛"，案篆文冰作仌，与亥字相似。王仌亦王亥之讹。《世本·作篇》"胲作服牛"，其证也。服牛者，即《大荒东经》之仆牛，古服、仆同音。《楚辞·天问》"该秉季德，厥父是臧，胡终弊于有扈，牧夫牛羊？"又曰："恒秉季德，焉得夫朴牛？"该即胲，有扈即有易，朴牛亦即服牛。是《山海经》《天问》《吕览》《世本》，皆以王亥为始作服牛之人。盖夏初奚仲作车，或尚以人挽之，至相土作乘马，王亥作服牛，而车之用盖广。《管子·轻重戊》云："殷人之王，立帛牢，服牛马。以为民利，而天下化之。"盖古之有天下者，其先皆有大功德于天下，禹抑洪水，稷降嘉种，爰启夏周，商之相土、王亥盖亦其俦。然则王亥祀典之隆，亦以其为制作之圣人，非徒以其为先祖，周秦间王亥之传说，胥由是起也。（同上）

又：卜辞言王亥者九，其二有祭日，皆以辛亥，与祭大乙用乙日祭，大甲用甲日同例。是王亥确为殷人以辰为名之始，犹上甲微之以日为名之始也。然观殷人之名，即不用日辰者，亦取于时为多。自契以下，若昭明，若昌若，若冥，皆含朝、莫、明、晦之意，而王恒之名亦取象于月弦。是以时为名或号者，乃殷俗也。夏后氏之以日为名者，有孔甲，有履癸，要在王亥及上甲之后矣。（同上）

丁　山：我很相信王亥即是竖亥。其最大的功业是测算大地的面积，如：

帝令竖亥步自东极至西极，五亿十万九千八百步。竖亥右手把算，左手指青丘北，一曰禹令竖亥。一曰，五亿十万九千八百步。（《山海经·海外东经》）

禹乃使大章步自东极，至于西极，二亿三万三千五百里七十五步；使竖亥步自北极至于南极，二亿三万三千五百七十五步。（《淮南子·地形训》）《后汉·郡国志》引

《山海经》文与《淮南子》略同……而竖亥之竖,正同《天问》所谓"有扈牧竖"。意者竖亥即《史记·天官书》所谓"西宫咸池,奎曰封豕,为沟渎"吧!襄公三十年《左传》:"史赵曰,亥有二首六身,下二如身,是其日数也。士文伯曰,然则二万六千六百有六旬也。""二万六千"正合《管子·地数》云"地之东西二万八千里,南北二万六千里",则《淮南子》言"竖亥步自北极至于南极"之说,较今本《山海经》为合算。然则王亥本是经天纬地之神,不必为"玄冥",更不必为"蓐收"了。(《中国古代宗教与神话考·社稷与五祀·王亥与竖亥》)

【汇评】

陈梦家:王氏说"卜辞言王亥者九,其二有祭日者皆以辛亥。……是王亥确为殷人以辰为名之始,犹上甲微之为以日为名之始也"。又说昭明、昌若、冥、王恒四名"是以时为名或号者,乃殷俗也"。这是不确的。《明续》477、478 于乙未祭王亥,《粹》76 于辛酉祭王亥,可为反证。卜辞只以十干(日)为庙名,绝无以十二支(辰)为庙名的。卜辞云:

辛巳贞王夒上甲即于河　　　　《佚》888

其告于高且王夒三牛——其五牛　　《掇一》455

此可证王亥之"亥"是一种鸟名,而非以辰为名。《大荒东经》"有人曰王亥,两手操鸟方食其头。王亥托于有易,河伯仆牛,有易杀王亥,取仆牛"。此条说明了王亥与鸟的关系。以上两条卜辞,一则以王亥与上甲并列,一则称王亥为高祖,是最可注意的。卜辞称王亥为高祖者,尚不止此,而与先王并列于一辞而称高祖者,在武乙卜辞中有之:

乙未酌高且亥〔羌□牛□〕,大乙羌□五牛三,且乙羌□牛□,小乙……羌三牛二,父丁羌五牛三　　《明续》477

于乙未酌高且亥,匚卯于上甲　　《明续》478

此可证王亥是上甲、大乙以前的高祖。这个顺序符合了《殷本纪》"振—微—天乙"的顺序,也符合《天问》"誉—季—该—恒—昏—微—汤"的顺序。

上所引《山海经》和《竹书》说王亥"仆牛",《世本》说"胲作服牛",《天问》说"该秉季德……胡终弊于有扈,牧夫牛羊"。仆、服、牧都是一声之转,指王亥始牧牛羊。《管子·轻重戊》曰"殷人之王,立帛牢,服牛马",亦指此事。王亥捕鸟而食,牧夫牛羊,则其从事佃猎与初为畜牧,是很显然的。他好像应该属于商之早世,不能像《殷本纪》所说是上甲微之父。

卜辞的先公中,王亥的祭祀是隆重的,他既称高祖又称为王,较之河、夒之但称高祖与恒、夭之但称王者自有不同。他与上甲、大乙等先王并列于一辞之中,不同于其他的先公。他从来不和山川之神祇混杂在一处。在传说上他是始服牛羊者,其居处

近于东土之有易，凡此种种，皆使我们倾向于王亥为殷之主要的始祖，即契。(《殷墟卜辞综述》)

又：王亥：王国维说："余读《山海经》《竹书纪年》乃知（卜辞中之）王亥为殷之先公，并与《世本·作篇》之胲，《帝系篇》之核，《楚辞·天问》之该，实系一人。"《吕氏春秋》之王冰，《史记·殷本纪》及《三代世表》之振，《汉书·古今人表》之垓，实系一人。这个发现是极重要的。后出的卜辞有"高且亥""高且王亥"之称。则王亥为商先公之说，乃成定论。

《初学记》卷廿九"胲作服牛"，《太平御览》卷八九九引作鲛，《吕氏春秋·勿躬篇》"王冰作服牛"。鲛、冰皆胲、亥之讹。《汉书·古今人表》作垓，《天问》作该，《竹书》作亥。凡此亥、该、核、胲、垓，是同一个来源的，以亥为正；鲛、冰、振都是由亥、核而致讹的。(同上)

⑨【汇校】

宋镇豪：王恒是王亥之弟，只见《楚辞·天问》而不见《殷本纪》。今甲骨文及《楚辞·天问》相印证，上甲微与其父王亥之间，当有王恒一世，这是《殷本纪》需要订补之处。王亥、王恒、上甲微是商族在先商时期的重要先公，其史事既见于先秦文献，其名又得到甲骨文证明，有关这一段先商历史的真实可靠性当毋庸置疑。(《商代史论纲》，第196页)

【汇注】

司马贞：皇甫谧云："微字上甲，其母以甲日生故也。"商家生子，以日为名，盖自微始，谯周以为死称庙主曰"甲"也。(《史记索隐》)

吴其昌：按"报甲"，即"甲"亦即"上甲"，亦即"上报甲"，亦即"上甲微"，亦即"微"，亦即"方甲"，亦即"礽甲"，亦即"𥏻甲"也。以乙、丙、丁《史记》译作"报乙""报甲""报丁"之例例之，则定名宜以"报甲"为较正。今已出版甲骨文卜辞书辞，计凡锲有"报甲"或"上报甲"者，多至八十余片。……按"报甲"，在当时称之，则亦名"大甲"而已。此盖与"报乙"当时亦但名"且乙"及"报丁"当时亦但名"父丁"者，正同一例。(《卜辞所见殷先公先王三续考·报甲》，载《燕京学报》第十四期)

宋镇豪：自上甲至示癸六世先公中，上甲是甲骨文中商王周祭的第一位先公，说明商族自上甲六世时已进入信史时代。上甲受到各种祭祀，不仅单独受祭，又有与其他先公或先王一起合祭，他既可以赐福人间，也可以降灾，兼具祖先神和自然神的神威与功能。(《商代史论纲》，第197页)

泷川资言：《考证》："《国语·鲁语》"上甲微能帅契者也，商人亲焉。"《白虎通》：殷道尚质，故直以生日名子。"梁玉绳曰："《鲁语》展禽曰：'上甲微能帅契者。'"《孔丛子》引《书》曰："高宗报上甲微。则商家以日为名自微始。而史缺之，不始于报丁也。然窃疑商人自契至振，并别制名，何以上甲微至帝辛，改名十日，而以日为名之外，又未尝无名，如上甲名微，天乙名履，帝辛名受。疑诸君具有二名，今缺不具，盖名以日者殷之质，生之于死，皆以此，臣民之所称亦以是。别立名者殷之文，非有大典礼不用，故成汤告天，始名曰予小子履，而微子庶不为嗣，遂只告其名启而已。(《史记会注考证·殷本纪第三》)

【汇评】

梁玉绳：案：《鲁语》展禽曰"上甲微能帅契者"，《孔丛子》引《书》曰"高宗报上甲微"，则商家以日为名自微始，而《史》缺之，不始于报丁也。然窃疑商人自契至振，并别制名，何以上甲至帝辛改名十日？而以日为名之外又未尝无名，如上甲名微，天乙名履，帝辛名受（《竹书》诸君皆有名）。疑诸君俱有二名，今缺不具。盖名以日者殷之质，生之与死皆以是，臣民之所称亦以是。别立名者殷之文，非有大典礼不用，故成汤告天始名曰"予小子履"，而微子庶不为嗣，遂只传其名启而已。(《史记志疑》卷二《殷本纪第三》)

编者按：近人王国维，据卜辞考证出"振"即王亥，而在"振"即王亥与"微"之间，尚有"王恒"一代，言之凿凿，乃史学一大功臣。《观堂集林》卷九《殷卜辞中所见先公先王考·王恒》云："王恒"，卜辞人名。……王恒之为殷先祖，惟见于《楚辞·天问》，《天问》自"简狄在台，喾何宜？"以下二十韵，皆述商事。其问王亥以下数世事曰："该秉季德，厥父是臧，胡终弊于有扈，牧夫牛羊？干协时舞，何以怀之？干胁曼肤，何以肥之？有扈牧竖，云何而逢？击床先出，其命何从？恒秉季德，焉得夫朴牛？何往营班禄，不但还来？昏微遵迹，有狄不宁；何繁鸟萃棘，负子肆情？眩弟并淫，危害厥兄；何变化以作诈，后嗣而逢长？"此十二韵，以《大荒东经》及郭注所引《竹书》参证之，实记王亥，王恒，及上甲微三世之事。……《天问》所说，当与《山海经》及《竹书纪年》同出一源。而《天问》就壁画发问，所记尤详。恒之一人，并为诸书所未载。卜辞之王恒与王亥，同以王称，其时代自当相接，而《天问》之该与恒，适与之相当，前后所陈，又皆商家故事，则中间十二韵自系述王亥、王恒、上甲微三世之事，然则王亥与上甲微之间，又当有王恒一世。以《世本》《史记》所未载，《山海经》《竹书》所不详，而今于卜辞得之。《天问》之辞，千古不能通其说者，而今由卜辞通之，此治史学与文学者所当同声称快者也。

⑩【汇注】

王国维：《鲁语》："上甲微能帅契者也，商人报焉。"……殷之祭先，率以其所名之日祭之，祭名甲者用甲日，祭名乙者用乙日，此卜辞之通例也。……《鲁语》称商人报上甲微，《孔丛子》引《逸书》，惟高宗报上甲微。报者，盖非常祭，今卜辞于上甲，有合祭，有专祭，皆常祭也。又商人于先公皆祭，非独上甲。可知周人言殷礼已多失实，此孔子所以有文献不足之叹欤！（《观堂集林》卷九《殷卜辞中所见先公先王考·上甲》）

⑪【汇注】

吴其昌：王亥之下有报甲，报甲之下有父丁，则此"父丁"之即为"报丁"，亦既明白矣。报甲得兼称太甲，报乙得兼称祖乙，斯报丁得兼称父丁尔。（《卜辞所见殷先公先王三续考·报丁》，载《燕京学报》第十四期）

⑫【汇注】

吴其昌：按"报乙"当时亦但称"乙"而已。惟报祭之时，斯得"报乙"之称。既但称"乙"，故亦得称"且乙"。凡子孙之称其先公先王之名乙，或次乙者，固皆得称"且乙"也。其卜辞中称"王宾报乙"而后云"贞祖乙"，则"且乙"之即为"报乙"明白甚矣。（《卜辞所见殷先公先王三续考·报乙》），载《燕京学报》第十四期）

⑬【汇注】

王国维：自上甲至汤，《史记·殷本纪》《三代世表》《汉书·古今人表》有报丁、报丙、报乙、主壬、主癸五世，盖皆出于世本……惟卜辞丙、丁之后，即继以示字。盖谓示壬，殆以乙丙丁为次，与《史记》诸书不合。然何必《史记》诸书是而卜辞非乎？又报乙、报丙、报丁称报者，殆亦取报上甲微之报以为义，自是后世追号，非殷人本称，当时但称乙、丙、丁而已。（《观堂集林》卷九《殷卜辞中所见先公先王考·报丁、报丙、报乙》）

⑭【汇注】

吴其昌：按"示壬"即"宗壬"也。亦即经传之"主壬"也。先师考之云："殷之祭先，率以其所名之日祭之。祭名甲者用甲日，祭名乙者用乙日，此卜辞之通例也。"此通例窃亦盖常明确承认，决不容人轻率怀疑，且历试先公先王之祭日，曾未有爽忒；而独于示壬，则有例外。卜辞中示壬之祭日，或以壬戌，或以壬子，或以壬申，或以壬寅，此固未越通例之外。亦有以庚申，庚辰，庚戌祭者，此则因示壬之爽为妣庚，其所祭本在妣庚；示壬不过附带连及，亦未越通例也。然如"辛亥，卜□贞，翌壬子，示壬"，止祭示壬一人，何以而独不用壬日？此真非吾侪今日之智所能解答者已。（《卜辞所见殷先公先王三续考·示壬》，载《燕京学报》第十四期）

⑮【汇注】

王国维：卜辞屡见示壬、示癸，罗参事谓即《史记》之主壬、主癸，其说至确。……卜辞曰："辛巳卜大贞之自田元示三牛，二示一牛。"又曰："乙未贞其求，自甲十又三示牛，小示羊。"自上甲以降，均谓之"示"，则主壬、主癸，宜称示壬、示癸。又卜辞有示丁，盖亦即报丁……又作示丁，则自上甲至示癸，皆卜辞所谓元示也。又卜辞称自田十有三示，而《史记》诸书自上甲至主癸，历六世而仅得六君，疑其间当有兄弟相及而史失其名者，如王亥与王恒疑亦兄弟相及，而《史记》诸书皆不载。盖商之先公，其世数虽传而君数已不可考。又商人于先王先公之未立者，祀之与已立者同，故多至十有三示也。（《观堂集林》卷九《殷卜辞中所见先公先王考·主壬·主癸》）

⑯【汇校】

王国维：汤名天乙，见于《世本》及《荀子·成相篇》，而《史记》仍之。卜辞有大乙，无天乙。罗参事谓天乙为大乙之讹。观于大戊卜辞亦作天戊，卜辞之"大邑商"，《周书·多士》作"天邑商"。盖天、大二字形近，故互讹也。且商初叶诸帝，如大丁、如大甲、如大庚、如大戊，皆冠以大字，则汤自当称大乙。又卜辞曰：癸酉卜贞，大乙伊其。伊即伊尹，以大乙与伊尹并言，尤大乙即天乙之证矣。（《观堂集林》卷九《殷卜辞中所见先公先王考·大乙》）

【汇注】

赵　翼：《周易·乾凿度》谓《易》"帝乙归妹"，所以彰汤之美，能顺天地之道，立嫁娶之义也，因引孔子之说，谓《尚书》自成汤至于帝乙，此汤之元孙之孙也，而"归妹"之帝乙即汤也。殷尚质，故以生日名元孙之孙，亲尽矣，故不嫌同名而亦曰帝乙。《易》之帝乙为成汤，《书》之帝乙则汤六世孙也。按《世本》及《史记》，汤本名"天乙"，至将受命乃改名"履"，故有二名。皇甫谧巧欲附会，乃谓汤名履，字天乙，误矣。据此数说，则汤名天乙无疑。后人以其有天下，而称之曰"帝乙"，则《乾凿度》所云帝乙即成汤者，非妄也。《尚书》所云帝乙本亦名祖乙，因嗣帝位，故亦称帝乙，然则因其有天下而以帝冠于名，故汤亦称帝乙，祖乙亦称帝乙也。（《陔余丛考》卷一《帝乙即成汤》）

徐　鼒：周人以讳事神，周尚文也。夏、殷尚质，则不然。桀名履癸，汤亦云"予小子履"，是天子诸侯同名也。《尚书中候》："契十三世生主癸，主癸之妃曰扶都，见白气贯月，意感，以乙日生汤，号天乙。"又按：《乾凿度》："孔子曰：自成汤至帝乙。帝乙，汤之玄孙之孙也。"此帝乙，即主癸之妃所生之汤也。殷以生日为名，同以乙日生，同名汤，盖玄孙之孙，亲绝，得同名也。故曰："《易》之帝乙为成汤，《书》之帝乙六世王同名。"（《读书杂释》卷二《帝乙》）

【汇评】

郭嵩焘：子天乙立，是为成汤。案：《论语》"予小子履"，朱子以为汤名，亦别无可征，疑汤即名也。（《史记札记·殷本纪》）

王宇信：上甲以后，商部族奴隶制国家又经过报乙、报丙、报丁、示壬、示癸五王的守成，在大乙汤继位到灭夏前的十八年期间，对外扩张和征伐不断。《逸周书》有商汤伐"有洛氏",据今本《竹书纪年》"商师征有洛,克之",发生在夏桀二十一年(即商汤继位第七年)。同年"遂征荆,荆降",《越绝书》也记有此役。商方国势力的发展,引起中央王朝夏桀的疑惧,借故"召汤而囚之夏台"。一年以后,即今本《竹书纪年》夏桀"二十三年,释商侯履(即汤)",汤被放回。商汤被释以后,更加紧了对一些夏朝附属方国部落的军事行动。三年以后,即夏桀二十六年,"商灭温"。其后,又进行一系列的军事行动。《孟子·滕文公下》说,"汤始征,自葛载,十一征而无敌于天下"。赵氏注说:"一说言当作再字。再十一征,而言汤再征十一国。再十一,凡征二十二国也。"《帝王世纪》说,"诸侯有不义者,汤从而征之","凡二十七征,而德施于诸侯"。

商汤灭夏前的频繁军事行动,不仅使商族首领获利大批财富和俘虏奴隶,而且使商族早期奴隶制方国的国家机器得到了发展和完善,从而为商汤灭夏以后,得以顺利实现"为夏方伯"的地方强制性暴力机构,向号令全国的商王朝的庞大国家机器的顺利转变。(《谈上甲至汤灭夏前商族早期国家的形成》,《殷都学刊》,2007年第1期)

张光直:商王室的世系在司马迁的著作中被分为两部分,自契至商王朝的建立者成汤的先公时代和自成汤至纣的王朝时代。普遍认为商朝建立以前共有十四位先公,他们属于连续的十四代。有些名字见于甲骨文,但甲骨文中还有其他可能是商先公的名字。司马迁列举的十四位先公名字的出处现已不可考。然而文献和甲骨文有一共同点是清楚的:自微(上甲)起所有王名都有天干中的一个字。商代的历法用天干来记录周而复始的旬的日期:每旬十天,由甲开始。传统的解释是商代人们给新生婴儿以他降生日期的天干名来命名。也有其他不同的解释,包括作者的看法。(《商文明》,第5页)

⑰【汇注】

鹖　冠:汤之治天下也,得庆辅、伊尹、湟里且、东门虚、南门蝡、西门疵、北门侧。……得七大夫佐以治天下,而天下治。……二十七世,积岁五百七十六岁,至纣。(《鹖冠子·汤政天下至纣》)

刘　向:河间献王曰:汤称学圣王之道者,辟如日焉,静居独思,辟如火焉。夫舍学圣王之道,若舍日之光,何乃独思若火之明也。可以见小耳,未可用大知,惟学问可以广明德慧也。(《说苑》卷三)

应　劭:汤者,攘也,昌也。言其攘除不轨,改亳为商,成就王道,天下炽盛,文武皆以其所长。夫擅国之谓王,能制割之谓王,制杀生之威之谓王。王者,往也,为天下所归往也。(《风俗通义》卷一《三王》)

皇甫谧撰、徐宗元辑:殷出自帝喾,子姓也。主癸之妃曰扶都,见白气贯月,意感,以乙日生汤,故名履,字天一,是为成汤帝。丰下锐上,晳而有髯,倨身而扬声,长九尺，臂四肘，有圣德，诸侯不义者，汤从而征之，将伐桀，先灭韦、顾、昆吾，遂战于鸣条之野，桀奔于南巢之山，汤乃即天子之位，以水承金，始居亳，为天子十三年，年百岁而崩。（《帝王世纪辑存·殷商第三》）

裴　骃：张晏曰："禹、汤皆字也。二王去唐、虞之文，从高阳之质，故夏、殷之王皆以名为号。"《谥法》曰："除虐去残曰汤。"（《史记集解》）

司马贞：汤名履，《书》曰"予小子履"是也。又称天乙者，谯周云"夏、殷之礼，生称王，死称庙主，皆以帝名配之。天亦帝也，殷人尊汤，故曰天乙"。从契至汤十四代，故《国语》曰"玄王勤商，十四代兴"。玄王，契也。（《史记索隐》）

李　昉：汤者，攘也。言其攘除不轨，改亳为商，成就王道，天下炽昌，文、武皆以其长。夫擅国之谓王，能制杀生之威之谓王。王者，往也，天下所归往也。（《太平御览》卷七七《皇王部二》）

司马光：殷汤，子姓，曰履。其先出于高辛氏。帝喾生契，契为舜司徒，封于商（原注：商在大华之阳，今商州）。契生昭明，昭明生相土，相土居商丘（原注：今应天府）。相土生昌若，昌若生曹圉，曹圉生冥，冥生振，振生微，微生报丁，报丁生报乙，报乙生报丙，报丙生主壬，主壬生主癸，主癸生天乙，世为诸侯。天乙是为成汤。（《稽古录》卷六《殷上》）

郑　樵：汤，亦曰成汤，亦曰履，亦曰天乙，以其用武得天下，故号曰"武王"，为商家创业之祖，故庙曰烈祖。（《通志》卷三《商》）

陈　栎：汤革夏而立国号商，亦号殷，舜司徒契之后也，为夏方伯，葛伯不祀，汤始征之。自是，十一征而无敌于天下。（《历朝通略》卷一《商》）

陈士元：汤：名天乙，一名履。《易》称帝乙，《诗》称武王。（《孟子杂记》卷三《辨名》）

李　贽：成汤。契事唐虞为司徒，封于商，传十三世，生天乙，是为成汤。是时伊尹耕于有莘之野，汤使人以币聘之，进之于桀，桀不能用，尹复归汤。……桀无道暴戾，残虐万姓，尹相汤伐桀，放于南巢，诸侯大会，汤退而就诸侯之位，诸侯皆推汤为天子，于是即位，都于亳。（《史纲评要》卷一《商纪·成汤》）

又：汤即位，反桀之事，以宽治民，除其邪虐，顺民所喜，远近归之。乃改正朔，以建丑之月为正月，色尚白，牲用白，以白为徽号。（同上）

又：大旱七年，太史占，当以人祷。汤曰："吾所为请雨者民也。若以人祷，吾请自当。"遂斋戒、剪发、断爪，素车白马，身婴白茅，以为牺牲。祷于桑林之野，以六事自责曰："政不节欤？民失职欤？宫室崇欤？女谒盛欤？苞苴行欤？谗夫昌欤？"言未已，大雨，方数千里。作乐曰《大濩》。在位十三年崩，孙太甲立。（同上）

袁　黄：成汤名履，一名天乙，主癸之子，黄帝之后也。姓子氏。初，帝喾次妃简狄，祈于高禖，有玄鸟之祥，遂生契。契事唐、虞，为司徒，教民有功，封于商。契生昭明，昭明生相土，相土生昌若，昌若生曹圉，曹圉生宜，宜生振，振生微，微生报丁，报丁生报乙，报乙生报丙，报丙生主壬，主壬生主癸，主癸娶扶都氏，见白气贯月，意感而生天乙，是为成汤。（见《纲鉴合编》卷一《商纪·成汤》）

又：蔡氏曰：汤顺天应人而放桀，其武功成，故曰成汤。（同上）

梁玉绳：汤娶有㜪氏为妃，始见《列女传》。㜪本作莘，又作㜪，亦曰吉妃。案：《列女传》言有㜪氏生外丙、仲壬，《御览》百三十五引《列女传》云，生三子：太丁、外丙、仲壬，各不同。（《汉书人表考》卷二《有㜪氏》）

徐文靖：《笺》按：汤名帝乙，见《易纬》；名天乙，见《世本》；名履，见《鲁论》；名祖乙，见《白虎通》，曰成汤，曰武王，见《诗》。是七名也。（《竹书纪年统笺》卷五《汤有七名》）

朱孔阳：成汤名履，一名天乙，主癸子。母扶都氏，感白气贯月而生，自商邱迁都南亳（按：谷熟为南亳，在今河南归德府商邱县东南四十里，又蒙为北亳，即景亳。皇甫谧以为汤受命之地，在今商邱县北四十里大蒙城），与葛为邻（按：葛即今归德府葛乡）。伐桀后自南亳迁都西亳（按：偃为西亳，在今河南府偃师县西十里广乡），即王位十有三祀，崩（按：汤十八祀三月践天子位，三十祀而崩），寿一百岁，陵在今山西蒲州府荣河县。元癸未岁（世祖二十年），沦于河。国朝载入祀典（《历代陵寝备考》卷七《商》）

方诗铭：汤有"七名"，古有此说，《金楼子·兴王篇》云："（成汤）凡有七号：一名姓生，二云履长，三云瘠肚，四云天成，五云天乙，六云地甲，七云成汤。"或出于纬书，不尽可信。杨树达《积微居甲文说》云："按：《太平御览》八十三引古本《竹书纪年》云：'汤有七名而九征。'今汤名可知者，汤（卜辞作唐）、太乙、履三名而已。"《孟子·滕文公下》："（汤）十一征而无敌于天下。"《帝王世纪》："（成汤）凡二十七征，而德施于诸侯。"（《御览》卷八三引）《广弘明集》卷一一法琳《对傅奕废佛僧事》所云"汤凡九征二十七战"，则综合《纪年》《世纪》之文。所谓"九征""十一征""二十七征"，皆言其征伐之频繁，朱右曾《竹书纪年存真》一一为之从典籍勾稽"九征"之名，以征葛、有洛、豕韦、顾、昆吾、夏、三朡当之，而以"余二征未详"，似泥。（《古本竹书纪年辑证·殷纪》）

泷川资言：《考证》：《荀子·成相》篇："契玄王生昭明，居于砥石，迁于商，十有四世，乃有天乙，是成汤。"崔述曰："《尚书·酒诰》、《多方》、《立政》等篇皆称为成汤，无但称汤者，盖履，名也；成汤，号也。"古多以一字名，未闻以一字号者。然则成汤乃其本号，汤则后世之省文也。《商颂·殷武》，亦称成汤，《玄鸟》称武汤，《长发》或但称汤，或称武王。盖史册主于纪实，诗人主于颂美，故其称参差不一。武王者，子孙追崇之称，即后世谥法所自仿，既或者文为汤，因以武加之为武汤耳。梁玉绳曰："汤非名也，以地为号，故称成汤武汤。《路史·发挥》注云'汤特商国中一邑名，成汤者犹成周'。"（《史记会注考证卷三·殷本纪第三》）

【汇评】

李　昉：《帝王世纪》曰：成汤，一名帝乙，丰下兑上，指有胼。倨身而扬声，长九尺，臂四肘，有圣德。诸侯有不义者，汤从而征之。诛其君，吊其民，天下咸悦。故东征则西夷怨，南征则北狄怨。曰："奚为而后我！"故《仲虺诰》曰"徯我后，后来其苏"者也。凡二十七征，而德施于诸侯焉。及夏桀无道，汤使人哭之，桀囚汤于夏台而后释之。诸侯由是咸叛桀附汤。同日贡职者五百国。三年，而天下悉服。汤自伐桀后，大旱七年。洛川竭，使人持三足鼎祝于山川曰："欲不节耶？使民疾耶？苞苴行耶？谗夫昌耶？宫室营耶？女谒行耶？何不雨之极也！"殷史卜曰："当以人祷。"汤曰："吾所为请雨者民也。若必以人祷，吾请自当。"遂斋戒剪发断爪，以己为牲，祷于桑林之社曰："唯予小子履，敢用玄牲，告于上天后土曰：'万方有罪，罪在朕躬，朕躬有罪，无及万方。无以一人之不敏，使上帝鬼神伤民之命。'"言未已而大雨至，方数千里。（《太平御览》卷八十三《皇王部八》）

范祖禹：商王成汤，不迩声色，不殖货利，以义制事，以礼制心，昧爽丕显，坐以待旦。作《盘铭》曰："苟日新，日日新，又日新。"（《帝学》卷一）

陈士元：元按商汤子姓，契之后。《商本纪》云："天乙立，是为成汤。"自契至汤十四代，凡八迁。汤始居亳，放桀于南巢，归于亳，践天子位，号曰商。自盘庚迁殷，张晏云："禹、汤皆字也。"《谥法》云："除残去虐曰汤。"然汤名履，《书》云"予小子履"是也。孔安国云："汤初名天乙，为王时改名履。"谯周云："夏殷之礼，生称王，死称庙主，皆以帝名配之。"天亦帝也，殷人尊汤，故曰"天乙"，又《易》曰："帝乙归妹。"《易·传》亦以帝乙为汤名。是"天乙"即"帝乙"也。若然，纣之父亦曰帝乙，是祖孙同名矣。商王多以十干取名，汤之父曰主癸，主癸之父曰主壬，主壬之父曰报丙，报丙之父曰报乙，汤之后王，又有祖乙、有小乙、有武乙，然则帝乙为汤名，岂有后世称庙主而始有帝乙之名哉？（引自陈春辑刻《湖海楼丛书·论语类考》卷七《汤》）

梁玉绳：案：汤非名也（有谓汤是字及谥者，并非），以地为号，故称成汤、武汤。《路史·发挥》注云：汤特商国中一邑名，今相之汤阴。成汤者，犹成周然。其名有二：曰天乙者，商例以生日名子，质也；曰履者，别制嘉名，文也。《尧典》《疏》及《白虎通·姓名》章谓汤为王后改名，恐非。（《史记志疑》卷二《殷本纪第三》）

成汤①，自契至汤八迁②。汤始居亳③，从先王居④，作《帝诰》⑤。

①【汇校】

王叔岷：《考证》：成汤二字衍。"枫""三""南本""洞本"旧刻本皆无。案：《御览》八三引《逸本》云："成汤，自契至汤，八迁。"与此本同。《书·帝诰》《鳌沃》序云："自契至子成汤，八迁。"自上亦无"成汤"二字。（《史记斠证·殷本纪第三》）

【汇评】

司马光：自契至成汤，八迁。汤始居亳，从帝喾居。汤不迩声色，不殖货利（原注：迩，近也；殖，生也：言清洁不贪），德懋懋官，功懋懋赏，用人惟己，改过不吝（原注：勉于德者则勉之以官，勉于功者则勉之以赏，用人之言，若自己出，有过则改，无所吝惜，所以能成王业），居上克明（原注：言理恕），为下克忠（原注：事上竭诚），与人不求备，检身若不及（原注：使人必器之，常如不及，恐有过）。（《稽古录》卷六《殷上》）

罗愿：圣人之用心，有卓然至到常情所不能测者，不惟天下后世之所不知，虽当世亲炙与之共事者，盖未必尽知也。成汤放桀于南巢，惟有惭德，曰："予恐来世以台为口实。"于是其臣仲虺乃为之道：天曰民生欲必生，聪明者治之。有夏昏德，天乃锡汤以勇智，而使之代夏。次又道：商邦之在夏时，如稂莠糠秕之见播除，小大战战不能以自安。末又道：成汤之德，始于征葛伯，东征西怨，而民之戴商已久。呜呼！仲虺果以此晓天下后世耶？亦将以慰夫汤之心也？若以晓夫天下后世，则汤之举，以仁伐不仁，以义伐不义，天下忻然戴之，盖不容后世之议矣。若以慰夫汤，则汤固非若言者之所慰也。世之君子，惟其责轻而虑近，幸人之不能议已，斯以为足于其心而已矣。若夫圣人之举措，不患不能慰天下之心，唯夫天下悦之太深，信之太笃，不复置疑于其间，则圣人方且以此为惧。且夫汤之为此，天下安有议之者哉？然而不释然者，岂以桀之罪，虽足以致之，而君臣长防名分之间，犹有可念者耶？方其得一伊尹而进之，此岂有意于伐桀者哉？然天地无全功，圣人无全能，盖君臣长防天下之大顺，与夫除残去贼天下之大利，其势有时，而不能兼。古之圣人不幸而当之，必得名世之士相与立，同异是非，通彼我之情，以更相发明，然后于情义为尽。鸣条之事，前此所未有，使当世之士有若伯夷者一，为天下明君臣大义，使少有所泄，宁在我者无全德之名，而使彼得戴义之半，则圣人犹有所安于其心。……圣人之无已一至于此，故夫成汤之惭，仲虺所为作书者，世以为能掩汤之惭，而不知夫所谓惭德，最圣人用心至到之处。季札观舞曰："圣人之弘也，而犹有惭德，圣人之难也。"呜呼！世皆以备

道全美为圣人,孰知夫所谓惭,乃圣人之所难者欤?(《罗鄂州小集》卷二《汤论》)

② 【汇校】

梁玉绳：附案：此仍《书·序》元文，"成汤"二字，传写误增，故《史诠》谓"洞本无此二字，当衍之"。而所云"八迁"者，《本纪》止言汤一迁，余皆不载。考《书》《疏》曰"《世本》昭明居砥石"，《荀子·成相》曰"昭明居砥石，迁于商"，《左传》"相土居商邱"，是三迁也（商与商邱不同，见《左·襄九年》疏）。《竹书》"帝芒三十三年商侯迁于殷（冥之子振也），帝孔甲九年，殷侯复归商邱"，是五迁也。《路史·国名纪》云"上甲居邺"，是六迁也。而《水经注》十九又引《世本》云"契居蕃"，是七迁也。并汤为八。《经典释文》谓八迁惟见四，孔仲达数砥石、商邱及亳为三，而连契之居商为四迁，非也。（《史记志疑》卷二《殷本纪第三》）

【汇注】

张　衡：殷人之屡迁，前八而后五。（《西京赋》）

裴　骃：孔安国曰："十四世凡八徙国都。"（《史记集解》）

王国维：《尚书序》，自契至于成汤八迁。《正义》仅举其三，今考之古籍，则《世本·居篇》云：契居蕃（疑即《汉·志》鲁国之番县，观相土之都在东岳下可知）。契本帝喾之子，实本居亳，今居于蕃，是一迁也。《世本》又云：昭明居砥石，由蕃迁于砥石，是二迁也。《荀子·成相》篇云：契玄王生昭明，居于砥石，迁于商，是昭明又由砥石迁商，是三迁也。《左氏襄九年传》云，陶唐氏之火正阏伯居商邱，祀大火而火纪时焉。相土因之，故商主大火。是以商邱为昭明子相土所迁。又《定九年传》，祝鮀论周封康叔曰：取于相土之东都，以会王之东蒐，则相土之时曾有二都，康叔取其东都以会王之东蒐，则当在东岳之下，盖如泰山之祊为郑有者，此为东都，则商邱乃其西都矣。疑昭明迁商后，相土又东徙泰山下，后复归商邱，是四迁、五迁也。今本《竹书纪年》云，帝芒三十三年，商侯迁于殷（《山海经》郭璞注引真本《纪年》有殷王子亥、殷王甲微称殷不称商，则今本《纪年》此事或可信），是六迁也。又孔甲九年，殷侯复归于商邱，是七迁也。至汤始居亳，从先王居，则为八迁。汤至盘庚五迁，《书·序》纪其四，而前之八迁，古未有说，虽上古之事若存若亡，《世本》《纪年》亦未可尽信，然要不失为古之经说也。（《观堂集林》卷十二《说自契至于成汤八迁》）

王　恢：汤前八迁，始于《书序》《胤征》，《史记》录其文而未有说。唐初杨炯《少室山少姨庙碑序》："殷帝八迁，未卜王城之地。"孔颖达《书·正义》始据《商颂》，契居商。《世本》昭明居砥石，《左传》相土居商丘，及汤亳，凡得四迁。《路史·国名纪丁》以为可考者六：契居番，昭明居砥石，复迁于商，相土处商丘，上甲居邺，而汤居亳。近代王国维《说自契至于成汤八迁》（《观堂集林》卷十二）前四迁同《路史》，后四迁据《左》定四，《竹书》异。丁山《由三代都邑论其民族文化》以为王氏据今本《竹书》，所谓商侯迁殷，殷侯复归商丘，六迁、七迁，实难置信。又谓商丘与商，本为一地；昭明、阏伯，疑即一人。认为王氏所考，惟契居蕃，昭明迁商，与相土东都，可补苴《孔疏》，而止有契居蕃，昭明居砥石，迁商，相土东都，王亥居有易附近或即砥石，与汤之居亳，实凡六迁。（《史记本纪地理图考·殷本纪·汤前八迁》）

又：赵铁寒《汤前八迁的新考证》，说帝喾所居可能在瀔水，契居鄴（即蓟）为一迁，契由鄴迁蕃（即潘——今怀来）为二迁，其说穿凿附会，甚无谓，其他为砥石、商、东都、瀔水附近、亳，凡八处。（同上）

又：予以为契本居亳，蕃在鲁国，砥水不明所在，商邱，相在内黄，复归商丘，是为东都，以相为西也，汤复居亳，得六处七迁。（同上）

胡厚宣：成汤以后的五迁与以前的八迁在性质上有明显的不同。汤以后的五迁，是指商王在统治区内的迁都，即统治中心的迁移，而契至于成汤的八迁，则是商族在建国以前，由于自然的缘故以谋求生存空间或者出于政治原因，整个部族的迁徙。（《殷商史》，第33页）

王玉哲：我们已经说过先商的氏族还在过着游牧或游农经济生活。这个时期他们尚停滞于父系氏族社会阶段。游牧或游农氏族社会与城郭居民的社会不同，他们随水草而居，不能长期定居于一处，这恐怕就是"殷人屡迁，前八后五"的原因。（《中华远古史》，第195页）

晁福林：尽管八迁之数非必如此，但商族曾频繁迁徙还是可以肯定的。成汤以前的迁徙，是商族的移动，当时还没有都邑的概念，所谓"八迁"并不具备后世的迁都的含义。（《夏商西周的社会变迁》，第75页）

徐中舒：殷人的都邑，是经过多次迁徙的。王静安先生在《说自契至于成汤八迁》一文中，论证自契至于成汤，都邑迁徙过八次。这可以备一说，但不一定就是准确的，应该根据考古发掘来进一步研究。成汤以后五迁，张守节在《殷本纪》的《正义》中说："汤自南亳迁西亳，仲丁迁隞，河亶甲居相，祖乙居耿，盘庚渡河南居西亳，是五迁也。"这种都邑的迁徙，是因为农业不发达，需要改变地理条件来维持生产。所以，成汤以前的八迁也可能只在几个固定的地方往返耕种，而不是真正迁移了八个地方。从时间上来看，前八次迁徙所占的时间短，后五次迁徙所占的时间长，这说明农业生产有一些发展，用不着多迁徙来改变地理条件了。（《先秦史论稿》，第58页）

【汇评】

王　恢：予尝以为考古史地，须以古观古——默察"当时、此地"的情况。否则，虽凿穿文字，恐将失之千里。如以"殷人禘喾"，肯定契为帝喾子，帝喾居亳，其子何乃一徙千里，弃温暖之中原，北之严寒之荒野？除非商本北方别一氏族，渐向温暖的南方，游牧于河济之间，依附于帝喾之族。商代前期和中期，不过河济间一较强之游牧部落，推"不常厥居"之义，断不止于八迁。非有"宫室之美，百官之富"，安土而重迁也。即汤使民为葛耕，由游牧渐进于农业，故前八后五，徙次渐稀。（《史记本纪地理图考·殷本纪·汤前八迁》）

游　寿：殷人所活动的地方，以黄河中游河南为中心，西到山西、陕西，东至山东，北到河北邯郸，这是近年考古发掘证明了的。它说明殷人文化影响所及，范围很广。史载：自盘庚迁殷至纣灭亡之年，不徙都。但纣时，南据朝歌，北邯郸，及沙丘，均建有离宫、别馆。这个说法，联系文献记载和考古发掘来看也是可信的。

汤先代自契以下所迁地方，有的重回故居，多是黄河泛滥之处，有的是让给夏的统治者，再看他所迁的有嚣、相、耿、庇、（邢）奄等地，前后反复迁邑。所谓都城，是汤统治后，成为大一统政权，称都，在汤以前不是都城。所以称五迁八迁，而主要是"亳"，历史文献对"亳"争论很盛，近年考古发掘的展开，所得资料丰富，又重提这个问题，而从契居"亳"到春秋，"亳"就有五六处。

一、汤始居亳，"从先王居"。《史记集解·殷本纪》契父帝喾都亳，汤自商丘迁焉，故从先王居。

二、三亳：1. "亳"偃师（即帝喾之墟），西亳。

　　　　　2. 北亳，汤所盟地（宋州北五十里）。

　　　　　3. 汤徙居为南亳（谷熟、汤都）。

三、肃慎、燕、亳，吾北土也（《左传昭公九年》）。（周代）

四、秦宁公三年与亳王战，亳王奔戎。（《史记·秦本纪》）

五、许氏《说文》"亳"字下云：京兆杜陵亭。（汉）

以上几个"亳"都是指地方，一个到了北疆，二个在西面，而春秋有三个"亳社"是在鲁国，不是地名，是先代历史留下的纪念物。因之"亳"就成为中国从汉至今地名学上争论不休的问题。

近年陶文出土，有的是单字，我看到三个完整的陶印章，"陈造南左里所亳区"，文在器口。"右敲薄抹"，调查是临淄所出的陶器，实测"重今秤三斤二两"，这是战国陈齐的国家法定量器。再从"敲薄"二字研究，"亳"字在此处，不是地名，而是指定词，说这量器，经齐国秤定的，粮食买卖以此量作标准，"敲薄"的抹印，是国家管粮食机构的印。

亳字从亭，在文字上代表高、亭、京，是较高的一个建筑目标，下从戈，象"斗概"形，我幼年在农村，看到升斗量粮，都用"斗概"平一下，这个斗概表达在一定场所，进行物品交换的意义。周时亳都写作"薄"，《逸周书·殷祝解》说："汤放桀，而复薄，三十诸侯大会。"《左传·哀公四年》记载："亳社灾。"《公羊传》和《谷梁传》上之亳字，均为"薄"。"薄"在先秦时是多义字，《广雅·释诗》："薄，习也。"我们认为，"亳"与"薄"一样，在商代是专门进行物品交换的场所。这个交换场所，选择在比较高的台地上。亳，是商代专门进行物品交换的固定名称。

以上，我们从地望、字形和量器等方面，考证了殷代的几处亳，是商品交换的场所。（《略说商亳》，《殷都学刊》增刊，1985年2月）

曲英杰：商人之兴，始于契。"契兴于唐、虞、大禹之际"。《尚书》序云："自契至于成汤八迁，汤始居亳，从先王居。"传曰："十四世凡八徙国都。""契父帝喾都亳，汤自商丘迁焉，故曰从先王居"。对于自契至于成汤八迁之所在，史书多无明确记载。孔颖达云："契至成汤十四世凡八迁国都者，《商颂》云：帝立子生商，是契居商也；《世本》云，昭明居砥石；《左传》称相土居商丘；及今汤居亳，事见经传者有此四迁。其余四迁，未详闻也。……孔言汤自商丘迁焉，以相土之居商丘，其文见于《左传》，因之言自商丘徙耳。此言不必然也。何则？相土，契之孙也。自契至汤凡八迁，若相土至汤都遂不改，岂契至相土三世而七迁也？相土至汤必更迁都，但不知汤从何地而迁亳耳，必不从商丘迁也。"梁玉绳云："考《书》疏曰：《世本》昭明居砥石，《荀子·成相》曰昭明居砥石，迁于商，《左传》相土居商丘，是三迁也（商与商丘不同，见《左》襄九年疏）。《竹书》帝芒三十三年商侯迁于殷（冥之子振也）。帝孔甲九年，殷侯复归帝丘，是五迁也。《路史·国名纪》云：上甲居邺，是六迁也。而《水经注》十九又引《世本》云：契居蕃，是七迁也。并汤为八。"王国维以契本居亳，迁于蕃为一迁，以相土迁东都代替上甲居邺，而凑成八迁。丁山又以《古本竹书纪年》所载"殷王子亥宾于有易"代替《今本竹书纪年》所载"商侯迁于殷"，以《路史·国名纪》所载"上甲微居邺"代替《今本竹书纪年》所载"殷侯复归于商"，而修正王国维之八迁说。对此诸说，似还可以做进一步的商榷。此外，有吕思勉的"汤身凡五迁，汤以前只三迁"之说，对"八迁"的理解与众不同。（《先秦都城复原研究》，第31页）

又：商人在相土时东迁东都、商丘。《左传·定公四年》记祝鮀语叙周初封卫康叔云："封畛土略，自武父以南，及圃田之北竟，取于有阎之土，以共王职。取于相土之东都，以会王之东蒐。"杜预注："为汤沐邑，王东巡守，以助祭泰山。"王国维云："祝鮀论周封康叔曰：取于相土之东都，以会王之东蒐。"则相土之时曾有二都，康叔取其东都以会王之东蒐则当在东岳之下，盖如泰山之祊为郑有者。此为东都，则商邱乃其西都矣。疑昭明迁商后，相土又东徙泰山下，后复归商邱，是四迁、五迁也。其以相土先迁于东都，再迁商丘，或有可能。如此，则相土自商迁东都当为三迁，再迁商丘当为四迁。

相土之东都所在，除有可能如王国维所推定在泰山之下外，亦有可能在卫之东界，今河南濮阳以东某地。春秋时期，卫国东部边境地带有莘、鄄等地。《左传·桓公十六年》载：卫惠公命急子使于齐，"使盗待诸莘，将杀之"。杜预注："莘，卫地。阳平县西北有莘亭。"在今山东莘县境。《春秋·庄公十四年》载："冬，单伯会齐侯、宋公、卫侯、郑伯于鄄。"杜预注："鄄，卫地，今东郡鄄城也。"在今山东鄄城县境。据此，今莘县、鄄城一线，大致可视为春秋时期卫之东境。卫为周初所封大国，与之接境的齐、鲁等国在西周时期似不可能向西兼并太多，因而春秋时期卫、齐、鲁等交界线亦很可能就是卫初封时之东境。如此，则相土之东都又很有可能即在今莘县、鄄城一线附近，西距今濮阳不远。此一带周时称"小东"，秦又置"东郡"。小屯商代卜辞中单称东而指为地名者，如《殷墟文字乙编》第 2093 片载"贞，王勿入于东"等，或有可能即指原为相土东都之地。

相土迁都商丘，见于《左传·襄公九年》，士弱曰："陶唐氏之火正阏伯居商丘，祀大火，而火纪时焉。相土因之，故商主大火。商人阅其祸败之衅，必始于火，是以日知其有天道也。"《世本》亦载："相（土）徙商丘，本颛顼之虚。"

商丘地望所在，自汉以来学者或以其在卫地，如贾逵曰："商丘在漳南。"其当指古颛顼之墟，在今河南濮阳县境。或以其在宋地，如班固云："周封微子于宋，今之睢阳是也，本陶唐氏火正阏伯之虚也。"其指今河南商丘市境。所谓商丘在宋地乃是出于对商人主祀大火之星的误解。杜预云："传曰：迁阏伯于商丘，主辰。辰，大火也。今为宋星。然则商丘在宋地。"孔颖达云："《尔雅》以大火为大辰，是辰为大火也。昭十七年传云：宋，大辰之虚。是大火为宋星也。"阏伯已居商丘，祀大火。今大火为宋星，则知宋亦居商丘，以此明之，故云然则商丘在宋地也。《释例》云："宋、商、商丘，三名一地，梁国睢阳县也。"其将商人主祀大火之星与宋之星野为大火联系起来，以此推断商丘在宋地，理由是极不充分的。阏伯为火正，商主大火，未必其所居之地的星野即为大火。相土以后商人所迁居之地的星野亦并不为大火。宋为商之后裔，其所居之地的分野恰为大火，这只能说是一种巧合，二者之间并无必然的联系，不可将商人主祀大火理解为相土所居之商丘的分野即为宋地。

商丘在卫地说，与其"本颛顼之虚"相合，当是可信的。《水经注·瓠子河》载："河水旧东河，迳濮阳城东北，故卫也，帝颛顼之墟。昔颛顼自穷桑徙此，号曰商丘，或谓之帝丘。本陶唐氏火正阏伯之所居，亦夏伯昆吾之都，殷之相土又都之，故《春秋传》曰：阏伯居商丘，相土因之是也。卫成公自楚丘迁此。秦始皇徙卫君角于野王，置东郡，治濮阳县。濮水迳其南，故曰濮阳也。"此"河水旧东河（或据戴改作'决'，赵改作'流'）"，或有可能为古商河之河道。《水经注·瀑水》载："（瀑水）又东北过杨墟县东，商河出焉。《地理志》杨墟（今本《汉书·地理志》作楼虚），平原之隶县也。汉文帝四年，以封齐悼惠王子将庐为侯国也。城在高唐城之西南，经次于此，是不比也。商河首受河水，亦漯水及泽水所潭也，渊而不流，世谓之清水。自此虽沙涨填塞，厥迹尚存，历泽而北，俗谓之落里坑。迳张公城西，又北，重源潜发，亦曰小漳河。商、章声相近，故字与读移耳。商河又北迳平原县东。"（《先秦都城复原研究》，第 35 页）

又：商人居商丘后再迁之地，梁玉绳、王国维俱依《今本竹书纪年》所载为殷及复归商丘，丁山则以"殷王子亥宾于有易"代替迁殷，以"上甲微居邺"代替复归商丘。其以商人后又复归商丘，很明显是为了牵合《尚书序》传所云汤自商丘迁亳之说，似并无任何史实根据。从"汤尝约于郼、薄"等记载来看，成汤是从郼地迁亳，而非自商丘迁亳。所谓"殷王子亥宾于有易"，乃是去有易之地为宾客，不得视为迁都。而所谓商侯所迁之殷与上甲微所居之邺，当同指今河南安阳小屯之地，唯其在商周时期当称为郼。而在商人迁郼之前，似当有冥迁邺。

《国语·鲁语上》记展禽语曰："冥勤其官而水死。……商人禘舜而祖契，郊冥而宗汤。"韦昭注："冥，契后六世孙，根圉之子也，为夏水官，勤于其职而死于水也。"宋忠亦曰："冥为司空，勤其官事，死于水中，殷人郊之。"是冥治河水当确有其事。翦伯赞推断"冥"即所谓"河伯"。小屯商代卜辞中有："辛巳卜，贞，来辛卯酒河十牛，卯十牢；王亥寮十牛，卯十牢；上甲寮十牛，卯十牢。"其"河"，当即指"冥"。此可证冥确是因死于治水而被后人尊为"河伯"。《水经注·浊漳水》载：漳水过邺县，"漳水又北迳祭陌西。战国之世，俗巫为河伯取妇，祭于此陌。"此祭陌在古邺城北，今河北临漳县西南。后世既于此地祭"河伯"，则"河伯"冥所居或有可能即在此地。其在古邺城北，与上甲微所居的在古邺城西南的郼不为一地。如此，则自契以后商人第五次迁都当为冥迁邺。（《先秦都城复原研究》，第 41 页）

又：冥以后商人再迁之地，《今本竹书纪年》载：帝芒三十三年，"商侯迁于殷"。王国维云："《山海经》郭璞注引真本《纪年》，有殷王子亥、殷主（据宋本当为上）甲微，称殷不称商，则今本《纪年》此事或可信。"《路史·国名纪》卷三邺条载："上甲微居，即桐也。《世纪》云邺西南有上司马，太甲之居。今汤阴有司马泊、司马村。或云太甲。盖以邺西桐有离宫，商之墓地，而缪以上甲为太甲尔。"雷学淇以为"罗氏以太甲为上甲，甚是。据《竹书纪年》，殷在邺之西南四十里。夏后帝芒三十三年，商侯迁于殷，故帝泄纪曰殷侯子亥、殷侯微。微即上甲微也。微既处殷，或又营其地之名司马者以为下都，故曰上甲徙司马。晋初《世本》转写多误，士安据之，遂曰太甲徙上司马，且载于成汤居亳之后。罗氏议之是矣"。其殷、邺当同指今河南安阳小屯之地。证之以小屯出土的商代卜辞，可知王亥、上甲微被商人尊为高祖，许多场合祭先公先王以王亥、上甲微为首，如"甲午，贞，乙未酒高祖亥〔羌〕囗〔牛〕

□，大乙羌五牛三，祖乙羌□〔牛〕□，小乙羌三牛二，父丁羌五牛三。亡巷。兹用"。"庚辰，贞，其陟用高祖上甲。兹用"。"自上甲六示（至示癸）""自上甲十示又二（至中丁）""自上甲十示又三（至祖乙）""自上甲廿示（至文丁）"等，或可表明商人在王亥、上甲微以后确曾迁于此地，故自王亥、上甲微以后先公先王于此地受祭。而冥之受祭，则很可能是由于其为王亥之父，又为河伯，其所居邺地距此较近的缘故。小屯卜辞中不见有冥以前昭明、相土、昌若、曹圉等先公名号，或有可能是由于其不曾居此、而受祭于其原居之地。既如此，罗泌以上甲微居邺，当有所本。唯其以此而否定太甲亦曾居邺地，似不妥。

王亥、上甲微所居与成汤所居既然同为一地，在此期间亦无其他线索表明商人曾有迁徙之举，则自王亥、上甲微至成汤时期，商人当一直是以郼地为都。此为自契以来商人第六次迁徙。自王亥至成汤，凡八世。商人居郼当在二百年以上。

从小屯一带的考古发掘来看，已发现了一些颇值得注意的线索。侯家庄北地1号墓，位于1003号大墓之南，1217号大墓之东北，墓道的南端被1217号墓的东墓道打破，墓室上部被一个殷代大灰坑所破坏。墓圹平面呈甲字形，墓口距地表深1米，墓底距地表深7.2米，呈长方竖穴形，长7.7米，北宽5.4米，南宽5米。墓底有南北二层台，中部有一腰坑。墓室曾遭多次盗掘，葬具已被破坏，棺椁被焚烧。出土遗物主要有白陶器、玉器、石器、骨器、蚌器以及鹿角、贝、铜器残片、象牙雕刻器残片等共400余件。其中白陶器残片820片，可辨器形者有簋、豆、斝、瓿、瓮、大口尊和罍等，大多仿照青铜礼器而制。白陶器是商代所特有的一种珍贵艺术品，其贵重程度并不逊于青铜器。发掘者推断此墓属殷墟文化早期，墓主人很可能是殷王室的成员。此墓所出土木炭经碳十四测定，年代为公元前1810±131年（经树轮校正）。发掘者认为此一数据与殷墟地区其他地点所测数据相比年代偏高，远远超过殷代纪年，故不可靠。这一推断似有不妥之处。此一墓内遗迹及出土器物与小屯地区所发现的商代中晚期墓葬相同或相近，表明其墓主人的族属为商人；而其所属时代大大提前，与传统所认为的成汤时期接近，则又可表明商人（殷王族成员）在此一带修造陵墓的时间范围并不局限于武丁时期以后。从地望上讲来，此地正位于汉魏时期的邺县西南，为文献中记载的汤冢、桐宫等所在。这当不是一种偶然的现象。虽不能判定侯家庄北地1号墓即为汤冢，但据此一线索判定此一带在成汤前后曾为商先公先王及其族属之墓地应该说是没有多大问题的。而成汤之陵墓不可能是脱离商先公先王墓区而孤立地存在，以此为线索或有可能找到汤冢。除此大墓外，在小屯、梅园庄等地还发现有二里头文化二至四期的文化遗存，其时代为公元前1800—前1500年。二者联系起来正可互相印证，表明洹水之南的小屯一带当为商人所都之郼地，故其有择洹水之北侯家庄西北冈一带为陵区之举。（《先秦都城复原研究》，第42页）

又：成汤自郼迁亳，中经赞茅。《商君书·赏刑》载："昔汤封于赞茅，文王封于岐周，方百里。"邹衡以为即《左传·隐公十一年》所载之"攒茅"，杜预注："在修武县北。"在今河南修武县境。其为成汤自北而南迁徙途中暂居之地，是很有可能的。此似可视为自契至于成汤八迁中第七次迁徙之地。今修武县京里村、北俎近村、王村、李固村等均发现有商代遗存，或可为商人曾在此一带居住和活动之佐证。（《先秦都城复原研究》，第 59 页）

③【汇注】

裴　骃：皇甫谧曰："梁国谷熟为南亳，即汤都也。"（《史记集解》）

张守节：《括地志》曰："宋州谷熟县西南三十五里南亳故城，即南亳，汤都也。宋州北五十里大蒙城为景亳，汤所盟地，因景山为名。河南偃师为西亳，帝喾及汤所都，盘庚亦徙都之。"（《史记正义》）

徐文靖：《笺》按：《书·叙》曰：汤既黜复命，复归于亳，作《汤诰》。又《周书·殷祝解》曰：汤放桀而复薄。三千诸侯大会。汤退，再拜，从诸侯之位。汤曰：此天子位，有道者可以处之，天子非一家之有也，有道者之有也。故天下惟有道者理之，惟有道者宜久处之。汤以此让，三千诸侯莫敢即位，然后汤即天子之位。古薄与亳通。此即《孟子》所谓汤居亳与葛为邻。《后汉·郡国志》梁国谷熟县有南亳，宁陵县有葛乡者也。皇甫谧曰：《孟子》称葛伯不祀，汤使亳众为之耕，若汤住偃师，去宁陵八百余里，岂当使民往为之耕乎？《竹书》汤即位，居亳，盖南亳也。（《竹书纪年统笺》卷五《殷商成汤居亳》）

王　恢：亳：《胤征》"汤始居亳，从先王居"。《伪孔传》："契父帝喾都亳，汤自商丘迁焉，故曰从先王居。"按亳在商丘北约五十里，曹县南可三十里，为商代中期都邑（汤后虽五迁，大多居亳；犹之汤前八迁，大多居商）。又以亳为商宗邑，间亦称亳（《谷梁传》哀四年）。亳之所在，最多纠纷。汤之所都，不外三亳：（一）《汉志》说在偃师尸乡；（二）徐广（《货殖传集解》）、臣瓒（《汉志·山阳郡·薄县》颜注）皆云薄县；（三）《睢水注》说在谷熟。谷熟与薄县，在商丘南、北各约四五十里，偃师则远在八百里外矣。（《史记本纪地理图考·殷本纪·亳》）

又：亳、薄同音通假，见《春秋》僖二十一年及《左传》。《礼·郊特牲》："薄社北牖。"《郑注》："薄社，殷之社，殷始都亳。"薄社，即宗庙、宗邑也。出征时必告祭先公先王及群神（如《周纪》：武王东观兵上祭于毕，载文王木主以行。及诛纣，尚修社及商纣宫。既入，立于社南大卒之左）。殷固"尚鬼"，董作宾《卜辞中的亳与商》所附《帝辛征人方日表》，卜征"告于大邑商"，卜夕"王今夕无祸"，凡四见，卜行"今日步于亳，无灾"，卜旬"旬无祸"，凡二见。军行所止，盖问卜于社；其立社处，多以亳名其地。即汤十一征，其孳乳之亳盖广，不能不冠地名，此三亳、群亳

又：傅斯年《夷夏东西说》曰："以亳为城郭宫室具备之都邑，则汤之亳自当有一个。如以其为兵站而有所以祷之所，则正不知一地。商之先世，或竟逆济水而西上拓地，凡建社之处，皆以旧名名之。"此系前人所未发。（同上）

又：亳，原只一个，在商丘北，（见上）汉为亳县，属山阳郡。晋时废，属之梁国蒙县。（汉亦为梁国蒙县，薄近蒙也。）《左》庄十二年，杜注"宋邑，蒙县西北有亳城"。……《左》哀十四年："桓魋先谋宋景公，请以鞌易薄。公曰：'不可，薄，宗邑也。'"王国维《说亳》（《观堂集林》卷十二）提出三证，论丁薄为汤都，略谓薄为宋宗邑，尤足征为汤所都。两汉为薄县，晋时县治虽废，而尚有亳城。若谷熟之南亳，偃师之西亳，不独古籍无征，即汉以后亦不见有亳名。又《孟子》言"汤居亳，与葛为邻"，皇甫谧、孟康、司马彪、杜预、郦道元均以宁陵县之葛乡为葛伯国，正与汤都相接。（同上）

钱　穆：案：南亳城，今商丘县西南。景亳亦作"薄"，今商丘县西北。孟子云："汤居亳，与葛邻"，皇甫谧云："宁陵葛乡去汤地七十里。"若汤居偃师，则去宁陵八百余里。又孟子曰："伊尹放太甲于桐。"桐在今虞城县，去偃师亦八百余里。汤亳仍属穀熟方近。（《史记地名考》，第271页）

胡厚宣：商汤都亳为史家所公认，但关于汤亳的地望问题，始终未能达到共识。亳都的地望，自《史记集解·殷本纪》引皇甫谧云、《正义》引《括地志》都说在宋州谷熟县南，即今河南商丘境。而汉以来大体有几种说法，即长安杜陵杜亳说，谷熟南亳说，王国维《说亳》一文又提汉山阳薄县说。20世纪50年代董作宾先生在台湾发表卜辞中的亳与商，主张在安徽之亳县。郑州商城在20世纪50年代发现后，邹衡先生首先提出了《郑州商城即汤都亳考》，即为"郑亳说"，"郑亳说"一经提出，便引发众多争论，安金槐先生即有郑州商城为中丁所迁之"隞都说"的不同主张。1983年偃师商城发现后，许多学者结合文献记载，又祭起了"偃师商城为汤亳都"大旗，即为偃师西亳说。自20世纪80年代以来，郑亳说与西亳说之间发生了激烈而漫长的论战，迄今并无结果，期间也有人试图调和二说，似乎亦难取得共识。殷墟考古前辈高去寻先生对于亳都论争问题甚为关切，曾撰有《商汤都亳的探讨》，认为"成汤最初所都的亳，是后世所谓南亳，汤灭夏以后，为了镇抚新征服的夏土，才在偃师尸乡修筑了一个城池，被后世传称为西亳，这种情形与西周初年平定东方殷人后，在今日洛阳建立了东都洛邑，为镇抚东方的一个前进指挥所的情形相同"。汤亳地望的考证至今不能得到解决，而殷都屡迁问题则又是一个论争不休的焦点。（《殷商史》，第36页）

晁福林：关于成汤所居的地方，古代文献均谓亳（或通假作薄），应当是没有问题的。但以亳为称的古地甚多，所以汤居之亳的地望有多种说法。主要有杜陵说（《史记·六国年表》《集解》引徐广说)、谷熟说(《帝王世纪》《水经注》)、山阳薄县说(《汉书·地理志》注引臣瓒说)、偃师说(《汉书·地理志》)等。近年随着郑州商城和偃师商城的考古发掘重要成果的公布,有些专家又认为郑亳为成汤所居,或谓偃师商城是成汤一处别都。成汤时代,由于还没有专制主义中央集权的国家的出现,所以尚没有后世那样的首都的概念出现。若以帝王之都的观点衡量成汤之居,那就未免失之于偏颇。如果说当时以商为核心的方国部落联盟的中心就是所谓的都,那么成汤之都就不止一处。成汤时期,商的势力迅速增长。为了筹划灭夏大业,联合诸方国部落的势力,以成汤为首的商族曾频繁迁徙,灭夏以后,为了制服夏的残余势力和巩固方国联盟,商汤曾在一些地区建筑城邑。商族特别重视祭祀神灵和先祖,成汤所居之处当有社坛一类祭祀场所,因此这些地方都可以称为亳。亳都数量很多,原因盖在于此。(《夏商西周的社会变迁》,第 76 页)

朱彦民:"景亳"是商汤灭夏建国之前会盟诸侯之地,是商汤霸业的根基所在,是商汤的"始居都亳",也是后世商王纪念先祖、乞求福佑的圣都。"景亳"地望,向有异说。以商族迁徙方向和入主中原的进军路线为线索,根据文献记载和考古资料考证,"景亳"很可能就在今河南省浚县大伾山附近。商代后期的商王盘庚、武丁都可能来此圣都瞻仰圣迹、追先怀古。"景亳"今之不存,可能圮于黄河洪水,也可能缘于周人焚毁。(《商汤"景亳"地望及其他》,《中国历史地理论丛》,2002 年第 2 期)

宋镇豪:汤始居亳,其地望历来多有争论,但从文献记载来看,以曹亳的可能性最大,它既远离夏王朝的腹心地带,又处于四达之冲,既利于保存发展自己,又便于进取中原。(《商代史论纲》,第 406 页)

【汇评】

王　恢:傅斯年《夷夏东西说》曰:"以亳为城郭宫室俱备之都邑,则汤之亳自当有一。如以其为兵站而有所以祷之所,则正不止一地。商之先世,或竟逆济水而西上拓地,沿途所迁,凡建社之处,皆以旧名名之。"此系前人所未发。(《史记本纪地理图考·殷本纪·亳》)

田昌五:1983 年春,我国考古工作者在河南偃师县发现了一座商代城址,这不仅是考古学上的一大收获,对我国历史学也具有重要意义。

这座城的南墙已被洛水冲去,现存北、东、西三面墙址。北城墙长 1240 米,西城墙现长 1710 米,东城墙现长 1640 米,城的东西宽度不一致,北部 1215 米,南部 704 米。尸乡沟横贯其间,其下流地势低洼,是南半部东城墙内收的主要原因。城南部有三座小城,居中的一座经探明为宫城。另外两座分处宫城之西南面和东北面,当是宫城的辅助建筑。城内有若干条纵横交错的大道,宫城前面的一条大道直通城南。目前,我们对这座城的全貌及其周围的情况尚不十分清楚,但即此已可想见这座古城在当年的壮观景象了。

经初步钻探和对一座西城门的发掘，得悉城内考古文化层中包涵的基本上是郑州二里岗时期的遗迹和遗物。如这座西城门，因当时废弃不用，内侧变成一片墓地。墓葬分三层，上、中层墓葬出土的陶器鬲、簋、罐等，器形与二里岗上层的同类器相似。下层墓葬出土的鬲、斝、盆、罐等，与二里岗下层的相似。探掘所获遗物也差不多。郑州商城已可定论，故据此可断定这座古城也是商城。从这批墓葬出土的陶器上看是这样，而这批墓葬又埋在城门路土之上，据此又可断明：这座城的始建年代比二里岗期要早一些。

过去，除二里头文化三、四期西亳说外，还有一个郑亳说，这二说是相互对立而提出的。现在偃师商城如为汤居西亳，对郑亳说又应如何看待呢？郑亳说主要是根据郑州白家滩出土战国时期陶豆柄上有"亳丘"二字提出来的，较之偃师商城西亳说就大为减色了。没有任何史料根据，仅仅根据这两个字就判定郑州南城为商汤所都之亳，是缺乏说服力的。

郑州之地在汉代为管县，其前据班固《汉书·地理志》在"河南郡·中牟县"下自注：管叔邑，当为周初管叔鲜之封地。管叔受封于管以监殷，则管城之名在商代就有了。果然，在甲骨卜辞中有此地名官，即官城。据此，说郑州商城是商代之官城，是说得通的。仲丁迁敖，也可能都于官城。

最后回到偃师商城上来，既然它与郑州商城同为商灭夏后的都城，为什么说只有它才是汤居西亳而郑州商城却被定名为官城呢？偃师西亳之说确属后起，班固只说此地为"尸乡，殷汤所都。"在此之前，据《左传》昭公二十六年："五月戊午，刘人败王城之师于尸氏。"杜预注："尸氏在巩县西南偃师城。"是此地在周代名尸氏。后称尸乡。地何以命尸氏，必有来源。按：古尸与夷通用。甲骨卜辞中的"尸其臣商"即"夷其臣商"。夷与衣、殷均可通，故尸乡即殷乡，乃商人故都曰殷。这样，偃师商城就可以称做古殷城了。如果我们嫌偃师西亳之说后起，称偃师商城为偃师殷都亦未尝不可。盘庚迁于殷，说不定就是这个地方。

商汤始居之亳尚未发现，根据史籍所载，它与郑州商城和偃师商城大体上处在一条东西线上，与今陇海路东段相一致。偃师商城有其重要意义，没有它就不能控制夏人故土和西方。郑州商城在这条线上处于中枢地位，又是南北必经之地，同样具有重要的意义。商汤灭昆吾、夏桀之后，有了这两座都城，才可能把商朝的统治巩固下来，并为商代"载祀六百"奠定巩固的基础。（《谈偃师商城的一些问题》，《殷都学刊》增刊，1985年2月）

曲英杰：成汤迁亳，为八迁。商人自成汤始居亳，见于先秦典籍，如《墨子·非命上》载："古者汤封于亳，绝长继短，方地百里。""亳"又作"薄"，如《荀子·议兵》载:"古者汤以薄、武王以镐,皆百里之地也。"亳字,有些学者认为其最初之义应是共名,或具有"京城""社稷亭"等这样泛指的含义,似未必恰当。古时称亳之地不止一处,当是由于原居亳地之人不断迁徙所致。

亳地所在,自汉以来有河南偃师(西亳),京兆杜县(杜亳)、梁国谷熟(南亳)、山阳薄县(北亳)、河南郑州(郑亳)等说,而以西亳说最早出。《汉书·地理志上》载河南郡属县:"偃师,尸乡,殷汤所都。"后有郑玄云:"亳,今河南偃师县,有汤亭。"《左传·昭公四年》:"汤有景亳之命。"下杜预注:"河南巩县西南有汤亭。或言亳即偃师。"阚骃曰:"汤都也。亳本帝喾之墟,在《禹贡》豫州河洛之间,今河南偃师城西二十里尸乡亭是也。"又有《晋太康地记》云:"尸乡南有亳阪,东有城,太甲所放处也。"是知偃师确曾为汤所都,其时名亳,当是因临近亳阪的缘故。《孟子·滕文公下》载:"汤居亳,与葛为邻。……汤始征,自葛载,十一征而无敌于天下。"

偃师之亳在周初已废或改名。《元和郡县图志》卷五载河南府偃师县:"本汉旧县,帝喾及汤、盘庚并都之。商有三亳,成汤居西亳,即此是也。至盘庚又自河北徙理于亳;商家从此而改号曰殷,武王伐纣,于此筑城,息偃戎师,因以名焉。"在先秦典籍和器物铭文中不见有偃师之名,其说或有可能出于附会;然在周时此地不再称亳,似当属实。

由此可知,商时只有一亳,在河南偃师。周初亳人分散,分别居于今河南郑州(古荥阳县之薄亭,非今郑州城)、陕西长安、河南商丘,而皆以亳名地,故有"三亳"之称。汉时于今商丘之亳地置薄县,后又迁移至今山东曹县境。后世在此五处皆有亳地,其演变过程当如此。

偃师之亳为成汤之都,至仲于迁隞。后又有盘庚、武丁迁亳。……则商人居亳自成汤至大戊五代十王,自盘庚至康丁四代八王(中有武丁曾迁河北,后又迁亳),先后共九代十八王,占自汤至纣十七代三十一王之大半。

《春秋繁露·三代改制质文》云:"汤受命而王,作宫邑于下洛之阳。"《后汉书·逸民列传》载,野王二老言:"昔汤即桀于鸣条,而大城于亳。"可知汤灭夏后曾在亳地大筑其城;亳地所在之具体方位,除上引《汉书·地理志上》外,《后汉书·郡国志一》亦载河南尹属县"偃师,有尸乡,春秋时曰尸氏"。刘昭注引《帝王世纪》曰:"尸乡在县西二十里。"其后,《水经注·谷水》《括地志》等都有大体与之相同的记载。

此亳城现已被发现。其位于今河南偃师县城之西,北倚邙山,南濒洛水,所在为洛水北岸一片稍稍隆起的高地。城址残垣已绝大部分深埋于地下。经考古勘探得知,其平面略呈长方形,方向为北偏东7度(以城西垣为准)。城墙为夯土修筑,西垣长约1710米,基宽约17—24米,有的地段宽近40米;北垣长约1240米,基宽约16—19

米，有的地段宽达 28 米；东垣长约 1640 米，基宽约 20—25 米；南垣没有发现，或有可能已被洛水冲毁。南部自西垣南端至东垣南端之间长约 740 米。其西北城角、东北城角略呈直角形。东垣南段向西南折曲，呈『角状。整座城面积约为 190 万平方米。发掘者判断此城始建年代有可能早于二里头四期，约在公元前 17—前 16 世纪，这与传统的商纪年开始的年代是吻合的。而据北垣上发现有二里岗期上层时期的修补痕迹，又可知其沿用时间较长。

对于偃师商城，大多数学者已根据文献记载和考古发掘资料，肯定其为汤都亳城所在；但也有少数学者认为其不当为汤都亳，而当为太甲所修筑的桐宫，或只为盘庚至武丁时期的亳城等，然理由似均不充分。（《先秦都城复原研究》，第 59 页）

④【汇注】

裴　骃：孔安国曰："契父帝喾都亳，汤自商丘迁焉，故曰'从先王居'。"（《史记集解》）

张守节：按：亳，偃师城也。商丘，宋州也。汤即位，都南亳，后徙西亳也。《括地志》云："亳邑故城在洛州偃师县西十四里，本帝喾之墟，商汤之都也。"（《史记正义》）

郑　樵：契之封商，本上洛。后世迁于亳，故京兆杜县亳亭是也。司马迁云："禹兴西羌，汤起亳，俱在西也。"及汤有天下，始居于商邱，复命以亳，梁之谷熟是也。本帝喾之都，故曰"汤始居亳，从先王居"。（《通志》卷三《商》）

吕思勉：造《伪孔传》者，见战国之魏，曾都安邑，遂以为夏都亦在安邑；又不知《史记》所谓"汤始居亳，从先王居"者，先王为契，亳为契本封之商，而以为即后来所都之偃师；于是解先王为帝喾；凿空，谓帝喾亦都偃师。（《中国民族史》第二章《汉族·夏都考》）

⑤【汇校】

司马贞：一作"俈"。上云"从先王居"，故作《帝诰》。孔安国以为作诰告先王，言己来居亳也。（《史记索隐》）

徐文靖：《笺》按：《书·叙》曰：自契至于成汤，八迁，从先王居，作《帝告》《沃罍》。此则从克夏归亳之后，复迁于偃师之亳，为帝喾旧居，故曰从先王居也。孔氏疏曰：《序》所言《帝告》，不知告诰，正未审《帝告》之告，当读为喾，古作俈，告即喾从俈省也。《帝告》《沃罍》者，以其因帝俈旧居沃土未迁，罍亦来也。若汤时代夏称王，何由称《帝告》乎？《史记·殷本纪》汤始居亳，从先王居，作《帝诰》，诰乃俈字之讹，传写者误耳。《孔传》以为作"诰"告先王，则已误矣。（《竹书纪年统笺》卷五《殷商成汤居亳》）

【汇注】

梁玉绳：案：此是《逸书》篇名，凡百篇，几逸其半，而名目见于《书·序》。汉儒并以《书·序》为孔子作，盖据《孔子世家》及《汉艺文志》也（《尧典》疏谓依纬文而知者，妄）。然独怪史公作《史》，既兼采《逸书》，而百篇之名目有不尽录者，未知其去取何在？信《书·序》不得不议《史记》之疏，信《史记》不得不疑《书·序》之伪。余尝反复参究，知《史》所载书之篇名原有漏略……《殷纪》无《釐沃》《疑至》《臣扈》《伊陟》《仲丁》《河亶甲》《祖乙》……而《尚书》实不止百篇。宋儒力排《书·序》非出自孔氏，朱子谓周、秦间低手人所作，虽执不知问，要是先秦古书。窃意《尚书》原序汉初已不全，后人传写又不免脱失耳。奚以明之？如《左传·定（公）四年》有《伯禽》《康诰》二篇乃孔子所断不删者，而《序》无之，此残缺不全之证也。《殷纪》有《太戊》一篇必《书·序》之所载者，而不列其目，此汉以后脱失之证也。然则《书》岂止百篇哉（赵岐注《孟子·宋小国》章云古《尚书》百二十篇）。（《史记志疑》卷二《殷本纪第三》）

傅元恺：《帝诰》：已亡佚。言自己已来亳定居。（《史记纪传选译·殷本纪》）

张大可：《帝诰》：古文《尚书》中有《汤诰》。汤作诰，告示天下，与民更始。（《史记全本新注》卷三《殷本纪第三》）

马持盈：汤伐夏，归于亳，诸侯来朝，汤作《诰》，以大告天下，表示与民更始。古文《尚书》有《汤诰》，今文《尚书》无此篇。但此篇之言，亦有为当时之其他经传所引用者，故未可据以为全伪也。（《史记今注》，第80页）

汤征诸侯①。葛伯不祀②，汤始伐之③。汤曰："予有言：人视水见形，视民知治不。"伊尹曰④："明哉！言能听，道乃进。君国子民，为善者皆在王官。勉哉，勉哉！"汤曰："汝不能敬命，予大罚殛之，无有攸赦。"作《汤征》⑤。

① 【汇注】

袁康：汤献牛荆之伯。伯者，荆州之君也。汤行仁义，敬鬼神，天下皆一心归之。当是时，荆伯未从也。汤于是乃饰牺牛以事。荆伯乃愧然曰"失事圣人礼"，乃委其诚心。此谓汤献牛荆之伯也。（《越绝书》卷三《越绝吴内传》）

裴　骃：孔安国曰："为夏方伯，得专征伐。"（《史记集解》）

② 【汇注】

苏　辙：葛伯不祀，汤使人问之，曰："无以共牺牲也。"汤遗之牛羊，葛伯食之，又不以祀。汤又使人问之，曰："无以共粢盛也。"汤使亳众往为之耕，老弱馈食，葛伯率其民邀其有酒肉黍稻者夺之，不受者杀之。有童子以黍肉饷，杀而夺之，故汤征。（《古史》卷四《殷本纪》）

王　恢：葛，《孟子》："汤一征，自葛载，十一征而无敌于天下。"又曰："汤居亳，与葛为邻。"（《滕文公下》）《郡国志》："梁国宁陵有葛乡，故葛伯国。"《汳水注》："汳水东迳葛城北，故葛伯国也。"又《睢水注》："睢水东迳宁陵县故城南，故葛伯国。"《元和志》："葛城在宁陵县北十五里。"宁陵故在今县南关外。（《史记本纪地理图考·殷本纪·汤征诸侯与伐夏》）

张大可：葛伯：汤的邻国，其地在今河南睢县北。（《史记全本新注》卷三《殷本纪第三》）

③ 【汇注】

孔安国：汤征诸侯，葛伯不祀，汤始伐之，作《汤征》。（《尚书序·汤征》）

裴　骃：孟子曰："汤居亳，与葛伯为邻。"《地理志》曰葛今梁国宁陵之葛乡。（《史记集解》）

马持盈：汤之势力范围与葛伯为邻，葛地即河南之宁陵县，皆在河南东部。（《史记今注》，第81页）

【汇评】

司马光：为夏方伯。葛伯不祀，夺饷者黍肉，汤始征之。归市者不止，耕者不变，诛其居而恤其民。自是东征西夷怨，南征北狄怨（原注：西夷、北狄，举远以言，则近者著矣），曰："奚独后予，攸徂之民，室家相庆曰：徯予后，后来其苏！"（原注：汤所往之民皆喜曰"待我君来，其可苏息"）（《稽古录》卷六《殷上》）

郑　樵：汤为夏方伯，得专征诸侯。与葛为临，葛伯放而不祀，汤使问之，答以"牺牲粢盛不给"。汤使遗之牛羊，复使亳众往为之耕。其不祀自若。有饷者，葛伯杀之而夺其食。汤始征之。故曰：汤征自葛始，东征西夷怨，南征北狄怨。皆曰"奚独后予，后来其苏！"民之戴商久矣，夷狄且怀之，况中国乎！（《通志》卷三《商》）

龚自珍：王者取天下，虽曰天与人归，然亦必有阴谋焉。汤居亳，与葛为邻，葛伯不祀，汤教之祀，遗以粢盛，可也；乃使亳众，往为之耕，何哉？亳众者何？往睏者也，策为内应者也。老弱馈者何？往来为间谍者也。葛虽小，土可兼，葛伯放而柔，强邻坚敌，且夕虎视，发众千百人，入于其国，屯于其野，其能以无惧乎？惧而未肯即以葛降，率其民以争之，而又不足以御，乃杀其间谍者耳。（《定盦集》补编三《葛伯仇饷解》）

陈登原：葛伯纵曰不祀，又关邻人底事；葛人岂尽不耕，何至劳及亳众，由此论其所以伐桀，《说苑·权谋》之说，反为可信。两国间之兼并，有如伐葛固不必以君臣关系说明之也。（《国史旧闻》三六《汤伐桀伐葛》）

王玉哲：汤征夏，首先灭葛。此盖因战略上、地理上的需要，必须如此。孟子称其原因为葛伯不祀、葛伯杀童子，实为假托之辞。孟子又说汤使人为葛伯耕田，尤为不近情理。（《中华远古史》，第 198 页）

沈长云：葛为活动于今豫东宁陵附近的酋邦，成汤迁居此地后与其毗邻而居。大概在成汤联合东方诸国时，葛伯始终处于观望状态，未曾加盟，因而成汤便以各种借口，屡次问罪于葛伯，最终引发了灭葛战争。

依孟子的说法，汤之所以兴师问罪，是因为葛伯"放而不祀"。祭祀一事，原本是各个酋邦内部的事务，别个酋邦是不应该插手此事的，可是成汤却公然前去问罪，这显然是干涉到葛的内部事务。尽管成汤口口声声称发动这场战争，并不是因为葛伯不进行祭祀，而是"为其杀童子而征之"，但纵观商与葛伯发生摩擦的整个过程，我们还是觉得战争的起因，概在于葛伯未能如其他东方诸侯一样向成汤投怀送抱，才引起成汤的不满。至于"葛伯仇饷"，只不过是一个借口罢了。（《中国古代国家起源与形成研究》，第 271 页）

又：如果说此前的成汤在与众多部落和酋邦的联合过程中，使他作为酋邦联合体首领的角色合法化，并在这个联合体内部树立了一种权威，当然这种权威有时会利用宗教作为掩护，那么，灭葛前成汤已与以前大为不同，这一点主要体现在一种强制性暴力已经出现。对于葛伯的责问和讨伐，显示出成汤已拥有了强制性的权力，这个强制性的权力包括祭祀权、兵权等。"暴力一旦使用，权威本身即已失效"，也就是说，处于酋邦阶段之时，酋长是依靠着个人的权威，靠着众人对权威的服从，来维护其统治，但一旦"武力合法地掌握在社会的某一部分人手上，他们在不断的使用武力或者威胁要用武力，以此作为维护社会秩序的基本手段"，那么酋邦首领到天下共主的转变就宣告完成。（《中国古代国家起源与形成研究》，第 272 页）

宋镇豪：居亳之时，发生"葛伯仇饷"，汤以"为匹夫妇复雠"的名义灭葛，检阅了自己的军事力量，麻痹夏后氏的警觉，更赢得了人心和声誉，汤伐葛与夏桀为私欲伐有施氏、岷山氏形成鲜明的对比，为"奉桀众以克有夏"奠定下基础。（《商代史论纲》，第 406 页）

④【汇注】

宋镇豪：伊尹一名阿衡，是商朝开国功臣和建国后的辅弼大臣。传说伊尹母居伊水之畔，生伊尹于空桑。伊尹相汤伐桀代夏，建立了商王朝，任小臣，地位显赫，放大甲，摄政以朝，保证了商王朝初期王室政权的平稳过渡，为商王朝初始的发展做出

了贡献。他也见于甲骨文中，一称伊，受到隆重祭祀。(《商代史论纲》，第205页)

又：甲骨文所见商的官僚臣正中，有一批名为黄尹、黄奭、伊尹、伊奭、学戊、咸戊、戊及蔑等的旧先臣，或群称为"我旧臣"（英藏1186）、"我家旧老臣"（合集3522），是受到商王朝世代祭祀的先王时期的名臣。其中黄奭即黄尹、伊奭即伊尹，这些商旧先臣因有功于商王朝而受祭，正如尚书盘庚所说，"兹予大享于先王，尔祖其从与享之"。(《商代史论纲》，第207页)

⑤【汇注】

陈蒲清：《汤征》：今佚。《尚书·胤征》篇后一部分曾讲到汤征葛的事。（引自王利器主编《史记注译》卷三《殷本纪》）

编者按：《汤征》已佚。《古文尚书》只留下一个《序》，其文曰："汤征诸侯，葛伯不祀，汤始征之，作《汤征》。"

又：《尚书·仲虺之诰》有征葛伯事："乃葛伯仇饷，初征自葛，东征西夷怨，南征北狄怨，曰：'奚独后予？'攸徂之民，室家相庆，曰：'徯予后，后来其苏。'民之戴商，厥惟旧哉！"

《孟子·滕文公下》对"葛伯仇饷"不义之行有详细记载："汤居亳，与葛为邻。葛伯放而不祀。汤使人问之曰：'何为不祀？'曰：'无以供牺牲也。'汤使遗之牛羊，葛伯食之，又不以祀。汤又使人问之曰：'何为不祀？'曰：'无以供粢盛也。'汤使亳众往为之耕，老弱馈食。葛伯率其民，要其有酒食黍稻者夺之。不授者杀之。有童子以黍肉饷，杀而夺之。《书》曰'葛伯仇饷'，此之谓也。"

伊尹名阿衡。阿衡欲奸汤而无由①，乃为有莘氏媵臣②，负鼎俎，以滋味说汤③，致于王道。或曰：伊尹处士④，汤使人聘迎之⑤，五反然后肯往从汤⑥，言素王及九主之事⑦。汤举任以国政。伊尹去汤适夏⑧。既丑有夏⑨，复归于亳⑩。入自北门，遇女鸠，女房⑪，作《女鸠》《女房》⑫。

①【汇校】

施之勉：按：《春秋繁露·三代改制质文》篇："汤受命而王，名相官曰甲。"是尹为殷相官也。《文选·潘安仁杨荆州诔文》，殷凭太阿。注，太阿，阿衡，谓伊尹也，则伊尹又有太阿之称矣。（《史记会注考证订补·殷本纪第三》）

【汇注】

孙　武：昔殷之兴也，伊挚在夏。（《孙子·用间》）

吕不韦：有侁氏女子采桑，得婴儿于空桑之中，献之其君。其君令烰（原注：犹庖也）人养之。察其所以然，曰：其母居于伊水之上，孕，梦有神告之曰："臼出水而东走。"毋顾明日，视臼出水，告其邻，东走十里而顾其邑尽为水，身因化为空桑，故命之曰伊尹，此伊尹生空桑之故也。（《吕氏春秋》卷十四《本味篇》）

司马贞：《孙子兵书》："伊尹名挚。"孔安国亦曰"伊挚"。然解者以阿衡为官名。按：阿，倚也；衡，平也。言依倚而取平。《书》曰"惟嗣王弗惠于阿衡"，亦曰保衡，皆伊尹之官号，非名也。皇甫谧曰："伊尹，力牧之后，生于空桑。"又《吕氏春秋》云："有侁氏女采桑，得婴儿于空桑，母居伊水，命曰伊尹。"尹，正也，谓汤使之正天下。（《史记索隐》）

苏　辙：伊尹者，有莘之逸民也，耕于有莘之野，而乐尧舜之道，无求于诸侯。汤以币聘之，三反而后从汤。（《古史》卷四《殷本纪》）

梁玉绳：案：《索隐》言伊尹名赘。阿衡是官，非名也。其说良是，但所谓名者非姓名之名，乃名号之名，后世因伊尹官阿衡，遂以为号，《史》随称之耳。然不书伊尹名亦疏。（《史记志疑》卷二《殷本纪第三》）

王士俊：伊尹城：在卢氏县栾川伊水之滨，伊尹耕莘处。址尚存。（《河南通志》卷五十二《古迹下》）

席奉乾：明巡抚王曰尧过之，有记。又曰：**䔟**村南即旧秦庄，有伊尹墓。国朝康熙间，学使陆德元，立石表之，邑令钱万选，复修其墓焉。墓前有御道，直达三河，相传前代命官省祭道也。旧有墓田数十顷，久为人侵，今存者仅数亩。（《合阳县全志》卷一）

又：秦庄头，亦有伊尹墓。是后人误传者。邑丞叶公竖碑墓前，殆未之详考耳。按里语云生尹庄，葬秦庄。谓元圣也。而邑有秦庄及秦庄头二村，后人误以秦庄头为秦庄，故谓伊尹墓在此。今秦庄已废，而伊尹真墓，岿然独存，不可诬矣。（同上）

梁玉绳：伊尹始见《商书》。伊，氏；尹，字，名挚（《孙子·用间》《墨子·尚贤中》《楚辞·离骚·天问》），力牧之后（《史·索隐》引《世纪》，而《路史·后纪》四以为伊耆国之后），母居伊水上（《吕览》），生于空桑（《列子·黄帝》，空桑，地名。详《路史·前纪》三。《水经·洹水注》所谓"挚呱空桑也"。《吕览·天问》言伊尹母溺死化为空桑，妄矣）。墨而短，蓬而髯，丰上兑下，偻身下声（《晏子春秋·谏上》《论衡·死伪》，而《荀子·非相》言伊尹之状，面无须，《抱朴子·博喻》言形若槁骸，不同也）。为汤右相（《困学纪闻》二），亦曰伊子，亦曰伊伯（《易林否之解》《归妹之剥》），亦曰伊生（《文选》陆机《豪士赋序》），亦曰伊公（《后汉书·

文苑·崔琦传》，《文选》晋张协《七命》），亦曰伊挚（《书·君奭传》），亦曰阿衡（《书·太甲》《诗·长发》），亦曰猗衡（《隶释·高彪碑》），亦曰太阿（《文选》潘岳《杨荆州诔》），亦曰保衡（《书·君奭·说命》），亦曰元圣（《书·汤诰》），亦曰小臣（《墨子·尚贤下》《天问》《吕氏春秋·尊师》《知度》），亦曰小子（《天问》小臣、小子，盖以其初为媵臣言也。然伊尹处士，汤聘迎之，媵臣之说，与割烹同妄）。年百余岁，以沃丁八年卒，大雾三日，沃丁葬以天子之礼（《书序》《沃丁疏》《殷纪·正义》《水经·泗水注》并引《世纪》，据《论衡·感类》，出张霸《百两篇》。至《竹书》谓太甲杀伊尹，谬甚）。冢在济阴己氏平利乡（《诗·商颂》疏引臣瓒《殷纪·集解》，《续郡国志注》，《水经注》并引《皇览》《书·序》《殷纪》云葬亳者，亳近己氏）。（《汉书人表考》卷二《伊尹》）

顾祖禹：莘城……又县南十五里有空桑城，相传伊尹生此，盖亦因莘城而名。（《读史方舆纪要·河南·开封府·陈留县》）

孙诒让：《诗·商颂·长发》孔疏引郑康成《书注》云：伊尹，名挚，汤以为阿衡，以尹天下，故曰伊尹。……然解者以阿衡为官名，非名也。按《孙子·用间篇》云"殷之兴也，伊挚在夏"，即小司马所本也。伊挚亦见《楚辞·离骚》《天问》。（《墨子间诂》卷二《尚贤中》）

郭嵩焘：按周人始有字有谥而讳其名，殷以前所传皆名也。阿衡，官名，史公以为伊尹名，误也。（《史记札记》卷一《殷本纪》）

崔　适：按：尹亦官名，周之师尹，楚之令尹，义即本此。曰"尹"、曰"阿衡"、曰"保衡"，皆以官名名之，而其人名，则曰挚也。（《史记探源》卷二《殷本纪》）

方诗铭：伊尹，甲骨文有"伊尹""伊""伊奭"诸称。又有"黄尹"，亦即伊尹。郭沫若同志云："黄尹，余谓即阿衡伊尹。或说阿衡与伊尹乃二人，举《君奭》以伊尹隶于成汤，以保衡隶于大甲为证。然《商颂·长发》'允也天子，降予卿士，实维阿衡，实左右商王'。叙在成汤伐夏之次，则又非伊尹莫属。旧说为一人，恐仍不能易。"先秦典籍记伊尹者至多。（《古本竹书纪年辑证·殷纪》）

陈　直：直按：《殷墟前编》卷上二十二页，皆有以酒祭伊尹之记载，推之仲虺、汝鸠等人，当亦可信，疑古之喙，可以稍息矣。（《史记新证》）

王玉哲：伊尹大概名为"伊"，官为"尹"。一直到春秋时的楚国尚有令尹之官。《史记·殷本纪》称"伊尹名阿衡"，《毛诗·长发》也说"阿衡，伊尹也"。伊尹是不是又名阿衡？恐未必。《尚书·君奭》："成汤既受命，时则有若伊尹，格于皇天；在太甲，时则有若保衡。"若保衡即指阿衡，则伊尹阿衡是两个人，而且一在汤时，一在太甲时。《诗经·商颂·长发》："昔在中叶，有震且业，允也天子，降于卿士，实维阿衡，实左右商王。"全诗所述，由有娀氏说到玄王、相土，然后说到汤灭夏，最后才说到中叶。这个中叶当然是指汤之后……阿衡即保衡，"保"是官名，"衡"是其私名，这个中叶的阿衡、保衡，当然不会是汤时的伊尹了。卜辞中除了有祭祀伊尹的内容，还有致祭黄尹的内容，见于武丁时的卜辞。郭沫若谓："黄乃假为衡，黄尹，即阿衡。"衡、黄古音通用。所以这个说法可能是正确的。这就更可以证明汉时的经说，包括司马迁在内，以伊尹、保衡为一人之说的错误了。（《中华远古史》，第204页）

【汇评】

陆　贾：夫建大功于天下者必先修于闺门之内，垂大名于万世者必先行之于纤微之事。是以伊尹负鼎，居于有莘之野，修道德于草庐之下，躬执农夫之作，意怀帝王之道，身在衡门之里，志图八极之表，故释负鼎之志，为天子之佐，尅夏立商，诛逆征暴，除天下之患，辟残贼之类，然后海内治，百姓宁。（《新语·慎微》）

苏　轼：孟子曰：伊尹耕于有莘之野，非其道也，非其义也。虽禄之天下弗受也。夫天下不能动其心，是故其才全。以其全才而制天下，是故临大事而不乱。古之君子必有高世之行，非苟求为异而已。卿相之位，千金之富，有所不屑，将以自广其心，使穷达利害，不能为之芥蒂以全其才，而欲有所为耳。（《苏东坡集·伊尹论》）

苏　轼：古之君臣，有如二君而不相疑者。汤之于伊尹，刘玄德之于诸葛孔明是也。……故孔子曰：伊尹相汤，伐桀，太甲不明而废之，思庸而复之，君臣相安，此圣人之事也。……世多疑伊尹之事，至谓太甲为杀伊尹者，皆以常情度圣贤也。（《东坡书传》卷七《商书·汤誓》）

② 【汇注】

王士俊：伊尹城，在卢氏县栾川伊水之滨，伊尹耕莘处。址尚存。（《河南通志》卷五十二《古迹下》）

马持盈：阿衡欲奸汤而无由：奸者，干也，求也，言伊尹初时欲求汤而没有路线、门径。（《史记今注》，第81页）

裴　骃：《列女传》曰："汤妃有莘氏之女。"（《史记集解》）

张守节：《括地志》云："古莘国在汴州陈留县东五里，故莘城是也。《陈留风俗传》云陈留外黄有莘昌亭，本宋地，莘氏邑也。"媵，翊剩反。《尔雅》云："媵，将，送也。"（《史记正义》）

王　楙：说者谓古之媵，犹今之从嫁者也。媵，送也。妾送嫡而行，故谓妾为媵。……考《毛诗·正义》，凡送女适人者，男女皆谓之媵。僖五年《左传》，晋人袭虞，执其大夫井伯，以媵秦穆姬。史传称，伊尹有莘氏之媵臣，是送女者，虽男亦名媵也。（《野客丛书》卷十六《古之媵者》）

余懋学：媵，送也。妾送嫡而行，故谓妾为媵。及考《毛诗·正义》，凡送女适人

者，男女皆谓之媵也。(《丽事馆余氏辨林》一集《媵》)

焦　竑：媵，《说文》：送也。史载汤娶有莘，以伊尹为媵送女，故称有莘媵臣。《楚辞》"鱼鳞鳞兮媵予"，《尔雅》亦云"媵，将送也"，即不指为妾。今考"公子结媵陈人之妇于鄄"及"鲁共姬嫁于宋，而卫与齐、晋三国来媵"。传云："媵，浅事也。"胡氏引《公羊》，谓诸侯有三归，嫡夫人行则娣姪从，二国来媵亦以姪娣从。凡一娶九女，所以广继嗣。三国来媵，非礼也，遂以为从嫁之女。夫鲁与卫敌，而晋盟主，齐大国也。共姬虽贤，其肯以姪娣为妾，以承事之？为传之言，则伊尹为媵送女，与鱼之媵予，亦谓之妾，可乎？至于《江有氾》之诗，注因以为美媵。《释名》又附益之，以姪娣曰媵，谓"媵，承也"，"承，事适也"。今二品曰姬，五品媵，以陈人之妇与三国之于共姬，曰可若是疑乎？(《焦氏笔乘续集》卷五《媵》)

刘于义："伊尹耕于有莘之野，而乐尧舜之道焉"。(《孟子》)按《路史》陈留有辛城、辛虚。《周语》作莘城，《地记》作莘虚。《吕氏春秋》有侁之女，采得婴儿于空桑，后居伊水，命之曰伊尹。又《书序》葬伊尹于亳。据此则伊尹似非秦人。而《括地志》云：古䥫国在今河西县南二十里，其夏阳村为伊尹耕处。黏田马氏谓郃阳东境为有莘故址，钱万选《宰莘退食录》则确指有莘为今郃阳，力诋陈留非是。而并以《吕览》空桑伊水之说为荒诞。至《元和志》又云"济阴县东南三十里为古莘国，伊挚耕处。众说参差，未审孰是。姑并识之以备考。(《陕西通志》卷五十五《人物一·伊尹》)

王　恢：有莘：莘或作侁、辛、䥫……《集解》引《列女传》："汤妃，有莘氏女。"《吕氏春秋·本味》："汤请娶妇为婚，有侁氏喜，以伊尹媵女。"《孟子》："伊尹耕于有莘之野。"《元和志》(二一) 曹州济阴县："莘仲故城在县东南三十里，盖古之莘国也。伊尹耕于有莘。"《寰宇纪》(一三) 同。济阴故治在今曹县西北。《纪要》(三三)"莘城在曹县北十八里，今名莘仲集。"又《大戴礼·帝系》《世本》"鲧娶有辛氏女"，《世纪》云"生禹"(《夏纪》)，《寰宇记》(见上) 以为"即此城"。又《左》僖二十八年，晋楚城濮之战，"晋侯登有莘之虚以观师"，城濮约当今濮县临濮集，"晋师陈于莘北"，皆当近莘仲集。(《史记本纪地理图考·殷本纪·伊尹与传说》)

又：《括地志》"河南陈留县东五里有莘城，即古莘国"，如鲧取有莘女，至春秋有莘之虚，千余年来，自多迁徙演变，如陈槃《春秋大事表撰异》(一八二) 有莘所考见，陕西一，河南有五，山东有二，无足异。(同上)

又：《诗·大雅·大明》"缵女维莘"，《列女传》一《周室三母》篇："太姒者，武王之母，禹后有莘姒氏之女。"《括地志》同州河西县："古䥫国，在县南二十里，《世本》云：莘国姒姓，夏禹之后，即散宜生等求有莘女献纣者。"在今陕西郃阳县东南。(同上)

【汇评】

吕不韦：汤闻伊尹，使人请之有侁氏，有侁氏不可，伊尹亦欲归汤。汤于是请取妇为婚，有侁氏喜，以伊尹为媵。故贤主之求有道之士，无不以也。有道之士求贤主，无不行也。相得然后乐，不谋而亲，不约而信，相为殚智竭力，犯危行苦，志欢乐之，此功名所以大成也。（《吕氏春秋》卷十四《本味》）

刘　向：邹子说梁王曰：伊尹故有莘氏之媵臣也，汤立以为三公，天下之治太平。（《说苑》卷八《尊贤》）

刘　向：汤妃有莘，质行聪明。媵从伊尹，自夏适殷。勤慤治中，九嫔有行。化训内外，亦无愆殃。（《古列女传》卷一《汤妃有莘颂》）

曹　植：殷汤令妃，有莘之女。仁教内修，度义以处。清谧后宫，九嫔有序。伊为媵臣，遂作元辅。（见《全三国文》卷十七《母仪颂》）

③ **【汇注】**

墨　子：伊挚，有莘氏女之私臣，亲为庖人，汤得之，举以为己相，与接天下之政，治天下之民。（《墨子》卷二《尚贤中》）

孟　子：万章问曰："人有言，伊尹以割烹要汤，有诸？"孟子曰："否，不然。伊尹耕于有莘之野，而乐尧舜之道焉。……汤使人以币聘之，嚣嚣然曰：'我何以汤之聘币为哉？我岂若处畎亩之中，由是以乐尧舜之道哉？'汤三使往聘之，既而幡然改曰：'与我处畎亩之中，由是以乐尧舜之道，吾岂若使是君为尧舜之君哉？吾岂若使是民为尧舜之民哉？'故就汤，而说之以伐夏救民。……吾闻其以尧舜之道要汤，未闻以割烹也。"（《孟子·万章上》）

吕不韦：汤得伊尹，祓之于庙，薰以萑苇，爝以爟火，衅以牺猳。明日设朝而见之，说汤以至味。汤曰："可得而为乎？"对曰："君之国小，不足以具之，为天子然后可具。"（《吕氏春秋》卷十四《本味》）

王　圻：伊尹负鼎以于（干）汤，谓尹亦鼎鼐之才也。犹《书·洛诰》曰"迓衡"云耳。横议者遂谓伊尹为庖人。若然则"衡"，秤也。尹曰"迓衡"，其亦舞秤权之市魁乎！（《稗史汇编》卷一一三《文史门·辟况》）

赵　翼：伊尹为有莘氏媵臣，负鼎俎以滋味说汤。按战国以后为此说者甚多，不特《史记》也。《庄子》："汤以庖人笼伊尹。"《楚词·涉江篇》："伊尹烹于庖厨。"《韩诗外传》："伊尹，故有莘氏僮也，负鼎操俎调五味而立为相。"《淮南子》亦言伊尹之负鼎。其言之最详者，莫如《吕氏春秋·具备篇》云"伊尹尝居于庖厨"，又《本味篇》云：有侁氏女子采桑，得婴儿于空桑中，献之其尹，即伊尹也。长而贤，汤使人请之有侁氏，有侁氏不肯，汤乃娶妇于有侁氏，有侁氏喜，遂以尹为媵，汤乃祓之于庙，爝以爟火，衅以牺猳，设朝而见之。尹说汤以至味曰："君之国小，不足以具之，为天子乃可具。"因言肉之美者，有猩猩之唇，獾獾之炙之类。鱼之美者，有洞庭之鳟，东海之鲕之类。菜之美者，有昆仑之蘋，寿木之华之类。和之美者，有招摇之桂，越骆之菌之类。饭之美者，有元山之禾，不周之粟之类。水之美者，有三危之露，昆仑之井之类。果之美者，有沙棠之实，云梦之柚之类。而非先为天子，不可得而具。此所谓说汤之辞也。然当时诸说亦有不同者，屈原《离骚》云："绿鹄饰玉，后帝是飨。"王叔师注："后，殷汤也。伊尹始仕，因烹鹄鸟之羹，修饰玉鼎以事汤也。"《天问篇》云："成汤东巡，有莘爰极，何乞彼小臣，而吉妃是得？水滨之木，得彼小子，夫何恶之，媵有莘之妇？"王叔师注："小臣，谓尹也。汤东巡，从有莘乞得尹，因得吉善之妃也。其解水滨数，则云小子，谓尹也，尹母娠身，梦神女告之，见灶生蛙则急去，已而灶果有蛙，母遂东走，回顾其邑，尽为大水，母因溺死，化为空桑之林。水干后有小儿啼，人取养之，既长有才，有莘氏恶其从木中出，因以媵女嫁于汤也。"由吕氏之说，则有莘不肯以尹与汤，汤结以姻好，始以尹为媵也。由王氏之说，则有莘以其非人所生，故恶之以为媵也。以"乞彼小臣而吉妃是得"句观之，则吕说为是，以"夫何恶之媵有莘之妇"句观之，则又王说为是。盖本无稽之事，言人人殊，因无从究其是非也。（《陔余丛考》卷四《伊尹割烹要汤》）

【汇评】

韩　非：伊尹为宰，百里奚为虏，皆所以干其上也。此二人者，皆圣人也。然犹不能无役身以进，如此其污也。今以吾言为宰虏，而可以听用而振世，此非能仕之所耻也。夫旷日弥久，而周泽既渥，深计而不疑，引争而不罪，则明割利害，以致其功，直指是非，以饰其身。以此相持，此说之成也。（《韩非子集解》卷四）

又：上古有汤，至圣也；伊尹，至智也。夫至智说至圣，然且七十说而不受，身执鼎俎，为庖宰，昵近习亲，而汤乃仅知其贤而用之。故曰：以至智说至圣，未必至而见受，伊尹说汤是也。（《韩非子集解》卷一）

吕不韦：汤师小臣（高诱注：小臣谓伊尹）。（《吕氏春秋》卷四《尊师》）

马持盈：辅助汤王使之走上王道政治之路。（《史记今注》，第82页）

④【汇注】

马持盈：处士：有贤德而处于田野的知识分子。（《史记今注》，第82页）

【汇评】

李　冶：《史记》，伊尹处士，汤迎之，五反，然后往从。汤以为相。李子曰：君子之道，或出或处，然则必有道而不肯以轻出者，谓之处士可也。中无所有，而尸处士之名者，索隐而行怪者也。故杜牧之《送薛处士序》云："处士之名何哉？潜山隐市，皆处士也，其在山也，非顽如木石也。其在市也，亦非愚如市人也。盖有大智不得用，故羞耻不出，宁与市人木石为伍也。国有大智之人，不能大用，是国病也。盖有处士之名，自负也，谤国也，非大君子其孰能当之。"论人若牧之，则所谓不失名实者矣。而今也，画工镂师，人人得而称之，人人得而与之，彼其画工镂师，果皆伊尹之徒哉？（《敬斋古今注》卷六）

方濬师：《荀子》云："古之所谓处士者，德盛者也，能静者也，修正者也，知命者也，著是者也。今之所谓处士者，无能而云能者也，无知而云知者也，利心无足而佯无欲者也，行为险秽而强高言谨愨者也，以不俗为俗，离踪而跂訾者也。"此言切中士弊。昔三士以二桃自杀，秦散三千金而士斗，叔孙通以五百斤金赐诸生，诸生喜谓叔孙先生真圣人。甚矣，虚声之可鄙也。（《蕉轩随录》卷五《处士》）

⑤【汇注】

蒋廷锡：《贵义篇》，汤将往见伊尹，令彭氏之子御。彭氏之子半道而问曰："君将何之？"汤曰："将往见伊尹。"彭氏之子曰："伊尹，天下之贱人也，君若欲见之，亦令召问焉。彼受赐矣！"汤曰："非汝所知也。今有药于此，食之则耳加聪，目加明，则吾必说而强食之。今夫伊尹之于我国也，辟之良医善药也，而子不欲我见伊尹，是子不欲我善。"因下彭氏之子，不使御。（见《古今图书集成·明伦汇编·皇极典》卷九《商·成汤本纪》）

【汇评】

范祖禹：伊尹耕于有莘之野，而乐尧舜之道。汤三往币聘之。伊尹思天下之民，匹夫匹妇有不被尧舜之泽者如己推而内之沟中，故就汤而说之以伐夏救民。汤学于伊尹而后臣之。《商颂》曰："汤降不迟，圣敬日跻，昭假迟迟，上帝是祗。帝命式于九围。"是汤之德也。（《帝学》卷一）

孙　淼：对伊尹的情况，这里保存了两种说法。一种认为，他"负鼎俎以滋味说汤"。另一种说法就是"或曰"，认为处士是伊尹，"汤使人聘迎之"。可见司马迁对伊尹的情况也不太清楚，所以把两种说法都记载下来。（《夏商史稿》，第307页）

⑥【汇注】

马持盈：五反：因为伊尹不肯轻于出仕，汤王使人往返五次恳切请求，而后伊尹肯出仕。这是孟子的说法。（《史记今注》，第82页）

徐仁甫：按，"或曰"之前，叙阿衡负鼎俎，以滋味说汤，至于王道。即《孟子列传》之"或曰，伊尹负鼎而勉汤以王"。是则此"或曰"之前，亦"或曰"也。古人记事有两义传疑而并存者。详俞樾《古书疑议举例》，此则史事之传疑而并存者。（《史记注解辨正》，第3页）

晁福林：早商时期方国联盟的核心是商与有莘氏的结盟。有莘氏，又称有洗氏，是个历史悠久、活动地域甚广的部族。它的著名首领叫做伊尹，又称伊挚。商汤曾经竭力与之结盟。由于商汤被后人塑造成圣明君王的典范，所以结盟也就变成了纳后妃、得贤臣的热闹场面。战国秦汉间人对此很有些娓娓动听的叙述,《墨子》《庄子》《韩非子》《吕氏春秋》《淮南子》等均有所载,司马迁撮其要,说伊尹"欲干汤而无由,乃为有莘氏媵臣,负鼎俎,以滋味说汤";或谓"伊尹,处士,汤使人聘迎之,五反,然后肯往"。(《殷墟卜辞中的商王名号与商代王权》,《历史研究》,1986年第5期)

【汇评】

孟子:天下有达尊三:爵一,齿一,德一。朝廷莫如爵,乡党莫如齿,辅世长民莫如德。恶得有其一,以慢其二哉?故将大有为之君,必有所不召之臣。欲有谋焉则就之,其尊德乐道不如是,不足与有为也。故汤之于伊尹,学焉而后臣之,故不劳而王。(《孟子》卷二《公孙丑下》)

柳宗元:伊尹五就桀,或疑曰:"汤之仁闻且见矣,桀之不仁闻且见矣,夫胡去就之亟也。"柳子曰:"恶,是吾所以见伊尹之大者也。彼伊尹,圣人也,圣人出于天下,不夏商其心,心乎生民而已。曰:'孰能由吾言,由吾言者为尧舜,而吾生人尧舜人矣。'退而思曰:'汤诚仁,其功迟;桀诚不仁,朝吾从而暮及于天下可也。'于是就桀。桀果不可得,反而从汤。既而又思曰:'尚可十一乎?使斯人早被其泽也。'又往就桀。桀不可而又从汤,以至于百一、千一、万一,卒不可,乃相汤伐桀,俾汤为尧舜,而人为尧舜之人:是吾所以见伊尹之大者也。仁至于汤矣,四去之;不仁至于桀矣,五就之,大人之欲其功如此。不然,汤、桀之辨,一恒人尽之矣,又奚以憧憧圣人之足观乎?吾观圣人之急生人,莫若伊尹,伊尹之大,莫若五就桀。"(《河东先生集·伊尹五就桀赞》)

胡宏:下士而上天位,天位圣人之大宝也。义则贵,利则贱。伊尹之所以不从汤命者,恐其以为利也。三聘幡然而起者,知其非为利也。居天位者,慎毋以爵禄期人哉!其有弃天下如敝屣,视富贵如浮云者,必望望然去之矣。所得而官使者,皆冀事功,求温饱之士,亡国败家,率由于此矣。(《五峰集》卷四《皇王大纪论·伊尹幡然》)

邵泰衢:"阿衡欲干汤而无由,乃为有莘氏媵臣,负鼎俎以滋味说汤,三聘迎,五反然后肯往":割烹,孟子辨之详矣。此又曰"干",曰"媵臣""负俎",不足深置喙也。夫既曰"干汤""负俎",又何俟聘迎五反哉?前何其卑屈,后何其崖岸与!(《史记疑问》卷上《殷纪》)

张位:"五反然后肯往",则尹之乐道耕莘,而自重见矣。诬以割烹,何为哉!(引自《百大家评注史记·殷本纪》)

⑦【汇注】

裴骃:刘向《别录》曰:"九主者,有法君、专君、授君、劳君、等君、寄君、破君、国君、三岁社君,凡九品,图画其形。"(《史记集解》)

司马贞：按：素王者太素上皇，其道质素，故称素王。九主者，三皇、五帝及夏禹也。或曰，九主谓九皇也。然按注刘向所称九主，载之《七录》，名称甚奇，不知所凭据耳。法君，谓用法严急之君，若秦孝公及始皇等也。劳君，谓勤劳天下，若禹、稷等也。等君，等者平也，谓定等威，均禄赏，若高祖封功臣，侯雍齿也。授君，谓人君不能自理，而政归其臣，若燕王哙授子之，禹授益之比也。专君，谓专己独断，不任贤臣，若汉宣之比也。破君，谓轻敌致寇，国灭君死，若楚戊、吴濞等是也。寄君，谓人困于下，王骄于上，离析可待，故孟轲谓之"寄君"也。国君，国当为"固"，字之讹耳。固，谓完城郭，利甲兵，而不修德，若三苗、智伯之类也。三岁社君，谓在襁褓而主社稷，若周成王、汉昭、平等是也。又注本九主，谓法君、劳君、等君、专君、授君、破君、国君，以三岁社君为二，恐非。（《史记索隐》）

[日] **广濑薰雄**：最后探讨一下"素王及九主之事"的"素王"。对此司马贞云"按：素王者太素上皇，其道质素，故称素王"。看他的"九主"解释，显而易见"素王"的说明也不足信。虽然"素王"一词不见于《九主》，但汉代的文献中却有不少例子。例如《庄子·天道》云："夫虚静恬淡、寂漠无为者，万物之本也。明此以南乡，尧之为君也。明此以北面，舜之为臣也。以此处上，帝王、天子之德也。以此处下，玄圣、素王之道也。以此退居而间游，江海、山林之士服。以此进为而抚世，则功大名显而天下一也。静而圣，动而王，无为也而尊，朴素而天下莫能与之争美。"姚鼐《庄子章义》云"素王、十二经是汉人语"。就是说，《庄子·天道》所见"素王"和"十二经"是汉代的词汇。其说可从，此一节当是汉代人所作。关于"素王"之意，郭象注云："有其道为天下所归而无其爵者，所谓素王，自贵也。"从文章的前后关系来看，其解释毫无疑义。与此相同的"素王"的例子也见于《贾谊新书·过秦论》："诸侯起匹夫，以利会，非有素王之行也。其交未亲，其名未附，名曰亡秦，其实利之也。"此一条的意思大概是说，诸侯的出身都是匹夫，是为了利益而结合的，根本没有合乎帝王的行为。此"素王"也是"有其道为天下所归而无其爵者"之意。从此可见汉代"素王"一般指的是此义。随着公羊学的盛行，"素王"成为专门用于孔子的名词。例如《淮南子·主术》："孔子之通，智过于苌弘，勇服于孟贲，足蹑郊菟，力招城关，能亦多矣。然而勇力不闻，伎巧不知，专行孝道，以成素王，事亦鲜矣。"《汉书·董仲舒传》："孔子作《春秋》，先正王而系万事，见素王之文焉。"《说苑·贵德》："是以孔子历七十二君……卒不遇，故睹麟而泣，哀道不行，德泽不洽，于是退作《春秋》，明素王道，以示后人，思施其惠，未尝辍忘。"《论衡·超奇》："孔子作《春秋》，以示王意。然则孔子之《春秋》，素王之业也，诸子之传书，素相之事也。"《论衡·定贤》："孔子不王，素王之业，在于《春秋》。"《孟子·公孙丑上》："宰我曰：以予观于夫子，贤于尧舜远矣。"赵岐注："以为孔子贤于尧舜，以孔子但为圣，

不王天下而能制作素王之道，故美之。"《孟子·滕文公下》："世衰道微，邪说暴行有作。臣弑其君者有之，子弑其父者有之，孔子惧，作《春秋》，《春秋》，天子之事也。是故孔子曰：知我者其惟《春秋》乎，罪我者其惟《春秋》乎。"赵岐注"世衰道微，周衰之明也。孔子惧正道遂灭，故作《春秋》因鲁史记，设素王之法，谓天子之事也"等等。通观以上"素王"之例，可以确认汉代"素王"有固定的用法。其实《史记·秦始皇本纪》"太史公曰"也引用了贾谊的《过秦论》，包括"非有素王之行"一文在内。以此推测，《殷本纪》"素王"有可能与《秦始皇本纪》所见"素王"相同，即意为"有其道为天下所归而无其爵者"。根据《殷本纪》，伊尹对成汤讲"素王及九主之事"时，成汤还没有讨伐桀王，也就是说他还是一个诸侯。或曰："伊尹处士，汤使人聘迎之，五反然后肯往从汤，言素王及九主之事。"汤举任以国政。伊尹去汤适夏。既丑有夏，复归于亳。所以，伊尹对成汤讲"素王"之事是说得通的。就是说，当时成汤只是一个诸侯，所以伊尹对他讲解"素王"之道。后来成汤实践了"素王"之道，为天下诸侯所归。若以上推测基本不误，我们可以得出如下的结论：当时有一部诸子书，其内容是伊尹对成汤讲解"素王"之道。司马迁看过这部文献，以为这是成汤还在做诸侯时的事。所以《殷本纪》会有"素王及九主之事"一句。"素王"是汉代的常见词，意为"有其道为天下所归而无其爵者"。既然"素王"是汉代的常见词，很有可能这部文献是汉代（最早也是战国末期到秦代）形成的。至于"素王"的具体内容，现在不得而知。但是，若佚书的思想倾向与《九主》相同，《庄子·天道》所见"素王"或许可以成为参考。（《〈史记·殷本纪〉与〈马王堆帛书·九主〉》，引自《司马迁与史记论集》，2006年）

【汇评】

刘　敞：或问人有言曰："伊尹五就桀，五就汤，太公三就纣、三就西伯，有诸？"曰："有之。"曰："然则为仵而合者欤？"曰："否，不然也。昔者伊尹避桀耕于有莘之野，不以耒耜为可贱也，以须天下之平，卒不可得，汤闻其贤，往聘而起焉。太公避纣，钓于渭水之上，不以渔之事为可薄也，以须天下之平，卒不可得，文王闻其贤，往猎而起焉。二子者，皆圣人之仇也，知不以久幽为不贤，而曾纷纷以求合为贤乎？且吾闻之，伊尹归于商而为之相，太公归于周而为之师，二子者，法尧舜者也。以尧舜之道，不可以臣伐君，可以臣辅君，成汤察焉。古者诸侯岁一贡士于天子，汤因是焉而贡之，故伊尹入于夏。夏不能用。古者士不得其职则去，谏不用其言则去。伊尹数谏而不入，识夏之可丑也。归于亳，汤又贡之，贡而反者五，知其不足与有为，然后终相之。当此之时，伊尹乃自亳之北门入，遇汝鸠、汝方于徐，而作《汝鸠》《汝方》之书。伊尹、太公，其臣，均也；成汤、文王，其主，均也；夏桀与纣，其乱，均也。以伊尹之入于夏，故亦知太公之入于商；以伊尹之入于夏为汤贡之，故亦知太公之入于商由文王贡之也,则二子者,皆愿为而不得者,非仵之而后合者也,且仵而后合者,若苏秦者乎?昔者苏秦尝为燕谋齐,而伪得罪于燕者,以纳于齐;齐人剐而裂之,天下莫不笑,故图为仵合者,苏秦也,不免于死,而谓伊吕之圣人为之乎哉?"曰:"伊吕之不求于合,则吾信之矣。若乃汤贡之、文王贡之者,非间欤?"曰:"恶是何言也!且以汤之得天下也,为得桀而得欤,为得道而得欤?文王之得天下也,为得纣而得欤,为得道而得欤?汤之得天下也,自其伐葛;文王之得天下也,自其伐崇。汤伐葛而莫之逆者,而桀丧其天下矣;文王伐崇而莫之违者,而纣丧其天下矣。且子谓汤之得桀也,伊尹间之,其得葛也,孰间之乎?文王得纣也,太公间之;其得崇也,孰间之乎?圣人之为圣也,为其正而已矣。是以众人为不可及,必以间而有天下,则其所以为圣也,不亦众人而可为之欤?"曰:"然则世之有是言也,何出?"曰:"出乎贪势而好利者,贪势者乐纵横,好利者喜用兵,其于术犹号而售之也,是以私自托圣人。"(《公是集》卷四十七《伊吕问》)

⑧【汇注】

孙　武:昔殷之兴也,伊挚在夏;周之兴也,吕牙在殷(梅尧臣注曰:伊尹、吕牙,非叛于国也。夏不能任,而殷任之;殷不能用,而周用之。其成大功者为民也)。(《孙子集注》卷十三《用间篇》)

伏　生:《汤誓》云:夏人饮酒,醉者持不醉者,不醉持醉者。相和而歌曰:"盍归于亳!盍归于亳!"(原注:亳,汤之都也)亳亦大矣,故伊尹退而闲居,深听歌声,(原注:思其故也。是时伊尹在桀)。更曰:"觉兮较兮,吾大命格兮(原注:觉兮,谓先知;较兮,谓直道者。格,至也。吾,谓桀也),去不善而就善,何不乐兮!"伊尹入告于桀曰:"大命之亡有日矣!"桀僮然叹,哑然笑,曰:"天之有日,犹吾之有民也。日有亡哉?日亡,吾乃亡矣(原注:自比于天,言常在也。比于日,言去复来也)!"是以伊尹遂去夏适汤。(《尚书大传》卷一《汤誓》)

苏　辙:是时夏桀为虐,而诸侯韦氏、顾氏、昆吾氏皆为乱,汤使伊尹适夏以观桀之政。可辅辅之,不可辅伐之。伊尹入夏,知桀之不可为也,复归于亳。汤遂与伊尹伐韦、顾、昆吾,克之。遂伐桀。(《古史》卷四《殷本纪》)

【汇评】

李元度:昔者伊尹五就汤、五就桀,卒说汤以伐夏救民,实古今未有之创局,不特放太甲而不疑,为非常之举也。尹为圣之任,有定论矣。近世愁儒,乃谓征诛之局始于汤,事两姓之君若循环则始于尹。尹说始事之君,以伐所尝事之君,尤不可为训。……然而征诛之局自汤始。汤岂乐开其端?所以既得尹即荐之于桀,汤盖谓桀能用尹,即可救民于水火,与己之用尹一也。尹亦谓见用于桀,即可救民于水火,与见用于汤一也。就桀至于五则苟有一线之机可转,犹不绝望于桀矣,惟其下愚不移,乃终从而

放之，不放不足救天下之民也，曷尝利天下哉！……呜呼！欲知人者，诚不可不先论其世也。(《天岳山馆文钞》卷一《伊尹论》)

⑨ 【汇注】

刘　向：桀作瑶台，罢民力，殚民财，为酒池糟堤，纵靡靡之乐，一鼓而牛饮者三千人，群臣相持歌曰："江水沛沛兮，舟楫败兮，我王废兮，趣归薄兮，薄亦大兮。"又曰："乐兮乐兮，四牡蹻兮，六辔沃兮，去不善而从善，何不乐兮！"伊尹知天命之去，举觞而告桀曰："君王不听臣之言，亡无日矣！"桀拍然而作，唾然而笑曰："子何妖言！吾有天下，如天之有日也。日有亡乎？日亡，吾亦亡矣。"于是接履而趣，遂适汤。汤立为相。故伊尹去官入殷，殷王而夏亡。(《新序》卷六《刺奢第六》)

马持盈：既丑有夏：以夏桀之政治为丑恶，不愿意立身夏朝，故往就商。(《史记今注》，第82页)

⑩ 【汇注】

鬼谷子：伊尹五就汤，五就桀，然后合于汤。(《鬼谷子·忤合》)

韩　婴：昔者桀为酒池糟堤，纵靡靡之乐，而牛饮者三千，群臣皆相持而歌，"江水沛兮！舟楫败兮！我王废兮！趣归于亳，亳亦大兮！"又曰："乐兮乐兮！四壮骄兮！六辔沃兮！去不善兮善，何不乐兮！"伊尹知大命之将去，举觞造桀曰："君王不听臣言，大命去矣，亡无日矣。"桀相然而抃，盍然而笑曰："子又妖言矣。吾有天下，犹天之有日也，日有亡乎？日亡，吾亦亡也。"于是伊尹接履而趋，遂适于汤，汤以为相。可谓适彼乐土，爰得其所矣。(《韩诗外传》)

司马光：伊尹有元圣之德，耕于有莘之野，以乐尧舜之道。汤使人币聘之，三返然后至。汤任之以政，伊尹以为桀虽无道，君也；汤虽有圣德，臣也。不可舍君而辅臣，乃去亳适夏。既而知桀不可辅，复归于亳，乃与汤谋伐桀，胜之，放桀于南巢。(《稽古录》卷六《殷上》)

郑　樵：汤举伊尹任以国政。伊尹乃进君国子民之人，皆在王官，汤以伊尹为贤而荐于桀。伊尹去汤适夏，既丑有夏，复归于亳。(《通志》卷三《商》)

【汇评】

苏　轼：圣人之所能有绝人者，不可以常情疑其有无。孔子为鲁司寇，堕郈、堕费，三桓不疑其害己，非孔子能之乎？伊尹去亳适夏，既丑有夏，复归于亳。伊尹为政于商，既贰于夏矣，以桀之暴戾，处其执政而不疑，往来两国之间，而商人父师之，非圣人能如是乎？是以废太甲，太甲不怨，复其位，太甲不疑，皆不可以常情断其无也。后世惟诸葛亮近之。玄德将死之言，乃真实语也，使孔明据刘禅位，蜀人岂有疑辞哉？读柳宗元《五就桀赞》，终篇皆言伊尹往来两国之间，岂其有意教诲桀而全其国耶？不然，汤之当王也久矣，伊尹何疑焉？桀能改过而免于诛，可庶几也。能用伊尹

而得志于天下，虽至愚知其不然矣。宗元意欲以此自解其从王叔文之罪也。(《东坡全集》卷九十二《伊尹五就桀》)

苏　辙：《书》称伊尹去亳适夏，既丑有夏，复归于亳。盖伊尹耕于莘野，既以处士从汤矣，及其适夏，非其私行也。汤必与知之。其君臣之心，以为从汤伐桀，以济斯世，不若使伊尹事桀以止其乱，虽使夏不亡，商不兴，无憾也。及其不可复辅，于是舍而归耳。其后文王事纣，亦身为之三公，至将囚而杀之，然后弃之而西。盖汤之于桀，文王之于纣，其不欲遽夺之者如此。此其所以为汤、文王，而后世之所不及也。(《古史》卷四《殷本纪》)

王　圻：伊尹、周公，非纯臣也，非经行也，不可以为后世法。夫跖犬吠尧，各护其主。臣无二主，天之制也。伊尹去汤就桀，丑桀归汤，去就之罪，迹同奸谋，使兵家引为反间，伊尹自取之也。桐宫之放与羿、鼂等耳，此岂人臣所当为者哉？冢宰居摄，召公不悦，非谓敢遂有之也，亦意其起当时之衅，开后世之端耳。是以效伊尹而不尽其心者为霍光，效霍光而不得尽其心者为王莽、董卓。曹氏代汉，司马代魏，刘裕代晋，纷纷至于五代，未尝不托迹伊周以阶乱。故曰伊尹、周公，非纯臣，非经行也。(《稗史汇编》卷八十九《人事门·伊周》)

张光直：有些文献说伊尹曾一度离开成汤而为夏臣，但因不满其所见所闻而回到成汤身边。许多根据东周人的记载编撰的史料是相互矛盾和不可靠的，但有一个共同的主题是伊尹和成汤的关系是时离时合的。(《商文明》，第10页)

李裕民：关于伊尹的出身及其姓名，陈奇猷先生曾作文考证，结论是："伊尹姓'伊尹'，氏'小臣'，亦作'小子'，名'挚'，出身为媵臣，掌庖宰之事，后为汤相，官称为阿衡。"(文载《中华文史论丛》1983年3期)我认为上述结论除了"名挚"二字尚可商讨外，都是错误的，今作考辨如下：

一、伊尹不是姓，陈先生以伊尹为姓的主要根据是《吕氏春秋·本味篇》的记载，原文说："其母居伊水之上，孕，梦有神告之曰：臼出水而东走，毋顾。明日，视臼出水，告其邻，东走十里，而顾其邑，尽为水，身因化为空桑，故命之曰伊尹。"陈先生说："此叙述伊尹得姓的神话正与殷契得姓子氏相类似。'命曰伊尹'亦犹殷契之'赐姓子氏'。伊尹为所命的一个复姓是显而易见的。"今按"命之曰伊尹"之"命"释成赐姓是没有根据的，"命"是命名之意，命名与赐姓是两回事。

二、小臣不是氏，按甲骨文中常见的小臣是官名，而不是氏。

三、小子与小臣不同义，从"官名"角度说，小子与小臣有相同之处，但他们不是同一官名的别称，(从称呼角度"小子")或指年龄的尚小，或为谦称，或为对下属的称呼，其义均由"小孩"之本义引申而来，与"小臣"无同义之处。

四、伊尹不是媵臣，战国典籍所记，有伊尹为媵臣和小臣二说，媵臣之说在金、甲文中找不见证据,小臣之说,见于金文。"小臣"之说比"媵臣"说更近事实。

五、伊尹不是汤相,按甲骨文有相字,但都不是官名。周代有相,其初只是诸侯朝聘宴享时辅导行礼的小官。以后世的制度作比喻,说伊尹为汤相,尚可,如肯定伊尹在商代的官职就是相,那就违背历史事实了。

六、伊尹不是阿衡,陈梦家曾举出三条证据,说明伊尹与可衡(保衡)不是一人,足以纠正汉人谬说,不但伊尹、保衡是两个人,而且一立于汤时,一立于太甲时。

七、伊尹的真实含义,关于"伊尹"的含义,陈梦家在《殷虚卜辞综述》中已指出:"伊为人名,尹是官名。"我认为,这个解释是正确的。伊尹,甲骨文有"伊尹"和"伊"两种称呼,叔夷钟称为"伊少(小)臣",伊字从人从尹,各家均释"伊",左旁为人形,绝无可疑,陈奇猷先生释此字为"尹",不知有何根据?"伊小臣"与"伊尹"的叫法相同,都是先人名后官名。甲骨文中有尹和多尹之官,金文之尹分师保之尹与册命之尹两类,师保之尹为作册之尹的首长,伊尹之尹应是师保之尹。伊尹大约当过"小臣"之官,但他不是媵臣,也非小子。他是汤的主要助手,故甲骨文中称之为旧臣,祀典特别隆重,其权势与后世的宰相相仿,但商代无相,伊尹并没有当汤相或右相。至于《孙子·用间》说伊尹名"挚",古文字中,尚无佐证,甲骨文中已有挚字,但均非人名,此说未必可靠。(《伊尹的出身及其姓名考辨》,《山西大学学报》,1983年第4期)

⑪【汇注】
　马持盈:女鸠、女房:汤之二贤臣之名。(《史记今注》,第82页)
　宋镇豪:女鸠、女房,成汤时臣正,一说先为夏桀臣。(《商代史论纲》)

⑫【汇注】
　裴　骃:孔安国曰:"鸠房二人,汤之贤臣也。二篇言所以丑夏而还之意也。"(《史记集解》)
　伏　生:伊尹去亳适夏,既丑有夏,复归于亳。入自北门,乃遇汝鸠、汝方,作《汝鸠》《汝方》。(《尚书大传·书序》)

汤出,见野张网四面,祝曰:"自天下四方皆入吾网。"汤曰:"嘻,尽之矣!"乃去其三面①,祝曰:"欲左,左。欲右,右。不用命,乃入吾网②。"诸侯闻之③,曰:"汤德至矣④,及禽兽⑤。"

① 【汇评】

　　刘　向：汤见祝网者置四面，其祝曰："从天坠者，从地出者，从四方来者，皆罹吾网。"汤曰："嘻，尽之矣！非桀其孰为此？"汤乃解其三面，置其一面，更教之，祝曰："昔蛛蝥作网，今之人循序，欲左者左，欲右者右，欲高者高，欲下者下，吾取其犯命者。"汉南之国闻之曰："汤之德及禽兽矣，四十国归之。人置四面，未必得鸟，汤去三面，置其一面，以网四十国，非徒网鸟也。"（《新序》卷五《杂事第五》）

　　李　昉：《傅子》曰：汤去三面之网，归之者四十国。……天下怀其仁，所惠者小，所感者大，仁心先之也。（《太平御览》卷七七《皇王部二》）

　　高　登：天之生物，以养斯人。先王仁政所以使之，咸若禁其暴殄而已。网罟之利，以畋以渔，尚矣。夫网去三面，知终日而不获一也，且从而祝之曰：欲左，左；欲右，右。不用命乃入吾网。近类异端之所谓仁，非吾圣人之所谓仁。曾以汤之懋德如天而为是区区哉！后世之君，推恩足以及禽兽，而功不至于百姓，其效此也耶？子长爱奇，吾所不取。（《东溪集》卷下《史记汤祝网》）

② 【汇评】

　　李　贽：汤视天下不如禽兽邪？亦是不用命者入吾网耳！（《史纲评要》卷一《商纪·成汤》）

③ 【汇注】

　　郑　樵：汉南诸侯闻之，曰："汤德至矣，及禽兽。"一时归商者三十六国，或言四十国。（《通志》卷三《商》）

④ 【汇评】

　　戴　圣：汤以宽治民而除其虐。（《礼记·祭法》）

⑤ 【汇注】

　　马持盈：汤的仁德真是达于极点了，爱及于禽兽。（《史记今注》，第84页）

【汇评】

　　尸　佼：尧养无告，禹爱辜人，汤武及禽兽，此先王之所以安危而怀远也；圣人于大私之中也为无私，其于大好恶之中也为无好恶。（《尸子·绰子》）

　　李　昉：《吕氏春秋》曰：汤见祝贺网者，置四面。其祝曰："从天坠者，从地出者，从四方来者，皆吾网罗。"汤曰："嘻，尽之矣！非桀，其孰能为此。"汤收其三面，置其一面，更教之。祝曰："昔蛛蝥作网罟，今之人学纾，欲左者左，欲右者右。欲高者高，欲下者下。吾取其犯命者。"汉南之国闻之，曰："汤之德，及禽兽矣。"于是四十国同时归之。夫人置四面未必得鸟，汤去三面，以网四十国，非徒鸟也。（《太平御览》卷八三《皇王部八》）

当是时，夏桀为虐政淫荒①，而诸侯昆吾氏为乱②。汤乃兴师率诸侯，伊尹从汤③，汤自把钺以伐昆吾④，遂伐桀⑤。汤曰："格女众庶⑥，来，女悉听朕言⑦。匪台小子⑧，敢行举乱；有夏多罪。予维闻女众言⑨，夏氏有罪，予畏上帝，不敢不正⑩。今夏多罪，天命殛之。今女有众，女曰：'我君不恤我众，舍我啬事而割政⑪。'女其曰⑫：'有罪，其奈何？'夏王率止众力⑬，率夺夏国⑭。有众率怠不和⑮，曰：'是日何时丧？予与女皆亡⑯！'夏德若兹，今朕必往。尔尚及予一人致天之罚⑰，予其大理女⑱。女毋不信，朕不食言⑲。女不从誓言，予则帑僇女⑳，无有攸赦㉑。"以告令师㉒，作《汤誓》㉓。于是汤曰："吾甚武㉔。"号曰武王㉕。

① 【汇注】

伏　生：桀杀刑弥厚，而民弥暴，故尔梁远，遂以是亡（原注：故尔，穷其近也；梁读为掠。按曰：传及注"故"字有误）。汤之君民，听宽而狱省。（《尚书大传》卷一《汤誓》）

编者按：《荀子·解蔽篇》："桀蔽于末喜、斯观，而不知关龙逢，以惑其心而乱其行。"杨倞注曰：末喜，桀妃。斯观，未闻。韩侍郎云：斯当为斟，斟观，夏同姓国，盖其君当时为桀佞臣也。《国语》史苏曰："昔夏桀伐有施，有施人以末喜女焉。"贾侍中云"有施，喜姓国也"。

② 【汇注】

张守节：帝喾时陆终之长子，昆吾氏之后也。《世本》云"昆吾者，卫氏"是。（《史记正义》）

傅元恺：昆吾氏：夏的同盟部落，居地在今河南省濮阳西南。（见《史记纪传选译·殷本纪》）

陈蒲清：昆吾氏：部族名。住地在今河南省濮阳县一带，或曰在许昌一带。（引自王利器主编《史记注译》卷三《殷本纪》）

宋镇豪：昆吾，据近世考古学与文献相结合的研究成果，很可能就在新郑附近，这里在古代军事上具有重要地位，它西去是夏都阳城（告城镇）所在，东去是广阔的豫东平原，当先商势力已经发展到豫东平原的北部之时，昆吾锁住豫东之敌进入夏王

朝腹心地区的门户，建立起第三道防线。(《商代史论纲》，第406页)

③【汇注】

　　刘　向：汤欲伐桀，伊尹曰：请阻乏贡职以观其动，桀怒，起九夷之师以伐之。伊尹曰：未可。彼尚能起九夷之师，是罪在我也。汤乃谢罪请服，复入贡职。明年，又不供贡职，桀怒，起九夷之师，九夷之师不起。伊尹曰：可矣。汤乃兴师，伐而残之，迁桀南巢氏焉。(《说苑·权谋》)

④【汇注】

　　王　恢：昆吾：《左》昭十二年，楚灵王曰："昔我皇祖伯父昆吾，旧许是宅。"《杜注》："陆终氏生六子，长曰昆吾，少曰季连，楚之祖。故谓昆吾为伯父。昆吾尝居许地，故曰旧许是宅。"今本《竹书》：夏仲康六年，锡昆吾命作伯。《郡国志》："东郡濮阳县，古昆吾国。"即帝丘。《瓠子河注》误为商丘，相土又都之也。《括地志》：故城在今濮阳县西二十五里。又《竹书》帝芒三十三年，封昆吾氏子于有苏，林春浦《补证》引《唐书·世系表》：有苏，在邺西苏城。恢按：其后忿生为周司寇，迁于温，故亦曰温。原在濮阳者，帝廑四年迁于许，在今许昌西南。《左》昭十八年《杜注》："昆吾同以乙卯日与桀同诛。"(《史记本纪地理图考·殷本纪·汤征诸侯与伐夏》)

⑤【汇注】

　　郑　樵：夏末，昆吾氏伯而为乱，汤为景、亳之会，以征兵于诸侯，汤亲秉钺伐韦顾及昆吾。韦顾，昆吾之与国也，复党与桀，汤既克三国，伊尹遂相汤伐桀。(《通志》卷三《商》)

　　蒋廷锡：按《说苑·权谋》：汤欲伐桀，伊尹曰："请阻，乏贡赋以观其动。"桀怒，起九夷之师以伐之。伊尹曰："未可。彼尚犹能起九夷之师，是罪在我也。"汤乃谢罪，请服。复入贡职。明年，又不供职。桀怒，起九夷之师，九夷之师不起。伊尹曰："可矣！"汤乃兴师而残之。迁桀南巢，氏焉。(《古今图书集成·明伦汇编·皇极典》卷八《商·成汤之本》)

【汇评】

　　韩　非：汤以伐桀，而恐天下言己为贪也，因乃让天下于务光，而恐务光之受也，乃使人说务光曰："汤杀君而欲传恶声于子。"务光因自投于河。(《韩非子·说林上》)

　　刘　安：所为立君者，以禁暴讨乱也。今乘万民之力，而反为残贼，是为虎傅翼，曷为弗除？夫畜池鱼者必去猵獭，养禽兽者必去豺狼，又况治人乎？故霸王之兵，以论虑之，以策图之，以义扶之，非以亡存也，将以存亡也。故闻敌国之君有加虐于民者，则举兵而临其境，责之以不义，刺之以过行。兵至其郊，乃令军师曰："毋伐树木，毋扣坟墓，毋燕五谷，毋焚积聚，毋捕民虏，毋收六畜。"乃发号施令曰："其国之君，傲天侮鬼，决狱不辜，杀戮无罪，此天之所以诛也，民之所以仇也。兵之来也，以废不义而复有德也，有逆天之道，帅民之贼者，身死族灭。以家听者禄以家，以里听者赏以里，以乡听者封以乡，以县听者侯以县。"砧其国不及其民，废其君而易其政，尊其秀士而显其贤良，振其孤寡，恤其贫穷，出其囹圄。赏其有功，百姓开门而待之，淅米而储之，唯恐其不来也。此汤武之所以致王，而齐桓晋文之所以成霸也。（《淮南子》卷十五《兵略训》）

⑥【汇注】

马持盈：格女众庶：你们大家都到我面前来。格，来也。（《史记今注》，第84页）

【汇校】

傅元恺：格：来。与下"来"字重，疑是衍文。（见《史记纪传选译·殷本纪》）

⑦【汇校】

郭嵩焘：按："来、女"二字，系史公改易《尚书》"格汝众庶"之文而删削未尽，故相连为文。（《史记札记》卷一《殷本纪》）

瞿方梅：方梅案：当是旧本旁记，以释"格女"义者，后世转写入正文，故遂衍之。与下文至于泰卷陶，衍"陶"字，同谬。（《史记三家注补正·殷本纪第三》）（广文书局印行，1973年版）

⑧【汇注】

裴　骃：马融曰："台，我也。"（《史记集解》）

⑨【汇注】

傅元恺：维：通"惟"，虽。言：指殷民不愿从军征讨夏桀的怨言。（见《史记纪传选译·殷本纪》）

⑩【汇注】

裴　骃：孔安国曰："不敢不正桀之罪而诛之。"（《史记集解》）

马持盈：正：同"征"字。（《史记今注》，第84页）

⑪【汇校】

王叔岷：《考证》：枫、三本"政"下有"夏"字，案：《汤誓》"啬"作"穑"，穑、啬正、假字，古写本"政"下亦有"夏"字（写在下文"女其曰"上，中隔《集解》之文），盖后人据《汤誓》妄加。据《伪孔传》，则《汤誓》本无夏字（详见段玉裁《尚书撰异》），《集解》既引《伪孔传》以释此文，则此文本亦无"夏"字。"割政"犹"夺征"（参见屈万里《尚书释义·汤誓》篇），《汤誓》下文"率割夏邑"，史公说割为夺，即割、夺同义之证。（《史记斠证·殷本纪第三》）

【汇注】

裴　骃：孔安国曰："夺民农功，而为割剥之政。"（《史记集解》）

瞿方梅：方梅案：《尚书》"啬"字作"穑"，啬穑古今字，言收敛谷稻也。啬字从来从（注意，此字须造字！！一点一横，下面一个回字）会意，亦言来必（注意，此字须造字！！一点一横，下面一个回字）而藏之，故《礼记·郊特牲》疏，敛曰啬也。《说文》，啬，爱濇也。犹是引之义，不可不知。（《史记三家注补正·殷本纪第三》）

傅元恺：啬事：农事。啬，通"穑"。割政：害民之政。割，害。（见《史记纪传选译·殷本纪》）

⑫【汇注】

傅元恺：其：将要。这句是成汤代众民设问之词。（见《史记纪传选译·殷本纪》）

⑬【汇注】

傅元恺：率："聿"的假借字，语助词，无义。止：绝。（见《史记纪传选译·殷本纪》）

⑭【汇注】

裴　骃：孔安国曰："桀之君臣相率遏止众力，使不得事农，相率割剥夏之邑居。"（《史记集解》）

⑮【汇注】

裴　骃：马融曰："众民相率怠惰，不和同。"（《史记集解》）

⑯【汇注】

裴　骃：《尚书大传》曰："桀云'天之有日，犹吾之有民，日有亡哉，日亡吾亦亡矣'。"（《史记集解》）

⑰【汇注】

傅元恺：尚：语气词，表示命令、劝勉。予一人：古代天子自称之词。致：施加。（见《史记纪传选译·殷本纪》）

⑱【汇校】

裴　骃：《尚书》"理"字作"赉"。郑玄曰："赉，赐也。"（《史记集解》）

【汇注】

傅元恺：理：通"厘"，赏赐。（见《史记纪传选译·殷本纪》）

⑲【汇注】

司马贞：《左传》云："食言多矣，能无肥乎？"是为妄言为食言。（《史记索隐》）

王骏图撰、王骏观续：食言者，自食其言，谓出口反口，若吐物而复食之也。《尔雅》虽有训食为伪一说，然《索隐》既引《左传》能无肥乎作证，自当以自食义为长。又《汉书·匈奴传》"而不食言"，小颜亦谓弃其前言如食而尽也，可证小司马之

谬。(《史记旧注平义》)

⑳【汇注】

傅元恺：帑：通"孥"，妻子。僇：通"戮"。(见《史记纪传选译·殷本纪》)

【汇评】

崔　述：按：夏、商之书皆有"孥戮"之文，而孟子述文王治岐之政则云"罪人不孥"，将夏、商之法与周互异乎？盖不孥者国之常法；孥戮者乃一时权宜之制。天下盖有罪孽深重，妻子皆预其谋；亦有贪冒无厌，妻子皆享其乐者。此而但诛其身，使其妻子安然无事，仍得享其余泽，不足以服人心而惩将来，故有孥戮之法。至于战陈，尤非寻常可比，一人退走，万夫为之夺气，所关甚钜，故以孥戮警之，使知进不必死，而退且有不止于死者，欲其致果毅以胜敌耳。且所谓孥戮者，非杀之也，但致之于罪耳。观《春秋传》称夷之蒐，贾季戮臾骈，申之会，越大夫戮焉，其后臾骈、越大夫皆仍见于《传》，此可以知戮之非杀也。(《崔东壁遗书·考古续说》卷一《孥戮为权宜之制》)

㉑【汇注】

陈蒲清：自"汤曰，格女众庶"至此，摘自《尚书·汤誓》。(引自王利器主编《史记注译》卷三《殷本纪》)

王玉哲：《汤誓》："予则孥戮女，罔有攸赦。"这句话已充分反映出商王对人民具有生杀予夺之权，逐渐超出了氏族酋长的权限，进一步发展，就快要正式过渡到第一个阶级社会了。(《中华远古史》，第199页)

㉒【汇注】

陈蒲清：令师：疑为传令官。甲骨文、金文未见有此官名。(引自王利器主编《史记注译》卷三《殷本纪》)

㉓【汇注】

刘绍攽：今文《商书》五篇，史迁并著其词。(《汤誓》《盘庚》《高宗肜日》《西伯戡黎》《微子》)古文十三篇，弗一及焉。(《仲虺之诰》《汤诰》《伊训》，《太甲》三篇，《咸有一德》，《说命》三篇，《盘庚》三篇)《索隐》谓迁不见古文。夫其述儒林曰："孔氏有《古文尚书》，安国以今文读之，起其家逸书，以迁之博览，为安国传而不读安国之书乎？又乌知安国所读非迁所称《帝诰》《汤征》诸篇。《帝诰》《汤征》，迁既称之，胡不比于今文而载之，别于经也。"天宝诸儒，乃取迁所不载者，以溷经师之传，学之相去倍蓰云尔哉！(《九畹古文》卷十《书殷本纪后》)

张大可：《汤誓》：《尚书》中篇名，即汤王在鸣条发布的誓师之辞。以上文字就采自《汤誓》。(《史记全本新注》卷三《殷本纪第三》)

【汇评】

张九成：余读尧舜二典以还，初见《甘誓》而怅然曰："去尧舜未远而有此举，尧舜之风不复有矣！"既又读《胤征》，则有异焉，去尧舜未远，已有篡誓、挟天子令诸侯之事。使章怀读之，必不忍闻；使贾谊读之，必至于痛哭流涕。尚有说者曰："羿凶人也，安知义理？"今读《汤誓》，乃公然以臣伐君，取天下而有之。其惊骇耳目，震动心志，益有甚矣。伊尹、成汤皆圣人也，圣人而为此举，此所以愈可怪骇也。呜呼！使启知太康不肖择圣贤而授之，使尧舜之风相踵不绝，安得有《胤征》《汤誓》之事乎？此余所以深悲也。（《横浦集》）

晁福林：在军国大事决策时，子姓族众有相当大的发言权，他们可以直言不讳地发表意见。灭夏以前，商汤召集"众庶"计议，众庶说："我后不恤我众，舍我穑事而割正夏。"抱怨商汤舍弃农事，而让族众伐夏。汤解释说："夏氏有罪，予畏上帝，不敢不正。"众庶又追问："夏罪其如台？"让汤将伐夏的理由解释明白。《尚书·汤誓》所云的这些情况可以看成是族众会议的记录。（《殷墟卜辞中的商王名号与商代王权》，《历史研究》，1986 年第 5 期）

㉔【汇注】

佚名撰、刘向整理：王不闻汤之伐桀乎？试之弱密须氏以为武教，得密须氏而汤之服桀矣。（《战国策·魏策四》）

㉕【汇注】

裴　骃：《诗》云："武王载旆，有虔秉钺。"《毛传》曰："武王，汤也。"（《史记集解》）

陈士元：又汤亦称武王。《诗》云"武王载旆"，《毛传》云："武王，汤也。"又《尚书·璇玑钤》云：汤受金符帝箓，白狼衔钩。《世纪》云：汤有圣德，诸侯不义者，汤从而征之，一时归者三十六国。践位十三年，寿百岁卒，葬亳北之济阴。（引自陈春辑刻《湖海楼丛书·论语类考》卷七《汤》）

【汇评】

袁　康：殷汤遭夏桀无道，残贼天下，于是汤用伊尹行至圣之心，见桀无道虐行，故伐夏放桀，而王道兴跃。革乱补弊，移风易俗，改制作新，海内毕贡，天下承风，汤以文圣，此之谓也。（《越绝书》卷三《越绝吴内传》）

王若虚：《诗·颂》言古帝命武汤，又曰"武王载旆"，谓之"武"者，诗人之所加也。《殷纪》乃云"汤曰'吾甚武'，号曰武王"，圣人决无此语。（《滹南遗老集》卷九《史记辨惑·采摭之误辨》）

邵泰衢：《汤誓》曰："非台小子，敢行称乱，有夏多罪，天命殛之。予畏上帝，不敢不正。"今曰"吾甚武"，曰"武王"，是敢行称乱，非不敢不正也。（《史记疑问》

卷上《殷纪》）

郭嵩焘：按此因《长发诗》"武王载旆"之文而为之词，诗人之意但以表明成汤之武功，当时实未有此王号也。《史》文此等自具一种逸趣，与《尧本纪》尧曰"终不以天下之病而利一人"，同一叙法也。（《史记札记》卷一《殷本纪》）

崔　述：夏自太康失道，已非禹之旧矣，况至于桀，善政尚有复存者乎？且汤之事与禹不同，汤承先世之业，崛起一方，自相土、上甲微以来，必有良法善政宜于民而不当变者，此固不得改之而复遵夏政也。盖汤心异以异于尧舜禹之心，然汤之事不能不异于尧舜禹之事，汤所处之势然也。（《考信录提要》卷下《商考信录》）

陈　直：直按：王静安先生谓周代谥法，皆生前之称，非死后追加，其说至确。商代汤自号武王，亦其显例。（《史记新证》）

桀败于有娀之虚①，桀奔于鸣条②，夏师败绩③。汤遂伐三㚇④，俘厥宝玉⑤，义伯、仲伯作《典宝》⑥。汤既胜夏⑦，欲迁其社⑧，不可⑨，作《夏社》⑩。伊尹报⑪。于是诸侯毕服⑫，汤乃践天子位⑬，平定海内⑭。

①【汇注】
傅元恺：虚：山丘。（见《史记纪传选译·殷本纪》）
陈蒲清：虚：同"墟"，旧址。（引自王利器主编《史记注译》卷三《殷本纪》）

②【汇校】
李吉甫：故莘城在（陈留）县东北三十五里，古莘国地也。《国语》汤伐桀，桀与韦、顾之君拒汤于莘之墟，遂战于鸣条之野。（《元和郡县图志·卷七》）
吴锐：鸣条：传统上认为在陈留，陈留在今河南开封市附近。《帝王世纪》载禹摄政五年，"有苗氏叛，南征，崩于鸣条，年百岁。葬苍梧九疑山之阳，是谓零陵。谓之纪市，在今营道县"。鸣条应该接近苍梧、九疑。九疑、零陵原来都是丹水流域的地名，后来被带到湖南。则鸣条也在丹水流域。丹水发源陕西，流经陕西、河南、湖北，流入汉水，是三苗的聚居地。《吕氏春秋·召类》《淮南子·兵略》都说尧与有苗战于丹水之浦，以服南蛮。（《从〈容成氏〉所记桀逃亡路线看夏文化与西部的关系》，《人文杂志》，2007年第2期）

【汇注】
荀　子：桀死于亭山。（《荀子·解蔽篇》）
编者按：唐杨倞注"亭山"云："亭山，南巢之山，或本作鬲山。按《汉书·地理志》庐江有䣝县，当是误以䣝为鬲，传写又误为亭。䣝音潜。"王念孙又补注曰："按：作鬲山者是也。鬲读与历同字，或作歷。"《太平御览》皇王部七引《尸子》曰：桀放于历山。《淮南·修务篇》："汤整兵鸣条，困夏南巢，谯以其过放之历山。高注曰：'历山，盖历阳之山。'"历山即鬲山也。《史记·滑稽传》"铜历为棺"，《索隐》曰："历即釜鬲也。"是鬲、历古字通。杨以鬲山为䣝山之误，非也。王念孙又注曰：《鲁语》"桀奔南巢"。韦注曰：南巢，扬州地，巢伯之国。今庐江居巢县是。是南巢地在汉之居巢，不在䣝县也。且庐江有䣝县而无䣝山，今以鬲山为䣝山之误，则是以县名为山名矣，尤非。

刘　安：汤夙兴夜寐，以致聪明。轻赋薄敛，以宽民氓。布德施惠，以振困穷。吊死问疾，以养孤孀。百姓亲附，政令流行。乃整兵鸣条，困夏南巢。谯以其过，放之历山（高诱注：鸣条，地名。南巢，今庐江居巢是。谯，责也，让夏桀之罪过也。历山，盖历阳之山，是汤为之也）。（《淮南子》卷十九《修务训》）

皇甫谧撰、徐宗元辑：（安邑）县西有鸣条陌，汤伐桀战昆吾亭。《左传》，昆吾与桀同日亡。（《帝王世纪辑存·殷商第三》）

孔颖达：汤以宽治民而除其虐，谓放桀于南巢也。（《礼记正义·祭法》）

张守节：《括地志》云："高涯原在蒲州安邑县北三十里南阪口，即古鸣条陌也。鸣条战地，在安邑西。"（《史记正义》）

钱　穆：案：《太平御览》八二引许慎《淮南》注："鸣条在今陈留平邱。"《尚书》疏："陈留平邱有鸣条亭是也。"桀败于有娀之虚，奔于鸣条，在此为合。又旧说昆吾、夏桀同以乙卯日亡。昆吾宅旧许，亦与陈留平邱接壤。桀自此奔三嫕，则在定陶。（《史记地名考》上，第218页）

傅元恺：鸣条：古地名，在今山西省运城县安邑镇北。（见《史记纪传选译·殷本纪》）

③【汇注】

黄灵庚：夏桀兵败有娀之虚之后，便一路亡命不暇，始至鸣条，次至南巢。鸣条、南巢皆在长江之北，楚简文献与传世文献所记载的地貌是一致的。终至"苍梧之野"。则为传世文献所阙如。夏桀终后的驻跸地即帝舜所葬之处。《离骚》"朝发轫于苍梧兮"，王逸注："苍梧，舜所葬也。"洪兴祖《补注》："《山海经》云：'苍梧山，舜葬于阳，帝丹朱葬于阴。'《礼记》曰：'舜葬于苍梧之野。'注云：'舜征有苗而死，因葬焉。苍梧于周，南越之地，今为郡。'"如淳云："舜葬九疑。九疑在苍梧冯乘县，故或曰舜葬苍梧也。"《史记·苏秦列传》："南有洞庭、苍梧。"《索隐》："地名，《地理志》有苍梧郡。"《正义》："苍梧山在道州南。"即在今湖南的衡阳一带，说明夏桀最后一次逃亡，则越过长江，深入到了沅、湘以南地区。（《楚简与楚辞研究二题》，《华

中师范大学学报》，2007年第5期）

【汇评】

韩　非：或曰，天子失道，诸侯伐之，故有汤、武。诸侯失道，大夫伐之，故有齐晋。臣而伐君者必亡，则是汤、武不王。晋、齐不立也。孙子君于卫，而后不臣于鲁。臣之君也，君有失也，故臣有得也。不命亡于有失之君，而命亡于有得之臣，不察。（《韩非子·难四》）

王　圻：君，天也，父也，亦元首也：无不常雨泽而潦旱，为下土者倾而陷之可乎？父不理生产而博饮，为子孙者鸩而战之可乎？头目昏重，一身之累，为腹心股肱者，谋而易置之可乎？其不可者必矣！汤武之罪，当无所逃。彼其自恕，与天下后世恕之者，不过曰诛一贼而拯亿兆于涂炭耳。《夏书》：成汤放桀于南巢，惟有惭德。夷齐仇周而饿死，君子曰"义士：则不义之名将有归矣。若曰："应天顺人"，汤武岂得已哉？此书生之所知也。（《稗史汇编》卷八九《人事门·汤武》）

④【汇注】

裴　骃：孔安国曰："三㚇，国名，桀走保之，今定陶也。俘，取也。"（《史记集解》）

郦道元："济水又东北，经定陶县故城南，侧城东注。县故三㚇国，汤追桀，伐三㚇，即此。"（《水经注》卷七）

张守节：《括地志》云："曹州济阴县即古定陶也，东有三䰾亭是也。"（《史记正义》）

郑　樵：汤以费昌为御，与桀战于鸣条之野，夏师败绩。桀走保三㚇，遂伐三㚇，俘厥宝玉，而放桀焉。（《通志》卷三《商》）

王　恢：三㚇：《伪孔传》："国名，桀走保之，今定陶也。"（《孔》疏误桀都安邑，从略）《郡国志》："济阴定陶，有三䰾亭。"《续山东考古录》（二二）定陶县："《元和志》济阴县，三䰾亭在县东北四十九里。是亭在定陶故城东北二里也。"今本《竹书》帝癸三十一年："夏师败绩，桀出奔三䰾。商师征三䰾，战于郕，获桀于焦门，放之南巢。"三㚇在定陶，近汤都。虽《汤征》摩灭，律以《仲虺》之诰，兼弱攻昧之义，即使不与葛、荆、韦、顾同被征服，亦必在其卵翼之下，桀何反走避之？予疑三㚇或携贰，桀被执，汤归伐之也。（《史记本纪地理图考·殷本纪·汤征诸侯与伐夏》）

钱　穆：案：当在金曹县西南。（《史记地名考》上，第240页）

傅元恺：三㚇：古国名，在今山东省定陶县。（见《史记纪传选译·殷本纪》）

陈昌远：三㚇就是㚇山，应在山西"闻喜今县东五十里"。这是西进伐夏桀的必经之路。（《商族起源地望发微——兼论山西垣曲商城发现的意义》，《历史研究》，1987年第1期）

张富祥：春秋、战国时，商丘、开封一带尚有古泽薮名逢，当亦是夏商时逢氏的散居地，可见"三朡"地兼跨豫东鲁。（《寒国考》，《烟台大学学报》，2011年第3期）

【汇评】

王坤鹏：据简文，汤在三朡的征伐对象并非逃亡的桀，而是"平定海内"，征伐其他诸侯，对应于简文"汤于是乎征九州之师，以戉四海之内，于是乎天下之兵大起，于是乎亡宗戮族残群焉服"。历代学者把三朡作为汤追桀中的一个地点，是对《史记》的误解，观《容成氏》简文以及《左传》《国语》《纪年》《吕氏春秋·简选》《墨子·明鬼下》等文献关于汤伐桀的记载，俱没有提到"三朡"这一地点，应当不是巧合。（《楚简〈容成氏〉新识》，《中国国家博物馆馆刊》，2013年第1期）

⑤【汇注】

杜金鹏：桀无庇于不齐与鲁，复又南投三朡，三朡企图拒汤卫桀，为汤伐诛，商师掠取了大量的玉石宝物。（《商汤伐桀之史实与其历史地理问题》，《史学月刊》，1988年第1期）

【汇评】

邵泰衢："汤伐三朡，俘厥宝玉"：伐夏救民者，汤也。夫岂若俘货者为哉？《仲虺之诰》曰："惟王不迩声色，不殖货利。"岂虚语哉！（《史记疑问》卷上《殷纪》）

⑥【汇注】

裴　骃：孔安国曰："二臣作《典宝》一篇，言国之常宝也。"（《史记集解》）

钱　时：谊伯、仲伯，汤之二臣也。典，常也。明此宝乃国之常宝，世代相传，所不可无；藏之祖庙，所不可失者。桀不能守，而汤得之，必当有以寓其惊戒之意矣。若非有国之常宝，是乃桀之所亡者，汤必不取也。且一举兵而首利其宝玉，虽张良、萧何亦所不屑，而谓吊民伐罪，顺天应人者为之乎？（《融堂书解》卷五《汤誓·注》）

⑦【汇注】

孟　子：思天下之民，匹夫匹妇，有不被尧、舜之泽者，若已推而内之沟中，其自任以天下之重如此，故就汤而说之，以伐夏救民。……《伊训》曰："天诛造攻自牧宫，朕载自亳。"（《孟子·万章上》）

【汇评】

黄灵庚：夏桀逃亡南下至苍梧，必将夏朝的宗庙社稷、文物典章制度及大量的文献材料等等从有夏之居搬迁到江南、沅、湘流域及其苍梧地区。如，崇山即今之中岳嵩山，是有夏氏的发源地，禹之父鲧称"崇伯"。可是这个"崇山"，后来又出现在沅、湘以南。最有可能是在夏桀南逃苍梧之后，夏人将中原的祖庙崇山也随之移入了衡、岭之间。这样，夏后氏颂祖祭天的《九歌》，随着夏桀王朝的南逃，最终流传到了

江南、沅、湘流域及其苍梧地区。(《楚简与楚辞研究二题》,《华中师范大学学报》,2007年第5期)

⑧【汇注】

班　固：社者，土地之神也，土生万物，天下之所主也。(《白虎通》卷二《社稷》)

唐仲友：先王之于地也，亲之；亲之，故有社焉。有社，故有稷。社，五土之神，稷，五谷之神。人非土谷不生，故自天子至于庶人，皆亲而事之。(《帝王经世图谱》卷五《祭社稷旁通之谱》)

王　圻：王者所以有社稷何？为天下求福报功。人非土不立，非谷不食。土地广博，不可偏敬也。五谷众多，不可一一而祭也。故封土立社，示有土。尊稷，五谷之长，故封稷而祭之也。……社何示有存亡也？明为善者得之，恶者失之。故《春秋公羊传》曰：亡国之社，奄其上，柴其下。《郊特牲》曰：丧国之社，屋之，言与天地绝也。(《稗史汇编》卷一三一《祠祭门·社稷》)

⑨【汇注】

裴　骃：孔安国曰："欲变置社稷，而后世无及句龙者，故不可而止。"(《史记集解》)

苏　轼：《春秋传》曰：共工氏有子曰句龙，为后土，后土为社。烈山氏之子曰柱，为稷，自夏以上祀之。周弃亦为稷，自商以来祀之。是汤以弃易柱，而无以易句龙者，故曰："欲迁其社，不可。"(《苏氏书传》卷七《商书·汤誓》)

徐文靖：《笺》按：《书·叙》曰：汤胜夏，欲迁其社，不可。作《夏社》。……程子曰：亡国之社，迁之，礼也。汤存之以为后戒。故汤既胜夏，欲迁其社，不可。《春秋》书亳社灾，皆自汤之不迁始也。(《竹书纪年统笺》卷五《殷商成汤始屋夏社》)

【汇评】

钱　时：汤既胜夏，尝欲迁其社于商矣，已而又不忍使夏之社竟废，故不可。不可者，非欲之而不可得之谓也，所以见汤忠厚之意也。(《融堂书解》卷五《汤誓》)

徐绍峰：足可见夏虽亡国，势力犹在。(《从"汤始居亳"试论汤都郑亳》，《中国古都研究》，第15辑)

江林昌：商汤的部落联盟共主地位是依靠修德与用武而建立起来的，但没有通过行政分层管理来维护。汤既胜夏之后，曾有意"迁其社"，也就是要把象征夏族政治血脉的庙主社稷搬走，以示夏族不复存在，而彻底归商人统治。但是有人劝说"不可"，商汤便没有这么做。结果是如《逸周书·殷祝解》所说："汤不能止桀，汤曰：'欲从者从君'。桀与其属五百人去居南巢。"夏族仍复存在，只不过共主地位不被众部落诸

侯承认而已。(《商代前期：部落联盟共主向方国联盟共主的过渡》，《殷都学刊》，2006年第2期)

⑩【汇注】

　　裴　骃：孔安国曰："言夏社不可迁之义。"(《史记集解》)

　　赵芝荃：夏社，是夏人敬神或祖先的宗庙祭坛之类的设置，古人常把它当作国家或国的象征看待，神圣不可侵犯。汤既灭夏，曾想去掉夏社，但由于夏之先人功绩盖世，后人不能相比，故保留之，以收拢人心，结果正如《竹书纪年》所说"商汤始屋于夏社"。商王朝一方面保留夏社，另一方面则在夏人的统治中心地区建立自己的社稷，其所建立的新城必设"亳社"，后世称其为"西亳"，即偃师商城。(《夏社与桐宫》，《考古与文物》，2001年第4期)

　　编者按：作《夏社》，《尚书·汤誓》于《夏社》之下尚有《疑至》《臣扈》二篇名。宋钱时《融堂书解》释云："《夏社》《臣扈》三书虽亡，要无非陈述其始之欲迁，与夫所以不可之旨耳。丧国之社屋之，先儒谓此制恐始于汤，容有此理。使汤之前已有此制，则必无欲迁之议。三书亦不必作也。《疑至》未详，或谓同臣扈为迁社之议者。然经传无考，难遽信也。臣扈，汤臣，逮事太戊。"

【汇评】

　　邵泰衢：《仲虺之诰》曰："缵禹旧服，奉若天命。"《汤诰》曰："王归，自克夏至于亳。"《伊训》曰："古有夏先后，方懋厥德……于其子孙弗率，皇天降灾。"是汤之吊民伐罪，放桀而已。夏禹何罪，而灭其社乎！(《史纪疑问》卷上《殷纪》)

⑪【汇校】

　　裴　骃：徐广曰："一云'伊尹报政'。"(《史记集解》)

【汇评】

　　王宇信：汤右相伊尹应主要负责军事。他投奔商汤以后，被派往夏中央王朝为官，《国语·晋语》"末喜与伊尹比而亡夏"，古本《竹书纪年》说，"末喜氏以与伊尹交，遂以间夏"，为商汤探听到不少夏朝治乱的消息。而汤建议"请阴乏贡职，以观其动"，即以"九夷之师"能"起"否，以判断伐夏决战时机的就是伊尹。一旦灭夏军事行动展开，《史记·殷本纪》载："汤乃兴师率诸侯，伊尹从汤。"可见伊尹在汤伐夏前选择战机和在灭夏决战中的重要地位。因此伊尹为汤"右相"，当主要负责军事战略的咨询和军事行动方面的事宜。(《谈上甲至汤灭夏前商族早期国家的形成》，《殷都学刊》，2007年第1期)

⑫【汇注】

　　李　昉：《尚书大传》曰："汤之君民，听宽而狱省。"(《太平御览》卷八三《皇王部八》)

又：《越绝书》曰：汤行仁义，敬鬼神，天下之民皆一心归之。（同上）

编者按：《诗·商颂》："昔有成汤，自彼氐、羌，莫敢不来享，莫敢不来王。"即歌颂"诸侯毕服"之盛况。

⑬【汇注】

伏　生：汤放桀而归于亳，三千诸侯大会，汤取天子之玺，置之于天子之座左，复而再拜，从诸侯之位，汤曰："此天子之位，有道者可以处之矣。夫天下，非一家之有也，唯有道者之有也。唯有道者宜处之。"汤以此三让，三千诸侯莫敢即位，然后汤即天子之位。（《尚书大传》卷一《汤誓》）

戴　圣：君天下，曰天子。（《礼记·曲礼》）

班　固："天子者，爵称也。爵所以称天者何？王者，父天母地，为天之子也。"（《白虎通·爵篇》）

郑　樵：伊尹报于诸侯，诸侯大会，汤再拜，而从诸侯之位，曰"天命无常，惟归有道"。三辞，诸侯莫敢当，乃践天子位。（《通志》卷三《商》）

徐文靖：《笺》按：沈约注：帝癸十五年，成汤始为诸侯之元年。癸在位三十一年，汤放之南巢。明年，汤始代夏为天子，从汤为诸侯元年计之，十八年也。《竹书》起尧元年丙子，至汤十八年癸亥，共五百八十八年。故《孟子》谓由尧舜至汤五百有余岁也。（《竹书纪年统笺》卷五《殷商成汤十八年癸亥王即位》）

胡厚宣：在卜辞里，商王称"王"，称"余一人"。（《释"余一人"》，《历史研究》，1957年第1期）

【汇评】

荀　子：成汤监于夏桀，故主其心而慎治之，是以能长用伊尹而身不失道，此其所以代夏王而受九有也。（《荀子·解蔽篇》）

郑慧生："天子"一词，产生于西周。西周之前，商人不称"天子"。司马迁的这种说法，乃是根据后人的观念称呼古人的。（《"天子"考》，《历史教学》，1982年第11期）

江林昌：据《殷祝解》可知，汤接共主地位时，还退让再三，最后又"与诸侯誓"。这说明，商族与诸侯部落之间的关系还只能用起"誓"来维系，而不能真正实行政治控制。因此一旦商族也像夏族那样失德，或者武力软弱到不足以征伐他族时，即使盟过"誓"的诸侯，也同样可以起来反对商族的共主权威。（《商代前期：部落联盟共主向方国联盟共主的过渡》，《殷都学刊》，2006年第2期）

⑭【汇注】

李　昉：《淮南子》曰："汤夙兴夜寐，以致聪明。轻赋薄敛，以宽民氓。布德施惠，以赈困穷。吊死问疾，以养孤孀。百姓亲附，政令流行。"（《太平御览》卷八三

《皇王部八》)

汤归至于泰卷陶①，中䗐作诰②。既绌夏命③，还亳，作《汤诰》④："维三月⑤，王自至于东郊。告诸侯群后：'毋不有功于民，勤力乃事，予乃大罚殛女，毋予怨。'曰：'古禹、皋陶久劳于外，其有功乎民，民乃有安。东为江，北为济，西为河，南为淮⑥，四渎已修⑦，万民乃有居。后稷降播，农殖百谷⑧。三公咸有功于民⑨，故后有立⑩。昔蚩尤与其大夫作乱百姓，帝乃弗予⑪，有状⑫。先王言不可不勉⑬。'曰：'不道，毋之在国⑭，女毋我怨。'"以令诸侯⑮。伊尹作《咸有一德》⑯，咎单作《明居》⑰。

① 【汇校】

　　裴　骃：徐广曰："一无此'陶'字。"孔安国曰："地名。汤自三䗐而还。"（《史记集解》）

　　司马贞：邹诞生"卷"作"坰"，又作"垌"，则卷当作"坰"，与《尚书》同，非衍字也。其下"陶"字是衍耳。何以知然？解《尚书》者以大坰今定陶是也，旧本或傍记其地名，后人转写遂衍斯字也。（《史记索隐》）

【汇注】

　　张守节：坰，古铭反。（《史记正义》）

　　傅元恺：泰卷：即大坰，在今山东省定陶县。陶：衍文。（见《史记纪传选译·殷本纪》）

【汇评】

　　汪之昌：据《索隐》，则"陶"为衍文。而《史记志疑》引杨慎云：泰坰即太行，《正义》以陶为古铭反者，音坰也。又似《史记》本是泰陶而衍卷字，是卷陶二字必有一误衍。江声《尚书集注》引《殷纪》释大坰云：此叙大坰，即彼文泰卷，大当读为泰，坰声转为卷也。钱大昕《史记考异》亦同江说，则泰卷即《书·序》大坰，当无可疑。（《青学斋集》卷十三《史记殷本纪泰卷陶说》）

　　又：窃谓陶亦不定为衍字也。……《殷纪》之汤归，即《书·叙》"汤归自夏，至于泰卷"四字自为句，即《书·叙》至于大坰也。"陶"当连中䗐读。䗐，《尚书》作虺，孔疏定元年，《左传》薛之皇祖奚仲居薛，以为夏正，仲虺居薛，以为汤左相，是薛乃仲虺累世所居，《春秋大事表》，薛在山东兖州府滕县，南越王《勾践世家》止于陶，徐广曰：今之济阴定陶。《禹贡锥指》陶邱今山东兖州府定陶县西南有定陶故城，汉济阴郡治。是定陶古址名陶，与春秋时薛国同在山东兖州府，即非一地，亦当不甚相远。《书》家以大坰为定陶，则于时归归，道所经，适在仲虺封内，因以诰进。仲虺系以陶者，犹说得诸傅险，称傅说也。读者见《书·序》之仲虺作诰，谓《殷纪》句绝，当同。又以泰卷陶连文，与《书·序》至于大坰，参差不合，不得不减卷若陶迁就之，不思《书·序》之汤归自夏，《殷纪》不嫌节去"自夏"二字，《书·序》之仲虺作诰，《殷纪》又何妨增一仲虺所居之"陶"字乎？然则《殷纪》之泰卷陶，卷为坰之通假，陶亦非必字之误衍。读《史记》者，慎毋凭臆增减哉！（同上）

王　恢：泰卷陶，《仲虺之诰序》："汤归自夏，至于大坰。"《世纪》谓汤"迁九鼎于亳，至大坰而有惭德。"是大坰当在亳西。卷，魏邑，汉置卷县，在今原武西北，正当自夏归亳之路，史公作卷，或有所据。小司马说或傍记其地名，后人转写衍"陶"字，是一误又再误也。（《史记本纪地理图考·殷本纪·汤征诸侯与伐夏》）

杜金鹏：《书序》曰："汤归自克夏，至于大坰，仲虺作诰。汤既黜夏命，复归于亳，作《汤诰》。"显然，大坰亦即泰卷陶，大坰与泰卷，乃同名异字，陶为大坰之小地名。坰，古代都邑远郊之称。此指汤都亳邑之郊。则言大坰，是泛称；云泰卷陶，是专称，指处于大坰范围内的陶地，亦即今山东定陶一带。"汤归自克夏"，无疑是由西往东而行。那么，定陶既是亳之坰地即西郊，则亳自当在定陶之东，恰与上面所说亳在定陶东、成武北之推断，正不谋而合。（《先商济亳考略》，《殷都学刊》，1988年第3期）

张国硕：对于《殷本纪》"汤归至于泰卷"中"归"字的解释，传统观点释为"回归、返回"，意即泰卷是商汤灭夏之后返回亳都途中的一站。笔者认为，对"归"字含义应重新认识。仲虺在泰卷"作诰"，说明此地地位十分重要，不应简单地把其看作是"还亳"途中之一站，"汤归至于泰卷"与商汤和东方诸侯会盟有关，夏商时期，为了安抚周边诸部落、邦国，并向他们示威，统治者往往要在都城之外某地举行会盟。（《商汤"还亳"考辨》，《殷都学刊》，1997年第3期）

张国硕：《殷本纪》所谓的"泰卷陶"当为"泰卷"，即《尚书》所说的"大坰"，在今山东省定陶县境内……笔者曾撰文认为，"汤归至于泰卷陶"与商汤和东方诸侯会盟有关，汤在这里发布诰词，意在安抚、宣威诸部族。现在看来，"泰卷之会"也应有庆贺灭夏之捷、加强商夷联盟之目的。定陶一带位于鲁西南地区，这里为考古学上的岳石文化分布区，夏末商初为东夷控制区。在定陶周围，分布着与夏王朝有矛盾的有缗氏以及有仍等东夷部族。商汤选择非商族固有控制区的东夷诸部分布区举行"泰卷之会"，只能说明商族与这些东夷诸部族原本有着良好的关系。（《论夏末早商的

商夷联盟》,《郑州大学学报》,2002年3月,第35卷第2期)

② 【汇校】

　　司马贞：仲虺二音。壐作"壘",音如字,《尚书》又作"虺"也。(《史记索隐》)

　　陈　直：直按：仲虺作中壐,太史公盖依古文传写,壐篆形当作壘,象虺在田间形。(《史记新证》)

【汇注】

　　裴　骃：孔安国曰："仲虺,汤左相奚仲之后。"(《史记集解》)

　　郑　樵：汤归自夏,至于大坰,惟有惭德,曰："予恐来世以予为口实!"盖以臣伐君,以干戈取天下,自汤始,所以惭也。故仲虺作诰以释之。(《通志》卷三《商》)

　　傅元恺：中壐：即仲虺,汤的左相。(见《史记纪传选译·殷本纪》)

　　来新夏、王连升：中壐：即汤臣仲虺。相传是夏车正奚仲后裔,居于薛(今山东滕州南),夏桀时奔商,汤用为相,佐汤灭夏。诰：指《仲虺之诰》,《尚书》篇名。亡。(《史记选注》)

【汇评】

　　耿定向：吾闻陆敬兴曰："成汤圣君也,仲虺圣辅也,以圣辅赞圣君,不称其无过,而称其改过,有味哉!有味哉!圣人之可学也,于此益信矣。(《仲虺赞》,引自《古今图书集成·理学汇编·经籍典》卷一二八《书经部·艺文二》)

③ 【汇注】

　　裴　骃：孔安国曰："绌其王命。"(《史记集解》)

④ 【汇注】

　　苏　辙：汤遂与伊尹伐韦、顾、昆吾,克之,遂伐桀,升自陑,从桀于安邑,战于鸣条之野,胜之,将易置夏社,而后世莫及句龙者,乃止。夏师大败,汤从之,桀奔南巢而死。汤自为继虞、夏之后,而以兵取天下,曰：予恐来世以台为口实,盖有惭德焉。还自夏,至大坰,仲虺乃作《诰》言桀之不可不伐者释之,汤归于亳,复作《汤诰》,以伐桀大义告天下。(《古史》卷四《殷本纪》)

【汇评】

　　墨　子：仁人之事者,必务求兴天下之利,除天下之害。……禹之征有苗也,非以求重富贵、干福禄、乐耳目也。以求兴天下之利,除天下之害,此即禹"兼"也。虽子墨子之所谓兼者禹求焉。且不惟《禹誓》为然,虽《汤说》即亦犹是也。汤曰："惟予小子履,敢用玄牡告于上天后曰：'今天大旱,即当朕身履,未知得罪于上下,有善不敢蔽,有罪不敢赦,简在帝心,万方有罪,即当朕身,朕身有罪,无及万方。'"即此言汤贵为天子,富有天下,然且不惮以身为牺牲,以祠说于上帝鬼神,即

此汤"兼"也。(《墨子·兼爱下》)

梁玉绳：附案：《潓南集·辨惑》云："此皆不成文理，今《汤诰》具在，曷尝有此，迁何所据而载之？"余以上文《汤征》例观，知史公曾见孔壁真古文，决非无据。今之《汤诰》伪作也，故阎氏《疏证》卷二曰："迁亲从安国问古文，所见必孔壁中物，其为真古文《汤诰》无疑。"然则此《汤诰》可与《汤征》补伏生今文《书》，《潓南》误以真为伪耳。(《史记志疑》卷二《殷本纪第三》)

⑤【汇注】
　　傅元恺：维：语首助词，无义。(见《史记纪传选译·殷本纪》)

⑥【汇校】
　　傅元恺：东为江四句：当作东为淮，南为江，北为河，西为济。(见《史记纪传选译·殷本纪》)

【汇注】
　　殷涤非：殷代遗址，目前仍以殷墟为突出，河南地区如辉县、郑州、洛阳等地亦有发现，除此以外的地区则尚罕闻。安徽淮河北岸太和县六十里倪邱集之茨河河湾，被水冲刷成断层，在断层的灰土层中，包含着极丰富的文化遗存。经治淮工作队掘出的遗物有：灰陶片、鬲足和腹、条纹罐、斜方格纹、绳纹罐、瓠及蚌、蛤蜊、锯痕的鹿角等，都具有小屯殷代遗物的作风。这一发现，是研究殷商文化延及淮北地区的重要资料。(《安徽地区四年来发现的考古材料》，《文物考古资料》，1954年第四期)

　　李德方、吴倩："济"，即《史记·孙子吴起列传》所云"夏桀之居，左河济，右太华"的"济"。荥阳北邙一带的古济水今已湮灭或沦为今河水下游的一段水道。据郦道元《水经注》卷七《济水》所记，"济水出河东垣县东王屋山，为沇水"，东南流"注于河"，"与河合流，又东过成皋县北，又东过荥阳县北，又东至北砾溪南，东出过泽北"，"南泆为荥泽"，"又东过荥泽"，"东南流注于浦"。济水出河后"南泆"之荥泽，陈隆文博士《古荥泽考》一文认为，"荥泽位置应在今广武山以北，黄河北岸御坝、秦场、老田庵、大茶堡一线"至"黄河大堤之南区域"，"郦注中明确告诉我们，荥泽实际上构成了济水河道中一个段落"。陈文所言的古荥泽位置即在今广武山东、古荥镇以北的今黄河南堤一带，而济水出荥泽后约在黄河花园口一带，"东南流注于浦"。据此，古济水出黄河后大抵顺着广武山——黄河花园口一线东南流，此当为《汤诰》之"北为济"的济水。(《夏末商汤居亳与韦地同域说——议新郑望京楼二里头文化城址性质》，《中国国家博物馆馆刊》，2011年第10期)

　　又：《汤诰》云禹与皋陶"西为河"，应泛指黄河在广武山外明显北折后向北流向今辉县一带的河水，唯此合于汤亳"西为河"的方位。(同上)

　　侯仰军：江，一般人认为即长江，其实不对。现在考古学已有铁证为据。古代所谓江并非长江之专称，如《韩诗外传》云："江水沛沛兮，舟楫败兮，我王废兮。趣归于亳，亳亦大兮。"其"江"与长江毫不相干。有学者认为，"东为江"，乃指古沂水。杜金鹏先生说："若云系指古泗水，也许更妥切些。"北为济，古济水自荥阳北东流，在定陶西南折而东北流，贯穿巨野泽入于海。"西为河"，古黄河由荥阳北折向东北方流入海，白马、濮阳均在河东。"南为淮"，中原文化推进到淮河沿岸，是在商代中期以后的事情，此"淮"不是今淮河故渎。据载，今豫东地区古时亦有淮水。《春秋经》僖公十六年云："公会齐侯、宋公、陈侯、卫侯、郑伯、许男、邢侯、曹伯于淮。"同年《左传》则云："会于淮，谋鄫且东略也。城鄫。"杜预曰："鄫，郑地，在陈留襄邑县东南。"……尽管人们对先商文化的考古学界定有争议，但我们至少可以说，古"四渎"之内是先商版图最重要的一部分。（《商族起源考》，《殷都学刊》，2006 年第 1 期）

⑦【汇注】

王　恢：四渎：《史》称"东为江，北为济，西为河，南为淮"，（后人以四渎独流达海。独流入海，岂止江河淮济）"江"盖"泗"之讹。商汤领域，于此可见其概，亦足为汤都亳（薄）之佳证。又谓"后稷降播，农殖百谷"，更为始有农业之资讯。（《史记本纪地理图考·殷本纪·汤征诸侯与伐夏》）

韩　鹏：自古以来，我国就有江、河、淮、济"四渎"之说。它们是四条独自流入大海的河流。一般人认为，"四渎"中的"江"，是指长江；"河"，是指黄河；"淮"，是指淮河；"济"，是指济水。但是，据有关资料记载，最早的"四渎"出自中原，而"江"又是"四渎"之中最早的水系。就是说，在"长江"的名称出现之前，江、河、淮、济"四渎"就已经在中原出现了。……关于商汤的"薄（亳）"地，国内学术界一般认为是在山东曹县南部的"北薄（亳）"；而夏王桀的王都斟寻，国内学术界一般认为在河南封丘"鸣条之野"（一说"鸣条"在山西东南部）西部的开封"九层台"瑶台倾宫，或河南偃师一带。因此，夏桀群臣"相持而歌"的"江水"，只可能在此范围以内，不可能在千里之外的南方之地，自然也不可能是指现在的"长江"。可见，夏、商时期存在的"四渎"之一的"江"，是指帝王天国之内的一条大河，而不是指远在中原"淮河"之南的"长江"。（《汴河———华夏历史上最早的"江"水》，《开封大学学报》，2012 年第 4 期）

侯仰军：上江、济、河、淮四渎之内，属《禹贡》兖州之地，大体上相当于今天的泰山以西、濮阳以东、聊城以南、商丘以北，即豫东、鲁西南地区。契帮助大禹治水的地方，就在今天的豫东、鲁西南地区。（《商族起源考》，《殷都学刊》，2006 年第 1 期）

⑧【汇注】
　　傅元恺：农：努力，勉力。（见《史记纪传选译·殷本纪》）
【汇评】
　　曹书杰："后稷"是一定历史阶段涌现出来的最伟大的先进农耕者的代表，是从事农业生产者的象征。（《后稷传说与稷祀文化研究》，东北师范大学博士学位论文，2003年5月）

⑨【汇注】
　　刘　向：汤问伊尹曰："三公九卿，大夫列士，其相去何如？"伊尹对曰："三公者，知通于大道，应变而不穷，辩于万物之情，通于天道者也。其言足以调阴阳，正四时，节风雨，如是者举以为三公。故三公之事，常在于道也。"（《说苑》卷二《臣术》）
　　虞万里：诰文明言古禹、皋陶、后稷三公有功于民，故上天立之，此以三公自况，谓能得天相。（《由清华简〈尹诰〉论〈古文尚书·咸有一德〉之性质》，《史林》，2012年2期）

⑩【汇校】
　　裴　骃：徐广曰："一作'土'"。（《史记集解》）
【汇注】
　　司马贞：谓禹、皋陶有功于人，建立其后，故云有立。（《史记索隐》）
【汇评】
　　刘　向：汤问伊尹曰："三公九卿，二十七大夫，八十一元士，知之有道乎？"伊尹对曰："昔者尧见人而知，舜任人然后知，禹以成功举之。夫三君之举贤，皆异道而成功，然尚有失者，况无法度而任己，直意用人，必大失矣。故君使臣自贡其能，则万一之不失矣，王者何以选贤？夫王者得贤材以自辅，然后治也。虽有尧舜之明，而股肱不备，则主恩不流，化泽不行，故明君在上，慎于择士，务于求贤，设四佐以自辅，有英俊以治官，尊其爵，重其禄，贤者进以显荣，罢者退而劳力，是以主无遗忧，下无邪慝，百官能治，臣下乐职，恩流群生，润泽草本。昔者虞舜左禹右皋陶，不下堂而天下治，此使能之效也。（《说苑》卷一）

⑪【汇注】
　　裴　骃：音与。（《史记集解》）
　　傅元恺：予：通"与"，赞助。（见《史记纪传选译·殷本纪》）

⑫【汇注】
　　司马贞：帝，天也。谓蚩尤作乱，上天乃不佑之，是为弗与。有状，言其罪大而有形状，故黄帝灭之。（《史记索隐》）

⑬【汇注】

　　司马贞：先王指黄帝、帝尧、帝舜等言。禹、咎繇以久劳于外，故后有立。及蚩尤作乱，天不佑之，乃致黄帝灭之。皆是先王赏有功，诛有罪，言今汝不可不勉。此汤诫其臣。（《史记索隐》）

⑭【汇校】

　　裴　骃：徐广曰："之，一作'政'。"（《史记集解》）

　　王叔岷：案：政借为征，征与之意近。《尔雅·释言》："征，行也。"又案：徐注云云，古写本（无"之"字）在"之"字下。（《史记斠证·殷本纪第三》）

【汇注】

　　司马贞：不道犹无道也。又诫诸侯云，汝为无道，我则无令汝之在国。（《史记索隐》）

　　葛志毅："不道，毋之在国"，是商汤对"诸侯群后"，申明自己对他们有决定其地位的予夺主宰权。（《分封制与原初政体》，《湖南科技学院学报》，2005年第9期）

⑮【汇评】

　　王若虚：《殷本纪》云汤"还亳，作《汤诰》……以令诸侯"，予谓此皆不成文理。今《汤诰》之书具在，曷尝有此？迁何所据而载之也？（《滹南遗老集》卷九《史记辨惑》）

⑯【汇注】

　　裴　骃：王肃曰："言君臣皆有一德。"（《史记集解》）

　　司马贞：按：《尚书》伊尹作《咸有一德》在太甲时，太史公记之于斯，谓成汤之日，其言又失次序。（《史记索隐》）

　　江　灏：伊尹把太甲从桐宫迎回亳以后，交还了权力，想回到自己的封地去，退隐终老，又担心太甲德不纯一，就作《咸有一德》，训诫太甲。……本篇是伊尹训太甲，文中有"今嗣王新服厥命"可证。《史记·殷本纪》认为作于成汤还亳的时候，则与经文相背，无怪乎司马贞《史记索隐》说："《尚书》伊尹作《咸有一德》在太甲时，太史公记之于斯，谓成汤之日，其言又失次序。"（《今古文尚书全译·咸有一德·题解》）

　　张大可：《咸有一德》：古文《尚书》篇名，是伊尹在太甲时所作，告诫太甲君臣应具纯一之德，非汤时所作，司马迁误置于此，或错简。（《史记全本新注》卷三《殷本纪第三》）

　　李学勤：《尹诰》为《尚书》中的一篇，或称《咸有一德》。据《书·尧典》孔颖达《正义》所述，西汉景帝末（或武帝时）曲阜孔壁发现的古文《尚书》即有此篇，称《咸有一德》。《史记·殷本纪》和今孔传本《尚书》及《尚书序》，也都称《咸有

一德》。(《清华大学藏战国竹简（一）》)

杜　勇：《尹诰》与《咸有一德》为同一篇文献，只是篇名有所不同罢了。《尹诰》又称《咸有一德》的文献依据亦来自《缁衣》郑注："《书序》以为《咸有一德》，今亡。"然考《书序》，仅言"伊尹作《咸有一德》"，并未说《咸有一德》或称《尹诰》。加之《咸有一德》已亡，郑玄自不可见，他又何以得知《尹诰》与《咸有一德》必为一事呢？所以郑玄的说法是否可靠，就不免引起学者的怀疑。如清程廷祚说："《缁衣》两引《尹诰》，此必古有其书而《序》阙焉。……篇名《尹诰》，何为又以《咸有一德》名篇，此亦《序》之误也。"康有为说："所引虽有'咸有一德'之言，而明曰《尹吉》，篇名显异。即以吉为告，亦不能以辞句偶同即断为《咸有一德》。郑注不足据。"看来，这个问题尚须进一步研究，才能得出可信的结论。(《清华简〈尹诰〉与晚书〈咸有一德〉辨伪》，《天津师范大学学报》，2012年第3期)

【汇评】

范　浚：伊尹既复政太甲，将告归，陈戒于德，而终篇以一为言，所以启迪其君者，可谓要矣。所以望于其君者，可谓重矣。……今伊尹所以告诫其君，恳恳以一为言，是以治天下之本启迪之也，岂不要哉！是以圣人之事望之也，岂不重哉！(《香溪集》卷十《咸有一德论》)

时　澜：太甲悔过既力，入道既深，故伊尹于此篇讲究实理。以入道之至极者告之。前圣后圣，入道各有自得之地，在尧舜禹，谓之执中，在伊尹，谓之一德，在孔子，谓之忠恕；在子思，谓之中庸；在孟子，谓之仁义；皆所以发明不传之蕴，此篇终始言一德，"一德"之名，立于伊尹。盖明百圣之所未明，大抵圣人之于道，各有所受用，因其所受用而名其道，以诏天下后世。(《增修东莱书说》卷十《咸有一德·注》)

邵泰衢：《书·咸有一德》云"伊尹既复政厥辟，将告归，乃陈戒于德"，是复政于太甲而作也。今于克夏作《汤诰》之后，其然乎？(《史记疑问》卷上《殷纪》)

梁玉绳：附案：康成序《书》以《咸有一德》篇在《汤诰》后，咎单作《明居》前，与《本纪》同，史公亲受壁中古文者，则其系此篇于《成汤纪》内，必古《书》次序如是，本于太甲无涉也。自伪《书》以伊尹归政所陈，辄移于《太甲》三篇之下，《索隐》不察，反援变易之本，咎史公序《书》失次，岂不悖哉。(《史记志疑》卷二《殷本纪第三》)。

张碧波：《咸有一德》是又一篇君主文化论。这篇训辞集中阐发了上天——德——人的关系："非天私我有商，惟天佑于一德；非商求于下民，惟民归于一德。"伊尹认为上天保佑有德的人。"常厥德保厥位，厥德匪常，九有以亡"。经常修德，才可保住权力；不修德，国家就灭亡。在这里，伊尹把君王的修德、国家的安定与上天（帝）

的意志紧密联系在一起,形成互动关系。君王的权力"得到了宗教意义上的证明",上帝与君王紧密结合,君王的行为就是上帝的意志,"给予佑助者便由上帝而变为祖先"。"因此,殷商的神,不仅是自然暴力和社会暴力的化身,而且被当作了殷商的祖先(即所谓先公先王)"。正基于此,伊尹认为君王修德才会"克馁先王之禄,永底承民之生",他的最后结论是"七世之庙,可以观德;万夫之长,可以观政"——从历代祖先的宗庙上,可以看到(历代)君王的功德史;从万民之长的君王身上,可以看到(历代)君王的政绩史。

伊尹所坚持的"德政"是殷商思想文化领域的一大变革。韩非所谓:"伊尹毋变殷,太公毋变周,则汤、武不王矣。"(《韩非子·南面》)在充满神学与暴力的奴隶制的文化氛围中,打破绝对化的上帝与君主一体观念,强调修德用人,观德观政,强调人间秩序的安排。这些新的文化因素虽然还不能改变殷商奴隶制的实质,但这是一种变革思潮,它必将对殷商社会有所推动。伊尹继承并发展了尧舜以来的"德"观念与"道"观念,德是君主文化论的最高准则;道是君主文化论的最高境界。以德为美,以道为美,德道交融、天人合一,成为中华民族最具特点的人生价值观念与宇宙观念的基本内涵。(《伊尹论——兼论中国古代第一代文化人诸问题》,《学习与探索》,2004年第2期)

⑰【汇校】

王若虚:《尚书·汤诰》篇末云:"咎单作《明居》",而《咸有一德》乃伊挚复政将归时所陈,在《太甲》三篇之下,次第明甚,不可乱也。《史记》乃谓《咸有一德》作于汤时,而列之《汤诰》之后,《明居》之前,岂非误欤?(《滹南遗老集》卷九《史记辨惑》)

【汇注】

裴　骃:马融曰:"咎单,汤司空也。明居民之法也。"(《史记集解》)

钱　时:先儒谓咎单为汤司空,作《明居》一篇。《明居》,民之法也。不知何所据。《书》自明白,无可叙者。故直书曰咎单作《明居》,与伊尹作《咸有一德》之类同。(《融堂书解》卷五《汤誓注》)

【汇评】

刘德杰:伊尹和咎单辅佐成汤建立了商朝政治制度,防范了夏朝残余势力的反扑,为巩固殷商政权奠定了根基。(《伊尹史迹考述》,《洛阳师范学院学报》,2008年第1期)

汤乃改正朔①,易服色②,上白③,朝会以昼。

① 【汇注】

苏　辙：改正朔服色。以十二月为岁首，色尚白，大事敛用日中。戎事乘轮，牲用白牲，乐曰《大濩》。其后，大旱七年，汤剪发断爪，祷于桑林之社而雨，作《桑林之乐》。(《古史》卷四《殷本纪》)

郑　樵：汤为天子，反桀之事，逐其贤良，以宽治民。除其邪虐，徇民所欲，顺天革命，改正朔，以建丑为正月。或言汤作历，不以正月朔旦为节，更用十一月冬至为元首，至周从之，服色尚白，朝会以昼。社用柏，或云社用石，葬植松，牲用白，以白为徽号。朝燕服，哔冠而缟衣。十二寸为尺。(《通志》卷三《商》)

来新夏、王连升：正：正月。朔：初一，相传古代新朝代建立，往往要改变正朔，实行新历法，如夏正以建寅月（今阴历正月）为岁首，商代改为建丑之月（今阴历十二月）为岁首。(《史记选注》，第4页)

陈蒲清：改正朔：改变历法。正朔：新年的第一天（正，第一月；朔，第一日）。古代新王朝代替旧王朝后，便要改变岁首月份，以表示自己"应天承运"。夏历建寅（正月为寅月），殷历改建丑（正月为丑月），周历又改建子（正月为子月），秦历则改建亥（正月为亥月），相继提早了一个月。汉武帝以后又采用夏历。(引自王利器主编《史记注译》卷三《殷本纪》)

② 【汇校】

施之勉：按：景祐本无"易"。《金楼子》与《玉篇》，亦无"易"字，又无"上白"二字。(《史记会注考证订补·殷本纪第三》)

【汇注】

陈蒲清：易服色：改变器物（包括车马、祭祀用的牲畜、官员服饰等）所崇尚的颜色。每个新王朝都崇尚不同颜色，以表示制胜旧王朝。(引自王利器主编《史记注译》卷三《殷本纪》)

③ 【汇注】

吕不韦：及汤之时，天先见金刃生于水，汤曰："金气胜。"故其色尚白，其事则金。(《吕氏春秋·应同》)

戴　圣：夏后氏尚黑，大事敛用昏，戎事乘骊，牲用玄；殷人尚白，大事敛用日中，戎事乘翰，牲用白；周人尚赤，大事敛用日出，戎事乘騵，牲用骍。(《礼记·檀弓上》)

又：有虞氏之旂，夏后氏之绥，殷之大白，周之大赤。夏后氏骆马黑鬛，殷人白马黑首，周人黄马蕃鬛。夏后氏牲尚黑，殷白牡，周骍刚。(《礼记·明堂位》)

刘　安：殷人之礼，社用石，祀门，葬松树，其乐《大护》，其服尚白。(《淮南子·齐俗训》)

班　固：十二月之时，万物始牙而白。白者，阴气，故殷为地正，色尚白也。（《白虎通·三正》）

【汇评】

朱　桢："殷人尚白之说"在《三礼》、谶纬之书中被吹得玄乎其玄，但见于多书从不同的方面记载，决不是没有根据的，也不会是偶然的。综观古代文献记载、甲骨卜辞以及考古学资料，我们认为"殷人尚白"的观念在商代的确存在。本文也想从甲骨卜辞入手，结合考古材料，从文献中所记"殷人尚白"表现在马、车、旗、牲、服等几个方面爬梳整理，综合分析，以企为"殷人尚白"找到一定证据。……综上所述，通过对文献记载的"殷人尚白"所表现的车、马、旗、牲、服等方面进行的考察，以及对龟甲、祭器、白陶、田猎、种族等方面的辅助性论证，我们可以得出这样一个结论："殷人尚白"不是一句空泛虚语，而是在商代确实是存在的一种奴隶主贵族们的时尚和观念，反映在"国之大事"的战争与祭祀中，反映商人事事时时都离不开的占卜文化中，也反映在人们的日常生活中，反映在婚嫁喜庆中。尽管这其中有诸多问题还需要进一步研究，但众多文献典籍从不同角度记载，甲骨材料的力证，考古材料的佐证，都在强有力地证明着这一观念的实际存在。所以，我们不能因为后世方士们利用了这一古人观念以宣传他们的学说而完全抹杀此原始思想的存在。我们也不能因为甲骨卜辞中用牲毛色除白色外偶尔也用其他毛色牺牲，就否定文献对殷人尚白的记载。

其实，多种色彩的存在与"尚白"并不矛盾，"尚白"并不排斥商代有其他颜色的存在，在众多颜色中，商代人喜欢、尊崇白色，是很可能、很自然的事。因为与周人相比，"周人尚文"，"殷人尚质"。"质"为朴质，指事物的质地、本来面目。白色是众多色彩之中的底色、原色，从崇尚朴质之一观念出发，商代人自然喜欢无彩的原色，进一步形成观念，崇尚众多色彩中的白色。

当然，"殷人尚白"的观念形成很可能还有其强烈的宗教意识方面的因素，如殷人多祭，祭祀祖先、神灵时，心怀敬畏，祭祀祭品以洁白干净为上，祭器是洁白干净的为宜，故白色的祭牲，白色的祭器，祭者穿着白色的服装，便被认为是祭祀祖先最圣洁合宜的东西。但追溯这一观念产生的渊源，也似与殷商民族曾是

一个游牧民族有一定关系。古代游牧民族以牧羊为业，从对羊的肤色的熟悉而喜尚白色或淡色东西，因而都有尚白的共同习俗，如羌族崇敬白石、匈奴族刑白马为盟、契丹族以白马祭天、满族献二白马于神、拓跋族祭用白羊等等，可能都属于这一类。（《"殷人尚白"问题试证》，《殷都学刊》1995年第3期）

汤崩①，太子太丁未立而卒②，于是乃立太丁之弟外

丙③，是为帝外丙④。帝外丙即位三年，崩，立外丙之弟中壬⑤，是为帝中壬⑥。帝中壬即位四年，崩，伊尹乃立太丁之子太甲⑦。太甲，成汤适长孙也，是为帝太甲⑧。帝太甲元年，伊尹作《伊训》⑨，作《肆命》，作《徂后》⑩。

① 【汇注】

裴　骃：《皇览》曰："汤冢在济阴亳县北东郭，去县三里。冢四方，方各十步，高七尺，上平，处平地。汉哀帝建平元年，大司空、（御）史长卿，案行水灾，因行汤冢。刘向曰：'殷汤无葬处。'"皇甫谧曰："即位十七年而践天子位，为天子十三年，年百岁而崩。"（《史记集解》）

司马贞：长卿，诸本多作劫姓。按：《风俗通》有御氏，为汉司空御史，其名长卿，明劫非也。亦有劫弥，不得为御史。（《史记索隐》）

张守节：《括地志》云："薄城北郭东三里平地有汤冢。"按：在蒙，即北薄也。又云："洛州偃师县东六里有汤冢，近桐宫。"盖此是也。（《史记正义》）

李　昉：《韩诗内传》曰：汤为天子十三年，年百岁而崩，葬于征，今扶风征陌是也。（《太平御览》卷八三《皇王部八》）

郑　樵：汤二十七征而天下服，在位十三年（原注：元年庚戌），年百岁，葬济阴。（《通志》卷三《商》）

马端临：殷汤，契之十四世孙，姓子氏，名履。以夏桀之三十五年丁丑即诸侯位，自商邱徙都亳，以乙未代桀，灭夏，即天子位，十三年丁未崩，寿百岁。（《文献通考》卷二百五十《帝号历年》）

朱孔阳：《商书》"营于桐宫"。桐，成汤墓寝之地。《地理今释》案桐宫，汤墓所在，《元和志》云，殷汤陵在河中府宝鼎县北四十三里，即今山西平阳府荣河县也。《荣河县志》云：殷汤陵在百祥村西，元时沦入汾河。以石柩迁葬。明洪武初，建寝于其东。而江南凤翔府亳州北相传有汤陵，陵东有桐宫，当属附会。（《历代陵寝备考》卷七《商》）

王国维：《御览》八十三引《韩诗内传》："汤为天子十三年，百岁而崩。"《汉书·律历志》："成汤方即世崩没之时，为天子用事十三年矣。"商十二月乙丑朔冬至，故《书序》曰："成汤既没，太甲元年，使伊尹作《伊训》。"《伊训》曰："惟太甲元年十有二月乙丑朔。"据此，则自汤元年至太甲元年为十三年，汤在天子位凡十二年。（《今本竹书纪年疏证》"殷商成汤"条）

又：卜辞又屡见唐字，亦人名，其一条有唐、大丁、大甲三人相连，而下文不具。……据此则唐与大丁、大甲连文，而又居其首，疑即汤也。《说文》口部，喝，古文唐，从口易，与汤字形相近。《博古图》所载齐侯镈钟铭曰："虩虩成唐，有严在帝所，尃受天命。"又曰："奄有九州，处禹之都。"夫受天命，有九州，非成汤其孰能当之？《太平御览》八十二及九百一十二引《归藏》曰："昔者桀筮伐唐，而枚占荧惑曰'不吉'。"《博物志》六亦云，案唐亦即汤也。卜辞之唐，必汤之本字。后转作啺，遂通作汤。然卜辞于汤之专祭必曰"王宾大乙"，惟告祭等乃称唐，未知其故。(《观堂集林》卷九《殷卜辞中所见先公先王考·唐》)

【汇评】

朱孔阳：崔骃、薛瓒俱云济阴亳县今有汤冢。《皇览》曰：在亳城北郭东三里，高七尺。韩婴所谓帝乙墓者，何谓无耶？按伏韬《北征记》博望城内有汤伊尹及箕子冢，今悉成邱，而杜征南亦云梁国蒙县北薄伐城中有汤冢，其西有伊尹箕子冢，今城内有古冢、方城，宜其为是，而记乃称王子乔墓，亳之汤冢，已氏之伊尹冢，颜籀固已疑之。爰求征地，则又别有汤冢。汉建平元年大司空御史长卿按录水灾，行汤冢者，于汉来扶风地、有汤池、征陌，何谓无耶？然汤之都亳与葛比邻，似亦不在兹土，及考《秦宁公本纪》，二年伐汤，三年与亳战，亳王奔戎，遂灭汤（按汤，《史记》作"荡"）。则知周穆桓之时，别自有汤，亦号亳王，为秦所灭乃西戎之君，葬于征者，而非成汤之墓。继观《圣贤成冢记》，则汤之冢，后魏天赐中已圮矣。是知成汤之窆，久已沦没，至是已不复存。子政之言为不苟矣，一于戏！太古尊庐、祝融、阴康、华胥之陵尚犹历历，可知如此，而成汤之藏不寿，独何与？良可叹也！(《历代陵寝备考》卷七《商》)

② 【汇注】

梁玉绳：太丁始见《孟子》《史·殷纪》，汤太子，未立而卒。案：太丁当与外丙、仲壬居第四，不当与殷三宗并列二等。(《汉书人表考》卷二《大丁》)

郭嵩焘：子帝太丁立，《札记》云："《纪年》作'文丁'。"(《史记札记·殷本纪》)

【汇评】

郑慧生："太子"一说是不确的。商制以兄终弟及践帝祚，当无"太子"名号。未立而卒而又列入祀谱及《本纪》世系内，可能因其为直系血亲之故。不管如何，他是被列入商王数内的，这倒是事实。(《从商代的先公和帝王世系说到他的传位制度》，《史学月刊》，1985年第6期)

又：太丁，《殷本纪》说他"未立而卒"，但仍然把他计入王位，故其所载共三十一王。(同上)

③ 【汇校】

陈　直：直按：《太平御览》卷八十三，引《竹书纪年》，作外丙名胜，沃丁名绚，小庚名辨，小甲名高，雍己名仲，河亶甲名整，祖己名滕，小辛名颂，小乙名敛，祖庚名曜，祖甲名载，商代帝王之名，多不见于其他文献，当有所本。至于甲骨文与《史记·殷本纪》，名称不同者，亦综述如下：上甲微甲骨文只简称上甲，报乙作匚乙，报丙作匚丙，报丁作匚丁，主壬作示壬，主癸作示癸，天乙作大乙，外丙作卜丙，南壬作中壬，沃丁作羌（？）丁，外壬作卜壬，河亶甲作戔甲，沃甲作羌（？）甲，阳甲作夅甲，廪辛作且辛，庚丁作康且丁，武乙作武且乙，太丁作文武丁，应当以甲骨文为正（甲骨文祖甲作且甲，盘庚作般庚，为古今字，非商代帝王之异名，故不具引）。（《史记新证》）

【汇注】

郑　樵：有莘氏生太丁、外丙、仲壬。太丁为太子，早卒，而立其弟外丙。（《通志》卷三《商》）

方诗铭：（外丙），甲骨文作"卜丙"，郭沫若同志云："罗振玉云：'卜丙，《孟子》及《史记》均作外丙。《尚书序》云：成汤既没，大甲元年。不言有外丙、仲壬，太史公采《世本》有之。今卜丙之名屡见于卜辞，则孟子与史公为得实矣。'按此片以卜丙、大甲、大庚、大戊为次，卜丙之为外丙无疑。"《广弘明集》卷一一法琳《对傅奕废佛僧事》"伊尹立汤子胜"，胜即外丙，似亦据《纪年》。（《古本竹书纪年辑证·殷纪》）

【汇评】

郑宏卫：商代社会的政治结构与夏朝一样，是由众多方国结成的联盟。在方国联盟中，普通成员国与领袖国之间的关系，"犹后世诸侯之于盟主，未有君臣之分"。因此，殷人取代夏后氏后，商王仅为"诸侯之长"，未成"诸侯之君"。当时，不但王权微弱，而且"国之不服者五十三"，势力较为强大的方国企图争夺联盟最高权力的斗争随时随刻威胁着他们。为了保持商族在联盟中的领导地位，势必要求殷王既能上马征战，又能下马理政，具备运筹帷幄、统驭八方、经略天下的能力和才干。这种能力和才干，一般来说只有成年人才有可能具备。殷王能力的大小和才干的有无关系到商王朝的盛衰和安危。因此，殷王死后，子壮才传子，子幼则不得不立弟或传兄之子。汤死后，由于太丁早卒，太甲未成年，殷人便扶立外丙、中壬两兄弟先后为王。中壬死后，殷人又不立外丙或中壬之子为君，而由太丁之子太甲继统。这说明外丙、中壬、太甲三王的相继即位，无疑都出于年龄长幼方面的考虑。于是，政权未稳之时和王权微弱之际须立长君，便成为有商一代巩固政权、加强王权的一项有力措施。这可以从殷王在位年限和王位继承者的身份两方面加以综合考察。（《商代王位继承之实质——立壮》，《殷都学刊》，1991年第4期）

④【汇校】

涂白奎：周祭卜辞的祭序与商代各王即位的世序是严密相合的。外丙既是太甲的叔父，如果他继位确在太甲之前，那么在周祭卜辞所反映的祭序中，他绝不应该排在太甲之后。太甲之祭既在外丙前，则其即位就一定在外丙前。(《从卜辞看商王朝的继统制度》，《史学月刊》，2004 年第 9 期)

【汇注】

郑　樵：帝外丙（原注：元年，癸亥）：外丙在位二年，崩。立其弟仲壬。(《通志》卷三《商》)

王国维：外丙名胜（《御览》八十三引《纪年》："外丙胜居亳"）。元年乙亥，王即位，居亳。二年，陟。(《今本竹书纪年疏证》)

⑤【汇校】

瞿方梅：方梅案，《孟子》云："外丙三年。"《纪年》亦云："二年陟。"与《孟子》合。此云三年，误也。(《史记三家注补正·殷本纪第三》)

涂白奎：太丁之弟只有卜丙（即《殷本纪》之外丙），而无中壬，且卜丙即位在太丁之子太甲之后。(《从卜辞看商王朝的继统制度》，《史学月刊》，2004 年第 9 期)

【汇注】

张守节：仲任二音。(《史记正义》)

雷学淇：《史记·本纪》《汉书·人表》《殷历》《竹书纪年》《帝王世纪》皆有外丙、仲壬，谓汤崩之后，相继而立，证以《孟子》之言，固可深信而无疑矣。惟刘歆《三统历》，有太子外丙而无仲壬，又谓太子、外丙皆未得立，汤崩之后，即太甲践位。《尚书伪传》《皇极经世》等书从之。孔颖达附会《伪传》，而反以《史记》为妄，班固为谬，皇甫谧为疏。宋之程子，亦有古人谓岁为年之说，谓汤崩之时，外丙二岁，仲壬四岁，惟太甲差长，故伊尹立之。此殊非是。考汤崩之时，年已百岁（原注：见《世纪》及《韩诗内传》，韩昌黎《谏迎佛骨表》），岂汤以九十七岁生仲壬，九十九岁生外丙乎？果尔，则仲壬乃外丙之兄，何《孟子》反序于后。(《介庵经说》卷九《孟子·外丙仲壬》)

方诗铭：甲骨文无仲壬，董作宾云："卜辞中不见中壬，疑南壬即是中壬。卜辞中帝王名称，日干上一字，多与后世所传者异，如示之与主，虎之与沃，羌之与阳，康之与庚，皆是，而其他先祖皆有祭，中壬不能独无。《春秋经传集解后序》引《纪年》'仲壬即位，居亳'，亳在殷南，称曰南壬，或即以此。"(《古本竹书纪年辑证·殷纪》)

来新夏、王连升：中壬：又作"仲壬"。或说甲骨文中的"南壬"就是中壬。(《史记选注》，第 6 页)。

【汇评】

吴浩坤：商代处于方国林立的时期，频繁的战争和武装冲突所构成的外部压力无时无刻不在威胁着王朝的生存，而其时商王兄弟相及位的次数是那样众多，倘若全是争位的结果，势必引起内部的极大混乱、空虚、乃至国力衰竭而导致灭亡。可是商王朝的统治能继续维持下去并得到发展的事实就是一个有力的否定。恰恰相反，商朝王位继承中尽管以子继为主为常，而每当前王"无子或子幼及不肖"的时候，即采取"兄终弟及"的补充形式以健全领导机构，自觉或不自觉地运用传统的力量和政治手段来主观调整国家最高统治者的人选，使在位者始终保持强有力的政治、军事地位，这或许正是商朝国祚能长达五六百年和政治、经济、文化得到高度发展的奥秘所在。张秉权先生曾撰文认为，殷商的巩固发展，与其中央朝政稳定有莫大关系。王位的继承，兄终弟及与父子相继并行，故殷商虽时有兴衰，但数百年间，王室政权，维持不替。其统治机构，在制度上、方法上，都有其独到的长处。张氏认为殷商王位继承是兄终弟及与父子相继并行，其间没有主辅之分，这与我们的意见略有差别，但他认为殷商政权数百年维持不替，关键在于其"统治机构，在制度上、方法上都有其独到的长处"，则和我们的看法是完全一致的。汉代的司马迁，有鉴于商王继承制中出现众多兄弟相继的事实，但又不了解所以出现兄弟继位的真正原因，因而与后世的情况相类比，得出所谓"弟子或争相代立，比九世乱"的结论，不过是一种揣测之辞。（《商朝王位继承制度论略》，《学术月刊》，1989年12期）

江林昌：在氏族社会，部落酋长仅与同部族成员共同劳动生产，而且必须是最优秀最勇猛者。只有这样，才能得到全体部族成员的拥护爱戴。年幼体弱者，自然不能当酋长。这种部落酋长的选举法，到了氏族社会晚期父系制时代，往往表现为同辈兄弟共同生产，共同战斗，团结成一个有力量的队伍，部落的财产也是兄弟相传。这就是兄终弟及制产生的社会基础。当最后一位弟弟去世的时候，长兄的长子往往已长大成人，有能力担当部族的重任。因此，兄终弟及制的下一轮往往是回传给长兄之子。商代前期的族位继承制正是如此。如成汤死后，族位本应传给长子太丁，但是由于"太丁未立而卒"，"于是乃立太丁之弟外丙"。当外丙死后，又"立外丙之弟中壬"。当中壬死后，已没有弟弟可传，于是"乃立太丁之子太甲"。……这种兄终弟及制的存在，说明商代前期正处于由氏族社会向文明社会的过渡。在氏族社会，全体同辈氏族成员都有权力被推举为酋长。而商代前期的王位选举只局限于贵族阶层，是氏族贵族选举制。被选举者由广大氏族成员缩小到氏族贵族，表明社会权力的集中化，是其文明进步的表现；但王位毕竟还是选举产生，仍保留着氏族社会的传统。徐中舒先生对此有很精辟的分析："商代的兄终弟及制，应该说不仅是帝位的递传，而实质上是财产继承的制度。财产传给兄弟，虽然已经不是母系而是父系的现象，但是，终究和嫡长子继承制有着迥然的区别，所以，他们那时可能还是贵族选举制。"商代前期这种"兄终弟及"继统法，大概是从祖甲的时候开始改制为"父死子继"制的。（《商代前期：部落联盟共主向方国联盟共主的过渡》，《殷都学刊》，2006年第2期）

⑥【汇校】

王骏观撰、王骏图续：《正义》：《尚书》孔氏序云："成汤既没，太甲元年。"不言有外丙仲壬。而太史公采《世本》有外丙仲壬，二书不同。图按：外丙二年，仲壬四年，太史公言与孟子合，自可信也。梁氏玉绳亦谓此事当以《孟子》《史记》为定。注家误认之耳，可证其失。（《史记旧注评议》）

【汇注】

郑　樵：帝仲壬（原注：仲，一作中。元年，乙丑）：仲壬在位四年崩，伊尹立太丁之子太甲，实成汤之嫡长孙也。（《通志》卷三《商》）

王国维：仲壬，名庸。元年丁丑，王即位，居亳，命卿士伊尹（《春秋经传集解后序》引《纪年》："仲壬即位，居亳，命卿士伊尹。"《书·咸有一德》疏，《通鉴外纪》引"命"作"其"），四年，陟（《孟子·万章上》："仲壬四年。"《史记》同）。（《今本竹书纪年疏证》）

【汇评】

吴浩坤：王国维先生在甲骨学商代史的研究方面曾经作出过重要贡献。他在1917年探讨殷周制度时指出：与周代立子立嫡之制大异的是"商之继统法，以弟及为主而以子继辅之，无弟然后传子。……其以子继父者，亦非兄之子而多为弟之子。"又说："故商人入祀其先王，兄弟同礼，即先王兄弟之未立者，其礼亦同，是未尝有嫡庶之别也。"正因为王氏是很有声望的学者，所以他的意见能为不少人接受。

四十年代初期，胡厚宣先生撰写《殷代婚姻家族宗法生育制度考》等文，阐明"殷代制度大体与周代相近，周代制度乃自殷代而来"，较早地起来订正王氏《殷周制度论》之缺失。胡先生的看法是：殷人实行一夫一妻制，但帝王地位特殊，为生子有后广嗣重祖，故常多妻，"因妻子既多，乃有传子之制，由是而渐有嫡庶之分，渐生宗法之制。试观殷代后期，自小乙迄帝辛，九代之中，七代传子，是已非兄终弟及之制矣"。

范文澜先生通过对商王世系的分析，认为夏帝和商先公都是父子相继（兄弟相继是例外），商汤子大丁早死，孙大甲年幼，大丁弟外丙、中壬相继立，创继统法的变例。范老的结论是："商朝继统法是以长子继为主，以弟继为辅。"

陈梦家先生据《殷本纪》和卜辞世系，对王氏的论述提出四点修正意见：1. 子继与弟及是并用的，并无主辅之分；2. 传兄之子与传弟之子是并用的，并无主辅之分；3. 兄弟同体而有长幼之别，兄弟及位以长幼为序；4. 虽无嫡庶之分而凡子及王位者其父得为直系。李学勤先生根据文献和卜辞有太子、小王等记载，肯定当时有了立储制度，否定王氏"弟及为主"和陈氏"弟及子继并用"之说，而提出"子继为常，弟及为变"的观点。近年来，赵锡元、裘锡圭、杨升南等学者相继著文，也都指出商代王位继承制度的实质是父子继承制，且有嫡庶之分和宗法之制。（《商朝王位继承制度论略》，《学术月刊》，1989年第12期）

⑦【汇注】

张守节：《尚书·孔子序》云："成汤既没，太甲元年。"不言有外丙、仲壬，而太史公采《世本》，有外丙、仲壬，二书不同，当是信则传信，疑则传疑。（《史记正义》）

袁　黄：太甲，汤之嫡孙太丁之子。孟子曰：汤崩，太丁未立。外丙二年，仲壬四年。伊川曰：太丁死，外丙方一岁，仲壬方四岁，故太甲立。（见《纲鉴合编》卷一《商纪·太甲》）

梁玉绳：太甲始见《商书》及《君奭》，太丁子，始见《书·伊训》疏引《世本》《史·殷纪》《世表》，汤適长孙也。名至，在位十二年，称太宗，葬济南历城山上。按：《书·无逸》祖甲即帝甲。《史记》《竹书》可据。马、郑诸儒皆从之，而传疏《御览》八十三引《世纪》《外纪》《通志》等书，并仍王肃之误，以为太甲。非也。《蔡传》辨之极为明确，王光禄鸣盛作《尚书后案》，亦申论之。（《汉书人表考》卷二《太甲》）

朱孔阳：《大纪》曰：成汤娶有莘氏，生子太丁，蚤卒。太丁子曰太甲，为世嫡孙。以伊尹为太保。汤崩，伊尹奉太甲即位，葬成汤于亳北。……太宗太甲，汤嫡孙，太丁子也。在位三十有三祀，陵在今山东济南府城南。《舆图备考》：太甲旧都在邺城。（《历代陵寝备考》卷七《商》）

【汇评】

张九成：呜呼！传子之弊乃至是哉？禹再传而得太康，以畋猎失邦；汤一传而得太甲，太甲以纵欲被放。使启与汤复举尧舜故事，择天下大圣贤而授之，安得有此危事哉！噫！太甲非伊尹，事其去矣。盖君天下自有君天下之姿，如太康太甲之姿，乃如世禄之家不肖之子耳，岂有君天下之器局乎！然传子之法既行，虽伊尹亦无如之何，特恃圣贤于其间造化之耳。伊尹知太甲姿质下中，非人君之质，然亦知其有善端可引，而纳之于善。故于即位之始，当祖宗群后百官前，以《伊训》一篇警动之，又有《肆命》之篇，又有《徂后》之篇，是皆开大其为善之路，而沮其为恶之机也。太甲善端浅薄，恶气阂大，不能自还，故于伊尹之言漠然不省。伊尹又陈先王求贤之说，以感发之；又陈越命自覆之言，以震动之。而太甲又不省。夫其所以不省者，恶气也。然而善端融融，非困于心，衡于虑不能作，非征于色、发于声不能喻。此所以伊尹放于桐宫，以造化之，使其屏远小人，以杀其恶；密迩先王，以大其善，悲辛感怆，恶念潜消。此所以克终允德，而卒为有商之贤君也。呜呼！伊尹其巧妙哉？其亦不幸矣哉？首相汤以放桀，终摄位而逐君，使其有一毫奸心，天下其肯帖首妥尾，以听其所欲为，而无异辞乎？古之人其过人远矣，此余所以三叹而不能自已矣。（《横浦集》卷七《太甲论上》）

又： 此一篇载伊尹以太甲克终允德，以冕服奉之以归；又作书以庆太甲之改过；太甲又自陈往昔失路，而今日自新之意。伊尹又陈允德必有实效，如先王子惠困穷而民悦之，邻邦徯之。其所以望太甲者，无已。既又指允德之实在孝恭聪明，使上念祖宗，下见臣民，所见远大，而不为一时快意之计所，听仁义而不听悖道害德之言，则允德协于下，而为明明之君矣，岂不休哉！呜呼！天下乐事，其复有过，人主改过，复归朝廷，百官群后皆退就诸臣之位，以听新政者乎。此余所以想见商家君臣有无穷之乐也。（《横浦集》卷七《太甲论中》）

又： 呜呼！伊尹爱君之心岂有纪极哉！伊尹于《伊训》《肆命》《徂后》《太甲上》《太甲中》，其所以开导太甲亦至矣。今下篇方申诰以敬仁诚之说，其要欲太甲修德不已。而所以修德者，正在于用君子虔虔恳恳，如富家老翁以诏告其子孙者，丁宁再三，喋喋不已，其爱君之心，可谓极矣。且又使太甲修德，当有其惭，不可凌节躐等以自欺也。第听君子之苦言，而绝小人之美语，使深思力行，一到元良之地，则万国正矣。万国正可以已乎，学岂有止法哉？默而成之，不言而信，存乎德行，岂在多谈哉？申公曰："治道无多谈，顾力行如何尔。"故戒以辩言乱旧政。伊尹之心，期于太甲悔过修德法先王而已。使太甲元良而万国皆正，则伊尹之职办矣。成功不去，此贪位也。故又自誓，以罔以宠，利居成功，君臣两尽其道，则汤之天下国家其太平岂有纪极哉！伊尹拳拳之意，真可谓臣子之法。（《横浦集》卷七《太甲论下》）

胡　宏： 太史公记汤崩，太丁早死，外丙立二年，仲壬立四年，相继而崩。然伊尹立太甲，非其实也。何以知非其实？二帝官天下，定于与贤；三王家天下，定于立嫡。立嫡者，敬宗也；敬宗者，尊祖也；尊祖者，所以亲亲也。兄死弟及，不敬宗尊祖，本支乱而争夺起矣，岂亲亲之道也哉？且成汤、伊尹以元圣之德，戮力创王业，乃舍嫡孙而立诸子，乱伦坏制，大开争夺之端乎？故公仪仲子舍孙而立子，言偃问曰："礼欤？"孔子曰："否。立孙。"夫孔子，殷人也，宜知其先立之故矣，而不以立弟为是，此以素理知其非者，一也。夫贤君必能遵先王之道，不贤之君反是者也。以殷世考之，自三宗及祖乙、祖甲皆立子，其立弟者盘庚耳，必有所不得已也。岂有诸贤圣之君皆不遵先王之制，而沃丁、小甲诸中才之君反皆遵耶？此以人情知其非者，二也。商自沃丁始立弟，太史公阳甲之纪曰：自仲丁以来，废嫡而更立诸弟子，诸弟子或争相代立，比九世乱。以其世考之，自沃丁至阳甲，立弟者九世，则知仲丁之名误也。

沃丁既以废嫡立诸弟子,生乱为罪,则成汤未尝立外丙、仲壬明矣。不然,是成汤首为乱制,又可罪沃丁乎?此以事实知其非者,三也。唐李淳风通于小数,犹能逆知帝王世数多少,邵康节极数知来,非淳风比也,其作《皇极经世》书亦无外丙、仲壬名,此以历数知其非者,四也。经所传者,义也;史所载者,事也。事有可疑,则弃事而取义可也;义有可疑,则假事以诬义可也。若取事而忘义,则虽无经史可也。(《五峰集》卷四《皇王大纪论·史记谬妄》)

郑慧生：太甲,祀谱做大甲。《本纪》说:"帝太甲修德,诸侯咸归殷。"周原卜辞说:"贞,王其又(佑)大甲,周方白(伯)。"周人祭祀大甲,说明"诸侯咸归殷"是靠得住的。(《从商代的先公和帝王世系说到他的传位制度》,《史学月刊》,1985年第6期)

⑧【汇校】

涂白奎：太甲之即位是在外丙、中壬之后。可是据周祭卜辞所见王世,文献记载的世系和世次是有问题的。根据周祭祀谱,太丁弟只有外丙继承过王位,而更重要的是卜辞证明了太甲即位是在其叔父外丙(卜辞作卜丙)之前。请看《甲骨文合集》(下引简称《合集》)35406片:

甲戌翌上甲乙亥翌报乙丙子翌报丙丁丑翌报丁壬午翌示壬癸未翌示癸

［乙酉翌大乙］［丁亥］翌大丁甲午翌［大甲］［丙申翌卜丙］［庚子］翌大庚

这段卜辞所记为翌祭上甲至大庚十一世先王。这类祭祀的特点是每旬的十天以甲乙丙丁为顺序,又依各王即位的世次及他们的日干名为序,每日祭一位日干名与日序相合的先王,如"甲戌翌上甲、乙亥翌报乙"。后世的先王如与前世日干名重合则在其下一旬或间隔若干旬仍以日序与日干名相合之日致祭,如祭报乙、报丁在这一旬的乙亥、丁丑,则祭大乙、大丁即在次旬的乙酉日和丁亥日。如此可知"甲午翌"后缺文只能是"太甲",而且它和"翌大庚"之间的缺文也只能是"丙申翌卜丙",而不可能有别的选择。外丙之祭序在太甲之后、太庚之前,这还有另外的卜辞证明:

甲申卜贞：王宾大甲［肜］无［尤］

乙酉卜贞：王宾卜丙肜夕无尤　　　　　5合集635552

这是在同旬甲日祭大甲,第二天乙日祭卜丙,可知卜丙之祭确凿无疑是在大甲之后的。一般来说卜丙当于丙日受祭,但这是提前到前一天夜间的肜夕祭,所以与上述祭日之日序当与所祭先王日干名合的原则并无龃龉。(《从卜辞看商王朝的继统制度》,《史学月刊》,2004年第9期)

【汇注】

李　昉：《璅语》曰:仲壬四年崩,伊尹放太甲。(《太平御览》卷八三《皇王部八》)

朱　熹：赵氏曰：太丁，汤之太子，未立而死。外丙立二年，仲壬立四年，皆太丁弟也。太甲，太丁子也。程子曰：古人谓岁为年，汤崩时，外丙方二岁，仲壬方四岁，惟太甲差长，故立之也。二说未知孰是。（《孟子集注》卷五《万章》）

蒋廷锡：按《通鉴前编》，太甲元祀，冬十有二月，伊尹祠告于先王，奉嗣王祗见厥祖，百官总己以听冢宰，伊尹乃明言烈祖之德，以训于王。王徂桐宫居忧。（见《古今图书集成·明伦汇编·皇极典》卷九《商·太宗太甲本纪》）

【汇评】

李龙海："子继为常，弟及为变"。持此观点的学者能正确地认识到商代继承制度的一个方面。他们认为殷商时期的婚姻制度为一夫一妻制，从而并决定了在继承制度上当为父死子继。而对世系表上存在的"兄终弟及"现象，他们则提出此为"变例"。吴泽先生就说："我疑当父王死时，王子年幼，不能担任军国重任，因此传弟。例如……大丁未立早死，子太甲年幼，接位弟外丙，外丙接位二年即死，再传弟中壬，两传后，太甲年长，中壬死，便传太甲。此后兄终弟及便成为一种王位继承制度而沿袭下去，达到十几次之多。"（《商代的继承制度》，郑州大学硕士学位论文，2002年5月）

⑨【汇注】

班　固：商十二月乙丑朔旦冬至，故《书序》曰："成汤既没，太甲元年，使伊尹作《伊训》。《伊训》篇曰：'惟太甲元年十有二月乙丑朔，伊尹祀于先王，诞资有牧方明，言虽有成汤、太丁、外丙之服，以冬至越茀，祀先王于方明，以配上帝，是朔旦冬至之岁也。'"（《汉书·律历志》）

时　澜：伊尹当太甲在丧之始而作训，乘其初心之虚也。……伊尹奉嗣王祗见厥祖，正始之事，自古莫不以为重，舜受终于文祖，禹受命于神宗，况太甲中材，故伊尹尤以为谨。……伊尹逆知太甲资质未必可保，故于是时作书以戒之。（《增修东莱书说》卷八《伊训第四》）

【汇评】

范　浚：为人君者必鉴前古，然后可以知兴替，必法先王然后可以继统业。伊尹训太甲，称有夏先后禹、启、少康，德足以格天地，宁鬼神，微及于鸟兽鱼鳖，咸遂其生，逮桀弗率，天降祸灾，假手于汤，讨而伐之，是欲太甲鉴前古而知兴替之由也。（《香溪集》卷十《伊训论》）

⑩【汇注】

裴　骃：郑玄曰："《肆命》者，陈政教所当为也。《徂后》者，言汤之法度也。"（《史记集解》）

郑　樵：太甲嗣位，伊尹为之作《伊训》《肆命》《徂后》，明言烈祖成汤之德，

以训于王。(《通志》卷三《商》)

江灏：太甲继承帝位以后，伊尹作《伊训》《肆命》和《徂后》，用汤的成德教导太甲。《肆命》《徂后》今已不传。在《伊训》中，伊尹要太甲汲取桀灭亡的教训，发扬汤的美德，"三风十愆"（原注："三风"指巫风、淫风、乱风。"十愆"指舞、歌、货、色、游、畋、侮、逆、远、比。愆，过错）是失位亡国的重要原因，邦君卿士，一开始就要注重自身的品德修养，要从谏如流，勿以善小而不为。伊尹的教导，虽然是对太甲而言，目的是为了维护殷商的统治，但客观上，对缓和各种矛盾，促使社会进步都有一定的积极意义。(《今古文尚书全译·伊训》)

来新夏、王连升：《伊训》《肆命》《徂后》：均为《尚书》篇名，亡。(《史记选注》，第6页)

> 帝太甲既立三年①，不明②，暴虐，不遵汤法，乱德，于是伊尹放之于桐宫③。三年④，伊尹摄行政当国⑤，以朝诸侯。

① 【汇校】

施之勉：《考证》：梁玉绳曰："立下'三年'二字，疑衍。"按：《书序》：立下无"三年"二字。《孔丛子·执节篇》："太甲在丧，不明乎人子之道，而欲知政。于是伊甲使之居桐。近汤之墓，处忧哀之地。放之，不俾知政。三年服竟，然后反之。"《论衡·感应》篇："伊尹相汤伐夏，为民兴利除害，致天下太平。汤死，复相太甲。太甲佚豫，放之桐宫。摄政三年，乃退复位。"据"三年服竟""摄政三年""然后反之"，立下"三年"二字，误衍无疑。(《史记会注考证订补·殷本纪第三》)

【汇评】

梁玉绳：按：《书·咸有一德》疏曰"《殷本纪》太甲归亳之岁已为即位六年，与《经》相违，马迁之妄也"。《绎史》曰"太甲居桐即在元年，《史》'三年'字误耳"。而阎氏《疏证》四力主六年之论，谓"太甲被放后三年始悔过，又三年惟伊尹训是听，援《孟子》述此事两用'三年'字为据，以见古大臣格君非之难。《殷本纪》首'三年'字指初即位后，不指被放之后，与《孟子》少异，要为六年之久复辟亲政，则与《孟子》无异。伪作古文者依傍《书·序》，遂将放桐之事撰于上篇，三年复归事撰于中篇，以合《书·序》，而不知不合《孟子》也"。孙侍御驳之曰："伊尹放太甲必在即位之初，若迟至三年之久始放于桐，恐无此理。《史》'太甲既立三年不明'，'三年'二字误衍也。至《孟子》两'三年'字，上云'伊尹放之于桐三年'，下云'太甲于桐处仁迁义三年',处仁迁义即放桐之时,并非前后六年。倘如阎氏说,则《史记》下云'三年伊尹摄行政当国',又云'帝太甲居桐宫三年',将谓前后统计九年乎?"(《史记志疑》卷二《殷本纪》第三)

② 【汇注】

江　灏:昏庸。(《今古文尚书全译·太甲上·注》)

【汇评】

时　澜:孔子序《书》,断以"不明"。原太甲之过也,盖欲纵之败度礼,皆昏蔽之病,咎在不明耳。况君道常明,不明则反为君之道,故孔子断以"不明"二字,指太甲之过,大抵为恶虽不止于一端,本原其有外于"不明"者乎?(《增修东莱书说》卷八《太甲上·注》)

③ 【汇校】

李德方:桐宫只能仅指偃师商城的宫城,考古发现的偃师商城宫城的年代、位置及文化内涵均与文献记载的桐宫相合,并且可直称其为汤宫,而桐宫亦有可能为汤宫的音转。正是基于以上理由,偃师商城的宫城应即桐宫。(《偃师商城之宫城即桐宫说》,《考古与文物》,2006年第1期)

【汇注】

孟　子:伊尹相汤以王于天下,汤崩,太丁未立,外丙二年,仲壬四年。太甲颠覆汤之典刑,伊尹放之于桐。三年,太甲悔过,自怨自艾,于桐处仁迁义,三年以听伊尹之训己也,复归于亳。(《孟子·万章上》)

皇甫谧撰、徐宗元辑:桐宫,盖殷之墓地。有离宫可居,在邺西南。(《帝王世纪辑存·殷商第三》)

裴　骃:孔安国曰:"汤葬地。"郑玄曰:"地名也,有王离宫焉。"(《史记集解》)

张守节:《晋太康地记》云:"尸乡南有亳阪,东有城,太甲所放处也。"按:尸乡在洛州偃师县西南五里也。(《史记正义》)

李　昉:《帝王世纪》曰:桐宫,盖殷之墓地。有离宫可居,在邺西南。杜预《春秋后序》曰:《纪年》称殷仲壬即位,居亳。其卿士伊尹放太甲于桐,乃自立。伊尹即位于太甲七年。太甲潜出自桐,杀伊尹。(《太平御览》卷八三《皇王部八》)

司马光:王太甲既立,不明。欲败度,纵败礼,伊尹屡谏不听。恐王习不义,遂成性,欲困苦以革其心,乃放王于桐宫。(《稽古录》卷六《殷上》)

王　恢:桐宫:《郡国志》梁国虞县:"有桐地,有桐亭。"桐宫,郑玄云"王离宫也",盖"密迩先王",于迁义复归于顺。所谓放之者,退之思过而已,《孔疏》等之四凶,盖窃取《竹书》太甲杀伊尹之义耳。桐,《伪孔传》以为"汤葬地",《集解》引《皇览》曰:"汤冢在济阴亳县北东郭,去县三里。"杜预亦云"蒙县北有薄伐城,城中有成汤冢"。《御览》（八三）引《韩诗内传》曰："汤葬于徵。今扶风徵陌是也。"《汳水注》引《皇览》、杜说以驳之，以为"《秦本纪》宁公二年伐汤（荡），三年与亳战，亳王奔戎，遂灭汤。然则周桓王自有亳王号汤，乃西戎之国，葬于徵者也"。（《史记本纪地理图考·殷本纪·伊尹与传说》）

方诗铭：《纪年》云：仲壬崩，伊尹放太甲于桐而自立也。伊尹即位，于太甲七年，太甲潜出自桐，杀伊尹，乃立其子伊陟、伊奋，命复其父之田宅而中分之。（《尚书·咸有一德》正义）《御览》卷八三引《琐语》云："仲壬崩，伊尹放太甲，乃自立四年。"所引过简，但所反映之史事，与《纪年》同，可证战国时有此种传说存在。汤死后，其长子太丁已前卒，伊尹乃立太丁之弟外丙；外丙死，继立其弟仲壬，政权皆为伊尹所控制。仲壬死，按商朝继承之制，应由太丁之子太甲即位。伊尹囚太甲篡立。伊尹统治七年，太甲从被囚之桐宫潜出，杀死伊尹，恢复王位。太甲不承认伊尹篡立七年，故其杀伊尹时称为"太甲七年"。（《古本竹书纪年辑证·殷纪》）

朱孔阳：《日知录》：《太甲之书》曰：王徂桐宫居忧，此古人庐墓之始。（《历代陵寝备考》卷六《商》）

又：《广舆记》，山东曹州府曹县有汤陵，云即放太甲之处。（同上）

钱　穆：案《左哀》二十六年，宋北门曰桐门。因虞城南五里有桐邑，门以所向之邑命。《郡国志》："虞有空桐地，有桐地，有桐亭。"是也，太甲桐宫在此。（《史记地名考》上，第242页）

张大可：桐宫：离宫名，在汤墓附近，在今河南偃师县西南。伊尹放太甲于此，令其目睹先王有感而自省。（《史记全本新注》卷三《殷本纪第三》）

邹　衡：最近在河南省偃师县城关镇尸乡沟一带发现了一座商代早期都城遗址，即"偃师商城"，论者皆以为汤都西亳。我却不以为然，该遗址实为太甲所放处桐宫，乃早商时期商王之离宫所在。商朝初年，伊尹曾放太甲于亳都之外的桐或桐宫，见于《孟子·万章上》《孟子·尽心上》《古本竹书纪年》《书序》《史记·殷本纪》和《左传》襄公二十一年杜预注等记载，其事可信无疑。惟于桐或桐宫之地望，自汉以来，注说各异，归纳起来，主要有五说：一为《帝王纪》邺西南说；二为《韩诗内传》扶风徵陌说；三为《元和志》宝鼎说和《隋图经》桐乡说；四为杜预、臣瓒、阎若璩等梁国亳城说，或梁国虞县空桐、桐、桐亭说以及凤阳亳州说；五为《晋太康地记》《括地志》和《史记正义》偃师说。此五说中，前四说历代学者多已证说其非，不可信据；笔者亦曾详加考辨，断定其多为汤冢误传所致。惟偃师一说，自清以来多数学者信而不疑；今偃师商城之发现，更可证实此说不可易移了。《史记·殷本纪·正义》汤崩条引《括地志》云："洛州偃师县东六里有汤冢，近桐宫。"《史记·殷本纪·正义》桐宫条云：《晋太康地记》云："尸乡南有亳坂，东有城，太甲所放处也。"按：尸乡在洛州偃师县西南五里也。以上唐人关于桐宫所在的两条记载，里数相近而方位不同。按《括地志》为初唐的疆域志，其时的偃师县或在今新砦村一带，故言县东。张守节乃开元时人，唐中期的偃师县曾迁至今老城镇，故云县西南。是二说所指当为一地。现在新发现的偃师商城恰在此方位内，且里数亦大体相符。因此，偃师商城当即亳坂东之城，即太甲所放处桐宫。(《偃师商城即太甲桐宫说》,《北京大学学报》,1984年第4期)

【汇评】

孔 鲋：赵孝成王问曰："昔伊尹为臣而放其君，其君不怨，何行而得乎此也？"子顺答曰："伊尹执人臣之节，而弼其君以礼，亦行此道而已矣！"王曰："方以放君为名，而先生称礼，何也？"子顺曰："以礼括其君，使入于善也。"曰："其说可得闻乎？"答曰："其在《商书》，太甲嗣立而干冢宰之政。伊尹曰：'惟王旧行不义，习与性成，予不狎于不顺。'王姑即桐，迩于先王，其训罔以后人。迷王往，居忧，允思厥祖之明德。"是言太甲在丧，不明乎人子之道，而欲知政，于是伊尹使之居桐，近汤之墓，处忧哀之地放之，不得知政。三年服竟，然后反之。即所以奉礼执节事太甲者也。率其君以义，强其君以孝道，未有行此见怨也。王曰："善哉！我未之闻也。"(《孔丛子》卷五《执节》)

苏 轼：夫太甲之废，天下未尝有是，而伊尹始行之，天下不以为惊，以臣放君，天下不以为僭，即放而复立，太甲不以为专。何则？其素所不屑者，足以取信于天下也。彼其视天下，眇然不足以动其心，而岂忍以废放其君求利也哉。(《苏东坡集·伊尹论》)

苏 轼：汤放桀，伊尹放太甲，古未有是，皆圣人不得已之变也。故汤以惭德受恶曰："此我之所以甚病也。乱臣贼子庶乎其少衰矣。"汤不放桀，伊尹不放太甲，不独病一时而已，将使后世无道之君，谓天下无奈我何！此其病与口实之惭均耳。圣人以为宁惭己以救天下后世，故不得已而为之，以为不得已之变则可，以为道固当尔则可。使太甲不思庸，伊尹卒放之而更立主，则其惭有大于汤者矣。(《苏氏书传》卷七《商书·太甲上》)

梁玉绳：孔安国曰"汤葬地"。《疏证》谓："《殷纪》注引康成曰'桐地名，有王离宫焉'。初不指桐为汤葬地，魏、晋间孔《传》出，始有是说。此说果真，汉武帝时已知汤葬处矣，奈何博极群书如刘向，告成帝犹曰'殷汤无葬处'乎？赵岐注桐为邑，亦不云葬地。《后汉书·郡国志》梁国有虞县、有薄县，虞则有空桐地、有桐亭，薄下注有汤冢（非成汤也，辨见《水经注》二十三卷，'有汤冢'为刘昭补注引杜预说，非《郡国志》本注)。虽相去未远，判然各为一县所有，岂得指桐为汤陵墓地耶？缘孔《传》欲附会太甲居近先王，致生此说。后儒见有'居忧'字，并谓桐宫乃谅阴三年之制，非关放废，显悖《孟子》，尤为怪矣。"阎氏之言甚核。至《路史·发挥》谓伊尹无废立事，宋孙奕《示儿编》复以"放"为"教"字之讹，谓《书·序》是"教诸桐"，皆妄欲回护伊尹，而反昧于事情也。（《史记志疑》卷二《殷本纪第三》）

郭嵩焘：帝太甲即立……于是伊尹放之于桐宫。案：史公此等句法，惟昌黎善效之。（《史记札记·殷本纪》）

涂白奎：他的失位，或确因暴虐为伊尹所放，而由外丙承王位；此外，也很可能因年幼羽翼不丰，而被外丙夺位。后以年长，又为太丁子，外丙既死，则不管他是否悔过自艾，伊尹也不能不复其位或不能阻挡其复位。或以"颠覆汤之典刑"，是指商代继统当为幼弟承位制，而太甲用非法手段夺取王位，因此伊尹就不得不起来维护汤法，把太甲放逐了。这似乎是先有"幼弟承位"的成见之后才可能有的曲说。因为这种"典刑"既不见于汤之前辈世系中有其端倪，又不见汤没后即有所实践，因此即便是外丙的继位果真在太甲之前，他也是子继父位，而与"兄终弟及"无干，更扯不上是什么幼弟承位。若太甲果真不具备继承王位的资格，即便能夺位于前，也不能再经伊尹之手复位于后。（《从卜辞看商王朝的继统制度》，《史学月刊》，2004年第9期）

王宇信：在灭夏以前，商部族奴隶制方国为了保护贵族奴隶主阶级的利益和特权，还产生了"汤法"。……这个"汤法"，当即商汤死后七年（太甲元年）伊尹所作《徂后》的内容。集解引郑玄说："《徂后》者，言汤之法度也。"伊尹所整理的"汤之法度"，当亦是他在辅佐商汤多年的过程中，耳濡目染汤在创业阶段和成功时期的为政牧民准则加以规范和阐释而成。法律是强制性暴力，连已即位为帝的"嫡长孙"太甲都因"不遵汤法"而获如此下场，又遑论一般贵族与社会下层平民和广大奴隶了。（《谈上甲至汤灭夏前商族早期国家的形成》，《殷都学刊》，2007年第1期）

徐喜辰：在甲骨卜辞中，伊尹既能祈雨、祈禾，又能宁风、禘祀，与当时的自然诸祇和高祖神等相同，可知其身份地位，绝不低下……卜辞中的伊尹非但不是先秦时代所传的农夫或奴隶，而是位身近先公的重臣，他与成汤的关系亦颇复杂，当非后世传言的君臣上下之单纯。（《论伊尹的出身及其在汤伐桀中的作用》，《人文杂志》，1990年第3期）

④【汇注】

李昉：《尚书》曰：太甲既立，不明，伊尹放诸桐。三年，复归于亳。思庸（原注：念帝道也）。（《太平御览》卷八三《皇王部八》）

⑤【汇注】

王肃：子张问曰："《书》云'高宗三年不言，言乃雍'，有诸？"孔子曰："胡为其不然也？古者天子崩，则世子委政于冢宰三年。成汤既没，太甲听于伊尹。武王既丧，成王听于周公，其义一也。"（《孔子家语》卷九《正论解第三十八》）

【汇评】

陈 栎：伊尹耕于莘野，使人以币聘之，使三返乃至。伊尹以为，桀，君也；汤，臣也，舍君助臣，不可也。去亳适夏，既而知桀终不可辅，复归汤，与谋伐桀焉。汤以尧舜禹以揖让有天下，而己乃以征伐，曰"予有惭德"，仲虺乃作诰，释其惭。盖桀之虐，天人弃之，汤亦顺天命应人心耳，以臣放君，虽非顺天地之经，顺天应人，要亦达古今之权，汤不得而已也。乃改夏政，代虐以宽，显遂之忠良，旁求之俊彦，今不能一二数。其大者伊尹、莱朱、仲虺之徒是也。伊尹以天民之先觉佐汤，开六百年之基。言三代相业者，以伊尹为首称焉。汤崩，太子太丁未立而卒，外丙生方二年，仲壬生方四年，太甲以嫡孙立。既立不明，欲败度，纵败礼。伊尹屡谏不听，恐王习于不义，将与性成，不得已放王于桐宫，尹摄行政事。三年，王悔过迁善，尹复奉王归而相之。太甲由是能保惠于庶民，克终汤业，享国三十三年而崩。伊尹可谓处君臣之变而不失其正矣。（《历代通略》卷一《商》）

梁玉绳：案：摄行政当国是也，朝诸侯则妄矣，此必仍战国好事者之言。至《纪年》谓"伊尹放太甲，自立七年，太甲潜出自桐杀之"，尤为乖诞，《咸有一德》疏已斥之矣。《文选》陆机《豪士赋·序》云"伊生抱明允而婴戮"，亦谬。（《史记志疑》卷二《殷本纪第三》）

潘敏、孙全满：杜预《左传集解》说："《纪年》又称殷仲壬即位居亳，命卿士伊尹。仲壬崩，伊尹放太甲于桐，乃自立也。伊尹即位七年，太甲潜出，自桐杀伊尹，乃立其子伊陟、伊奋，命复其父之田宅而中分之。"不管如何说法，伊尹放太甲及太甲复位的这个流传颇广的史传反映了大甲为帝是经过多次反复的。我认为，这实际上隐藏着一个重大的事实：帝太甲的王位是经过争夺而得到的；其"颠覆汤之典刑"似乎是说太甲为帝破坏了殷商之继统惯例。（《商王庙号及商代谥法的推测》，《河北学刊》，1995 年第 1 期）

张碧波：这一段史料，有四点需注意：1. 伊尹有择立王位继承人的权利。从太丁至外丙至中壬，是兄弟相继。"伊尹乃立太丁之子太甲"，是从兄终弟及又回到父子相继。这就是周公在《君奭》中所说的"在太甲，时则有若保衡"。保衡即阿衡，太甲时伊尹已被尊称为保衡或阿衡。2. 伊尹有放逐君王的权力。"帝太甲既立三年，不明，暴虐，不遵汤法，乱德，于是伊尹放之于桐宫"。《孟子》则记为"太甲颠覆汤之典刑"。这是伊尹所以放逐太甲的主要理由。这时殷商已有"汤法""汤之典刑"——文物典章与礼法制度。"不遵汤法"，就被放逐或被杀。这当是从氏族社会遗传下来的习惯法，而且它具有世界性。"他（指国王）的命运，他的生死，他的健康状况，直接关系到世界的兴亡，直接影响着他的臣民，他的疆域中的一切牲畜"。许多古代希腊国王在位的年限只有八年，要重新举行就任圣职的仪式，要重新接受神所恩赐的新的活力。

这样可使国王能履行他的行政和宗教的职务。"在非洲，国王如果求雨失败便常被流放或被杀死"。伊尹之放逐太甲，正因其"不遵汤法"，影响了"行政与宗教的职务"。这当是氏族的国王（或酋长）的王位继承法的某种遗留。3."伊尹摄行政当国，以朝诸侯"——伊尹当了摄政王。这与"成王少，周初定天下，周公恐诸侯畔周，公乃摄行政当国"（《史记·周本纪》）是相同的行为。一个是因放逐国王，而"摄行政当国"，一个是因新君年少，"乃摄行政当国"。这是商、周历史上两件大事。伊尹是大巫，是国相；周公其实也是大巫，也是国相。当政的国王因各种原因而不能履行国王职责时，就有权放逐国王，自己"摄行政当国"，以便使国家的行政与宗教职务可以正常进行下去。伊尹"摄行政当国"为摄政王，这使伊尹的身份地位达到高峰。4."帝太甲居桐宫三年，悔过自责反善，于是伊尹乃迎帝太甲而授之政"。"摄行政当国"三年之后，还政于太甲。伊尹卒于沃丁之时，"沃丁以天子礼葬之"。《史记正义》引《帝王世纪》。沃丁是太甲之子，沃丁葬伊尹以"天子礼"。说明太甲及其子沃丁是承认伊尹之"摄行政当国"这一段史实的，这也应是历代商王"总是特祀伊尹，几乎比于先王"的根本原因所在。由上可知，伊尹是以政治家的主体身份出现在殷商历史上的，文化人的身份是附带的，并隐藏在政治家身份之中的。（《伊尹论——兼论中国古代第一代文化人诸问题》，《学习与探索》，2004年第2期）

张启成、傅星星：一、伊尹是商代最著名的大功臣。在《商颂》中，他是陪祭的名臣。所以《吕氏春秋·慎大览》说："祖伊尹世世享商。"高诱注："祖用伊尹之贤，世世享商，享之尽商世也。"所谓"世世享商"，就是每一世代的商王，在祭祀成汤之时，伊尹都是陪祭的对象，"世世"，自然包括太甲在内。从这些资料来看，伊尹辅佐太甲之时，显然不存在有"篡权夺位"的政治污点，以伊尹之贤能，也不可能如《纪年》之所载，无缘无故把太甲放逐到桐宫。二、伊尹在成汤之世，他是帝王之师，一如吕尚之于文王；在太甲之世，伊尹一如周公，曾亲自掌握王权三年。应该说周公旦是最了解伊尹的人。周公的《君奭篇》说："我闻在昔，汤既受命，时则有若伊尹格于皇天；在太甲，时则有若保衡；在太戊，时则有若伊陟、臣扈格于上帝。"成汤对伊尹，太甲对伊尹，太戊对伊陟，都是明王与贤相相匹配。周公旦对殷代的历史最清楚。《君奭篇》如此叙说，可证太甲杀伊尹之说根本不可靠。三、据甲骨文学者的考证，陕西周原出土的甲骨文，证明了周文王作为方伯时，在祭祀周代的祖先时，还要祭祀成汤与太甲，可见，太甲在殷王中大体能与成汤相比。说明太甲之为明王是殷、周都公认的，若太甲有诛杀贤相的过错的话，他怎么可能得到如此隆重的祭祀。四、《史记·殷本纪》，经学者以甲骨文资料与之对比，发现《殷本纪》资料基本可信，是司马迁根据大量文献资料而写成的力作之一。故司马迁对此事的评价是很关键的。从文献资料与地下出土的甲骨文来看，太甲杀伊尹说乃是后人的捏造，是不可信的。（《商初贤相

伊尹新论》,《贵州文史丛刊》,2009年第1期)

> 帝太甲居桐宫三年,悔过自责①,反善②。于是伊尹乃迎帝太甲而授之政③。帝太甲修德,诸侯咸归殷,百姓以宁。伊尹嘉之,乃作《太甲训》三篇④,褒帝太甲⑤,称太宗⑥。

① 【汇注】
　　伊　尹:予小子不明于德,自底不类。欲败度,纵败礼,以速戾于厥躬。天作孽,犹可违;自作孽,不可逭。既往背师保之训,弗克于厥初,尚赖匡救之德,图惟厥终。(引自《尚书·太甲中》)
　　【汇评】
　　项安世:《太甲》之书曰:"天作孽,犹可违;自作孽,不可逭。既往背师保之训,弗克于厥初,尚赖匡救之德,图惟厥终。"成王之诗曰:"闵予小子,遭家不造……未堪家多难,予又集于蓼。"二君虑患求教,哀痛诚切如此。此其所以抚商、周之初定,成汤、武之大业也。商六百年,周八百年,盖由于此,正如汉兴之得文帝也。若皆如惠帝,则已矣。唐则太宗自抚定之。晋武帝、隋文帝、周世宗,后皆无人,故不敢望汉、唐。然太甲、成王,本皆中主乃尽心于学如此,阿衡、周公之功,岂不大哉!(《项氏家说》卷十《说政篇·商周》)

② 【汇评】
　　孔　鲋:《书》曰"其在祖甲,不义惟王。"公西赤曰:"闻诸晏子,汤及太甲、武丁、祖乙,天下之大君。夫太甲为王,居丧行不义,同称君,何也?"孔子曰:"君子之于人,计功而除过。太甲即位,不明居丧之礼,而干冢宰之政,伊尹放之于桐。忧思三年,追悔前愆,起而复位,谓之明王。以此观之,虽四于三王,不亦可乎!"(《孔丛子·论书》)

③ 【汇校】
　　来新夏、王连升:此事有二说:一见《尚书·太甲》《左传·襄公二十一年》《孟子·万章上》,说伊尹流放了太甲,太甲悔过,又迎立他为商王,《史记·殷本纪》本于此。一见《古本竹书纪年》,谓仲壬死后,伊尹流放太甲,篡位自立,七年后太甲自桐潜回,杀伊尹。《孟子》之说较可信。(《史记选注》,第6页)

【汇注】
　　伊　尹:惟三祀,十有二月朔,伊尹以冕服奉嗣王归于亳,作书曰:"民非后,罔

克胥匡以生，后非民，罔以辟四方。皇天眷佑有商，俾嗣王克终厥德，实万世无疆之休。"（引自《尚书·太甲中》）

杜　预：《纪年》称仲壬崩，伊尹放大甲于桐，乃自立。七年，大甲潜出自桐，杀伊尹，立其子伊陟、伊奋，命复其父之田宅而中分之。（《春秋经传集解·后序》）

郑　樵：太甲居桐三年，悔过迁善。十有二月朔，伊尹以冕服奉嗣王归于亳，乃作《太甲》三篇而申训之。伊尹即复政，告老将归，又作《咸有一德》。（《通志》卷三《商》）

方诗铭：按《纪年》太甲唯得十二年。（朱右曾《竹书纪年存真》）据此作"大甲十二年，陟"，（王国维《竹书纪年辑校》）无"大甲"二字。《尚书·无逸》："肆祖甲之享国，三十有三年。"《伪孔传》以祖甲为"汤孙太甲"。王肃说同。马融、郑玄则以为"武丁子帝甲"。《无逸》述祖甲事在武丁之次，当非太甲。《广弘明集》卷一一法琳《对傅奕废佛僧事》引《陶公纪年》"太甲治十年"，近于《纪年》。（《古本竹书纪年辑证·殷纪》）

【汇评】

苏　轼：圣人之所以能绝人者，不可以常情疑其有无。孔子为鲁司寇，堕郈、堕费，三桓不疑其害己。非孔子，能之乎？伊尹去亳适夏，既丑有夏，复归于亳。伊尹为政于商，既贰于夏矣，以桀之暴戾，处其执政而不疑，往来两国之间，而商人父师之。非圣人，能如是乎？是以废太甲，太甲不怨，复其位，太甲不疑。皆不可以常情断其有无也。……读柳宗元《五就桀赞》，终篇皆妄，伊尹往来两国之间，岂其有意欲教诲桀而全其国耶？不然，汤之当王也久矣，伊尹何疑焉！桀能改过而免于讨，可庶几也。能用伊尹而得志于天下，虽至愚知其不然，宗元意欲以此自解其从王叔文之罪也。（《苏轼文集》卷六十五《柳子厚论伊尹》）

时　澜：太甲既克终允德，伊尹复辟，以冕服奉嗣王复于亳，即君位，乃作书曰：民苟非君，则不能相匡以生；君苟非民，亦何以君万方。言君民之势，不可一日相无也。桐宫之迁，岂得已哉？赖天之灵，克终允德，乃皇天之眷佑默俾之，实万世无疆之休！味此数语，伊尹痛定之辞也。使太甲终于不变，尹将若何？既克终矣，喜慰如何哉？实云者，尹之心可想矣，然太甲始改过，伊尹即许其克终厥德何哉！盖太甲居桐，动心忍性，自怨自艾之深，必知其能终也。（《增修东莱书说》卷九《太甲中第六·注》）

朱　熹：伊尹之志，公天下以为心，而无一毫之私者也。（《四书集注·孟子·尽心上》）

许　谦：王文宪谓伊尹于太甲，善用权者也。孟子明其事而言曰："有伊尹之志则可，无伊尹之志则篡。"善语权者也。倘使孟子居于彼时，则必行伊尹之事业。（《读四

书丛说·孟子下》)

李元度：汤既无利天下之心，而尹之禄以天下弗顾，系马千驷弗视，又早足见信于人，故能犯天下之不韪而无所疑。其后放太甲，迎太甲，皆断然行之，与始就桀，继放桀，其义一也。使以三代后之情事度之，则五就五去，无异朝秦暮楚之仪、秦矣。既事之，旋伐之，无异放弑义帝之项籍矣，即其放太甲于桐，亦无异操、卓之挟迁汉帝矣。充斯类也，尧取兄位，律以《春秋》之义近于篡，皋陶、稷、益，历事三朝，绳以后世史法，当入杂传，而岂其然哉？古之人至公无私，无形迹可避，亦无积渐宜防，故不可以三代下之情事概之也。(《天岳山馆文钞》卷一《伊尹论》)

④【汇校】

施之勉：《考证》：《书序》无"训"字。按：《御览》八十三引，无"训"字。(《史记会注考证订补·殷本纪第三》)

【汇评】

范　浚：太甲既立，不惠于阿衡。伊尹时为受遗大臣，惧其失道，以危基业，乃作书以示训戒，《太甲上篇》是也。王能自艾，克终允德，伊尹又作书，《太甲中篇》是也。伊尹精忠笃诚，喜君悔过，丁宁申诰，冀其大善，故又作书，《太甲下篇》是也。历考三篇旨义。大要以终始钦慎为戒。夫人靡不有初，鲜克有终，况太甲不克于厥初悔过而反善，得不以终始为戒乎？(《香溪集》卷十《太甲三篇论》)

【汇评】

陈越石：殷甲不惠于天下，其臣放之，后能改过，亦为臣之所立。或曰："社稷之臣，必当如是。"浅于国者之为论也。至若承汤之教，全殷之统，立臣之节，岂如是邪？君上之不肖与贤智，岂臣下之有不知邪？择其嗣，当求贤而立之，不知其非贤，以为不明，因而放之，令其自新；如日蚀不吐，河清难俟，中原之鹿将轶，时乘之龙待驾，于臣之业何如哉？况乎体非金石，而冒雾露，如怀失国之诟，以损其身，则弑君之谤，消无日矣。陈子曰："臣之忠，有幸而忠者也；君之立，有幸而立者也。"如殷之君臣，皆幸而成者。噫！浞浞接踵，羿羿比肩，君可放乎哉？其后新取于西，魏成于东，司马氏之有天下，其始也，未尝不伊不周，其终也，未尝不羿不浞，皆取伊、周以为嚆矢也。孟子曰："无伊尹之心，则篡也。"有旨哉！(《太甲论》，载《涵芬楼古今文钞》卷一)

时　澜：太甲居丧之时，有欲纵之败，故伊尹放之。三年之丧毕，悔过允德，复归于亳。人君居丧，听于冢宰，礼也。太甲居丧于桐宫，丧毕已归亳矣。不谓之放君，亦可也。孔子崇居忧之义，证尹无放君之事，夫岂不可？而直云"放诸桐"，何也？伊尹、孔子，以大公存心，质之天地而无疑，诏之百世而无愧。太甲之昏迷，愤悱而后可以启发，尹之心对越成汤而为之，何嫌于形迹？孔子之心对越伊尹而书之，何嫌而讳避？桐宫之营，密迩先王，先王之严，朝夕临之，在上，质之在旁。而败度、败礼之习，不得肆焉。然则放云者，非放其身也，放其纵欲之心也。使孔子序《书》委曲而盖之，是伊尹之为，实于理有所不安，则何以对天地而下报成汤乎？孔子亦且欺其心矣。三年后，思念常道，伊尹乃作《太甲》三篇。（《增修东莱书说》卷八《太甲上第五·注》）

张九成：此一篇乃太甲即位之初，伊尹以太甲继汤之后，其任甚重，其责亦重，一失其机，天下事去矣，而吾乃成汤谋臣，相与伐桀有天下者也。其忧不得不深，其防不得不预，故于告庙之际、侯甸群后之前，称说夏之先君有德如此，而桀弗率，遂亡天下。汤伐桀有天下，以宽除其虐，犹秦苛法，而汉祖入关，止约法三章，以收天下之心也。太甲守成，当以爱敬为主。汤如此盛德，犹从谏好古，故为君为臣，皆尽其道，而以忠恕为归。所以有天下，又为子孙无穷之计，所以敷求明哲之士以辅相之，又制官刑使群臣匡正之。先王之意如此，太甲宜自爱重，况天之福善祸淫如此，而吾之善恶所系如此，其可少忽乎？余深味其言，谆谆如富家老翁，惟恐其子孙忘其平生劳苦而失其基业也。夫成王即位，周公作《立政》；太甲即位，伊尹作《伊训》。伊周之见，其过人远矣。想见伊周见太甲成王皆非有天下之姿，特以天下不可无主、祖宗不可无嗣，故立之尔。心知太甲必不义、成王必听谗，故于即位，首训以祖宗之业，首告以知人之事；亦心知太甲必悔过，成王必悔寤，故断然立之，使其有过，或放于桐以救药之，或居东以款待之，终无不如其意者。其规模造化为如何哉！使学者不至伊周其殆矣夫。（《横浦集》卷七《伊训论》）

⑤【汇评】

王若虚：夫三篇之书，虽曰伊尹作，然自始至终皆史氏所录，岂独伊尹褒嘉而作乎？（《滹南遗老集》卷九《史记辨惑》）

⑥【汇注】

李　昉：《帝王世纪》曰：太甲返位，又不怨。故更尊伊尹曰保衡。即《春秋传》所谓"伊尹放太甲，卒为明王"是也。太甲修政，殷道中兴。号曰太宗。《孔丛》所谓"忧思三年，追悔前愆，起而即政，谓之明王"者也。一名祖甲，享国三十三年。（《太平御览》卷八三《皇王部八》）

司马光：伊尹摄行天子事，王于是悔过，迁善，三年，伊尹复奉王归于亳，复王位，还其政。太甲不怨而德之，伊尹申戒于王曰："有言逆于汝心，必求诸道（原注：人以言违汝心，必以道义求其意，勿拒逆之）；有言逊于汝志，必求诸非道（原注：逊，顺也。言顺汝心必以非道察之，勿以自臧）。"太甲由是能保惠于庶民，克终汤业。（《稽古录》卷六《殷上》）

来新夏、王连升：太宗：第二代帝王的称号。太甲父未立而卒，太甲以汤之嫡长

孙而立,故称太宗。(《史记选注》,第6页)

【汇评】

晁福林：这个记载和《孟子》《左传》《尚书》序等相合,应属可信。分析这个记载可以看到,作为最高执政伊尹有以下几种权力。第一,选立商王。汤死后,其诸子不继位,而由其孙太甲继位,实由伊尹所决定。第二,摄政当国。按照古本《竹书纪年》的说法,伊尹不仅摄政,而且即王位而"自立"。第三,处罚或褒奖商王。太甲的被放逐于桐和迎立授政,均决定于伊尹。伊尹执政是原始民主精神在上古时代政治史上一次光彩熠熠的表现,它真实地反映了商代王权被原始民主精神制约的情况。在卜辞里,对伊尹祭祀的辞例甚多,且和成汤一样多享用相同规格的祭典(合集32103),并附祭于著名的商先王上甲(合集27057)。卜辞有"伊五示"(合集32722)、"伊尹五示"(合集33318)、"伊二十示又三"(合集34123)等记载,这说明伊尹后人也受到尊崇。由此可见,《天问》谓伊尹"尊食宗绪",《吕氏春秋·慎大》谓"祖伊尹世世享商",良非虚语。在商王朝前期,实际上存在着一国二主的"两头制度",而且两巨头不分轩轾,只是在后代人们的想象里,一个被尊为圣明君王,另一个才不得不屈居于臣位。(《殷墟卜辞中的商王名号与商代王权》,《历史研究》,1986年第5期)

冯治利：这与《竹书纪年》记载伊尹与太甲的事迹完全相反。为什么会存在着两种不同的说法呢?笔者认为,《史记·殷本纪》记载伊尹与太甲的关系,可能是后人对此事进行了加工。这可从《尚书·书序》和《孟子·万章上》找到依据。《尚书·书序》中记载："太甲既立,不明,伊尹放诸桐。三年,复归于亳,思庸。伊尹作《太甲》三篇。"按照《尚书·书序》注文中司马迁、马融、郑康成的说法,"《书序》为孔子所作"。《孟子·万章上》记载："伊尹相汤以王于天下,汤崩,太丁未立,外丙二年,仲壬四年。太甲颠覆汤之典刑,伊尹放之于桐三年。太甲悔过,自怨自艾,于桐处仁迁义三年,以听伊尹之训己也,复归于亳。"所以,司马迁在写《殷本纪》时沿用了这一说法。因为在历史上,伊尹是圣人汤之贤臣,曾辅佐汤灭夏,功劳显赫。又经过战国诸子的加工,伊尹的贤臣地位不可动摇,所以,后世便不愿承认《纪年》中所记伊尹与太甲的事实。而《纪年》中所记伊尹与太甲的关系,可能是真实的历史事实。因为从后代君权和相权的矛盾斗争来看(虽然商代并没有"相"这一官制),这种情况也不是不可能存在的。主幼臣强,这便给伊尹夺权创造了条件。《史记·周本纪》中记载："成王少,周初定天下,周公恐诸侯畔周,公乃摄行政当国。管叔、蔡叔群弟疑周公,与武庚作乱,畔周。"兄弟之间都能起疑,更何况是异姓辅政呢?在早期国家阶段,家族权力盛行,为维护本家族的利益,防止权力落入旁人之手,太甲杀伊尹也是可能的。这样分析,《纪年》中的记载应该是可信的。那么,为什么人们相信太甲悔过,伊尹还政于太甲呢?这可能与儒家将此事掩饰有关,《孟子》一书中已将伊尹称为圣人，而圣人怎么会做出这样大逆不道的事呢？所以，我们在面对史料时，一定要认真分析史料，不被史料本身所迷惑。(《试论伊尹与汤、太甲的历史关系》，《西安社会科学》，2010年第3期)

> 太宗崩①，子沃丁立②。帝沃丁之时，伊尹卒③。既葬伊尹于亳④，咎单遂训伊尹事⑤，作《沃丁》⑥。

① 【汇校】

郑慧生：沃丁，依沃甲作羌甲例，卜辞应作羌丁。但是卜辞无羌丁。旧说《卜通》309之"羌丁"乃"父丁"之误；《前》5.8.5"于羌丁"系一断残片，"于"乃"示"之误，"示羌丁"三字横列于断片之上，可能是"示百羌于丁"之残，刘体智善斋旧藏系未刊拓本，余不能见。据陈梦家说，其2331片有辞为"羌丁用"(《殷虚卜辞综述·庙号》)，是否"百羌于丁牢用"之残，存疑。

沃丁一名，在卜辞中踪迹难见，祀谱更无其名。郭沫若考释《粹》113片时，因大甲与大庚间尚空一王，就依《本纪》之说补入沃（羌）丁。现在看来，那是错了，应该补入的是卜丙而不是沃（羌）丁。即令善斋旧藏2331是羌丁之名，他也不过是一个南壬之类的一般先祖，未入祀谱，没有即过王位。(《从商代的先公和帝王世系说到他的传位制度》，《史学月刊》，1985年第6期)

涂白奎：太甲之子继承王位者只有太庚而无沃丁。(《从卜辞看商王朝的继统制度》，《史学月刊》，2004年第9期)

【汇注】

司马光：享国三十三年崩，号祖甲。(《稽古录》卷六《殷上》)

郑　樵：太甲在位三十三年，庙曰太宗。商家祖有功而宗有德，故后世以祖宗称之。太甲崩，子沃丁立。(《通志》卷三《商》)

马端临：太甲，汤孙，以戊申嗣立，三十三年庚辰崩。(《文献通考》卷二百五十《帝号历年》)

徐文靖：《笺》按：《郡国志》：济阴历城县，《皇览》曰：太甲有冢在历山上。(《竹书纪年统笺》卷五《太甲·十二年陟》)

② 【汇注】

李　昉：《纪年》曰：沃丁绚即位，居亳。(《太平御览》卷八三《皇王部八》)

朱孔阳：沃丁名绚，太甲子，在位二十有九祀。(《历代陵寝备考》卷七《商》)

方诗铭：《纪年》曰：沃丁绚即位，居亳。按：甲骨文作丂"丁"，或释"羌丁"。

郭沫若同志云："芍丁此片仅见，以沃甲作芍甲例之，则此乃沃丁也。"陈梦家以此片芍丁为父丁误释，别举《殷虚书契前编》五·八·五及善斋旧藏甲骨二三三一片为说，认为"可能是沃丁"。（《古本竹书纪年辑证·殷纪》）

③ 【汇校】

涂白奎：但是卜辞无沃丁，则知太庚应是直接继承其父太甲的王位或从其叔父手中接过王位，而非及兄位，此又为"弟及说"之反证。商代真正意义上的"兄终弟及"应该是在太庚死后，他的三个儿子的相继。太庚三子的行序在《殷本纪》中作小甲、雍己、太戊，而周祭卜辞则为小甲、太戊、雍己。通过对周祭卜辞的研究，还可以知道在雍己死后继位的仲丁是太戊的儿子，而不是雍己的儿子。如此，则持"弟及为主"或"幼弟继承制"说的学者所主张的商代继统制度以幼弟之子承位为常的说法也就无从立足了。太戊既排行第二，那么无论是长兄之子继位抑或是幼弟之子继位，则他的儿子仲丁都不应该具备继承王位的资格。（《从卜辞看商王朝的继统制度》，《史学月刊》，2004年第9期）

【汇注】

皇甫谧撰、徐宗元辑：帝沃丁八年，伊尹卒。年百有余岁，大雾三日。沃丁葬以天子之礼，祀以太牢，亲自临丧三年，以报大德焉。（《帝王世纪辑存·殷商第三》）

郦道元：崔骃曰：殷帝沃丁之时，时伊尹卒，葬于薄。《皇览》曰：伊尹冢在济阴己氏平利乡。（《水经注》卷二十五《泗水》）

郑　樵：沃丁八年，伊尹卒。伊尹于太甲之时，告老而归于其邑，至是沃丁乃葬之于亳，在汤冢之西，从先王也。后世尊之曰"先正""保衡"。咎单相沃丁，遂训伊尹事，而作《沃丁》之篇。（《通志》卷三《商》）

陈士元：《一统志》云："伊尹墓在开封府归德州城东南四十里。又河南府偃师县西亦有伊尹墓。"（引自陈春辑刻《湖海楼丛书·论语类考》卷七《伊尹》）

袁　黄：辛巳元祀，沃丁嗣立。委任贤臣咎单，咎单一顺伊尹所行之事。八祀伊尹卒。（见《纲鉴合编》卷一《商纪·沃丁》）

王士俊：商伊尹墓：在府城谷熟南五里。（《河南通志·归德府》卷四十九《陵墓》）

又：旨特建伊尹庙有二：一在陈留县东南，明正统间迁于县西门外；一在杞县西三十五里。（《河南通志》卷四八《礼祀》）

又：伊尹庙在南阳城东南四十五里。（同上）

王国维：《尚书》疏、《初学记》二引《帝王世纪》："沃丁八年，伊尹卒，年百有余岁，大雾三日。沃丁葬以天子之礼，祀以太牢，亲自临丧三日，以报大德。"（《今本竹书纪年疏证》）

【汇评】

王　充：难之曰："伊尹相汤伐夏，为民兴利除害，致天下太平；汤死复相大甲，大甲佚豫，放之桐宫，摄政三年，乃退复位。周公曰：'伊尹格于皇天。'天所宜彰也。伊尹死时，天何以不为雷雨（以彰其德）？"应曰："以《百雨篇》曰：'伊尹死，大雾三日。'"大雾三日乱气矣，非天怒之变也。（《论衡·感类篇》）

袁　黄：成汤播告于众，以元圣称伊尹。愚考其大用，诚圣人也。有大德量，有大见识，故能数用权而略无沮御捍格之患。五就桀而桀不忌，五就汤而汤不疑。知桀之终不悛也。创此大义，主此大谋，相成汤而伐放之，天下不惊，如探诸囊取物之易也。汤学于伊尹，尹之相汤，格言至论宜不少矣，而不传于后。至汤崩，相太甲；始有五篇之书，典谟之后四百余年，再有此精微之论……古今善用权者莫如伊尹，善论权者莫如孟子。孟子曰："有伊尹之志则可。"孟子亦不敢以此自任也。况余人哉！（见《纲鉴合编》卷一《商纪·沃丁》）

④【汇注】

裴　骃：《皇览》曰："伊尹冢在济阴己氏平利乡，亳近己氏。"（《史记集解》）

张守节：《括地志》云："伊尹墓在洛州偃师县西北八里。又云宋州楚丘县西北十五里有伊尹墓，恐非也。"《帝王世纪》："伊尹名挚，为汤相，号阿衡，年百岁卒，大雾三日，沃丁以天子礼葬之。"（《史记正义》）

王　恢：《括地志》："伊尹墓在宋州楚丘县西北十五里。"楚丘在今曹县东南，近亳，当是也。并桐、汤陵、伊尹冢，说在偃师者，皆"西亳"误会也。（《史记本纪地理图考·殷本纪·伊尹与传说》）

【汇评】

李　塨：伊尹、周公，德宜有天下者也，而屈于太甲、成王，故殷以天子之礼葬伊尹，周以天子之礼葬周公。非过分也，宜也。（《阅史郄视》卷一）

⑤【汇注】

徐文靖：《笺》按：《书·叙》曰：咎单作《明居》。《孔传》曰：咎单，臣名，主土地之官。作《明居民法》一篇。马融曰：咎单为汤司空，是历仕四世，至沃丁命为卿士，与尹为左右也。（《竹书纪年统笺》卷五《沃丁元年·命卿士咎单》）

江　灏：咎单：殷时的贤臣。（《今古文尚书全译·沃丁》）

⑥【汇注】

徐文靖：阚骃曰：殷帝沃丁之时，伊尹卒，葬于亳。皇甫谧曰：伊尹为汤相，号阿衡。沃丁八年，伊尹卒。卒年百有余岁，大雾三日，沃丁葬之以天子礼。《书·叙》曰：沃丁既葬伊尹于亳，咎单遂训伊尹事，作《沃丁》。（《竹书纪年统笺》卷五《沃丁八年》）

沃丁崩①，弟太庚立②，是为帝太庚③。帝太庚崩④，子帝小甲立⑤。帝小甲崩⑥，弟雍己立⑦，是为帝雍己⑧。殷道衰，诸侯或不至⑨。

① 【汇注】
　　郑　樵：沃丁在位二十九年崩，弟太庚立。（《通志》卷三《商》）
　　马端临：沃丁，太甲子，以辛巳岁嗣立，二十九年己酉崩。（《文献通考》卷二百五十《帝系历年》）
　　蒋廷锡：按《竹书纪年》，沃丁元年癸巳，王即位，居亳，命卿士咎单。八年，祠保衡。十九年，陟（按《通志》作在位二十九年）。（《古今图书集成·明伦汇编·皇极典》卷九《商·帝沃丁本纪》）

② 【汇校】
　　梁玉绳：附案：《竹书》作"小庚"，疑非。（《史记志疑》卷二《殷本纪第三》）
　　董　份：按兄死弟及，自太庚始，谓为殷礼，非也。伊尹曰：七世之庙，可以观德。父子相传为一世，若兄弟则昭穆紊矣，后世循袭，遂济乱源。是以圣人立法，不立异以为高。（引自《百大家评注史记·殷本纪》）
　　朱孔阳：太庚，《竹书》作小庚，名辨。沃丁弟，在位二十有五祀。（《历代陵寝备考》卷七《商》）
　　王国维：小庚（案：《史记》作"太庚"）名辨（《御览》八十三引《纪年》："小庚辨即位，居亳"）。元年壬子，王即位，居亳。五年，陟（《御览》八三引《史记》："帝太庚在位二十五年崩。"《外纪》从之。案：《史记》商诸帝无在位年数，盖系他书补之）。（《今本竹书纪年疏证》）
　　方诗铭：《纪年》曰：小庚辩即位，居亳（即太庚也）。《史记·殷本纪》作"太庚"。《吉石盦丛书》影印日本高山寺藏古钞本《殷本纪》作"大庚"。甲骨文作"大庚"。（《古本竹书纪年辑证·殷纪》）

③ 【汇注】
　　李　昉：《史记》曰：帝太庚在位二十五年，崩，子帝小甲立。（《太平御览》卷八三《皇王部八》）

④ 【汇注】
　　郑　樵：帝太庚（原注：元年，辛未）：太庚在位二十五年崩，子小甲立。（《通志》卷三《商》）
　　马端临：太庚，沃丁弟，以庚戌嗣立，二十五年甲戌崩。（《文献通考》卷二百五十《帝系历年》）

蒋廷锡：按《竹书纪年》，小庚（注：按《史记》作太庚，名辨）元年壬子，王即位，居亳。五年，陟（按《通志》作在位二十五年）。（见《古今图书集成·明伦汇编·皇极典》卷九《商·帝太庚本纪》）

齐召南：太庚：沃丁弟。元祀，庚戌。在位二十五祀崩。子小甲嗣。（《历代帝王年表·商世表》）

宫梦仁：太庚，沃丁弟，在位二十五年。（《读书纪数略》卷一五《统纪类》）

编者按：《太平御览》卷八三于"帝太庚"之后，又引《纪年》曰："小庚辩即位，居亳。"原注又称："小庚辩，即太庚也。"准此，则帝太庚名辩矣。

⑤【汇注】

裴　骃：徐广曰："《世表》云，帝小甲，太康弟也。"（《史记集解》）

方诗铭：《纪年》曰：小甲高即位，居亳。按：甲骨文作"小甲"。（《古本竹书纪年辑证·殷纪》）

王国维：小甲，名高。元年丁巳，王即位，居亳。十七年，陟（《御览》八三引《史记》："帝小甲在位十七年。"《外纪》："在位三十六年。"又引《帝王本纪》云"五十七年"）。（《今本竹书纪年疏证》）

朱孔阳：小甲，名高，太庚子，在位十有七祀。（《历代陵寝备考》卷七《商》）

⑥【汇注】

李　昉：《史记》曰：帝小甲在位十七年，崩，弟雍己立。（《太平御览》卷八三《皇王部八》）

又：《纪年》曰：小甲高即位，居亳。（同上）

郑　樵：帝小甲（原注：元年，丙申）：小甲在位三十六年（原注：《帝王本纪》云：五十七年）崩，弟雍己立。（《通志》卷三《商》）

马端临：小甲，太庚子，以乙亥嗣立，十七年辛卯崩。（《文献通考》卷二百五十《帝系历年》）

⑦【汇注】

朱孔阳：雍己名伷，小甲弟，商道衰微，诸侯或不朝，在位十有二祀。（《历代陵寝备考》卷七《商》）

方诗铭：《纪年》曰：雍己伷即位，居亳。按：甲骨文作"邕巳"。（《古本竹书纪年辑证·殷纪》）

⑧【汇注】

李　昉：《史记》曰："帝雍己在位十二年，崩，弟太戊立。（《太平御览》卷八三《皇王部八》）

又：《纪年》曰：雍己伷即位，居亳。（同上）

王国维：雍己，名㽕。元年甲戌，王即位，居亳（《御览》八三引《纪年》："雍己㽕即位，居亳"）。十二年，陟（《御览》八三引《史记》"帝雍己在位十二年崩"。《外纪》作"十三年"）。（《今本竹书纪年疏证》）

⑨【汇注】

蒋廷锡：按《大纪》，王尸君位，不能纲纪庶政，号令不行，诸侯或不朝。（见《古今图书集成·明伦汇编·皇极典》卷九《商·帝雍己本纪》）

【汇评】

王冠英：外服是殷的服属国，这些服属国的"邦伯"，就是殷名义上的属臣……但在邦外服王事的邦伯，说是殷的什么官，就很勉强。因为这些邦伯，从身份上，从为王负担的义务上，和内服的差别都很大。他们虽然服属于殷，对殷有拱守藩屏之责，但他们与殷的关系，大多数还是国与国的关系，其本身并不和殷的各级官僚相从属，再则，他们对殷的服属是相对的，有条件的。随着形势的变化，他可以"服"，也可以"叛"；可以"朝"，也可以"不至"，跟殷国内以奴隶制大家族管家或奴仆身份出现的官僚不同，跟后世受中央机构管理的外官、地方官差别更大。（《殷周的外服及其演变》，《历史研究》，1984 年第 5 期）

　　帝雍己崩①，弟太戊立②，是为帝太戊③。帝太戊立，伊陟为相④。亳有祥桑穀共生于朝⑤，一暮大拱⑥。帝太戊惧，问伊陟。伊陟曰："臣闻妖不胜德。帝之政其有阙与？帝其修德。"太戊从之，而祥桑枯死而去⑦。伊陟赞言于巫咸⑧。巫咸治王家有成⑨，作《咸艾》⑩，作《太戊》。帝太戊赞伊陟于庙⑪，言弗臣，伊陟让，作《原命》⑫。殷复兴⑬，诸侯归之，故称中宗⑭。

①【汇注】

郑樵：帝雍己（原注：元年，壬申）：雍己之时，商道始衰，诸侯或不至。在位十三年崩。弟太戊立。（《通志》卷三《商》）

马端临：雍己，小甲弟，以壬辰嗣立，十二年癸卯崩。（《文献通考》卷二百五十《帝号历年》）

蒋廷锡：按《竹书纪年》，雍己，元年甲戌，王即位，居亳。十二年，陟（按《通志》作在位十三年）。（见《古今图书集成·明伦汇编·皇极典》卷九《商·帝雍

己本纪》）

② 【汇校】

郑慧生：太戊，卜辞称大戊，《本纪》说他是雍己之弟，祀谱却把他排在雍己之前，他是雍己之兄。这两种说法哪一种对呢？太戊、雍己既是同辈，则无论如何，太戊都是雍己的哥哥。商人以日干为庙名，如果日干是不论长幼均以死亡先后为序的庙主排列，则戊死己前。那样的话，戊就不能为弟了，因为兄终弟才能及，弟死兄前弟不能及王位，太戊曾及王位就不当为弟。如果日干是生前或死后以长幼为序的排列，那么太戊在前更是兄长无疑。太戊是雍己的兄长，但为什么《本纪》会以之为弟呢？我想问题的产生是这样的：甲骨文有父某、兄某、子某而没有弟某，说明弟在兄中包括着。兄是兄弟之称，既可以称呼哥哥，又可以称呼弟弟。因此，太戊称呼弟弟伷，就该呼之为兄。后人不察，以为兄即哥哥，于是太戊反成伷弟了。现在弄清了其中原委，就要按祀谱的次序把它纠正过来。（《从商代的先公和帝王世系说到他的传位制度》，《史学月刊》，1985年第6期）

【汇注】

朱孔阳：中宗太戊，名密。雍己弟……殷道复兴。在位七十有五祀，陵在河南彰德府内黄县。（《历代陵寝备考》卷七《商》）

王叔岷：案：《御览》引作："帝雍己在位十二年，崩。弟太戊立。"古写本"太"作"大"，下同。《汉书》《人表》《艺文志》《金楼子》与《玉篇》皆作"大"。《书·君奭》孔疏云："《殷本纪》云：'太甲崩，子沃丁立。崩，弟太庚立。崩，子小甲立。崩，弟雍己立。崩，弟太戊立。'"是太戊为太甲之孙，太庚之子。《三代表》云："小甲，太庚弟。"雍己，太戊，又是小甲弟。则太戊亦是沃丁弟，太甲子。《本纪》《世表》，具出马迁，必有一误。（《史记斠证·殷本纪第三》）

③ 【汇注】

李贽：太戊三年，远方重译而至者七十六国。有贤臣巫咸、臣扈等共辅佐之，商道复兴，号称中宗。崩，子仲丁立。（《史纲评要》卷一《商纪·太戊》）

王国维：太戊，名密。元年丙戌，王即位，居亳。命卿士伊陟、臣扈。（《书·君奭》："在大戊时则有若伊陟、臣扈，格于上帝。"）七年，有桑榖生于朝。（《尚书·序》："伊陟相大戊，亳有祥，桑榖共生于朝。"）十一年，命巫咸祷于山川。二十六年，西戎来宾，王使王孟聘西戎。（《海外西经》注："殷帝大戊使王孟采药，从西王母。"）三十一年，命费侯中衍为车正。（《史记·秦本纪》："大费玄孙曰孟戏中衍，鸟身人言。帝太戊闻而卜之使御，吉，遂致使御而妻之。"）三十五年，作寅车。（《诗·小雅·六月》传："殷曰寅车，先疾也。"）四十六年，大有年。五十八年，城蒲姑。六十一年，东九夷来宾。七十五年，陟。（《书·无逸》："肆中宗之享国，七十有五

年。"《御览》八十三引《史记》:"中宗在位七十有五年崩。")(《今本竹书纪年疏证》)

④【汇注】

裴　骃：孔安国曰："伊陟，伊尹之子。"(《史记集解》)

陈　栎：太甲而后五世而为太戊，伊尹之子陟为相，巫咸共佐之……殷道复兴，享国七十五年，为商中宗。(《历代通略》卷一《商》)

徐文靖：《笺》按：《书·叙》曰：太戊赞于伊陟，作《伊陟》《原命》，《周书·君奭》曰：在太戊时，则有若伊陟、臣扈是也。《孔传》：伊陟，伊尹子。《伊陟》《原命》二篇皆亡。今据《竹书》，伊陟始见于太甲七年，至此凡六十二年，命为卿士。(《竹书纪年统笺》卷五《太戊元年》)

【汇评】

启良、文青：商代的师保是中国历史上最早的相职……伊尹、伊陟、傅说都是位居师保职务的权臣，司马迁在《殷本纪》中花如此多的笔墨陈述他们三人的政绩，足以说明师保在商代统治阶级内部地位和作用之重要。从司马迁这些记述中，我们可以得出如下几点归纳。一、师保是国之重臣，深得商王重视。汤五顾茅庐才把伊尹请出山，并"举以国政"。《吕氏春秋》说"汤染于伊尹仲虺"，高诱训解："伊尹，汤相。《诗》云'实惟阿衡'，实左右商王。"伊陟善于为政，善于用人，商王太戊"赞伊陟于庙，言弗臣"，即在祖庙里为伊陟歌功颂德，并说没有其他官吏可以比拟。武丁求贤相辅政，终日闷闷不乐，甚至不理朝政，命百官"营求之野"，才得到傅说为相。《册府元龟·命相一》载，武丁梦傅说，"乃审其厥象俾以形旁求于天下。爰立为相。王置诸其左右，命之曰：'朝夕纳诲，以辅台德。若金，用汝作砺，若济山川，用汝作舟楫；若岁大旱，用汝作霖雨。启乃心，沃朕心，若药弗瞑眩，厥疾弗瘳；若跣弗视地，厥足用伤。惟暨乃僚，罔不同心，以匡乃辟。'"二、师保大多是当时的贤人，具有经邦治国之才。文可治国，武可领兵。一方面对商王晓之以政，明之以理；一方面随商王出征，掌管军队事务。如伊尹对汤"言素王及九主之事"。"以滋味说汤，致以王道。"所谓"九主"，刘向《别录》曰："九主者，有法君、专君、授君、劳君、等君、寄君、破君、国君、三岁社君。"《索引》按："素王者，太素上皇，其道质素，故称素主。九主者，三皇五帝及夏禹也。"一言之，是伊尹教商王如何为政，如何当好一个贤明的君主。《吕氏春秋·先己》载："汤问于伊尹曰：'欲取天下若何！'伊尹对曰：'欲取天下，天下不可取；可取，身将先取。凡事之本必先治身。'"刘向《说苑·君道》曰："汤问伊尹曰：'三公、九卿、二十七大夫、八十一元士，知之有道乎！'伊尹对曰：'昔者尧见人而知，舜任人然后知，禹以成功举之。夫三君之举贤，皆异道而成功，然尚有失者；况无法度而任己，直意用人，必大失矣。故君使臣，自贡其能，则万一之不失矣。王者何以选贤？夫王者得贤才以自辅，然后治也。虽有尧舜之明，而股肱不备，则主恩不流，化泽不行。故明君在上，慎于择士，务于求贤。'"而且"汤乃兴师率诸侯，伊尹从汤"。《尚书·汤誓》："伊尹相汤伐桀。"《说苑·权谋》又载："汤欲伐桀。伊尹曰：'请阻乏贡职，以观其动。'桀怒，起九夷之师以伐之。伊尹曰：'未可，彼尚能起九夷之师，是罪在我也。'汤乃谢罪请服，复入贡职，明年又不供贡职。桀怒，起九夷之师，九夷之师不起。伊尹曰：'可矣。'汤乃兴师，伐而残之，迁桀南巢氏焉。"由于伊尹伊陟等师保精于文治武功，所以他们辅政时，都是商王朝的繁荣时代。伊尹为相，"于是诸侯毕服，汤乃践天子位，平定海内"；"帝太甲修德，诸侯咸归殷，百姓以宁"；"伊陟为相……殷复兴，诸侯归之"；傅说"举以为相，殷国大治。"三、师保是商王以下最高的行政长官，同时具有商王以下的最高权力。汤把国家的军政大权委之伊尹；武丁因一时得不到贤相，把国家事务暂时交给冢宰，由他代管国事。待访到傅说后，他又把国之大权委任给傅说。而且，对于政府官员的任免，商王往往听之于师保的意见。"伊陟赞言于巫咸，巫咸治王家有成"。最为我们熟知的是师保有时还具有废立国君的权力。帝太甲为政不善，暴虐乱德。伊尹把他流放到桐宫。等到太甲悔过自新以后，才让他复位。从以上分析，我们有充分理由认为：商代的师保完全具备了后世宰相的职位和权力。中国宰相制度的沿革始于商代立国之初。（《初置宰相年代新证》，《甘肃社会科学》，1988年第3期）

⑤【汇校】

王　筠："祥桑穀"下文云"妖不胜德"，可见"祥"即"妖"也。所谓散则通也。又案《郊祀志》颜注："穀"即今之楮树也，其字从木。（《史记校》卷上《殷本纪》）

陈寿祺：按曰：《外纪》，刘恕曰：按伏生、刘向以武丁有桑穀，而向著《说苑》，以大戊、武丁时俱有桑穀。《吕氏春秋》："汤时穀生于廷，比旦而大拱。"《韩诗外传》"三日而大拱"，皆与《书序》不同。寿祺按：《尚书·咸义正义》引《帝王世纪》，亦以为大戊时，郑注所引刘氏说，乃刘向《五行传》论语，见《汉书·五行志》。（《尚书大传辑校》卷一《高宗肜日》）

【汇注】

韩　婴：有殷之时，穀生汤之廷，三日而大拱，汤问伊尹曰："何物也？"对曰："穀树也。"汤问："何为而生于此？"伊尹曰："穀之出泽，野物也。今生天子之庭，殆不吉也。"汤曰："奈何？"伊尹曰："臣闻妖者祸之先，祥者福之先。见妖而为善，则祸不至；见祥而为不善，则福不臻。"汤乃斋戒静处，夙兴夜寐，吊死问疾，赦过赈穷，七日而穀亡。妖孽不见，国家昌。诗曰："畏天之威，于时保之。"（《韩诗外传》卷三）

伏　生：武丁之时（原注：《外纪》卷二，此句上有"成汤之后"四字，下有"王道亏"三字。《困学纪闻》卷二，此句下有"先王道亏，刑罚犯"七字），桑穀俱生于朝，七日而大拱。武丁召其相而问焉。其相曰："吾虽知之，吾不能言也。问诸祖己，曰桑穀，野草也（原注：此木也。而云草，未闻。刘向以为草妖）。野草生于朝，亡乎！"武丁惧，侧身修行，思惜先王之政，兴灭国，继绝世，举逸民，明养老之礼，重译来朝者六国（原注：九州之外国也）。（《尚书大传》卷一《高宗肜日》）

司马光：祥，妖怪也。（《稽古录》卷六《殷上原注》）

郑　樵：臣谨按：《大传》曰，汤之后，武丁之前，王道不振，桑穀共生于朝，七日而大拱。武丁问诸祖己，祖己曰："桑穀野草，而生于朝，朝必亡。"武丁惧，侧身忧行，思先王之道，兴灭国，继绝世，举逸民，明养老之道。三年之后，重译而朝者六国。又按刘向曰："高宗承商敝而起，尽谅阴之哀，天下应之，既获安定，而怠于政，乃有桑穀之异。"（《通志》卷三《商》）

【汇评】

钟　年：所谓"祥"，据《玉篇·示部》："妖怪也。"妖怪之物生于朝，是殷道中衰之兆，难怪"帝太戊惧"。在这里，帝咨询的是相国伊陟，但幕后真正起作用的是巫咸。司马贞《史记索隐》曰："巫咸是殷臣，以巫接神事，太戊使禳桑之灾，所以伊陟赞巫咸。"（《巫的原始及流变》，《东南文化》，1998 年第 2 期）

⑥【汇校】

司马贞：此云"一暮大拱"，《尚书大传》作"七日大拱"，与此不同。（《史记索隐》）

梁玉绳：案：桑穀之祥，记载各异。《史》本《书·序》，《汉·艺文志》《家语·五仪》篇及《孔疏》引皇甫谧同，《古史》《大纪》因之，则为太戊时事审矣。乃《吕氏春秋》《韩诗外传》皆云汤时生之，《书大传》谓生于武丁时……凡此诸说，疑莫能明。惟称"一暮大拱"，则近于怪，理所难信……考《大传》《汉·五行志》《说苑·敬慎》《论衡·异虚》、伪孔《传》《家语》《古史》并作"七日大拱"，《韩诗外传》三作"三日"，当以"七日"为是。（《史记志疑》卷二《殷本纪第三》）

王叔岷：案：《封禅书》作"一暮大拱"，（又见《汉书·郊祀志》），与此同。《吕氏春秋·制乐》篇作"昏而生，比旦而大拱"。《说苑·君道》篇两载此事，一作"昏而生，比旦而拱"，即本《吕氏春秋》，"拱"上盖脱"大"字。《帝王略论》作"旦而大拱"，亦本《吕氏春秋》，与"一暮大拱"同旨。《论衡·状留篇》、《感类》篇、《家语·五仪》解、《书·咸乂》序，伪孔传》皆作"七日大拱"，与《索隐》引《尚书大传》同，《汉书·五行志》，《御览》八三引《尚书大传》并作"七日而大拱"。又案：《书·咸乂》序《孔疏》"七日大拱"，伏生《尚书》有其文。……《殷

本纪》云："一暮大拱。"言一夜即满拱。所闻不同，故说异也。似即《索隐》所本。（《史记斠证·殷本纪第三》）

【汇注】

裴　骃：孔安国曰："祥，妖怪也。二木合生，不恭之罚。"郑玄曰："两手搤之曰拱。"（《史记集解》）

司马光：两手搤之曰拱。（《稽古录》卷六《殷上原注》）

⑦【汇注】

韩　婴：有殷之时，榖生汤之廷，三日而大拱。汤乃斋戒静处，夙兴夜寐，吊死问疾，赦过赈穷，七日而榖亡，妖孽不见，国家其昌。《诗》曰："畏天之威，于时保之。"（《韩诗外传》卷三）

司马贞：刘伯庄言枯死而消去不见，今以为由帝修德而妖祥遂去。（《史记索隐》）

【汇评】

王　充：殷高宗之时，桑榖俱生于朝，七日而大拱。高宗召其相而问之。相曰："吾虽知之，弗能言也。"问祖己。祖己曰："夫桑榖者，野草也。而生于朝，意朝亡乎？"高宗恐骇，侧身而行道，思索先王之政，明养老之义，兴灭国，继绝世，举佚民。桑榖亡。三年之后，诸侯以译来朝者六国，遂享百年之福。高宗，贤君也，而感桑榖生而问祖己，行祖己之言，修政改行，桑榖之妖亡，诸侯朝而年长久。修善之义笃，故瑞应之福渥。此虚言也。祖己之言"朝当亡哉！"夫朝之当亡，犹人当死；人欲死怪出，国欲亡期尽。人死命终，死不复生。亡不复存。祖己之言政，何益于不亡？高宗之修行，何益于除祸？夫家人见凶修善，不能得吉；高宗见妖改政，安能除祸？除祸且不能，况能招致六国，延期至百年乎？故人之死生，在于命之夭寿，不在行之善恶；国之存亡，在期之长短，不在政之得失。按祖己之占，桑榖为亡之妖，亡象已见，虽修孝行，其何益哉？何以效之？鲁昭公之时，鹳鹆谷来巢。师己采文、成之世童谣之语，有鹳鹆之言，见今有来巢之验，则占谓之凶。其后昭公为季氏所逐，出于齐，国果空虚。都有虚验，故野鸟来巢。师己处之，祸竟如占。使昭公闻师己之言，修行改政为善，居高宗之操，终不能消。何则？鹳鹆之谣已兆，出奔之祸已成也。鹳鹆之兆，已出于文成之世矣。根生，叶安得不茂？源发，流安得不广？（《论衡·异虚篇》）

编者按：帝太戊时祥桑榖共生于朝故事，以及伊陟主张修德禳妖之言论，与《吕氏春秋》所载成汤之事如出一辙，其文曰："成汤之时，有榖生于庭。夜而生，比旦，而大拱。史请卜其故。汤曰：'吾闻祥者福之先也。见祥而为不善，则福不至；妖者，祸之先也，见妖而为善，则祸不至。'于是早朝晏退，问疾吊丧，镇抚百姓，三日而榖亡。"（引自《太平御览》卷八三）

⑧【汇注】

　　裴　骃：孔安国曰："赞，告也。巫咸，臣名也。"（《史记集解》）

　　张守节：按：巫咸及子贤冢皆在苏州常熟县西海虞山上，盖二子本吴人也。（《史记正义》）

　　徐文靖：《笺》按：《书·叙》曰：亳有祥桑穀共生于朝。伊陟赞于巫咸，作《咸乂》四篇。《孔传》曰：二木合生，七日大拱。赞，告也。巫咸，臣名。皆亡。又按《小雅·鹤鸣篇》：爰有树檀，其下维穀。朱注：穀，一名楮，恶木也。《焦氏笔乘》曰：《史记》桑穀共生。穀，树名，皮可为纸。穀从木，音构，穀从禾，音谷，穀从米，音叨，今多混。（《竹书纪年统笺》卷五《太戊七年有桑穀生于朝》）

⑨【汇评】

　　王若虚：《封禅书》举殷太戊时殷陟赞巫咸事，云巫咸之兴自此始。按《尚书·咸乂》四篇，不见其文，莫晓何义，孔氏但以巫咸为臣姓名，而迁遂以为巫觋，据周公作《君奭》，言巫咸乂王家，与伊尹、伊陟、臣扈、甘盘等同列，盖一代之勋贤，而谓巫觋之类可乎？且其间又有曰巫咸者，正使为巫觋，亦是其名为咸，安得谓自此而兴乎？《索隐》引《楚词》为证，彼楚词何足稽也？《列子》言有神巫字季咸，自齐来，能言人死生寿夭，岂因而乱乎？（《滹南遗老集》卷九《史记辨惑》）

⑩【汇注】

　　裴　骃：马融曰："乂，治也。"（《史记集解》）

　　孔颖达：伊陟辅相大戊于亳都之内，有不善之祥桑穀二木共生于朝。朝非生木之处，是为不善之征。伊陟以此桑穀之事告于巫咸，使录其事，作《咸乂》四篇。乂，训治也，言所以致妖须治理之，故名篇为《咸乂》也。伊陟不先告太戊而告巫咸者，《君奭》云："在太戊时，则有若巫咸乂王家。"则咸是贤臣，能治王事。大臣见怪而惧，先共议论而后告君。下篇序云："太戊赞于伊陟。"明先告于巫咸，而后告太戊。（《尚书注疏》）

【汇评】

　　王若虚：《书·序》云：伊陟赞于巫咸，作《咸乂》四篇。《君奭》云，巫咸乂王家，夫赞而作书者，一时之事耳；乂王家者，总言其功业也。而《殷本纪》云伊陟赞之于巫咸，治王家有成，作《咸乂》，何也？（《滹南遗老集》卷九《史记辨惑》）

⑪【汇注】

　　江　灏：赞：告诉。太戊当政时，出现了楮桑合生在一起的不吉祥征兆，显示太戊有过错。这里是太戊告诉伊陟将改过自新。（《今古文尚书全译·伊陟·注》）

⑫【汇注】

　　裴　骃：马融曰："原，臣名也。命原以禹、汤之道我所修也。"（《史记集解》）

江　灏：太戊赞于伊陟，作《伊陟》《原命》。（《今古文尚书全译·伊陟·原命·序》）

编者按：《咸艾》，又作《咸乂》，与《太戊》《原命》均亡佚。

⑬【汇评】

刘　向：殷王武丁之时，先王道缺，刑法弛，桑穀俱生于朝，七月而大拱，工人占之曰："桑穀者，野物也；野物生于朝，意朝亡乎！"武丁恐骇，侧身修行，思先王之政，兴灭国，继绝世，举逸民，明养老之道；三年之后，远方之君，重译而朝者六国，此迎天时得祸反为福也……至治之极，祸反为福。故太甲曰："天作孽，犹可违；自作孽，不可逭。"（《说苑》卷一○《敬慎》）

⑭【汇校】

郑慧生：《甲骨文合集》26991、27239—27244均有"中宗祖乙"（康辛卜辞）字样，卜辞从无一片道及中宗为大戊者。所以说，中宗是祖乙而不是太戊。（《从商代的先公和帝王世系说到他的传位制度》，《史学月刊》，1985年第6期）

【汇注】

毛　亨：中宗，殷王大戊，汤之玄孙也。有桑穀之异，惧而修德，殷道复兴，故表显之，号为中宗。（《诗·商颂·烈祖·序》）

李　昉：《诗序》曰：烈祖，祀中宗也（原注：祀中宗，殷王大戊，汤之玄孙也）。"嗟嗟烈祖，有秩斯祜（原注：秩，常也。嗟嗟，叹美之深也）"。（《太平御览》卷八三《皇王部八》）

苏　辙：弟帝太戊立，任伊陟、臣扈。伊陟者，伊尹之子也。亳有祥桑穀生于朝，七日大拱。伊陟赞于巫咸，作《咸乂》四篇。太戊惧而修德，赞于伊陟，作《伊陟》《原命》。桑穀死，殷复兴，诸侯归之，享国七十五年而崩，是为中宗，子仲丁立。（《古史》卷四《殷本纪》）

徐文靖：《孔传》曰：太戊也，殷家中世，尊其德，故称宗。（《竹书纪年统笺》卷五《太戊·七十五年陟》）

王国维：大戊遇祥桑，侧身修行。三年之后，远方慕明德，重译而至者七十六国。商道复兴，庙为中宗（原注：《竹书》作"太宗"。案：《史记·殷本纪》以太甲为太宗，太戊为中宗。《御览》八三引《纪年》以祖乙为中宗，则大戊或有称太宗之理。然作此注者固不能见汲冢原书，或见他书所引《纪年》有此说与）。（《今本竹书纪年疏证》）

编者按：此称中宗者，为帝太戊也。而《太平御览》卷八三《皇王部》引《纪年》曰："祖乙胜即位，是为中宗。"却又以祖乙为中宗。帝太戊被尊为中宗之理由，显系"殷复兴，诸侯归之"，功勋卓著之所致。而《史记·殷本纪》下文亦谓"帝祖乙立，殷复兴"。方诗铭《古本竹书纪年辑证》引《晏子春秋·内篇谏上》"汤、太甲、武丁、祖乙，天下之盛君也"为依据，论之曰："祖乙之称'中宗'或即以此。"由于文献不足，仍应从司马迁之说，以帝太戊为中宗。

中宗崩①，子帝中丁立②，帝中丁迁于隞③。河亶甲居相④。祖乙迁于邢⑤。帝中丁崩⑥，弟外壬立⑦，是为帝外壬⑧。《仲丁》书阙不具⑨。帝外壬崩⑩，弟河亶甲立⑪，是为帝河亶甲⑫。河亶甲时，殷复衰⑬。

① 【汇校】

王国维：戬寿堂所藏殷墟文字中有断片，存六字，曰：中宗祖乙牢，吉。称祖乙为中宗，全与古来尚书学家之说违异，惟《太平御览》引《竹书纪年》曰"祖乙滕即位，是为中宗，居庇"。今由此断片知《纪年》是，而古今尚书家说非也。《史记·殷本纪》以太甲为太宗，太戊为中宗，武丁为高宗，此本《尚书》今文家说。（《观堂集林》，第443页）

王国维：且据此，则太甲之后有太庚，则太戊自当为太庚子，其兄小甲、雍己亦然。知《三代世表》以小甲、雍己、太戊为太庚弟者非矣。（《观堂集林》，第447页）

郑慧生：《书·无逸》说："昔在殷王中宗，严恭寅畏天命，自度治民祇惧，不敢荒宁。肆中宗之享国七十有五年。"中宗为谁？《本纪》说，太戊之世，"殷复兴，诸侯归之，故称中宗"。但是，《甲骨文合集》26991、27239—27244均有"中宗祖乙"（康辛卜辞）字样，卜辞从无一片道及中宗为大戊者。所以说，中宗是祖乙而不是太戊。（《从商代的先公和帝王世系说到他的传位制度》，《史学月刊》，1985年第6期）

【汇注】

孔颖达："中宗"，庙号。"太戊"，王名。商自成汤已后，政教渐衰，至此王而中兴之。王者祖有功，宗有德，殷家中世尊其德，其庙不毁，故称"中宗"。（《尚书正义》卷十六）

司马光：太戊治民祇惧，不敢荒宁，殷复兴。享国七十五年崩，号中宗。（《稽古录》卷六《殷上》）

郑 樵：帝太戊（原注：元年，乙酉）：臣主皆贤，商道复兴。在位七十五年崩，庙曰中宗。子仲丁立。（《通志》卷三《商》）

马端临：大戊，雍己弟，以甲辰嗣立，七十五年戊午崩。（《文献通考》卷二百五十《帝号历年》）

李学勤：《说命下》有一段是武丁追述太戊的功绩：昔在太戊，克渐（训进）五祀，天章之用九德，弗易（训轻）百（姓）。惟时太戊盍（谦）曰："余不克辟万民，余罔紑（坠）天休，弋（式）惟参（三）德赐我，（吾）乃尃（敷）之百（姓），余惟弗（雍，意为闭塞）天之叚（嘏）命。"（《新整理清华简六种概述》，《文物》，2012年第8期）

【汇评】

刘宝才：太戊是商上代开创者大乙（汤）的四代孙，以三十年一代计，太戊在位时离商代开国约百年。这一百年间，商王朝统治集团内部纷争时伏时起。伊尹放太甲那个历史事件的性质，历来被剥削阶级粉饰着，伊尹被说成忠实于殷王室的贤臣。而《史记·殷本纪》却透露出一点消息："伊尹名阿衡。阿衡欲奸汤而无由，乃为有莘氏媵臣，负鼎俎，以滋味说汤，致于王道。或曰，伊尹处士，汤使人聘迎之，五返然后肯从汤，言素王及九主之事。"虽有两说，无论怎样，伊尹臣汤为不得已而求其次是明白的。故太甲继位后伊尹起来争夺王位并不难理解。"伊尹寻找借口把太甲放逐到叫做桐（今河南虞城东北）的地方，囚禁起来，自立为王。伊尹统治了七年，得不到商朝奴隶主贵族的拥护，太甲乘机从桐逃回王都，杀掉伊尹，恢复了王位。"（郭沫若主编《中国史稿》第一册第161页）这才是伊尹放太甲事件的历史真相。

太戊时又发生了类似事件，当事人是殷王太戊和伊尹的儿子伊陟，巫咸被牵连进去，并对事件的结局起了决定作用。现在看看这个未被历史学家重视的历史事件的材料：伊陟相太戊，亳有祥，桑榖共生于朝。伊陟赞于巫咸，作《咸乂》四篇。（《书序》）伊陟赞言于巫咸，巫咸治王家有成，作《咸乂》，作《太戊》。帝太戊赞伊陟于庙，言弗臣。伊陟让，作《原命》。殷复兴，故称中宗。（《史记·殷本纪》）至帝太戊，有桑榖生于庭，一暮大拱，惧。伊陟曰："妖不胜德。"太戊修德，桑榖死。伊陟赞巫咸，巫咸之兴自此始。（《史记·封禅书》）

三则材料大同小异。有几个问题：第一，伊陟制造妖祥的目的是什么？伊陟要太戊修德，太戊却到祖先面前去要伊陟"弗臣"。透过温良的辞语，不难看出事情的实质。第二，既有妖祥，伊陟作为太戊之相，为何不先告于太戊而先告于巫咸？或说："大臣见怪而惧先共议而后以告君。"（《书序》孔疏）这个"先共议"就有文章。第三，为什么说"巫咸之兴自此始"，或说："巫咸是殷臣，以巫接神事，太戊使禳桑榖之灾，所以伊陟赞巫咸，故云'巫咸之兴自此始'也。"（《史记·封禅书》索隐）说得莫名其妙。

其实，三则材料反映的是同一次政治危机。伊陟欲行其父伊尹之故事，寻找借口逼迫太戊而夺取政权，他既以妖祥为借口，就需要取得巫教大臣巫咸的支持，所以不先告太戊而先告巫咸。这就造成政治危机。危机如何结局，很大程度取决于巫咸站在哪一边。如果巫咸支持伊陟，以神权反对太戊，太戊的王位就难保了。但是巫咸站到太戊一边，作《咸乂》四篇，向祖先报告太戊把天下治理得很好。于是伊陟失势，不能让太戊像太甲那样去"修德""悔过"了。不过，太戊并没有杀掉伊陟，而是到宗庙去揭露伊陟，迫使他表示了不能"弗臣"的态度。这样，一场政治危机得到解决，太戊巩固了王位。(《巫咸事迹小考》，《西北大学学报》，1982年第4期)

吴新勇：关于殷王中宗是商代哪位贤王的问题，历来有两种说法：一说是指商汤玄孙、太甲孙、太庚之子，即商代第五世贤王太戊。另一说是指商王祖乙。前一种说法主要依文献记载，《史记·殷本纪》载太戊即位之前"殷道衰，诸侯或不至"，而太戊称帝后，立伊陟为相，修德行善，"殷复兴，诸侯归之，故称中宗"。《汉书》引刘歆说，太宗为太甲，中宗为太戊，高宗为武丁，加之郑玄《尚书注》及《诗经·烈祖·笺》也谓中宗为太戊，于是长期以来对此说几无异议。但随着近代考古学的兴起，尤其是甲骨文的出土和甲骨学研究的发展，上述前一种说法逐渐被怀疑，认为中宗是祖乙的观点逐渐占据上风。先是著名学者王国维根据《戬寿堂所藏殷墟文字》（第三页）"中宗祖乙牛吉"一条卜辞，考证出中宗是指祖乙。王氏还在《殷卜辞中所见先公先王续考》有详述此辞称祖乙为中宗，全与古今《尚书》家之说违异，惟《太平御览》（八十三）引《竹书纪年》曰："祖乙滕即位，是为中宗，居庇。"今出此断片，知《纪年》是而古今《尚书》家说非也。(《〈尚书·无逸〉探赜》，郑州大学博士学位论文，2012年5月)

② 【汇注】

李　昉：《史记》曰：帝仲丁迁于敖。河亶甲居相，祖乙迁于耿。帝仲丁在位十一年。(《太平御览》卷八三《皇王部八》)

又：《纪年》曰：仲丁即位，元年，自亳迁于嚣。(同上)

又：《帝王世纪》曰：仲丁徙嚣，或曰敖。今河南之敖仓是也。(同上)

王钦若：大戊生仲丁，在位十一年，一云十二年。(《册府元龟·帝王部》)

马端临：仲丁，大戊子。以己未嗣立，十三年辛未崩。(《文献通考》卷二百五十《帝系历年》)

李　贽：时亳有河决之害，乃迁都于嚣。亳崩，弟外壬立。(《史纲评要》卷一《商纪·仲丁》)

朱孔阳：仲丁名庄，大戊子。亳有河患，迁都于嚣，即敖仓，今河南开封府荥泽县西北，在位十有三祀。崩，国内乱。(《历代陵寝备考》卷七《商》)

【汇评】

陈梦雷：按：《竹书纪年》，仲丁六年，征蓝夷；按《通鉴前编》，仲丁六祀，蓝夷作寇；按《后汉书》，至于仲丁蓝夷作寇，自是或服或畔三百余年。(见《古今图书

集成·方舆汇编·边裔典》第十二卷）

张国硕：商代早期的商夷军事联盟终结于仲丁时期。从文献材料可知，商王朝与东夷之间在仲丁时期发生了军事冲突。古本《竹书纪年》记载："仲丁即位，征于蓝夷。"《后汉书·东夷列传》云："至于仲丁，蓝夷作寇，或畔或服。""蓝夷"是东夷之一支，丁山先生考证其居地在今山东省滕州市东南。这场商、夷战争至少延续至河甲时期，且商王朝与另一支夷人也发生了冲突，此即古本《竹书纪年》所云："河甲整即位……征蓝夷，再征班方。""班方"之居地，丁山先生考证在山东省东南部。从考古材料来看，仲丁时期相当于二里岗上层二期（即白家庄期），这个时期商王朝确实对东夷进行了征伐。证据是岳石文化（属东夷文化）的方孔石器（或曰圭，属礼器）在郑州小双桥这个与商王室生活有关的遗址中也有较多出现，而这些石器应为战利品性质。从商文化的分布范围来看，仲丁时期是商文化东向大扩展时期，白家庄期遗存东向分布于山东济南市至滕州市一线，整个泰沂山脉以西的山东西部地区皆已纳入商文化的分布范围，商文化在这些地区取代了东夷文化。显然，这种文化上的取代应与商夷关系恶化、商夷联盟终结有着直接关系。（《论夏末早商的商夷联盟》，《郑州大学学报》，2002年第2期）

江达智：仲丁之父太戊，在卜辞世系中为小甲之弟、雍己之兄，论资格仲丁绝无继位之可能。然而，或许由于太戊在位时间太久，仲丁累积了日后夺位的实力；即使太戊如《史记·殷本纪》所载，为小甲、雍己之弟，在商王朝早期合法继承人为长兄之子的规则下，仲丁亦无资格为王。可见仲丁之立，是由篡夺而来。（《祖乙生父考》，《湖南科技学院学报》，2009年第3期）

又：由于仲丁破坏了商王朝原有的继统制度，为了要巩固其篡夺而来的政权，于是乃有迁都之举。其后至阳甲诸王等九世，只要是破坏（祖乙、南庚）、或是企图破坏（河亶甲）继统制度者，也都是为着同样的目的，均进行都城的迁移。阳甲将王位自南庚处夺回之后，也曾有过迁都的计划，但因故未能如愿，因此造成了政权的不稳，于是乃有日后其弟盘庚在位时的迁殷之举。若是祖乙的生父为仲丁，其合法的继承权应是毋庸置疑的。然而，从殷都的屡迁对应于商王朝的继统制度，可知自仲丁之后商王朝的屡次迁都，实均与继统制度的遭受破坏有关。因此，若是以迁都与继统制度破坏之关联性来看，祖乙亦是在破坏了商王朝的王位继统制度后，才有着迁都之举。由此可见，商王祖乙的生父为河亶甲之可能性极高。（同上）

③【汇校】

司马贞：隞亦作"嚻"，并音敖字。（《史记索隐》）

郭嵩焘：帝中丁迁于隞……《仲丁》书阙不具，案：此仲丁迁隞而汇叙之，以后有盘庚迁殷一节最为商政之可纪者，故于此总叙三迁以为之引，亦所以醒眉目也。此可悟文家叙事之法。"仲丁书阙不具",当在"子帝仲丁立"下,言仲丁事无可纪,惟传言其迁隞而已,因并列三迁事以附之传闻之后。(《史记札记·殷本纪》)

【汇注】

　　裴　骃：孔安国曰："地名。"皇甫谧曰："或云河南敖仓是也。"(《史记集解》)

　　张守节：《括地志》云："荥阳故城在郑州荥泽县西南十七里,殷时敖地也。"(《史记正义》)

　　苏　辙：仲丁迁于嚣。(《古史》卷四《殷本纪》)

　　王　恢：隞,《括地志》："荥阳故城,在郑州荥泽县西南十七里,殷时敖地也。"荥阳县北有敖山,秦置仓于山之西,因名敖仓。1952年,郑州发现一座商代城址,安金槐《试论郑州商代城址——隞都》,以为是仲丁的都城。(《史纪本纪地理图考·殷本纪·隞》)

　　安金槐：根据文献记载,商代自成汤居亳到盘庚迁殷,曾有过五次迁都,其中仲丁迁都于"嚣"或"隞"。古本《竹书纪年》载："仲丁即位,元年自亳迁于嚣。"《史记·殷本纪》载："仲丁迁都于隞。""隞"和"嚣"为同音字,所指的应该是一个地方。隞都,据《括地志》载："荥阳古城在荥泽西南十七里,殷(即商)时隞都也。"古荥泽即今郑州市西北约十五公里的古荥镇一带。如果按《括地志》所记载的"隞"都的地点,应该在今古荥镇的西南约十七里一带。但是并没有发现商代的城市遗址,甚至连较大规模的商代文化遗址也没有发现。可是,我们在配合郑州市近郊的基本建设考古工作中,却在郑州的旧城内外发现了一处面积约有25平方公里的商代文化遗址,并于1955年秋,又在遗址的中心区,发现了商代城垣遗迹。根据郑州商代文化遗址分布范围之大,文化层堆积之厚,遗址中包含的遗迹、遗物之丰富来判断,显然是一处城市遗址,而绝不是一般的村落遗址。同时就郑州与古荥泽相距很近,以及从遗址的相对时代来分析,很可能就是仲丁迁隞的都城遗址……商代城垣的四周呈不甚规则的南北纵长方形。城墙周长约7100米,城内面积约320万平方米,较汉唐以后的郑州旧县城约大1/3强。城墙是用土分层夯筑起来的。(《试论郑州商代城址——隞都》,《文物》,1961年第4、5期)

　　又：就成汤居亳到盘庚迁殷的五次迁都中,如果也按商代的早、中、晚三期去划分的话,汤居亳应属于商代早期,盘庚迁殷应属商代晚期,而仲丁迁隞,河亶甲迁相和祖乙迁耿,都应该是属于商代中期。结合郑州商代城址的试掘材料,城垣遗迹也是属于商代中期,因而文献记载和考古发掘的材料是正好吻合的。同时就仲丁迁隞到河亶甲迁相的中间,也是有着相当长的一段时间,这和郑州商代文化遗址的文化层堆积情况,以及商代中期的前后两期的遗物发展演变来看,也是比较吻合的。又文献记载"隞都"就在郑州附近。因之郑州商代城市遗址,很可能就是商代的"隞都"。至于

《括地志》上所记载的隞都在古荥泽西南17里，很可能是东南之误。（同上）

严文明：商代早期的都城有两个，一个位于河南省偃师县尸乡沟，学术界多以为它就是成汤所都的西亳。更大的一处在郑州市，人们相信它是仲丁所迁的隞都，但都还存在不同的看法。（《中国王墓的出现》，《考古与文物》，1996年第1期）

【汇评】

刘启益：按现有的材料讲，郑州商城年代的断代证据是不足的，没有绝对年代的证据，据我所知目前肯定了绝对年代的殷商文化层只有武丁层；相对年代的证据也不足。迄今为止，一个完整的商代遗址分期系统还没有建立起来，不能确指什么样的文化层相当于仲丁或其前后。（《"隞都"质疑》，《文物》，1961年第10期）

曲英杰：商自仲丁迁隞。《古本竹书纪年》载："仲丁即位，元年，自亳迁于嚣。"《尚书》序亦载："仲丁迁于嚣。"《史记·殷本纪》作"帝中丁迁于隞"。古音嚣、隞相通，故嚣即隞。

隞地所在，或以为在河北，或以为在河南敖仓。皇甫谧云："仲丁自亳徙嚣，在河北也。或曰在河南敖仓。二说未知孰是也。"从后河亶甲自嚣迁于相（今河南内黄县境）来看，商人这一时期的迁徙路线循于河水（古河道）而在河外。如此，则隞地似不当在河北，而当在河南敖仓。此外，亦有以为隞"在陈留浚仪县"，即在今河南开封。此地古有鸿沟。所谓隞在陈留浚仪说，很可能是将秦末楚汉二军在古荥阳西北敖山筑东、西广武城对垒以为界的鸿沟与这里的鸿沟相混，而比附隞地当在此。近世丁山又认为隞当在今山东蒙阴西北敖山。然所据史料较晚，亦不足信。

隞地又见于《诗经·小雅·车攻》："建旐设旄，搏兽于敖。"郑玄注："兽，田猎搏兽也。敖，郑地，今近荥阳。"此荥阳在今河南郑州西北古荥镇，存有古荥阳城址。《左传·宣公十二年》载：晋楚邲之战，师楚"次于管以待之。晋师在敖、鄗之间"。杜预注："荥阳京县东北有管城，敖、鄗二山在荥阳县西北。"《括地志》载："荥阳故城在郑州荥泽县西南十七里。殷时敖地，周时名北（当为此字之讹或衍字）制，在敖山之阳。"《左传·隐公元年》载："及（郑）庄公即位，为之（指共叔段）请制。公曰：'制，岩邑也，虢叔死焉，佗邑唯命。'"杜预注："虢叔，东虢君也，恃制岩险而不修德，郑灭之。恐段复然，故开以佗邑。虢国，今荥阳县。"《水经注·济水》载："济水又东迳西广武城北。《郡国志》：荥阳县有广武城。城在山上，汉所城也。高祖与项羽临绝涧对语，责羽十罪，羽射汉祖中胸处也。山下有水，北流入济，世谓之柳泉也。济水又东迳东广武城北，楚项羽城之……济水又东迳敖山北，《诗》所谓'薄狩于敖'者也。其山上有城，即殷帝仲丁之所迁也。皇甫谧《帝王世纪》曰'仲丁自亳徙嚣于河上'者也。或曰敖矣。秦置仓于其中，故亦曰敖仓城也。"由此可见，隞地所在，周时有敖山（当是相沿于商）；建有制邑，先属东虢，后属郑；秦汉时期又置敖仓于此。此三者所在位置虽未必重合，然彼此相距当不会太远，可谓承传有序。

隞地所在之具体方位，据《括地志》载："东广武、西广武在郑州荥阳县西二十里。戴延之《西征记》云：'三皇山上有二城，东曰东广武，西曰西广武，各在一山头，相去二百步。汴水从广武涧中东南流，今涸无水。城各有三面，在敖仓西。'敖仓在郑州荥阳县西15里石门之东，北临汴水，南带三皇山，秦时置仓于敖山，故名敖仓云。"唐时荥阳县治已在今河南荥阳县。其所记东、西广武城及敖仓距荥阳县的距离当是指荥阳故城即今古荥镇，今古荥镇西北约20里广武山上犹存广武二城（或称汉王城、楚王城），可为此证。据此，敖仓当在此广武二城以东约5里处，今黄河铁桥南桥头附近。商都隞亦当在此一带，或已被河水淹没。《元和郡县图志》卷八记广武山在荥泽县西20里，敖山在荥泽县西15里，当为误载。后人又据《括地志》所载，以唐时荥阳县治所在推指敖山地望，以为当在明清河阴县（即今广武镇）西20里，亦误。此外，近些年来多有人主张郑州古城址即商都隞所在，然此说与古文献所记之隞地望不符。从考古发掘资料来看，亦不能肯定其整座城修筑于商代前期，且为王都所在。今郑州之地，周初为管叔封地，郑州古城址当为古管城所在。（《先秦都城复原研究》，第73页）

江林昌：一部分学者认为，偃师商城即历史上所说的西亳，而郑州商城则是仲丁所迁之都。另一部分学者则认为郑州商城乃历史上的汤亳，而偃师商城只是早商时期的军事重镇或太甲之桐宫。（《〈商颂〉与商汤之"亳"》，《历史研究》，2000年第5期）

方酉生：前有人认为郑州商城是商汤始居之亳，郑州北郊的小双桥遗址是仲丁所迁的隞都，即郑州两为商都，这一看法值得商讨。众所周知，国王迁都是国家的一件大事，迁都必有重要原因，必须经过慎重选择。从仲丁迁都来说，原因有二：一是避开内部争夺王位的矛盾，如《史记·殷本纪》所载："自仲丁以来，废适而更立诸弟子，弟子或争相代立，比九世乱。"二是便于征伐蓝夷，如《古本竹书纪年》载："仲丁即位，元年，自亳迁于嚣。""征于蓝夷"，蓝夷是东夷族的一支，约在今鲁南苏北一带。所以，仲丁只能将王都从西边的偃师商城往东迁到郑州去，而不可能从郑州商城迁向与东夷相反方向，位处郑州西北面，相距只有20公里的小双桥去。再从小双桥遗址的地理位置、文化内涵等各方面来看，都不足以具备作为王都的条件。商王朝建国以后共有五次迁都，即汤居亳，仲丁迁隞，河甲迁相，祖乙迁邢，南庚迁奄，盘庚迁殷。抛开仲丁迁隞先不说，其它各次迁都，每次迁都皆超过百里以上。由上推知，仲丁迁隞也不会例外。从商王的各次迁都，也反映出商夷之间势力的盛衰消长情况。笔者认为，郑州商城及附近，包括小双桥遗址在内，都是隞都的范围，除有以上考古资料可以得到证实外，在文献方面也是有记载的。如《诗经·车攻篇》记载："东有甫草，驾言行狩。之子于苗，选徒嚣嚣，建旐设旄，搏兽于敖。"甫草即甫田之草，甫田在今郑州市东郊，把甫草和敖并列在诗内，证明甫田与敖距离相近。另据《郑县志》记载：在城东约 2.5 公里有"城湖"，在城东约 10 公里有"梁子湖"，在城东约 6.5 公里有"螺蛳湖"等。以上记载，与《诗经》上所说的在郑州东边有大片甫草的情况相符。由此可以证明，郑州商城及附近，包括小双桥遗址在内，都属于隞都的范围之内，而作为隞都的中心，是在郑州商城及附近，小双桥遗址只是一处商代仲丁、外壬、河甲都隞时期的王室的祭祀场所或郊区城镇。（《从郑州白家庄期商文化说到仲丁都隞》，《武汉大学学报》，1997 年第 5 期）

李　锋：近 50 年的研究成果证明，郑州商城处于隞都地望之内的文献记载是可信的。丰富的二里岗下层二期的考古学内涵显示出修建郑州商城的物质基础，二里岗上层一期的各类遗迹、遗物所蕴含的文化景观和此时早商文化遗存在山东济南大辛庄东夷族文化中心的突然出现，很可能与仲丁迁隞、仲丁征蓝夷的历史事实密切相关。早商时期的政治文化中心主要在偃师商城，二里岗上层一期因北扩、东征之需而迁都至郑州商城。凡此种种均显示出郑州商城隞都说的合理性。（《郑州商城隞都说合理性辑补》，《郑州大学学报》，2004 年第 4 期）

李　锋：郑州商城始建年代问题是决定隞都说和郑亳说合理与否的关键问题，故而成为双方争论的焦点。隞都说的创始人安金槐先生早在 20 世纪 60 年代初期就指出郑州商城是一座商代二里岗时期的城址。此后随着考古资料的增加，他又在 1997 年提出郑州商城始建于二里岗下层二期的学术观点。

隞都说的主要论据有五：1. 商城夯土墙底部下面叠压少量洛达庙文化三期（即约相当于二里头文化四期）遗存。2. 商城底部的城墙基础槽挖破了一个约相当于南关外期（约早于二里岗下层一期）的灰坑。3. 城墙内外发现的二里岗下层一期遗存很少，城墙内外侧近底根处，没有发现二里岗下层一期的文化层或灰坑与墓葬直接或间接叠压，说明二里岗下层一期时城墙还没有开始兴建。4. 城墙中、下部夯土层内包含的碎陶片最晚的属二里岗下层二期。（和《郑州二里岗》已发表的灰坑 C1H17 内出土的主要陶器类同）5. 城墙内侧近底根处，发现有二里岗下层二期的文化层或灰坑与墓葬直接或间接叠压城墙内侧夯土层和护城坡堆积。而隞都说将郑州商城确定为隞都的主要文献依据有二：1.《史记·殷本纪·正义》引《括地志》："荥阳故城，在郑州荥泽西南十七里，殷时敖地也。"2.《水经注》济水条载："济水又东通敖山北，《诗》所谓'薄狩于敖'者也。其山上有城，即殷帝仲丁之所迁也。秦置仓于其中，故亦曰敖仓城也。"邹衡先生认为隞都说的主要文献皆出自西晋皇甫谧之说，并且有证据认为皇甫谧自己对此也有怀疑，并指出："今按其所记，敖仓城大概在距今黄河铁桥不很远处，估计其距商城已有约五十里，可见敖仓城与商城并非一地。"同时引用《左氏春秋经》襄公十一年"同盟于亳城北""同盟于亳"的记载和郑州商城出土东周陶文"亳"或"亳丘"作为证据将郑州商城确定为商汤亳都。但是，到20世纪90年代初期，在郑州商城西北约20千米的小双桥遗址发现了大型商代二里岗期的祭祀遗迹以后，陈旭先生同样引隞都说所引文献，将其确定为仲丁隞都。而曾对隞都说所引文献持怀疑态度的邹衡先生，也运用前述傲都说所引之文献，并结合《元和郡县图志》卷第八荥泽县条"敖仓城，县西十五里。北临汴水，南带三皇山，秦所置。仲丁迁于嚣，此也。《诗》曰'薄狩于敖'，即此也"，及《太平寰宇记》卷九郑州荥泽县条"敖仓城在县西十五里。北临汴水，南带三皇山。殷仲丁迁于嚣，《诗》曰：'薄狩于敖。'皆此也。秦置城以屯粟。《汉书》曰：'郦生说高祖曰：据敖仓。'即此也"等唐代以后的文献记载，全面支持陈旭先生的观点。由此我们则不难发现隞都说所引文献还是相当可信的，只不过隞都说与郑亳说对隞都地望的推断上相差区区20千米罢了。即隞都说所考证的隞都地望在郑州商城，而郑亳说所考证的隞都地望在小双桥遗址而已。然而，正如李民先生所言，上古行政区划初创之时并不像后世那样严格，古人所说某地往往是指一大片地区。唐兰先生也曾指出，仲丁所迁的隞是以隞山得名，可以包括东面的管国故地，与殷墟在文献中包括朝歌是相同的。因此，将郑州商城放置在当时人口少、村落稀的商代早期的地理环境中，显然难以将郑州商城排除在殷时隞地范围之外。至于隞山名于何时，现今难以究明。但是，从文献记载看，隞山之名当早于仲丁迁隞之前。从近年的考古研究成果看，仲丁之前在隞山周围除郑州商城之外还不曾发现有其他具有都城规模的商代城址。因此，在隞山周围，以隞山而得名隞都的非郑州商城莫属。郑州商城作为隞都虽然只经历仲丁、外壬两王，时间不过30年左右，但在其以后的二千多年却还会被汉代学者追记在此，足见隞都地名的影响力有多么深远。然而，如果说郑州商城是商汤亳都的话，那么以其曾历经9王、为都193年之久的名气，肯定要大于只经历仲丁和外壬两王、时间不过30年左右的隞都的名气。然而，我们看到的却是一直到隋代，郑州荥泽西南十七里的荥阳故城还被称为殷时隞地而不是亳地，这就足以说明郑州商城不是亳都。(《郑州商城隞都说与郑亳说合理性比较研究》，《中原文物》，2005年第5期)

④【汇注】

  裴　骃：孔安国曰："地名，在河北。"(《史记集解》)

  张守节：《括地志》云："故殷城在相州内黄县东南十三里，即河亶甲所筑都之，故名殷城也。"(《史记正义》)

  李　昉：《史记》曰：帝河亶甲时，殷复衰。河亶甲在位九年，崩，子帝祖乙立。(《太平御览》卷八三《皇王部八》)

  又：《纪年》曰：河亶甲整即位，自嚣迁于相，征蓝夷，再征班方。(同上)

方诗铭：《纪年》曰：河亶甲整即位，自嚣迁于相。征蓝夷，再征班方。《吕氏春秋·音初》："殷整甲徙宅河西，犹思故处，实始作为西音。""整甲"即"河亶甲整"，"徙宅河西"即"迁于相"，"故处"即"嚣"，所记为一事。甲骨文作戋甲，郭沫若同志云："戋甲当即河亶甲，河亶者，戋之缓言也。"（《古本竹书纪年辑证·殷纪》）

王　恢：相：《吕览》"整甲宅西河"，"整"或"亶"之讹。《孔传》"在河北"。《世纪》"安阳西北五里"，《通典》"相城在安阳"。按秦昭襄王五十年，拔魏新中，更名安阳，故城在今治东南四十三里；晋徙治西南，隋又移今治。禹河约当今卫河，所谓河北也。《括地志》："故殷城在相州内黄县东南十三里，即河亶甲所筑都之，故名殷城也。"内黄，隋自今治西北十九里徙今所。《禹贡锥指》，邺东禹河，行于相城与殷城之间，今内黄县东一里，有古金堤。《元和志》又说故殷城在成安东南十里。皆近河，《伪孔传》所谓"圮于相"也。（《史记本纪地理图考·殷本纪·相》）

张大可：相：故城在今河南内黄县东南。（《史记全本新注》卷三《殷本纪第三》）

陈　淳：安阳花园庄遗址则被认为是"河亶甲居相"的"相"。（《安阳小屯考古研究的回顾与反思——纪念殷墟发掘八十周年》，《文史哲》，2008年第3期）

【汇评】

刘　绪：花园庄遗址规模甚大，面积达150万平方米，有青铜器窖藏，特别是有大片夯土基址，绝非一般的聚落，颇具王都之相。遗址位于殷墟附近，地理位置与文献中所记河亶甲所居之相在安阳的说法相合。据此，我们认为花园庄遗址的性质，虽不排除盘庚、小辛、小乙所居之可能，但早期是河亶甲所居的可能性似乎更大。（《洹北花园庄遗址与河亶甲居相》，《文物世界》，1999年第4期）

胡洪琼：洹北商城的考古学年代，较郑州二里冈期上层偏晚阶段要晚，且二者间尚有一定的缺环；而早于殷墟大司空村一期，二者紧密相连。由于洹北商城的年代与属武丁居殷之时的殷墟大司空村一期紧密相连，如此上溯，则洹北商城的年代与盘庚、小辛、小乙居殷的年代相符合。而河甲居相之时与盘庚居殷的年代相距甚远，因而洹北商城不可能为河甲居相之所。（《洹北商城与中商文化》，《殷都学刊》，2009年第3期）

杨育彬：从大的角度讲，位于洹河南岸的小屯宫殿区，洹河北岸王陵区，洹河北岸的洹北商城均属殷墟范围，不大可能一部分称相都，另一部分称殷都。不会是两个称谓并存，也就是说，如果是相就不可能是殷，如果称殷就不可能称相，不可能同时既叫殷又叫相。小屯既然称殷，洹北商城就不可能称相了。（《夏商周断代工程与夏商考古学的发展》，《中原文物》，2007年第6期）

⑤【汇校】

司马贞：邢，音耿。近代本亦作"耿"。今河东皮氏县有耿乡。（《史记索隐》）

【汇注】

皇甫谧撰、徐宗元辑：帝祖乙以乙日生，故谓之帝乙。孔子所谓五世之外，天之赐命疏，可同名者也。是以祖乙不为讳，盖殷礼也。（《帝王世纪辑存·殷商第三》）

张守节：《括地志》云："绛州龙门县东南十二里耿城，故耿国也。"（《史记正义》）

王国维：《尚书·序》："祖乙迁于耿。"《史记·殷本纪》作邢。《索隐》以为河东皮氏县之耿乡。然仲丁迁隞，河亶甲居相，其地皆在河南北数百里内。祖乙所居，不得远在河东。且河东之地，自古未闻河患，耿乡距河稍远，亦未至遽圮也。段氏《古文尚书撰异》引《说文》："邢，郑地，有邢亭，疑祖乙所迁。"当是此地。然《说文》邢字下云：邢，周公子所封，地近河内怀。其云周公子所封，则指邢茅胙祭之邢（杜注在广平襄国县），然又云地近河内怀，则又指《左传》（宣六年）、《战国策》（《魏策》秦固有怀地邢邱。《史记·魏世家》作怀地邢邱）之邢邱（杜注在河内平皋县）也。邢邱即邢虚，犹言商邱殷虚，祖乙所迁，当即此地。其地正滨大河，故祖乙圮于此也。（《观堂集林》卷十二《说耿》）

张大可：邢：故城在今河南温县东。（《史记全本新注》卷三《殷本纪第三》）

【汇评】

曲英杰：商人自祖乙时迁于邢，见于《史记·殷本纪》。《尚书》序载："祖乙圮于耿。"《古本竹书纪年》载："祖乙胜即位，是为中宗，居庇。"司马贞《索隐》云："邢音耿。近代本亦作耿。今河东皮氏县有耿乡。"是知耿即邢。然以其在河东皮氏县，恐不确。此一带原有耿国。《通志·氏族略二》云："商时侯国。"周时为晋国所灭。祖乙所迁地不当在此。《通典》卷一七八钜鹿郡邢州条以为邢当在襄国，亦不确。《汉书·地理志下》载赵国属县"襄国，故邢国"。然此为周时邢国所在，与祖乙所迁之邢似亦无关。丁山以为邢当是耿的音讹，邢亦为庇字的形讹，所谓迁耿与迁庇当为一事。其说很有启示性，然其以所迁之地在今山东定陶、鱼台一带，则证据并不充分。

邢地所在，当如王国维所云，在河内邢丘。《左传·宣公六年》载："秋，赤狄伐晋，围怀，及邢丘。"杜预注："邢丘，今河内平皋县。"在今河南温县境。《韩诗外传》卷三载："武王伐纣，到于邢丘，轭折为三，天雨三日不休……乃修武勒兵于宁，更名邢丘曰怀，宁曰修武。行克纣于牧之野。"可知邢丘在武王伐纣时已存在，其名邢丘，当如王国维所释为邢虚，即商都邢城之墟，武王更其名曰怀。古音怀在微部，庇在脂部，可通转，故庇当即为怀。《古本竹书纪年》云祖乙"居庇"，是以后起之名指称其地。《国语·晋语四》载：周襄王赐晋文公南阳、阳樊等地，阳樊人仓葛呼曰："阳人有夏、商之嗣典，有周室之师旅。"韦昭注："典，法也。旅，众也。言有夏、商之后嗣及其遗法与周室之师众。"阳樊在今河南济源县境，与夏都原（今河南济源县境)、老王（即野王，今河南沁阳县境)、商都邢等地临近，故仓葛有此语。此亦可为商都邢当在此地之一佐证。在今温县梁所村、小南张村，武陟县赵庄、商村、任徐店、保安庄等地均发现有商代遗存，小南张村还出土有商代青铜器多件，或可为寻找商都邢提供线索。（《先秦都城复原研究》，第77页）

程　峰：史载祖乙迁邢。但邢是邢丘还是邢台，学术界说法不一。本文从三个方面考证了祖乙的迁居地是温县邢丘。从商代诸王迁都趋势来看，是从夏人的统治中心向商人的活动区（洹、漳流域）迁徙，祖乙迁至邢丘是合理的，不可能跳跃地迁至邢台；从地理环境来看，邢丘的地理环境远比邢台优越，迁都邢丘是理想的选择；从甲骨文记载来看，以"衣"（即故邢丘）为中心的"大邑商"是殷商王朝的三大政治中心之一，其基础乃祖乙所奠定，从而印证了祖乙迁邢，邢即温县邢丘。（《祖乙迁都邢丘考》，《河南师范大学学报》，1997年第6期）

又：河北邢台说，即文献中的"襄国之邢"。其主要见于唐杜佑《通典》、宋代乐史《太平寰宇记》、罗泌《路史·国名纪》、王应麟的《通鉴地理通释》，以及清代顾祖禹的《读史方舆纪要》等。其中，《太平寰宇记》卷五十九，"邢州"条云："《书》云古祖乙迁于邢，即此地。"《汉·地理志》云："故邢侯国也。"《史记》云："周成王封周公旦子为邢侯，后为狄所灭。齐桓公迁邢侯于夷仪。"按邢国，今州城内西南隅小城是也。《读史方舆纪要》卷十四，"顺德府"条下云："《禹贡》冀州地，殷祖乙迁于邢即此，周为邢国，春秋时并入卫，后入于晋，战国时属赵。"该府邢台县有"襄国城"，其历史沿革情况为："在今城西南。祖乙迁都于邢，即此城也。春秋时邢侯都于此，为卫之与国。隐四年，石碏杀州吁，卫人逆公子晋于邢而立之；闵元年，狄伐邢，齐人救邢；僖元年，狄复伐邢，齐侯帅诸侯之师以救邢，迁邢于夷仪；二十五年，卫侯毁灭邢；二十八年，晋伐卫，是时邢为晋所取；哀四年，齐国夏伐晋取邢，既而邢复入于晋。战国为赵邑，秦灭赵置信都县。秦末赵王歇都此，项羽使张耳都之，改为襄国，自是历汉及晋皆为襄国县治。"实际上，依文献所记"襄国之邢"为祖乙所都，其地点即今邢台市区，即邢州城内西南之小城。（同上）

又：商代邢都河南温县说，即"河内之邢"。其主要是因为在东周时期这里为邢丘之邑。关于邢丘，多见于先秦文献，如《左传·宣公六年》："秋，赤狄伐晋，围怀及邢丘。"又，《左传·襄公八年》："季孙宿会晋侯、郑伯、齐人、宋人、卫人、邾人于邢丘。"传云："五月甲辰，会于邢丘，于命朝聘之数，使诸侯之大夫听命。季孙宿、齐高厚、宋向戌、卫宁殖、邾大夫会之。"《左传·昭公五年》："晋侯送女于邢丘，子产相郑伯，会晋侯于邢丘。"在《史记》中，也有邢丘的记载，如《史记·秦本纪》：昭襄王"四十一年夏，攻魏取邢丘、怀"。《史记·魏世家》："秦固有怀、茅、邢丘，城垝津，以临河内，河内共、汲必危。"《史记·韩世家》："昭侯六年，伐东周，取陵观、邢丘。"邢丘,在先秦文献中较为常见,尤其是在东周时期,这里是由玉门津(成皋)北上渡河后黄河北岸的桥头堡,因此战略地位十分重要,这便引起了列国对邢丘的反复争夺。实际上,这条交通要道早在武王伐纣时便已形成,很可能是武王伐纣北渡黄河的重要地点之一。而据《左传·隐公元年》:"王取邬、刘、蒍、邘之田于郑,而与郑人苏忿生之田:温、原、絺、樊、隰郕、欑茅、向、盟、州、陉、𨛜、怀。"其中,陉,考释者多释为邢,而对苏忿生十二邑的地点研究后可知,其地均在今焦作、济源,以及新乡的西部范围之内。由此可知,当时的邢丘可称之为"邢"。关于邢丘的地点,史料多有记载。如《元和郡县图志》卷第十六:"隋开皇十六年,改州为邢丘县,遥取古邢丘为名也。"这是指的武德县,而该县即今之温县武德镇,其范围含今温县东部与武陟西部等区域。《括地志辑校》卷二,在"武德县"条下,专列有"邢丘":"平皋故城,本邢邱邑,汉置平皋县,在怀州武德县东南二十里,以其在河之皋地也。"此外,在《水经注》以及其他的地理丛书中均记录有邢丘城。对于"祖乙迁邢"与"河内之邢"关系的认识,最关键的人物便是国学大师王国维。他在《观堂集林》卷十二《说耿》一文中有这样的研究结论:"《尚书·序》:祖乙迁于耿。《史记·殷本纪》作邢,《索隐》以为河东皮氏县之耿乡。然仲丁迁隞,河亶甲居相,其地皆在河南北数百里内,祖乙所居不得远在河东,且河东之地,自古未闻河患,耿乡距河稍远,亦未至遽圮也。段氏《古文尚书撰异》引《说文》:邢,郑地有邢亭,疑祖乙所迁,当是此地。然《说文》邢字下云:邢,周公子所封,地近河内怀。其云,周公子所封,则指邢、茅、胙、祭之邢。然又云地近河内怀,则又指《左传》《战国策》之邢邱也。邢邱即邢虚,犹言商邱殷虚。祖乙所迁,当即此地,其地正滨大河,故祖乙圮于此也。"(同上)

段宏广:"祖乙迁于邢"考辨,第一种说法为河东皮氏(今山西河津县)说,河东皮氏县有耿乡是此说的主要依据。文献有载,《左传》云:"晋灭耿,灭魏,灭霍。"(卷十一《闵公元年》)又云:"赐赵夙耿,赐毕万魏。"(卷十一《闵公元年》)杜预注曰:"平阳皮氏县东南作'耿',今河东皮氏县有耿乡。"《左传》"晋灭耿"乃春秋时期晋献公事,且杜预认为,"耿、魏、霍"皆姬姓;《汉书·地理志》云:'皮氏,耿乡,故耿国,晋献公灭之。'"故文献亦有"故耿国",此处的耿(今山西河津一带)应是井方的活动范围(这一点将在本节下文重点论述),而与祖乙所迁之邢无涉(详下文将具体考证)。笔者简单将"耿"之脉络梳理,认为河东皮氏之"耿"的出现可能也比较早,且因为"邢"音通"耿",有学者就断定祖乙迁于耿(邢)为河东皮氏(今山西河津县)一带。另其它地方也有谓耿者,《史记·殷本纪》正义引《括地志》云:"绛州龙门县东南十二里耿城,故耿国也。"我们不能简单地把现代的地名与古地名对应,这带有很大的偶然性,失之偏颇。再则,从考古工作来看,这一带未有规模较大的商人活动遗迹的发现,不能在考古上提供有力的证据。因此有学者指出:"祖乙以前的王都均在大河两岸,不出今豫鲁冀境,所以祖乙不可能将国都迁出其疆域,而定都于荒服之中。况且祖乙之时,商王朝'比九世乱',内外交困,国势式微,在自己控制的地盘上尚不暇自顾,更不用说迁到域外了。"综上所论,从不同角度来看,祖乙所迁之地决不可能是河东皮氏(今山西河津)一带。第二种说法为河内平皋(今河南温县)说,这种说法和者甚多。《左传》有记载:"赤狄伐晋,围怀,及邢丘。"(卷二十二《宣公六年》)杜预注:"邢丘,今河内平皋县。"《说文》:"邢,周公子所封,地近河内怀。"近人王国维亦以为商祖乙迁邢之"邢",即此"地近河内怀"的"邢丘"。又《史记》《战国策》《汉书》《纪年》皆记此地为邢丘。一地若名丘者,必有其因,"丘"盖为古之都城因时代久远所留下来的历史遗迹(这种城市遗迹,大多已失其原貌,久之则成为墟),若帝丘,若商丘。河内平皋所以名"邢丘"者,必有其因。但此"邢丘"与祖乙所迁之"邢"无涉,有些学者(主要是当地一些考古文化工作者)至今还坚持"邢丘"(河南温县北平皋一带)乃商代遗存的错误说法。今本《竹书纪年》记载:"祖乙,元年己巳,王即位,自相迁于耿。二年,圮于耿。"(伪孔《传》云"河水所毁曰圮";《汉书》师古注:"圮,毁也。")据此他们认为祖乙迁于邢(耿),一是时间短,迁都仅一年,还没有修建好都城;二是圮于耿,都城为河水所毁,这两个原因导致没有在北平皋发现商代遗址。这种说法未免牵强,我们在前边谈到,祖乙乃"仁人",他不可能选择一个河水如此容易泛滥的地方作为都城吧!遑论仅迁都一年就为"河水所圮"。况避开河水泛滥可能是祖乙迁都之动因,"良禽择木而栖","择地而居",祖乙会如此不审慎、不明智吗?1981年,北京大学历史系考古专业师生在北平皋进行调查时,认为此地"决非商祖乙所都";邹衡先生也曾指出"……经过我们(对北平皋)踏查,在遗址范围内尚未见到任何商文化遗物……因此,我们最后的结论是:东周怀地邢丘的确切地点已经找到,但决非商祖乙所都"。可见,"邢丘"如作为祖乙所迁之"邢(耿)",是找不到丝毫考古学上的依据的。至于河南温县北平皋一带为什么又有"邢丘",可能与东周时期的邢国有关,且北平皋发现有东周遗存。但此"邢丘"与祖乙所迁之"邢"是完全扯不上关系的。第三种说法为河北邢台说。学术界目前较倾向于这种说法,笔者也持此观点。文献有记,古代之邢台隶属各朝不尽相同,秦置信都,东汉置襄国县,隋有龙冈县之称,直至宋宣和二年才改名邢台县,从上列有关"祖乙迁于邢"邢台说的文献可以看出,其大多出于"方舆地志",可信度是颇高的。众所周知,将文献与考古资料相结合进行历史研究,是目前史学研究的趋势,而对邢都地望的考证,更须如此。近年来,在河北邢台一带发现了多处与祖乙迁邢年代相当的考古遗址,以东先贤、曹演庄等遗址为代表,为祖乙迁邢之邢台说提供了考古学上的证据,由此可证,当年祖乙所迁之地应在今邢台;且这一带商文化遗址分布密集，说明这里非一般的村落居址，很可能与一代王都有关。另邹衡先生也认为："邢都地望很有可能就在今天的邢台市。"尽管目前尚未发现规模较大的宫殿基址、城墙，但也是言之有据的，称其为商代都城是无碍的。再则，豫北冀南可能是商族先商、早商时期经略之地。《大荒东经》引《竹书》载"殷王子亥宾于有易而淫焉，有易之君绵臣杀而放之。是故殷主甲微假师于河伯，以伐有易，灭之，遂杀其君绵臣也"。有学者认为"有易"为河北的易水流域，如果先商早商时期冀中南已属商的经营活动范围，那么祖乙所迁之邢为邢台说就更为可信。相信，随着考古工作的进一步深入，会发掘出面积更多、规模更大的商代遗存，以期待为"祖乙迁于邢"邢台说提供更有力的依据。综上，可以看出，"祖乙迁于邢"之邢台说，无论从文献还是考古资料上来看，证据都较为充分，我们有理由相信祖乙所迁之都就在今河北邢台一带。前边我们已经简单提到，豫北冀南曾是商族早期比较活跃的区域，有"祖乙迁于邢"地望的指实和近年在河北境内发现的多处遗址可证，以邢台最具代表性："邢台及其周围的商文化遗址的下层大都属于早商文化的第四段，绝对年代约在武丁之前，与祖乙至祖丁居邢的年代并不矛盾。"可见，早商时期商族在北方经营的范围很广。（《先秦邢地综合研究》，河北师范大学硕士学位论文，2008年5月）

⑥【汇注】

郑　樵：帝仲丁（原注：元年，庚子）：仲丁自亳迁于嚣（原注：嚣亦作敖，今河南敖仓是也）。蓝夷为寇，仲丁征之。在位十一年崩，弟外壬立。（《通志》卷三《商》）

马端临：仲丁，大戊子，以己未嗣立，十三年辛未崩。（《文献通考》卷二五○《帝号历年》）

蒋廷锡：按《竹书纪年》，仲丁（注：名庄）元年辛丑，王即位，自亳迁于嚣，于河上。九年，陟（按《通志》作在位十一年）。（见《古今图书集成·明伦汇编·皇极典》卷九《商·帝仲丁本纪》）

齐召南：仲丁：太戊子。元祀，己未。六祀，自亳迁嚣。在位十三祀崩。国内乱，弟外壬嗣。（《历代帝王年表·商世表》）

宫梦仁：仲丁，大戊子，在位十三年。（《读书纪数略》卷十五《统纪类》）

⑦【汇校】

张富祥：日名前冠以外字。属于这一类的有外丙、外壬，卜辞作卜丙、卜壬。卜辞中已有"卜""外"通用之例，如"于卜乃土"（《合集》34189）、"在卜有咎"（《屯南》550），"卜"字皆读作"外"，是知史籍所记外丙、外壬之名不误。"外"字从夕、卜，说文云："外，远也。卜尚平旦，今若夕卜，于事外矣。"卜辞有"夕卜"（《后编下》16.21），实指远日之卜。《礼记·曲礼上》："凡卜筮日，旬之外曰远某日,旬之内曰近某日。"合观"卜""外"二义,外丙、外壬可能原属王室外婚群,由卜选而入继王位者,其身份则入于内婚群的丙宗、壬宗,并由此而得日名。值得注意的是,大乙有妣丙,大戊有妣壬,外丙、外壬之入宗可能即因妣丙、妣壬为主母之故,商王与上代先妣同日名者实少见。(《商王名号与上古日名制研究》,《历史研究》,2005 年第 2 期)

【汇注】

朱孔阳:外壬名发,仲丁弟。在位十有五祀,崩,国内复乱。(《历代陵寝备考》卷七《商》)

⑧【汇注】

王国维:外壬,名发。元年庚戌,王即位,居嚣(《御览》八十三引《纪年》"外壬居嚣")。邳人、侁人叛(《左·昭元年传》"商有姺、邳")。十年,陟(《御览》八十三引《史记》:"帝外壬在位一十五年。"《外纪》同)。(《今本竹书纪年疏证》)

⑨【汇校】

梁玉绳:附按:《逸书》有《仲丁》篇,故云然。此句当在前文"帝仲丁崩"之上,不应置外壬时也,必是错简。(《史记志疑》卷二《殷本纪第三》)

崔适:按:各本中云"《仲丁》书阙不具",此岂记言之书,而泛语及此?文不列于"仲丁崩"下,而在"帝外壬"下,亦可为妄窜之证。(《史记探源》卷二《殷本纪》)

【汇注】

司马贞:盖太史公知旧有《仲丁》书,今已遗阙不具也。(《史记索隐》)

郭嵩焘:按此仲丁迁隞而汇叙之,以后有盘庚迁殷一节最为商政之可纪者,故于此总叙三迁以为之引,亦所以醒眉目也。此可悟文家叙事之法。"《仲丁》书阙不具",当在"子帝仲丁立"下,言仲丁事无可纪,惟传言其迁隞而已,因并列三迁事以附之传闻之后。(《史记札记》卷一《殷本纪》)

江灏:仲丁迁于嚣,作《仲丁》。(《今古文尚书全译·仲丁·序》)

⑩【汇注】

郑樵:帝外壬(原注:元年,辛亥):外壬在位十五年崩。帝河亶甲立。(《通志》卷三《商》)

马端临:外壬,仲丁弟,以壬申嗣立,十五年丙戌崩。(《文献通考》卷二百五十《帝系·历年》)

齐召南:外壬,仲丁弟。元祀,壬申。在位十五祀崩。复乱。弟河亶甲嗣。(《历代帝王年表》)

⑪【汇校】

江林昌：王国维在《殷卜辞中所见先公先王续考》中指出："殷人祭祀中，有特祭其所自出之先王，而非所自出之王不与者。"根据这一规律，王国维对《殷虚书契后编》中的一片残辞进行拟补（《合集》1474）：

（大丁），大甲，大庚，（大戊，中）丁，祖乙，祖（辛，祖丁，牛）一，羊一，（南庚，羌甲）。在这一片卜辞中，所祭均为直系先王。大丁传位给大甲，大甲传位给大庚，大庚传位给大戊，由此类推，可知中丁传位给祖乙。也就是说，祖乙是中丁的儿子。但在《殷本纪》世系中，祖乙之位由河亶甲所传，祖乙成了河亶甲之子，据卜辞可知，是错误的。王国维在《殷卜辞中所见先公先王续考》中指出："由此观之……自大丁至祖丁皆其所自出之先王，以《殷本纪》世数次之，并以行数求之，其文当如是也。惟据《殷本纪》则祖乙乃河亶甲子而非中丁子。今此片中有中丁而无河亶甲，则祖乙自当为中丁子，《史记》盖误也。"（《如何订补〈殷本纪〉商王世系》，《文史知识》），2010 年 12 期）

【汇注】

朱孔阳：河亶甲名整，外壬弟。嚣有河决之患，徙都于相。今河南彰德府安阳县。商道渐衰，在位九祀，陵在河南彰德府。（《历代陵寝备考》卷七《商》）

⑫【汇注】

李　贽：时嚣又有河决之害，迁都于相。崩，子祖乙立。（《史纲评要》卷一《商纪·河亶甲》）

王国维：河亶甲，名整。元年庚申，王即位，自嚣迁于相。三年，彭伯克邳（《郑语》"大彭、豕韦为商伯矣"）。四年，征蓝夷。五年，姺人入于班方。彭伯、韦伯伐班方，姺人来宾（《御览》八三引《纪年》"河亶甲再征班方"）。九年，陟（《御览》八三引《史记》："河亶甲在位九年。"《外纪》同）。（《今本竹书纪年疏证》）

⑬【汇注】

苏　辙：河亶甲居相，殷复衰。（《古史》卷四《殷本纪》）

河亶甲崩①，子帝祖乙立②。帝祖乙立③，殷复兴。巫贤任职。

①【汇校】

王叔岷：案：《御览》引作"河亶甲在位九年，崩"。（《史记斠证·殷本纪第三》）

【汇注】

郑　樵：帝河亶甲（原注：元年，丙寅）：亶甲迁于相（原注：今邺都也），商复衰，在位九年崩。子祖乙立。（《通志》卷三《商》）

马端临：河亶甲，外壬弟，以丁亥嗣立，九年乙未崩。（《文献通考》卷二百五十《帝系·历年》）

齐召南：河亶甲，外壬弟。元祀，丁亥。迁于相。在位九祀崩。子祖乙嗣。（《历代帝王年·商世表》）

徐文靖：《笺》按：商彝器有足迹罍。薛尚功曰：此器在洹水之滨亶甲墓旁得之。铭作亚形，中有左足迹，是河亶甲之陟葬此也。（《竹书纪年统笺》卷五《河亶甲》）

胡厚宣：按河亶甲居相，见《太平御览》八三引古本《竹书纪年》。据《史记·殷本纪》引《括地志》说相在内黄县东南13里，并不在安阳。说安阳是河亶甲城，虽错误，但这块地方是殷都，也有墓葬，由殷墟发掘看来，则是事实。（《殷墟发掘》第一章《早期甲骨文的发现和研究》）

② 【汇校】

梁玉绳：案：《史》及《书》疏引《世本》皆以祖乙为河亶甲子，而《人表》谓是弟，未知孰是。（《史记志疑》卷二《殷本纪第三》）

【汇注】

李　昉：《史记》曰：祖乙迁于邢。（《太平御览》卷八三《皇王部八》）

又：《书叙传》曰：祖乙圮于耿（原注：曰圮于祖，迁于耿也。河水所毁曰圮也。《帝王世纪》曰：今河东皮氏有耿乡）。（同上）

又：《纪年》曰：祖乙胜即位，是为中宗。

又：《帝王世纪》曰：帝祖乙以乙日生，故谓之帝乙。孔子所谓五世之外，天之锡命疏可同名者也。是以祖乙不为讳，盖殷礼也。（同上）

李　贽：时相又有河决之害，迁都于耿。崩，子祖辛立。（《史纲评要》卷一《商纪·祖乙》）

朱孔阳：祖乙名胜，河亶甲子，元祀圮于相，徙都于耿。九祀，复圮于耿，徙都于邢。巫咸作相，商道复兴，在位十有九祀。（《历代陵寝备考》卷七《商》）

王国维：祖乙，名滕。元年己巳，王即位，自相迁于耿。命彭伯、韦伯。二年，圮于耿（《尚书序》"祖乙圮于耿，作《祖乙》"）。自耿迁于庇（《御览》八十三引《纪年》"祖乙滕即位，是为中宗，居庇"）。三年，命卿士巫贤（《书·君奭》"在祖乙时则有若巫贤"）。八年，城庇。十五年，命邠侯高圉。十九年，陟（《御览》八十三引《史记》："祖乙在位十九年。"《外纪》同）。（《今本竹书纪年疏证》）

又：祖乙之世，商道复兴，庙为中宗（原注：《史记》与《无逸》皆无之）。按：

《御览》引《纪年》:"祖乙滕即位,是为中宗。"(同上)

③【汇注】

苏　辙:帝祖乙立,圮于相,复迁于耿,任巫贤,殷复兴。巫贤者,巫咸之子也。(《古史》卷四《殷本纪》)

江　灏:祖乙圮于耿,作《祖乙》。(《今古文尚书全译·祖乙·序》)

　　祖乙崩①,子帝祖辛立②。帝祖辛崩③,弟沃甲立④,是为帝沃甲⑤。帝沃甲崩⑥,立沃甲兄祖辛之子祖丁,是为帝祖丁⑦。帝祖丁崩⑧,立弟沃甲之子南庚⑨,是为帝南庚⑩。帝南庚崩⑪,立帝祖丁之子阳甲⑫,是为帝阳甲⑬。帝阳甲之时,殷衰。

①【汇注】

郑　樵:帝祖乙(原注:元年,乙亥):祖乙迁于耿(原注:河中龙门县南二里,故耿城是也),为水所圮,迁于邢(原注:今邢台治也)。或云迁于奄。巫贤任职,商道复兴。在位十九年崩,子祖辛立。(《通志》卷三《商》)

马端临:祖乙,河亶甲子,以丙申嗣立,十九年甲寅崩。(《文献通考》卷二百五十《帝系·历年》)

蒋廷锡:按《竹书纪年》,祖乙(注:名滕)元年己巳,王即位,自相迁于耿,命彭伯、韦伯。二年,圮于耿,自耿迁于庇。三年,命卿士巫贤。八年,城庇。十九年,陟。(见《古今图书集成·明伦汇编·皇极典》卷九《商·帝祖乙本纪》)

②【汇注】

李　昉:《史记》曰:帝祖辛在位十六年,崩,帝沃甲立。(《太平御览》卷八三《皇王部八》)

徐文靖:《笺》按:商彝器中有祖辛卣。薛尚功曰:祖辛,沃甲之兄,祖丁之父也。(《竹书纪年统笺》卷五《祖辛》)

朱孔阳:祖辛名旦,祖乙子,在位十有六祀。(《历代陵寝备考》卷七《商》)

王国维:祖辛,名旦。元年戊子,王即位,居庇。十四年,陟(《御览》八三引《史记》:"祖辛在位十六年。"《外纪》同)。(《今本竹书纪年疏证》)

③【汇注】

郑　樵:帝祖辛(原注:元年,甲午):祖辛在位十六年崩,弟沃甲立。(《通志》

卷三《商》）

马端临：祖辛，祖乙子，以乙卯嗣立，十六年庚午崩。（《文献通考》卷二百五十《帝系·历年》）

蒋廷锡：按《竹书纪年》，祖辛（注：名旦）元年戊子，王即位，居庇。十四年，陟（按《通志》作在位十六年）。（见《古今图书集成·明伦汇编·皇极典》卷九《商·帝祖辛本纪》）

④【汇校】

徐文靖：《世本》作"开甲"，与《竹书》同。（《竹书纪年统笺》卷五《开甲》）

朱孔阳：沃甲，《竹书》作开甲，名逾。祖辛弟，在位二十有五祀，崩，国乱。（《历代陵寝备考》卷七《商》）

王国维：开甲（原注：《史记》作"沃甲"。《史记》索隐"沃甲，《系本》作开甲也"），名逾。元年壬寅，王即位，居庇。五年，陟（《御览》八十三引《史记》："沃甲在位二十五年。"《外纪》"在位二十年"）。（《今本竹书纪年疏证》）

⑤【汇校】

司马贞：《系本》作"开甲"也。（《史记索隐》）

梁玉绳：附案：《书·盘庚》疏引《史》，《索引》引《世本》均作"开甲"，《纪年》亦作"开"，疑"沃"字非。又《书》疏以开甲为祖辛子，未知谁误。（《史记志疑》卷二《殷本纪第三》）

王叔岷：案：《御览》引《纪年》"沃甲"亦做"开甲"，云："帝开甲踰即位，居庇。"《书·盘庚》疏引此文作"开甲"，盖与《世本》或《纪年》之文相乱，未可据以正正文"沃"字之非也。（《史记斠证·殷本纪第三》）

【汇注】

李昉：《史记》曰：帝沃甲在位二十五年，崩，立沃甲兄祖辛之子祖丁。（《太平御览》卷八三《皇王部八》）

又：《纪年》曰：祖丁即位，居庇。（同上）

⑥【汇注】

郑樵：帝沃甲（原注：一作开甲。元年，庚戌）：沃甲在位二十年崩，祖辛之子祖丁立。（《通志》卷三《商》）

马端临：沃甲，祖辛弟，以辛未嗣立，二十五年乙未崩。（《文献通考》卷二百五十《帝系·历年》）

蒋廷锡：按《竹书纪年》，开甲（注：名逾）元年壬寅，王即位，居庇。五年陟（按《通志》作在位十六年）。（见《古今图书集成·明伦汇编·皇极典》卷九《商·帝沃甲本纪》）

⑦【汇校】

　　王叔岷：案：《御览》引《纪年》云："祖丁即位，居庇。"（《史记斠证·殷本纪第三》）

　　【汇注】

　　朱孔阳：祖丁名新，祖辛子，在位三十有二祀，崩，国乱。（《历代陵寝备考》卷七《商》）

　　王国维：祖丁，名新。元年丁未，王即位，居庇。九年，陟（《御览》八十三引《史记》："祖丁在位三十二年。"《外纪》同）。（《今本竹书纪年疏证》）

⑧【汇注】

　　郑　樵：帝祖丁（原注：元年，庚午）：祖丁在位三十三年崩，沃甲之子南庚立。（《通志》卷三《商》）

　　马端临：祖丁，沃甲兄（祖辛之子），以丙申嗣立，三十二年丁卯崩。（《文献通考》卷二百五十《帝系·历年》）

　　蒋廷锡：按《竹书纪年》，祖丁（注：名新）元年丁未，王即位，居庇。九年，陟（按《通志》作在位三十三年）。（见《古今图书集成·明伦汇编·皇极典》卷九《商·帝祖丁本纪》）

⑨【汇校】

　　王国维：案祖丁之前一帝为沃甲，则帝甲即沃甲，非《周语》"帝甲乱之"之帝甲也。又曰祖辛一牛，祖甲一牛，祖丁一牛，案祖辛祖丁之间惟有沃甲，则祖甲亦即沃甲，非武丁之子祖甲也。（《观堂集林》卷九《殷卜辞所见先公先王考·祖某》）

⑩【汇注】

　　李　昉：《史记》曰：帝南庚在位二十九年，崩。立祖丁之子阳甲。（《太平御览》卷八三《皇王部八》）

　　又：《纪年》曰：南庚更自庇迁于奄。（同上）

　　朱孔阳：南庚名更，沃甲子，在位二十有五祀，崩，国乱。（《历代陵寝备考》卷七《商》）

　　王国维：南庚，名更。元年丙辰，王即位，居庇。三年，迁于奄。六年，陟（《御览》八十三引《史记》："南庚在位二十九年。"《外纪》同）。（《今本竹书纪年疏证》）

　　曲英杰：商人自南庚时迁奄。《古本竹书纪年》载："南庚更自庇迁于奄。"（此奄地，人多据《左传·定公四年》所载伯禽就封于鲁，"因商奄之民"，以为在今山东曲阜市，不确）所谓"因商奄之民"，是指鲁国兼领有原奄国之地，而不是以原奄都为都。奄都所在，当在今山东沂水县西北一带。其地距商人活动之中心区域遥远，商人迁都，不可能至此。

从商人多次迁徙不离河水来看，此奄地当在近河之地求之。王国维云："余谓䣊与奄，声相近。《书·雒诰》'无若火始焰焰'，《汉书·梅福传》引作'毋若火始庸庸'。《左文十八年传》'阎职'，《史记·齐太公世家》《说苑·复恩》篇均作'庸职'。奄之为䣊，犹焰、阎之为庸矣。"然其以此推指䣊当在奄（即鲁），则不确。奄既可通䣊，则当即为周灭商后分其畿内为邶、䣊、卫三地中之䣊。郑玄《邶䣊卫谱》云："自纣而北谓之邶，南谓之䣊。"服虔、王肃等又以为"䣊在纣都之西"。《通典》卷一七八载卫州新乡县"西南三十二里有䣊城，即䣊国"。在今河南新乡市西南。《左传·定公四年》记康叔之封域"取于有阎之土，以共王职"。杜预注："有阎，卫所受朝宿邑，盖近京畿。"此有阎之土，亦当指奄（同䣊）。今新乡北站区火电厂附近潞王坟遗址已发现商代早、中期文化遗存，马小营村和台头村等地亦发现有商代遗迹，或可为寻找商都奄提供线索。（《先秦都城复原研究》，第78页）

⑪【汇注】

郑　樵：帝南庚（原注：元年，壬寅）：南庚在位二十九年崩，祖丁之子阳甲立。（《通志》卷三《商》）

马端临：南庚，沃甲子，以戊辰嗣立，二十五年壬辰崩。（《文献通考》卷二百五十《帝系·历年》）

蒋廷锡：按《竹书纪年》南庚（注：名更），元年丙辰，王即位，居庇。三年，迁于奄，六年，陟（按《通志》作在位二十九年）。（见《古今图书集成·明伦汇编·皇极典》卷九《商·帝南庚本纪》）

⑫【汇注】

王国维：卜辞有羊甲，无阳甲。罗参事证以古乐阳作乐羊，欧阳作欧羊，谓羊甲即阳甲。今案：卜辞有曰"南庚曰羊甲"六字，羊甲在南庚之次，则其即阳甲审矣。（《观堂集林》卷九《殷卜辞所见先公先王考·羊甲》）

⑬【汇校】

王叔岷：案：《御览》引《纪年》云："阳甲即位，居奄。"（《史记斠证·殷本纪第三》）

【汇注】

朱孔阳：阳甲，一作和甲，名和。祖丁子。仲丁以来，子弟争立，比乱九世，商道复衰，诸侯莫朝，在位七祀。（《历代陵寝备考》卷七《商》）

王国维：阳甲（原注：一名和甲），名和。元年壬戌，王即位，居奄。三年，西征丹山戎（《大荒北经》注引《竹书》曰："和甲西征，得一丹山。"案：隶书"和""祖"二字形相近，和甲疑祖甲之讹。此据郭注讹字，乃有阳甲名和之说矣）。四年，陟（《御览八十三引《史记》："阳甲在位十七年。"《外纪》"七年"，又引《帝王本

纪》云："十七年"）。（《今本竹书纪年疏证》）

方诗铭：《纪年》曰：阳甲即位，居庵。杨树达云："今本《纪年》云：'阳甲名和。'"按《山海经·大荒北经》郭注引古本《纪年》云："和甲西征，得丹山。"按和甲之称，与《吕氏春秋》称河亶甲为整甲者辞例同，非后人所能杜撰，此可证今本《纪年》阳甲名和之说为可信……甲骨文作"象甲"，或释"兔甲"。郭沫若同志云："象、餯与阳同部，则象甲若喙甲即阳甲矣。"（《古本竹书纪年辑证·殷纪》）

自中丁以来，废適而更立诸弟子①，弟子或争相代立，比九世乱②，于是诸侯莫朝③。

① 【汇注】
陈蒲清：更：交替，连续。（引自王利器主编《史记注译》卷三《殷本纪》）
② 【汇注】
张大可：比九世乱：接连九代政乱。从中丁至阳甲为五代九主。（《史记全本新注》卷三《殷本纪第三》）
编者按：从中丁至阳甲为五代九王，具体为中丁、外壬、河亶甲一代三王，祖乙一代一王，祖辛、沃甲一代二王，祖丁、南庚一代二王，及阳甲，计为五代九王，泛言之为"比九世乱"。
【汇评】
梁玉绳：按：《大纪》云"以其世考之，自沃丁至阳甲，立弟九世，中丁之名误也"。《史铨》非之云："仲丁至阳甲，正合九世之数，若沃丁以来则不止九世矣。"《大纪》专就立弟及立兄弟子数之，故以仲丁为误，《史铨》数一帝是一世，故仍依《史》作"中丁"，而皆不考史公斯言之失。夫沃丁之后有太戊中兴，仲丁之后有祖乙复兴，岂得言九世乱乎？况沃丁而上有外丙、仲壬，阳甲而降有盘庚、小辛、小乙、祖甲、庚丁，所谓废嫡更立者，何独咎沃丁、仲丁哉。盖一代有一代之礼，殷道亲亲立弟，周道尊尊立子，周道太子死立嫡孙，殷道太子死立其弟（此褚先生续《梁孝王世家》袁盎语也。若殷亦立子，周亦立弟者，权耳）。此殷、周殊礼也，故文王当伯邑考死，虽有伯邑考之子在，舍之而立武王，先儒以为殷礼，孔子曰立孙，自为周言之耳。（《史记志疑》卷二《殷本纪第三》）
③ 【汇校】
王叔岷：《考证》：《南本》无"于是"二字。案：《古写本》亦无"于是"二字，《御览》引同。（《史记斠证·殷本纪第三》）

【汇评】

安　东：值得注意的是殷代帝位的传衍以"父死子继"和"兄终弟及"为主，辅之以叔侄相袭，与历代父子相袭的继统方法不同。殷人曾屡次迁都，自契至成汤凡八迁，又谓"帝盘庚之时殷已都河北。盘庚渡河南，复居成汤之故居；乃五迁无定处"，前后合计，迁都达十三次之多。表明殷代社会尚处在氏族社会向宗法社会，血族团体向区域集团过渡的转型时期，国家制度尚在完善之中，这同春秋时代的楚国有相似之处。至于司马迁说："帝阳甲之时殷衰，自中丁以来，废嫡而更立诸弟子，弟子或争相代立，比九世乱，于是诸侯莫朝。"将殷商中期的衰败归咎于殷人兄终弟及的继统制上，则说明司马迁赞成主张维护古代社会统治秩序的嫡长子继承制，这也是大一统观念的体现。（见《史记题评·殷本纪》）

帝阳甲崩①，弟盘庚立②，是为帝盘庚③。帝盘庚之时，殷已都河北，盘庚渡河南，复居成汤之故居④，乃五迁⑤，无定处⑥。殷民咨，胥皆怨⑦，不欲徙⑧。盘庚乃告谕诸侯大臣曰："昔高后成汤与尔之先祖俱定天下⑨，法则可修。舍而弗勉，何以成德！"乃遂涉河南⑩，治亳⑪，行汤之政，然后百姓由宁，殷道复兴。诸侯来朝，以其遵成汤之德也。

① 【汇校】

王叔岷：案：《御览》引作"帝阳甲在位十七年，居奄"。"年"下盖略"崩"字。（《史记斠证·殷本纪第三》）

【汇注】

李　昉：《史记》曰：阳甲在位十七年。（《太平御览》卷八三《皇王部八》）

又：《纪年》曰：阳甲即位，居奄。（同上）

郑　樵：帝阳甲（原注：元年，辛未）：阳甲之世，商道衰微，自仲丁以来，废嫡而立诸弟。弟子争立，比九世乱，诸侯莫朝。在位七年崩（原注：《帝王本记》云：十七年）。弟盘庚立。（《通志》卷三《商》）

马端临：阳甲，祖丁子，以癸巳嗣立，七年己亥崩。（《文献通考》卷二百五十《帝系·历年》）

蒋廷锡：按《竹书纪年》，阳甲（注：名和）元年壬戌即位，居奄。三年，西征

丹山戎。四年，陟（按《通志》作在位七年）。（见《古今图书集成·明伦汇编·皇极典》卷九《商·帝阳甲本纪》）

② 【汇注】

朱孔阳：盘庚，名旬，阳甲弟。复都西亳。改号曰殷。在位二十有八祀。（《历代陵寝备考》卷九《商》）

③ 【汇注】

李　昉：《史记》曰：在位十八年。（《太平御览》卷八三《皇王部八》）

又：《纪年》曰：盘庚旬自奄迁于北蒙，曰殷。（同上）

又：《帝王世纪》曰：帝盘庚徙都，始改商曰殷……亳殷，今偃师是也。然则殷有三亳：二亳在梁国，一亳在河南。谷熟为南亳，即今都也。蒙为北亳，即景亳，汤所盟地。偃师为西亳，即盘庚所徙者。（同上）

李　贽：盘庚，时商道寝衰，耿又有河决之害，臣民安土重迁，盘庚作书以告谕臣民，复迁都于亳，从汤所都，改商曰殷。行汤之政，商道复兴。崩，弟小辛立。（《史纲评要》卷一《商纪·盘庚》）

王国维：盘庚，名旬。元年丙寅，王即位，居奄。七年，应侯来朝。十四年，自奄迁于北蒙，曰殷（《御览》八三引《纪年》"盘庚旬自奄迁于北蒙，曰殷"）。十五年，营殷邑。十九年，命邠侯亚圉。二十八年，陟（《御览》八三引《史记》："盘庚在位二十八年。"《外纪》同）。（《今本竹书纪年疏证》）

④ 【汇校】

王叔岷：《考证》：《枫》《三》《南本》"故居"作"故都"。案《古写本》"渡"作"度"，"故居"亦作"故都"。渡、度正、假字。《御览》引"故居"作"故园"。（《史记斠证·殷本纪第三》）

【汇注】

皇甫谧撰、徐宗元辑：盘庚以耿在河北，迫近山川，自祖辛以来，奢淫不绝，盘庚乃南渡河，将徙都亳之殷地。人咨嗟相怨，不欲徙，盘庚乃作书三篇，以告谕之。今为《尚书·盘庚》三篇是也。亳在偃师。（《帝王世纪辑存·殷商第三》）

又：帝盘庚徙都殷，始改商曰殷。（同上）

又：亳殷，今偃师是也。然则殷有三亳：二亳在梁国，一亳在河、洛之间，谷熟为南亳，即汤都也。蒙为北亳，即景亳，汤所盟地。偃师为西亳，即盘庚所徙者。（同上）

【汇评】

梁玉绳：按：汤都南亳，盘庚都西亳，判然两地。自史公有复故居之说，而班固作《地理志》，遂于河南偃师县注云"殷汤所都"，康成注《经》亦仍之云"汤居偃师",而张守节引《括地志》言汤先居南亳,后迁西亳。晋臣瓒又云"汤居济阴薄县",孔仲达于《商书》《商颂》并载其说,而云"经无正文,未知孰是"。窃谓仲达所述皇甫谧之辨极为精核,谧曰"《孟子》称汤居亳与葛为邻,今梁国宁陵之葛乡。汤地七十里耳,若汤居偃师,计宁陵去偃师八百余里,岂当使亳众为之耕乎?梁国自有二亳,南亳在谷熟之地,北亳在蒙地,非偃师也,盘庚迁偃师。然则殷有三亳,谷熟为南亳,即汤都;蒙为北亳,即景亳,汤所受命;偃师为西亳,即盘庚所徙者"。(《竹书》谓盘庚迁北蒙,非也)阎氏《疏证》复申之曰:"南亳是汤所都,皇甫谧据《孟子》以正之。《史记》注谓汤于后徙西亳,予即如谧以正之曰:放太甲于桐,桐在今虞城县,去偃师八百余里,伊尹既以身当国于偃师,又焉能时时于桐训太甲乎?仍属谷熟方近。自《史》云复故居,注遂为汤亦曾都偃师,不知《盘庚》三篇,一则曰新邑,再则曰新邑,曷尝有复故居字面,止下篇云'古我先王,将多于前功,适于山',本泛言先王徙都山险之处,如上所迁五邦多是,非必定指汤。或汤曾有意亳殷山险往视之,如武王告周公营洛邑,仍都丰、镐,商或类此。故当日三亳鼎称,不出邦畿千里之外,非必汤亲身徙西亳。凡此皆商有天下规模形胜之大者,不可不论。"阎氏之辨亦确,余因考《书序》"盘庚将治亳殷",《疏》引束晳据孔壁中《尚书》作"将始宅殷"。夫谓之始宅,则非复故明甚,可补前贤所未及。臣瓒之说最谬,不足辨也。(《史记志疑》卷二《殷本纪第三》)

⑤【汇注】

焦竑:商都亳,后盘庚迁都,亦曰亳。《书》曰:"不常厥邑,于今五邦。"盖自汤至盘庚五迁也。祖乙迁耿,盘庚复迁于亳。(《焦氏笔乘续集》卷六《古今都会》)

王恢:盘庚迁殷,有《盘庚》三篇可证。而"盘庚时殷已都河北",如雷学淇《竹书义证》谓"盘庚以前上甲居殷"。但亦非盘庚时。史公盖因《书序》"盘庚五迁,将治亳殷","治亳"乃"始宅"形讹误也。孔颖达《尚书正义》引束晳说:"壁中《尚书》作'将始宅殷'。"而孔氏阿附《书传》,谓"'亳'字摩灭,容或为'宅'。壁内之书,安国先得,'治'皆作'乱',其字与'始'不类,无缘误作'始'字"。雷学淇《竹书纪年义证》:"《虞书》有治忽之训,《禹贡》有治梁之文,后出《尚书》,治字尤众,孔氏未见壁中书,安知其皆作乱耶?"段玉裁《古文尚书撰异》,谓"'治'之作'乱',乃伪古文"。王国维《说殷》:"《隋书·经籍志》,晋世秘府所存有古文《尚书》经文,束晳所见自当不诬。且'亳殷'二字未见古籍,《商颂》言'宅殷土芒芒',《周颂·召诰》言'宅新邑',宅殷连言,于义为长。且殷之于亳,截然二地。《书疏》引《汲冢古文》云:盘庚自奄迁于殷,在邺南三十里(《索隐》引作'迁于此冢曰殷墟,去邺三十里'。今本《竹书》作'迁于北蒙曰殷'。《正义》引《括地志》'冢'作'蒙',误)。束晳以《汉书·项羽传》之洹水南殷虚释之,今龟甲兽骨出土皆在此地，盖即盘庚之旧都。"又曰："《史记》既以盘庚所迁为亳殷在河南，而受辛之亡又都河北，乃不得不以去亳徙河北归之武乙，今本《纪年》袭之。然《史记正义》引《古本竹书纪年》云：'自盘庚徙殷，至纣之灭七（当作二）百七十三年，更不徙都。'虽不似《竹书》原文，必櫽栝本书为之，较得事实。乃今《纪年》于武乙三年书自殷迁于河北，又于十五年书自河北迁于沫，则又剿《史记》及《帝王世纪》之说，必非汲冢本文也。"赵铁寒《殷商群亳地理方位考实》："事实上，盘庚自西元前一三八四自奄迁殷，直到一一一二年亡国，居殷二百七十三年，再不迁都，有殷虚卜辞的实物为证。在载籍中，又有古本《竹书纪年》所记自盘庚至于帝辛亡国，十二王中除武丁外，俱有居殷之文（见《御览》八十三引），何有渡河而南治于西亳之事？"赵又引董作宾之言曰："今存《盘庚》三篇，很明白的是建设了一个新的都邑，所以才一再言及'天其永我命于兹新邑'，'器非求旧惟新'，'予若吁怀兹新邑'。'无俾易种于兹新邑'……'宅殷'而再三称之曰'新邑'，就决不会是河南古老的亳邑了。"

汤时由游牧已渐进于农业，汤后仍不常厥居，而又五迁，及盘庚迁殷之前，农业盖已发达，故安土重迁，"民咨胥怨"，反复开陈，"永建乃家"。《书序》"祖乙圮于耿"，可能为"荡析离居"而"适于山"。但耿与殷，都在河北，不须"涉河"。如自奄迁殷，既远又无适当理由。

自迁殷后，"邦畿千里，维民所止"，安居乐业，经济文化遂有高度之发展。从小屯文化看来，农业已成为主要生产，衣丝饰玉，乘辂货宝，可见其交通与商业之盛，青铜器制作之精美，历法之精密，其技术与天算，大为惊人。再就殷虚发现版筑之遗迹，《竹书》称纣都"南距朝歌，北据邯郸及沙丘，皆为离宫别馆"，或未太过夸饰。（《史记本纪地理图考·殷本纪·汤后五迁》）

⑥【汇注】
　　裴骃：孔安国曰："自汤至盘庚凡五迁都。"（《史记集解》）
　　张守节：汤自南亳迁西亳，仲丁迁隞，河亶甲居相，祖乙居耿，盘庚渡河，南居西亳，是五迁也。（《史记正义》）

⑦【汇校】
　　王若虚：《盘庚篇》云："民咨胥怨"，言咨嗟而相怨也。《史记》乃曰"咨胥皆怨"，何等语耶？（《滹南遗老集》卷九《史记辨惑》）

【汇注】
　　傅元恺：咨：嗟叹。胥：互相。（见《史记纪传选译·殷本纪》）
　　编者按：中华书局点校本《史记》为"殷民咨胥皆怨"。

⑧【汇注】

裴　骃：孔安国曰："胥，相也。民不欲徙，皆咨嗟忧愁，相与怨其上也。"（《史记集解》）

⑨【汇注】

傅元恺：高后，对成汤的敬称。（见《史记纪传选译·殷本纪》）

⑩【汇评】

谢肇淛：殷世常苦河患，故自仲丁以至盘庚，或渡河而南，或渡河而北，当时未闻其求治水之方，而但迁徙以避。计其迁徙，当不费于开凿，盖民未稠密，故河未为大害。（《五杂俎》卷一三）

⑪【汇校】

王鸣盛：按：《尚书》疏引郑注，以亳在偃师，若皇甫谧则以亳为梁国谷熟县，此妄谈也（详《尚书后案》），安肯遵郑注乎？"皇甫谧曰"四字，裴骃妄加。（《十七史商榷》卷二《史记二》）

【汇注】

裴　骃：郑玄曰："治于亳之殷地，商家自此徙，而改号曰殷亳。"皇甫谧曰："今偃师是也。"（《史记集解》）

郑　樵：臣谨按：皇甫谧曰：孟子称汤居亳，与葛为邻，亳即梁国谷熟县也。实汤之所都，是为南亳。又汤有景亳之命，梁国蒙县北有亳城，实汤所受命朝诸侯处，是为北亳。盘庚所治亳，在河南偃师，是为西亳。三地皆名亳，《立政》所谓三亳也。然亳之名本在西，商人初作邑于商，实上洛也。后迁于亳，故京兆杜县有亳亭是也。三亳之名，皆自此亳始。（《通志》卷三《商》）

徐文靖：《笺》按：《书·叙》曰：盘庚五迁，将治亳。殷民咨胥怨，作《盘庚》三篇。郑氏曰：商家自此徙，而改国号曰殷。《殷本纪》曰：盘庚之时，殷已都河北，盘庚渡河南，复居成汤之故居。《郡国志》：梁国蒙县有北亳。《昭四年传》：椒举曰：商汤有景亳之命。《括地志》曰：宋州北五十里大蒙城为景亳。汤所盟地。因景山为名。皇甫谧曰：蒙为北亳，即景亳。《商颂》：陟彼景山。山在曹县东南四十里。《蔡氏书传》以盘庚迁殷，在于偃师；又以自祖乙都耿，圮于河水，盘庚欲迁于殷。据《竹书》，南庚三年，自庇迁奄，阳甲亦居奄。至是凡二十二年。盘庚又自奄迁于北蒙，则非自耿，并非偃师矣。其他又有讹北蒙为北冢，讹北蒙为此遂者。《水经注》洹水又东北迳邺县南。洹水出洹山，径殷墟北，《竹书纪年》：盘庚即位，自奄迁于此，遂曰殷。则是北讹为此，蒙讹为遂也。《史记索隐》曰：汲郡古文，盘庚自奄迁于北冢，则殷墟去邺三十里。是殷虚南旧地号北冢，则是蒙讹为冢也。殊不审北蒙之亳在梁国蒙县。《书·叙》曰：盘庚将治亳殷。邺岂有亳之名乎？种种谬误，殊属可笑，不有《竹

书》，乌从而证之！（《竹书纪年统笺》卷五《盘庚十四年自奄迁于北蒙曰殷》）

又：《笺》按：盘庚曰：天其永我命于兹新邑，即《纪年》所谓营殷邑也。周希圣曰：商人称殷，自盘庚始。据《竹书》夏后帝杼十三年，商侯冥死于河。帝芒三十三年，商侯迁于殷。帝泄十二年，殷侯子亥宾于有易。《世本》冥往河治水，子亥迁殷，是商之称殷，始自夏世。"殷土芒芒"，岂谓盘庚以后乎？（《竹书纪年统笺》卷五《盘庚十五年营殷邑》）

【汇评】

曲英杰：商人在盘庚时曾一度迁都于殷。殷地所在，人多以为即洹水南殷墟。实则此殷墟乃王亥至成汤时期商人所居之地，盘庚所迁之殷不当在此，盘庚以后诸王亦不曾以此为都。

……

盘庚在迁亳前既曾迁于殷，那么，殷当在何处呢？《水经注·沁水》载："朱沟自枝渠东南迳州城南，又东迳怀城南，又东迳殷城北。郭缘生《述征记》曰：河之北岸河内怀县有殷城。或谓楚汉之际殷王卬治之。非也。余按《竹书纪年》云：秦师伐郑，次于怀，城殷。即是城也，然殷之为名久矣，知非从卬始。"《元和郡县图志》卷十六载怀州武陟县有"故殷城，在县东南十里"。在今河南武陟县境。小屯商代卜辞中有"衣"字可指为田猎区地名者，郭沫若以为"衣当读为殷。《水经·沁水注》又东迳殷城北，注引《竹书纪年》云秦师伐郑，次于怀，城殷。地在今沁阳县"。又以同版卜辞所见噩、义、盂、雍等相关地名推之，衣即殷地，亦当在此一带。由此可知，其地在商代已称衣即殷。盘庚所迁之殷，极有可能是在此地。此殷地在河北，亳地即今河南偃师县在河南，由殷地迁往亳地需涉河，亦正与《盘庚中》所载"盘庚作，惟涉河以民迁"相合。《水经注》引《述征记》云："或谓楚汉之际殷王卬治之。"然据《史记·项羽本纪》载："赵将司马卬定河内，数有功，故立卬为殷王，王河内，都朝歌。"并无殷王卬都此殷地之事。郭缘生为晋时人，其所云河内怀县有殷城与《竹书纪年》所记"城殷"之事，汉时或已不为学者所注意；或虽知此地有殷城而为盘庚所迁之地为亳说所囿，不再做此种推想。晋以后学者虽可从《汲冢古文》中获知战国时河内怀地有殷城，然又多为盘庚所迁之地当在洹水南殷虚说所囿，亦不再顾及此一殷城。

盘庚迁亳后，当仍有一部分商人长期居住于殷。由小屯商代卜辞可知，商代后期，商王经常来此地田猎。此地在战国时犹称殷，可见相沿之久。（《先秦都城复原研究》，第80页）

李　民：盘庚迁殷，以往大多数学者认为是自奄迁于今之安阳洹南之殷墟，即今之小屯村一带。然而在今之洹南的考古发掘中，很难找到盘庚、小辛、小乙三王时期的文化遗存和遗物。随着考古发掘的扩大和发展，我们认为，盘庚始迁为漳南洹北的殷墟，历经小辛、小乙时期，至武丁时，都城稍稍南移，遂移至今洹南殷墟。盘庚始迁之漳南洹北，文献上称之为漳南之商丘，又可称亳、殷。它与洹南之殷墟合则称之为殷（后世称之为殷墟），析则分别称亳与殷。由于盘庚、小辛、小乙居洹北仅二十多年，析称的史实遂被"二百七十三年更不徙都"的记载所湮没，致使人们忽略了盘庚始迁的这段历史。（《盘庚迁都新议》，《史学月刊》，2001年第2期）

张国硕：有关盘庚从奄都或邢都迁殷的观点，疑窦颇多。盘庚曾以奄、亳、殷三地为其政治中心，盘庚并非直接从奄或邢迁往殷地，而是经历了从奄迁"河南"之亳、又从"河南"之亳直接迁殷等两次迁都。"河南"之亳可能在郑州商城，而非偃师商城。其中第一次迁都的原因与盘庚意欲振兴商王朝有关，长期洪水泛滥导致的生态环境恶化可能是盘庚第二次迁都的主要原因。（《盘庚自何地迁殷探索》，《中原文物》，2003第4期）

张国硕：与盘庚有关的商都，文献材料主要有奄、邢、亳、殷等，考古发现至少包括洹北商城和殷墟。研究发现，盘庚既非直接从邢都迁往殷地，也不是直接从奄都迁往殷地；在盘庚为王期间，经历了从奄迁"河南"之亳（郑州商城）、又从河南之亳迁往殷地两次迁都。其中第一次迁都可能与阳甲时期商王朝国势变衰、盘庚意欲振兴商王朝有关；长期洪水泛滥导致的生态环境恶化可能是盘庚第二次迁都的主要原因。郑州商城的发现表明，这里不仅是商汤之亳都所在，而且整个商代前期该城并没有被废弃，而是作为主要的政治中心一直存在着，故盘庚"复居成汤之故居"应为此地。文献记载和考古发现表明，殷都位于今安阳西北郊一带是毋庸置疑的。洹北商城发现有大型城垣和宫殿区遗存，性质为商代都城无疑，其年代与盘庚迁殷的年代及小辛、小乙的年代相合，故其为盘庚所迁殷都的可能性甚大。殷都经历了由"盘庚之殷"（洹北商城）向"武丁之殷"（小屯殷墟）之变迁。从洹北商城宫殿区普遍存在烧土块堆积、小屯宫殿区临近洹河而建、宫殿区及周围开挖有多条水沟等现象推断，"盘庚之殷"被废弃的原因与武丁初期的一场毁灭性的火灾有关。（《盘庚迁都来龙去脉之推断》，《郑州大学学报》，2004年第6期）

陈　旭："盘庚迁殷"的第一个地点应是安阳洹水北岸的洹北商城。这里发现有相当于盘庚、小辛、小乙时代的殷墟文化第一期的宫殿建筑基址、宫城墙、外城内外基槽及居民点等遗存。其后，由于洹北商城的宫殿建筑毁于火灾，商王室即迁洹南小屯之殷都。这里有殷墟一期的祭祀场所和随葬青铜器的贵族墓等遗存，透露出小屯是盘庚迁殷的第二个地点。（《关于"盘庚迁殷"问题的一点想法》，《中原文物》，2011年第3期）

刘义峰：《盘庚》三篇体现了盘庚的忧患意识和战略眼光，体现了他心系臣民、实行德治的品质以及利用宗教和刑罚进行统治的策略。盘庚之政是中国德政思想发展史

上的重要阶段。(《〈尚书·盘庚〉与盘庚之政》,《殷都学刊》,2009 年第 4 期)

李玲玲：经过商代前期近三百年的发展,到盘庚时期商代王权已得到了极大的加强,基本控制了族权,并且控制了部分神权,同时在一定程度上促进了社会生产的发展,为武丁时期商代的全面兴盛奠定了基础。(《从〈盘庚〉看商代中期的王权》,《殷都学刊》,2002 年第 2 期)

> 帝盘庚崩①,弟小辛立,是为帝小辛②。帝小辛立,殷复衰。百姓思盘庚,乃作《盘庚》三篇③。帝小辛崩④,弟小乙立,是为帝小乙⑤。

① 【汇校】
王叔岷：案：《御览》引云："在位十八年,居奄。"据所引上下每帝崩之文验之,则此文当作"帝盘庚在位十八年,崩"。(《史记斠证·殷本纪第三》)

【汇注】
郑 樵：帝盘庚(原注：元年,戊寅)：盘庚之前,作都在河北,水泉污溺,荡析民居,盘庚将涉河以民迁。商自成汤以来,凡五迁都邑。臣民重迁,而相咨怨。盘庚为是谕诸侯大臣,言其先祖佐我高后成汤,法则可修之事以晓众志,乃渡河治亳,修汤之德,行汤之政,诸侯来朝,在位二十八年崩。弟小辛立。(《通志》卷三《商》)

马端临：盘庚,阳甲弟,以庚子嗣立,二十八年丁卯崩。(《文献通考》卷二百五十《帝系·历年》)

蒋廷锡：按《竹书纪年》,盘庚(注：名旬)元年丙寅,王即位,居奄。十四年,自奄迁于北蒙,曰殷。十五年,营殷邑。二十八年,陟。(见《古今图书集成·明伦汇编·皇极典》卷九《商·帝盘庚本纪》)

朱孔阳：小辛名颂,盘庚弟,殷道复衰。在位二十有一祀。(《历代陵寝备考》卷七《商》)

② 【汇注】
李 昉：《史记》曰：帝小辛立,殷复衰。百姓思盘庚,乃作《盘庚》三篇。小辛在位二十一年。(《太平御览》卷八十三《皇王部八》)

王国维：小辛,名颂。元年甲午,王即位,居殷。三年,陟(《御览》八十三引《史记》："小辛在位二十一年。"《外纪》同)。(《今本竹书纪年疏证》)

方诗铭：《太平御览》卷八三《皇王部》引《纪年》曰：小辛颂即位,居殷。按：甲骨文作"小辛"。(《古本竹书纪年辑证·殷纪》)

③【汇注】

司马贞：《尚书》"盘庚将治亳殷，民咨胥怨，作《盘庚》"，此以盘庚崩，弟小辛立，百姓思之，乃作《盘庚》，由不见古文也。(《史记索隐》)

江　灏：伏生《尚书大传》中《盘庚》只作一篇，《史记》《十三经注疏》都分为三篇。上篇有"盘庚迁于殷"，是记迁都之后；中篇有"今予将试以女迁"，是记迁都之前；下篇有"盘庚既迁"，显然也是记迁都之后。据此，俞樾认为有错乱，说中下两篇应当为上中两篇，上篇应当为下篇。其实，三篇都是盘庚死后后人的追记，后人完全可以不必按事情发生的先后顺序记录，完全可以用插叙、倒叙的手法。(《今古文尚书全译·盘庚上·题解》)

【汇评】

张九成：异哉！商家之君，皆以迁都为家法。夫迁都岂细事哉！周有天下八百余年，后稷封于有邰，太王避狄居于岐，文王徙于丰，平王避狄迁于洛，不过三迁而已。而商自契至于成汤八迁，自仲丁至盘又五迁，朝廷宗庙烦费劳动，人民生业经营破坏，何苦而为此举耶？盖商自有玄鸟之祥，其家法颇信神怪，往往如西汉夏贺良陈阳九之厄，东汉杨厚预言三百五年之厄，故有迁都之说，以禳其祸乎。何以知其然哉？自亳有桑榖之祥，太戊一传至仲丁，即有嚣之迁。再传至河亶甲，见殷复衰，故有相之迁。又一传至祖乙，有耿之迁。太史公曰："自仲丁以来，废嫡而更立诸弟子，弟子或争相代立，比九世乱，于是诸侯莫朝。"阳甲崩，盘庚立，盘庚复迁殷。九世之乱事几亡国，而迁都纷纷，皆桑榖之祥也。岂商家君臣见商绪渐衰，而桑榖生朝，将有亡国之祸，故为迁都，以应其变乎？其间又有造化之意，试一言之。自汤以前，虽为诸侯所迁，不过百里之内，其事为轻。自仲丁以来，以至盘庚，已有天下矣。王者以天下为家，京师为室，其迁为重。盖朝廷宗庙、百官人民，一动劳费，公私皆然。其所以区区如此者，盖宅都既久，风俗寝衰，事势寝大，恭俭久而奢侈生，勤劳久而简慢起；以德率之，既未易化；以法齐之，又拂人情。非大有以劳动之，使之一变其心术，一易其耳目，未可以言治也。惟是迁都，上下劳动，跋履山川，升降险阻，风餐而水宿，露居而野处；耋艾既欲其安也，孩幼又欲其适也；忧惊迫乎内，纷纭变乎外，一家之情如此，况上自天子，下至小民，散漫乎山泽，交横乎道路，薪水之给，其能如所求乎？器用之资，其能必所愿乎？此特其途路之苦尔。至于已至新都，山川异处，风土异宜，昔时之处所便安者，今无矣；昔时之所往来劳苦者，今变矣。上下一切，失其故步，奢侈变而为恭俭，简慢蹙而为勤劳。以德率之，则易以从；以法齐之，则无不听。此商家祖宗以迁都一变弊俗之意也。至于盘庚，不特俗弊，又有圮毁之患，因时而迁，其意在此。然迁都太数，上自百官，下至庶民，无不惮劳而怨咨者。余以董卓迁都事观之，盘庚亦可谓贤君矣。董卓谓杨彪曰："百姓何足与议，若有前却，我以大兵驱之，可令诣沧海。"呜呼！此盗贼之说也，岂可施之庙堂哉！且盘庚人主也，福威在我，生杀在我，欲迁则迁，欲止则止，有何不可？而三篇之意，丁宁反复详尽周悉，言祸乱将临，而新都之可乐，必使上下之心皆通畅，快适晓然，知利害所在而后已。其与贼卓所为，岂止云壤哉！上篇之意大抵主在群臣，其意以谓自先王以来，皆灼见天命，即有迁都之法，岂我私意创为此举哉！傥当迁不迁，将有非常之祸。今我此迁，乃延将绝之命于永久也。盘庚之教，既出矢言，又教于民，委曲尽情，不为暴厉，以谓教民当自在位始。今君臣乃不循商家旧事，不禀祖宗法度，不从君命，不听人言，而私图适意，岂臣下之道哉！使此时复生一董卓，则斯民其殆矣。惟圣王之心，悯时俗之衰敝，矜愚下之无知，委曲周全，谆复训谕，犹父母之于子，于再三而不以为病。又命众悉至于庭，其意专主于群臣而已。盖倡为浮言以摇撼众心者，群臣也。故呼之使前曰告汝训汝等谋，黜私僻之心，无傲而不听上命，无从康而不肯迁都。我念先王所与共政，惟图任旧人而已。旧人能与先王同心，凡先王播告之下，旧人能宣其指意，使民晓然知上之心。是以先王每事不敢慢易出言，不敢轻忽迁都之命，一下民皆变动，而为行计。今汝等乃不然，不体上心，聒聒喧啾，起造无根之语，不知讼谁之短也。非我自大此德，以遂此行，则为汝中辍矣。今不有以警动，惟汝等是含容，使汝不畏人主，是我观火之燎原而不扑灭也；如此不已，是我拙谋，以成汝过也。汝不悛此心，我将诛汝矣。必使汝等知君臣之分，如网之在纲，知他日安定之功，如农之力田而后已。汝等能黜此私僻之心，毋为哗言以取虚誉，其务迁都，以实利施于民，以至于尔亲属。果能如此，我方敢对众大言，称汝有积累之德，非一日造作，以要虚名也，乃不畏人主，不听我命，是傲上也。是施大害于远迩之民，使皆傲上，不肯迁都，是惰农自安以从康也。不昏作劳，不服田亩，使皆怠惰从康也。农不力田，罔有黍稷？将饥而死矣。今不迁都，罔有安利？将自丧其生矣。汝等今造险肤，不和吉言于百姓，是乃汝自生毒害，自入祸败奸宄，以断汝命，以受诛罚，自灾于厥身。汝自先以恶率民，罪有所归，汝受诛罚之痛，虽悔何及哉！观此憸民，小人以口舌为事，汝等颇似之。然憸民闻箴言尚知畏惧，盖箴言既来，傥不改惧，其祸败之发，有过于口舌之倾覆者。箴言尚可畏，矧予有生杀之权，能制汝短长之命，乃不知畏乎？汝等所见，有未便于心者，汝何不别白，为我言之，而造此浮言恐动，沉溺于众人，汝何心乎？我观汝浮言胥动，相煽而起，若火之燎于原，虽不可向迩然，而岂不可扑灭乎？事至扑灭则亦已矣，无可救矣，岂有好为苛虐哉！则惟汝众，自作非谋，非我之咎也。顾汝等所为如此，宜速摈绝矣！然念古人有人惟求旧之语，故我未敢自决。又有器非求旧惟新之语，故我决欲迁都。又念我先王及汝祖汝父，相与同其劳逸，今一旦敢动用非罚，遽戮其子孙乎？是以我世迁尔家之功劳，不掩汝等之善，汝岂不见大享于先王，时汝祖皆得配享乎然。我作福作灾，一循天理，虽念汝祖父，不敢动用非罚及其子孙，而汝等自作弗靖，亦岂得动用非德，而妄贷汝等乎？我告尔迁都之难，不可轻易，若射之有志，审详参订，一发破的可也。今朝廷老成人知先王典故，皆以谓当迁，汝不肯迁，是侮老成人也。孤儿幼子待父兄以有生，汝不肯迁，是弱孤有幼也。汝等不可顾目前所居之利，不谋所居长久之利。长久之利无若迁都，胡不勉？出汝力，无或从康，听予一人之祚猷，无或傲上。顾汝等所为，私僻如此不已，有死之道，我当有以劝沮之。今无有远迩亲疏，有罪即攻之，不养汝至于死地；有德即彰之，必使汝同于善道。如此，迁都而善，则是汝众之力；迁都而不善，则是我有余罚。盘庚自任如此，必其所见出乎群臣之上也。凡尔众臣，其致我此意，遍告斯民，使下民通晓上意，无或以尔浮言疑惑民心。太史公曰："自仲丁以来，比九世之乱，诸侯莫朝。"盘庚之立，适当其时。是时风俗衰败，无复知君臣之分，亦不闻贤哲之风，各弛慢职事，各紊乱名位，各喧嚣多口，故盘庚总其过而目之曰：自今至于后日，各恭尔事，而不可弛慢；各齐乃位，而不可紊乱；各度乃口，而不可喧嚣。倘或不循，罚及尔身，其可悔哉！呜呼！观盘庚丁宁勤苦如此，亦费辞矣。余于谆复之中，独见先王忠厚之心。商鞅变法，志在必行；项羽行兵，尽阬秦众。夫民心未晓，当委曲详尽以告诫训谕之，使之心安气平可也。不是之问，曰我君也，汝臣也，我所欲为，汝当听命，汝何人而敢疑，何事而敢与？有不吾听命，杀之坑之耳。此以犬彘草菅视民也，哀哉！董卓曰："天下之事，岂不由我？我欲为之，谁敢不从？"盗贼之言，类皆如此。盘庚为臣下如此傲悍，乃从容训谕，略无忿疾之心。与《多士》《多方》之篇相为映照，乃知圣王之心在此而不彼矣。东坡先生曰："不仁者鄙慢其民，曰民可与乐成，难与虑始，故为一切之政，若雷霆鬼神然，使民不知其从出，其肯敷心腹肾肠，以与民谋哉？"可谓深见先王之心，后世之暴矣，故并录之。（《横浦集》卷七《盘庚论上》）

又：此盘庚将迁，又恐民当道涂跋履艰难辛苦，将有怨咨吁叹之事，故先委曲开喻，使之忘其勤劳，而晓其志意也。自盘庚作，至登进厥民，皆史官形容其当日之举动与精神而传录之也，言盘庚之去耿，非玩游逸豫也，惟涉河以民迁而已。又以善言诱弗率之民，大告本心，用诚其有众。盖众心为浮言所动，务为闭匿，多不以诚事上，今盘庚布腹心以起其诚心，使众皆尊严其心，毋敢轻易列在庭下也。则又登之，使升进之，使前委曲告知之曰：汝明听我之训诲，我有命，令汝毋或荒失，以取祸咎也。则又嗟叹而语之曰：古我先王，以心相传，而不以敬民为心，而先王之民，亦以保君为心，上下一心，相与同其忧戚，故凡一动一作，少有不视天时而行止者，浮如物之浮水，一听水之行止，亦如先王动作之顺天时，一听天时之行止，岂敢容心于其间哉！自太戊有桑榖之祥，是天亦降大虐于商也，故仲丁以来，随天时以行止，而不以旧邑为怀，故至于今五迁也。然其所作岂快一己之嗜欲哉？一视民所利而迁耳。汝今何不念我先王之事所以闻于后世者，惟以敬民为心，故其迁都，意使汝民相与底于喜庆康宁之地，非如有罪而投诸四裔之比也。我所以如此呼召汝众怀此新邑者，非我自快耳目之玩也，亦以汝民之故而已。盖汝民之志，志在喜庆康宁。今此邦将有荡析离居之灾，故我从汝志，徙于喜康之地，是以今我将用汝迁之亳殷，以为安定之计，汝其可慢乎？然我心所困苦者，以耿邑将有非常之灾，而汝等俨然自安，不以我心之困苦者为忧，乃皆听险肤之说，包藏于心，不肯宣露，不生尊君亲上之念，动皆疑贰，无复以至诚感动于人主者，然而汝何能为哉？汝乃自穷自苦而已。我观汝心，犹若乘舟，理在济涉，而靳固留恋，坐观所载，日向臭败，如耿邑理当迁徙，而怀安恋旧，日待非常，与之俱毙。所以如此者，无他，亦诚心易间。或进或退，进闻我言，则有迁意；退受浮言，则又怀安，往往沉溺于大祸而后已。略不稽考先王故事以从迁徙，至大祸已临，乃方自怒其不迁，不知其何所济乎！据汝目前之利，不谋长久之计，不思灾患之来，是安其危而利其菑乐，其所以亡者，岂非大劝忧乎？倘如汝意而不迁，是止有今日而无后日也，汝将相与沦于幽阴，陷于死地，何得复生在人上乎？我今再训诰汝：汝当一其心，勿听险肤之言，起秽恶之念，以自臭污其所为。予恐险肤之人，倡险肤之说，倚乃身以为奸，迁乃心以为恶，将陷汝于死亡之地。予怜悯汝为小人所劫如此，故丁宁训诰以迂续。汝今之命于天，我虚心下意以劝谕，使汝回心向道，改过自新耳，岂胁以刑戮之威乎！以此诚心敬汝、养汝，所以然者，以我念先王曾劳汝祖先，汝乃先正子孙，岂当摈绝汝而不收乎？所以大能进汝于爵位者，用仁心以怀汝耳，非以威也。倘我徇汝之意而不敢迁，权柄自下，纲纪纷如，是失于政也。我倘如汝见眷恋久安于此耿邑，是陈于兹也，则幽冥之中，决不我贷，先王在天将降罪，疾于我曰：汝胡得怯懦愚暗，以吾之民纳之于死地，而虐之乎？汝万民乃不以生生之计为念，止以目前为利，乃不与我同心，是非我之罪也。罪有所归，则我先王将大降与汝罪，疾曰：何不与我幼孙同心，致我国家有失德乎？夫显明之中，倘有罪罚，尚可晓晓也；幽冥之中，鬼神责罚自天而降，汝复能聒聒道说乎？且人主断罪以刑，鬼神断罪以疾，曰降罪疾者，谓断罪以疾也。古我先王，与汝祖父，同其劳苦，以养斯民。今汝亦与我畜养此民，汝不惟民之念，乃有戕贼在心，传曰：毁则为贼，戕毁也；戕则在心，是贼心也。包藏贼心，陷害斯民，使之趋于死地，汝所为在此。我先王与汝祖父，其肯已乎？盖先王与汝祖父相安，国家不安则先王不安，先王不安则汝祖父不安矣。汝祖父不安则将如之何？将断汝、弃汝、不救汝，使之以疾而死也。且迁都之举，民平时藏畜，不免暴露，将有见之而动心者，则有作誓于鬼神，曰凡我乱政同位之臣，敢怀奸心，乘权挟势贪饕，兼有他人贝玉者，则汝祖父当大告于先王，曰作大刑于朕孙，开道高祖，大降不祥，非特使汝疾病而已，将使汝家有非意之祸，仓卒之变，凡人间不祥，皆当萃于汝矣。则又总而告之曰：呜呼！今我告汝不可易也，汝当久敬之，无或懈怠大忧之，无或轻忽，使我与汝同心一德，无相绝远矣，相绝远则死生异路矣。

汝不可并为一党，牢不可破，当各分其心，谋长久之计，从我以迁也。汝人人自有中道，今所见偏颇，中道掩没，倘如我训，各求长久，则中道自见，惟理是趋，是设中于心之义也。乃有不吉不道凶残小人，不守常分而颠越，不畏刑法而不恭，暂遇一时之利，而为奸于外，为宄于内，以相结约，将为盗贼，以掠夺人之所有者，我岂贷汝哉！小罪劓之，大罪殄灭之，无遗子孙，无易种类于此新邑。今我此迁，将大变斯民为士君子，岂容凶残小人盗贼遗类杂于其间哉！则以迁徙之间，必有此事，不可不预防也。往矣哉！将为生生长久之计，故今我用汝以迁，永建汝家国矣。且盘庚告诫，动以鬼神，警动之何也？此风既行，得无有奸人倚此以为奸乎？盖各一时风俗，不可以后世之见而可否之也。商人敬鬼，盘庚以风俗衰弊，训诲不能遽革之，故因其所畏而警戒焉，然亦岂诳误之哉？幽明一理也，古人有言曰：明则有礼乐，幽则有鬼神。是明之礼乐，即幽之鬼神也。得罪于人者，必得罪于天；而民爱之者，天亦必爱之也。兹理之自然，无足怪者，学者其深思而谨取之。(《横浦集》卷八《盘庚论中》)

又：此盘庚已在新都所作之篇也，专为士大夫设。盖未迁涉河时，则并臣民而告之，欲其上下一心，以从我之号令也。今既在新都，民各安业无他心也，所以图天下之治者，正有赖于士大夫，不可少失其心焉，故此篇勤勤恳恳告饬在位，不复以刑罚为言，第陈所以迁都之意，而劝谕安慰之。呜呼！盘庚之心，可谓忠厚矣。其未迁将迁时，多苦切严厉之言，而其既迁也，其辞语乃安平深厚，是知下篇乃盘庚之本心，而上篇、中篇之言，皆不得已，以济事也。上、中二篇，譬如拯焚救溺，焦体濡足、纷呶叫呼，岂暇为雍容之言？至于下篇，则如拯救之后，各有生意，率皆嬉怡欢笑，互相庆贺戒劝而已，岂复为此急迫之态乎？观书者识其意，则三篇之说，涣然冰释矣。(《横浦集》卷八《盘庚论下》)

王若虚：《盘庚》三篇，凡以告谕臣民之不欲迁者。《史记》既略言其大旨矣，而复云"帝小辛立，殷复衰，百姓思盘庚而作"，不亦乖乎？(《滹南遗老集》卷九《史记辨惑》)

梁玉绳：按：三篇乃盘庚告民之词，史臣所录，安得谓百姓思盘庚而作于小辛之世乎？《书》疏非之是也。至康成谓盘庚为阳甲之臣，谋徙都殷，以上篇盘庚为臣时事。一先一后，其妄正同。(《史记志疑》卷二《殷本纪第三》)

④【汇注】

郑樵：帝小辛（原注：元年，丙午）：小辛不能绍盘庚之业，商家微矣。百姓思盘庚之治，作《盘庚》三篇。在位二十一年崩。弟小乙立。(《通志》卷三《商》)

马端临：小乙，小辛弟，以己丑嗣立，二十八年丙辰崩。(《文献通考》卷二百五十《帝系·历年》)

蒋廷锡：按《竹书纪年》，小辛（注：名颂）元年甲午，王即位，居殷。三年，

陟（按《通志》作在位二十一年）。（见《古今图书集成·明伦汇编·皇极典》卷九《商·帝小辛本纪》）

　　宫梦仁：小辛，盘庚弟，在位二十一年。（《读书纪数略》卷一五《统纪类》）

⑤【汇注】

　　李　昉：《史记》曰：帝小乙在位二十年，崩，子武丁立。（《太平御览》卷八三《皇王部八》）

　　又：《纪年》曰：小乙敛居殷。（同上）

　　徐文靖："小乙六年命世子武丁居于河，学于甘盘"。《笺》按：《书·说命》王曰：来，汝说！台小子旧学甘盘。既乃迁于荒野，入宅于河。《无逸》曰：其在高宗，旧劳于外，爱暨小人。《楚语》白公子张曰：昔殷武丁能耸其德，以入于河，自河徂亳。此盖言武丁未即位时出居河上，就学于甘盘。既乃自河而往于亳殷为天子也。韦昭谓武丁迁于河内，往亳都。盖非也。当是时，武丁尚为世子，何得自迁于河内乎？（《竹书纪年统笺》卷五《小乙六年》）

　　朱孔阳：小乙名敛，小辛弟，在位二十有八祀。（《历代陵寝备考》卷七《商》）

　　王国维：小乙，名敛。元年丁酉，王即位，居殷。六年，命世子武丁居于河，学于甘盘（《书·无逸》"其在高宗，旧劳于外"。伪《书·说命》"余小子旧学于甘盘，既乃遁于荒野，入宅于河"）。十年，陟（《御览》八三引《史记》："小乙在位二十八年。"《外纪》"二十一年"）。（《今本竹书纪年疏证》）

　　方诗铭：《太平御览》卷八三《皇王部》引《纪年》曰：小乙敛居殷。按：甲骨文作"小乙"。（《古本竹书纪年辑校·殷纪》）

　　　　帝小乙崩①，子帝武丁立②。帝武丁即位③，思复兴殷④，而未得其佐。三年不言⑤，政事决定于冢宰⑥，以观国风。武丁夜梦得圣人⑦，名曰说。以梦所见视群臣百吏，皆非也。于是乃使百工营求之野⑧，得说于傅险中⑨。是时，说为胥靡⑩，筑于傅险⑪。见于武丁，武丁曰："是也⑫。"得而与之语⑬，果圣人⑭。举以为相⑮，殷国大治⑯。故遂以傅险姓之，号曰傅说⑰。

①【汇注】

　　蒋廷锡：按《竹书纪年》，小乙（注：名敛）元年丁酉，王即位，居殷。六年，命世子武丁居于河，学于甘盘。十年，陟（按《通典》作在位二十年）。（见《古今图书集成·明伦汇编·皇极典》卷九《商·帝小乙本纪》）

宫梦仁：小乙，小辛弟，在位二十八年。（《读书纪数略》卷一五《统纪类》）

施之勉：按：《御览》八十三引，"武"上无"帝"字。《孟子·公孙丑》篇疏引，亦无"帝"字。（《史记会注考证订补·殷本纪第三》）

② 【汇注】

李　贽：武丁立，恭默思道，梦帝赉以良弼，乃使人以形旁求于天下，得傅说于版筑之间，命以为相。进谏，论列天下之事，君臣道合，政事修举……殷道复兴，号称高宗。崩，子祖庚立。（《史纲评要》卷一《商纪·武丁》）

朱孔阳：高宗武丁，名昭。小乙子，恭默思道，帝赉良弼。在位五十有九祀。陵在河南陈州府西华县，国朝载入祀典。（《历代陵寝备考》卷七《商》）

王国维：武丁，名昭。元年丁未，王即位，居殷。命卿士甘盘。三年，梦求傅说，得之（《尚书序》"高宗梦得说"。伪《书·说命》"王宅忧，亮阴三祀。既免丧，其惟弗言，曰：梦帝赉予良弼，其代予言"）。六年，命卿士傅说。视学养老（《王制》："凡养老，殷人以食礼。"又"殷人养国老于右学，养庶老于左学"。又"殷人缟衣而养老"）。十二年，报祀上甲微（《鲁语》："上甲微能帅契者也，商人报焉。"《孔丛子·论书篇》："《书》曰'惟高宗报上甲微'"）。二十五年，王子孝己卒于野（《尸子》"殷高宗之子曰孝己。其母早死，高宗惑后妻言，放之而死"）。三十二年，伐鬼方（《易·下经》"高宗伐鬼方"）。次于荆（《诗·商颂》"挞彼殷武，奋伐荆楚"）。三十四年，王师克鬼方（《易·下经》："高宗伐鬼方，三年克之"）。氐、羌来宾。四十三年，王师灭大彭（《郑语》"彭姓，彭祖、豕韦、诸稽，则商灭之矣"）。五十年，征豕韦，克之。五十九年，陟（《古文尚书·无逸》："肆高宗之享国五十有九年。"《御览》八三引《帝王世纪》："武丁在位五十九年。"此从之。《隶释》录汉石经"肆高宗之享国百年"）。（《今本竹书纪年疏证》）

曲英杰：商人在武丁时曾一度迁沬，后又返亳，至武乙前后又再次迁都于沬。《国语·楚语上》记白公语曰："昔殷武丁能耸其德，至于神明，以入于河，自河徂亳。"韦昭注："迁于河内。""从河内往都亳也"。此事又见于所谓古文《尚书·说命》。《帝王世纪》亦云："武丁徙朝歌，于周为卫，今河内县也。"《史记·三代世表》载："帝庚丁（依小屯卜辞当为"康丁"），廪辛弟，殷徙河北。"《殷本纪》载："帝庚丁崩，子帝武乙立。殷复去亳，徙河北。"《路史·国名纪丁》引《帝王世纪》云："朝歌，武乙徙之。"《括地志》引《帝王世纪》云："帝乙复济河北，徙朝歌。其子纣仍都焉。"据《殷本纪》载："武乙猎于河渭之间，暴雷，武乙震死。"皇甫谧或据之以为武乙时又徙河渭之间，故有"帝乙复济河北，徙朝歌"之说。又《三代世表》载徙都河北者为康丁，与《殷本纪》等所载不同。或有可能商人在康丁时已有徙都河北之想，而至武乙时正式徙都于朝歌。后至商末，商人一直是都于此地。

武丁、武乙所迁朝歌，原名沬。《水经注·淇水》载："其水南流，东屈迳朝歌城南，《晋书地道记》曰：本沬邑也。《诗》云：爰采唐矣，沬之乡矣。殷王武丁始迁居之，为殷都也。《禹贡》纣都在冀州大陆之野，即此矣。有糟邱酒池之事焉。有新声靡乐，邑号朝歌。晋灼曰：《史记·乐书》：纣为朝歌之音。朝歌者，歌不时也。故墨子闻之，恶而回车，不迳其邑。《论语撰考谶》曰：邑名朝歌，颜渊不舍，七十弟子掩目。宰予独顾，由雕堕车。宋均曰：子路患宰予顾视凶地，故以足雕之，使堕车也。今城内有殷鹿台，纣昔自投于火处也。《竹书纪年》曰：武王亲禽帝受于南单之台，遂分天之明。南单之台，盖鹿台之异名也。"是知此地名朝歌当在纣为朝歌之后。朝歌即晨起而歌，于时俗不合，且所歌者为靡靡之音。《史记·殷本纪》载：纣"使师涓作新淫声，北里之舞，靡靡之乐"。《乐书》载："纣为朝歌北鄙之音，身死国亡……夫朝歌者，不时也。北者，败也。鄙者，陋也。纣乐好之，与万国殊心，诸侯不附，百姓不亲，天下畔之，故身死国亡。"其地原名沬当是由临沬水而得。王应麟《诗地理考》卷一引黄氏曰："沬水在卫之北。"沬又作妹。《尚书·酒诰》载，王若曰："明大命于妹邦。"郑玄注："妹邦，纣之都所处也。于《诗》国属鄘。故其《风》有'沬之乡'，则'沬之北''沬之东'，朝歌也。"周初铜器康侯簋铭文记征讨武庚之事曰："王来伐商邑，征令康侯啚于卫，渣司土送众啚，乍厥考障彝。"其渣即漈，亦即沬。由此可知，此地至周初犹称沬。朝歌可能只是其别名而已。其正式称为朝歌当在春秋时期归属晋国以后，《左传·襄公二十三年》载："齐侯遂伐晋，取朝歌。"《战国策·秦策五》载姚贾曰："太公望，齐之逐夫，朝歌之废屠。"当是以其别名或后起之名称沬邑。又《尚书·多士》载王曰："予一人惟听用德，肆予敢求尔于天邑商？"《白虎通·京师》云："天子所都，夏、商曰邑，周曰京师。"孔颖达云："郑玄云：天邑商者，亦本天之所建。王肃云：言商今为我之天邑。二者其言虽异，皆以天邑商为殷之旧都。言未迁之时，当（阮元《校勘记》引浦镗云：'当'疑'尚'字误）求往迁后有德任用之必矣。"此"天邑商"，或作"大邑商"，亦见于小屯出土之帝乙、帝辛时期卜辞，当均指商都沬邑而言。

沬邑所在，《汉书·地理志上》载河内郡属县"朝歌，纣所都"。《括地志》载："纣都朝歌在卫州东北七十三里，朝歌故城是也。本妹邑，殷王武丁始都之。""朝歌故城在卫县西二十三里，卫州东北七十二里，谓之殷虚"。在今河南淇县境，这里已发现有商代遗存多处，然较大规模的商代城址或聚落遗址尚未发现，沬邑的原貌尚无法搞清。《史记·殷本纪》载：纣"厚赋税以实鹿台之钱，而盈巨桥之粟。益收狗马奇物，充仞宫室。益广沙丘苑台，多取野兽蜚鸟置其中。慢于鬼神。大冣乐戏于沙丘，以酒为池，悬肉为林，使男女倮相逐其间，为长夜之饮。"《新序·刺奢》载："纣为鹿台，七年而成。其大三里，高千尺，临望云雨。"《吕氏春秋·过理》载：纣"作为琁室，筑为顷宫。"高诱注："琁室，以琁玉文饰其室也。顷宫，筑作宫墙满一顷田中，言博大也。"由此可见，沫城内外的宫殿台苑建筑是十分宏伟和奢侈豪华的。

沫邑作为商都，在经济上亦十分发达，《尚书·酒诰》载，王若曰："妹土嗣尔股肱，纯其艺黍稷，奔走事厥考厥长。肇牵车牛远服贾，用孝养厥父母。"其"艺黍稷"，即种植农作物。"远服贾"，即远为商贾之事。由此可知，沫邑居民既有务农者，又有经商者，其务农、经商之习由来已久，至周初犹然，故周公有此语。又《左传·定公四年》记祝佗语云周初封鲁公，分以"殷民六族：条氏、徐氏、萧氏、索氏、长勺氏、尾勺氏"。封康叔，分以"殷民七族：陶氏、施氏、繁氏、锜氏、樊氏、饥氏、终葵氏"。其索氏，可能为绳索之工；长勺氏、尾勺氏，可能为酒器之工；陶氏，可能为陶工；施氏，可能为旌旗之工；繁氏，可能为马缨之工；锜氏，可能为锉刀工或釜工；樊氏，可能为篱笆工；终葵氏，可能为锥工。这些世代从工之族，当均居于沫邑，由此可知其地从工者之众多。

沫邑之北百余里今河南安阳小屯，为成汤发兴之地。武丁时期可能为子渔所居。小屯西北，洹水北岸，建有商王陵。丁山以为武丁徙河北所居之地不在沫，而当在此小屯之地，不确。沫邑之南七十里有牧野，为周武王率师伐纣，大败商师之地。(《先秦都城复原研究》，第90页)

【汇评】

刘　向：高宗者，武丁也。高而宗之，故号高宗。成汤之后，先王道缺，刑法违犯，桑榖俱生乎朝，七日而大拱。武丁召其相而问焉。其相曰："吾虽知之，吾弗得言也。闻诸祖己：桑榖者，野草也。而生于朝，意者国亡乎？"武丁恐骇，饬身修行，思先王之政，兴灭国，继绝世，举逸民，明养老。三年之后，蛮夷重译而朝者七国。此之谓存亡继绝之主，是以高而尊之也。(《说苑》卷一)

编者按：《诗经·商颂·玄鸟》颂武丁曰："商之先后，受命不殆，在武丁孙子，武王靡不胜。"陈子展译曰："商代的先王，受了天命不至危殆，有武丁这孙子在，武王汤的事业没有不能胜任。"毛《传》云："武丁，高宗也。""胜，任也"。郑《笺》云："后，君也。商之先君，受天命，而行之不解殆者，在高宗之孙子。言高宗兴汤之功，法度明也。"

③【汇注】

伏　生：武丁之时（原注：《外纪》卷二此句上有"成汤之后"四字，下有"王道云"三字。《困学纪闻》卷二此句下有"先王道亏，刑罚犯"七字），桑榖俱生于朝，七日而大拱（原注：两手搤之曰拱，生七日而见其大满两手也）。武丁召其相而问焉。其相曰："吾虽知之，吾不能言也。"问诸祖己曰："桑穀，野草也（原注：此木也，而云草，未闻，刘向以为草妖）。野草生于朝，亡乎？"武丁惧，侧身修行，思昔先王之政，兴灭国，继绝世，举逸民，明养老之礼，重译来朝者六国（原注：九州之外国也）。（《尚书大传》卷二《殷传》）

皇甫谧撰、徐宗元辑：武丁即位，谅暗居凶庐，百官总己，听于冢宰。三年不言。既免丧，犹不言。群臣谏武丁，于是思建良辅，梦天赐贤人，姓傅名说，乃使百工写其像，求诸天下。见筑者，胥靡衣褐带索，执役于虞、虢之间，傅岩之野，名说，登以为相。享国五十有九年，年百岁。初，高宗有贤子孝己，其母早死，高宗惑后妻之言，放之而死，天下哀之。（《帝王世纪辑存·殷商第三》）

苏　辙：武丁少学于甘盘，已而遁于荒野，入宅于河，自河徂亳，欲以习知民事之艰难。及父没，亮阴三年，既免丧，犹弗言也。群臣疑而问焉。武丁曰："以台正四方，台恐德弗类兹，故弗言，恭默思道，梦帝赉予良弼，其代予言。"乃以其形求之于天下。说为胥靡，筑于傅岩，惟肖。乃立为相，号之曰傅说，任以保衡之事。殷复兴……武丁在位五十九年而崩，是为高宗。（《古史》卷四《殷本纪》）

编者按：据胡厚宣《殷墟发掘》一书第二章《解放前的殷墟发掘工作》称，1936年春季，由郭宝钧主持，进行第十三次发掘，发现一未经翻扰的藏满甲骨的圆坑。其中龟甲17088片，牛骨8片，共计甲骨17096片。"时代属于盘庚到武丁，尤以武丁时的为多，知为武丁时所埋藏"，加上这次发掘所得的其他零星甲骨，有字之甲达17756片，有字之骨约48片，总共甲骨17804片，这些宝藏，可谓是武丁时代为我们留下的巨大的文化遗产。

④【汇注】

司马光：王武丁思复兴殷道，亮阴三年不言。群臣咸谏，王曰：予恭默思道，梦帝赉予良弼（原注：梦天与我良佐），乃以形求于天下。傅说筑傅岩之野，惟肖（原注：傅岩在今陕州平陆界。傅说贤而隐，代胥靡刑人筑此道以供食。肖，似也）。王召与语，果圣人也。爰立作相，置诸左右。曰："启乃心，沃朕心。若药弗瞑眩，厥疾弗瘳（原注：开汝心以沃我心。如服药，必瞑眩极，其病乃除。欲其出切言以自警）；若跣弗视地，厥足用伤（原注：跣必视地，足乃无伤。言欲为己视听）。"说曰："天立后王君公，承以大夫师长，不惟逸豫，惟以乱民（原注：不使有位者逸豫，民上言立之，王使治民）。"又曰："惟治乱在庶官（原注：言所官得人则治，失人则乱）。"又曰："无耻过作非（原注：耻过，误而文之，遂成大非）。"又曰："非知之艰，行之惟艰。"王曰："若作酒醴，尔惟曲糵；若作和羹，尔惟盐梅（原注：酿酒者，曲过太苦，糵过太甘。调羹者，盐过太咸，梅过太酸，必求和适为难。良相治国，惩劝宽猛，凡区处施设，若大酋之酿酒，膳夫之调羹，曲尽其宜乃为善）。尔交修予、罔予、弃予，惟克迈乃训（原注：交，非一之义也。迈，行也，言我能行政教）。"说曰："王人惟学于古训，乃有获（原注：有所得），道积于厥躬。"王曰："股肱惟人，良臣惟圣（原注：手足具乃成人，有良臣乃成圣）。惟后非贤不乂，惟贤非后不食（原注：言君须贤治，贤须君食）。"（《稽古录》卷七《殷下》）

⑤【汇注】

武　丁：以台正于四方，惟恐德弗类，兹故弗言，恭默思道。（引自《尚书·说命上》）

白公子张：昔殷武丁，能耸其德，至于神明，以入于河。自河徂亳，于是乎三年默以思道。卿士患之，曰："王言以出令也。若不言，是无所禀令也。"武丁于是作书曰："以余正四方，余恐德之不类，兹故不言。"（引自《国语·楚语上》）

伏　生：《书》曰："高宗梁暗，三年不言，何为梁暗也？"传曰：高宗居凶庐，三年不言，百官总己以听于冢宰而莫之违，此之谓梁暗。子张曰："何谓也？"孔子曰："古者君薨，王世子听于冢宰，三年，不敢服先王之服，履先王之位而听焉，（王闿运补曰：三年，吉凶不相干，故不敢也。有终身之慕，非在服位）以臣民之义，则不可一日无君矣。不可一日无君，犹不可一日无天也。以孝子之隐（原注：隐，痛也。子或为殷）乎？则孝子三年弗居矣。故曰：义者，彼也；隐者，此也。远彼而近此，则孝子之道备矣。"（《尚书大传》卷四《盘庚》）

又：高宗有亲丧，居庐三年，然未尝言国事，而天下无背叛之心者何也？及其为太子之时，尽已知天下人民之所好恶，是以虽不言国事也，知天下无背叛之心。（同上）

高　诱：高宗，殷王盘庚之弟，小乙之子也。德义高美，殷人尊之，故曰"高宗谅暗，三年不言"。在小乙之丧也。《论语》曰："高宗谅暗，三年不言，何谓也？"孔子曰："古之人皆然，君薨，百官总己听于冢宰三年。"此之谓也。（《吕氏春秋注·重言》）

李　昉：《帝王世纪》曰：武丁即位，谅暗居凶庐，百官总己听于冢宰。三年不言，既免丧，犹不言。群臣谏。武丁于是思建良辅，梦天赐贤人，姓傅名说，乃使百工写其像，求诸天下。见筑者胥靡，衣褐带索，执役于虞、虢之间，傅岩之野，名说，登以为相。享国五十有九年，年百岁。（《太平御览》卷八三《皇王部八》）

顾颉刚：《论语·宪问》：子张曰："《书》曰：'高宗谅阴，三年不言'何谓也？"子曰："何必高宗，古之人皆然。君薨，百官总己以听于冢宰，三年。"此以孔子之言释《尚书》之义，谓"谅阴"为国君居丧之礼，于礼当三年不言，其时一切政事悉委之于冢宰也。所引《书》文出于《无逸》篇，云："其在高宗，时旧劳于外，爰暨小人。作其即位，乃或亮阴，三年不言。其惟不言，言乃雍。"又按：三年云者，非真三年也,状其久也。《左传》昭二十八年:"昔贾大夫恶,娶妻而美,三年不言、不笑。"此不言、不笑之三年,岂真如丧服之有定制乎!《史记·滑稽列传》:"齐威王之时喜隐,好为淫乐长夜之饮。淳于髡说之以隐曰:"国中有大鸟,止王之庭,三年不蜚又不鸣,王知此何鸟也?"又《楚世家》:庄王即位,三年不出号令,日夜为乐……伍举曰:"有鸟在于阜,三年不蜚、不鸣,是何鸟也?"亦以三年状不蜚、不鸣之久,与上所记不言、不笑同。然则高宗之"三年不言"岂必果为三年哉!(《史林杂识初编·"高宗谅阴"》)

【汇评】

时　澜:君薨,百官总己以听冢宰三年,此为君之常也。免丧之后,则发号施令,与天下更始,当臣民拭目观化,耸然听命之时,高宗犹且弗言,弗言者,恭默深思为君之难,不敢易其言也。非柔懦暗弱,胸中无所主而不能言也。中无所主而不言,则柔懦暗弱之形已见于外,惟中有所主者,虽未尝言,其至诚发越,自不可掩,此高宗之群臣默窥于不言之表而有明哲之说也。(《增修东莱书说·说命上·注》)

⑥【汇注】

裴　骃:郑玄曰:"冢宰,天官,卿贰王事者。"(《史记集解》)

傅元恺:冢宰:辅佐天子治国的大臣,相当于后来的丞相。(见《史记纪传选译·殷本纪》)

⑦【汇评】

时　澜:清明在躬,志气如神,嗜欲将至,有开必先。高宗旧学于甘盘,恭默思道,至诚所召,必有以开其先矣,故形于梦。大抵诚则一,一则通。不诚则二,二则隔。惟至诚者,志为气之帅,见之于梦,无非兆朕之先,故梦得说,遂信之而不疑,使百执事营求诸野,而果得之。常人诚不存,志为气之役,心志不定,所形于梦,颠倒错乱,其敢自信乎!其后如武王言"朕梦协朕卜",皆《周礼》之所谓"正梦"也。(《增修东莱书说·说命上·注》)

陆可教:武丁尝居民间,已知说之贤矣,一旦欲举而加之臣民之上,人未必帖然以听也。故征之于梦焉。盖商俗质而信鬼,因民之所信而导之,是圣人所以成务之几也。(引自《百大家评注史记·殷本纪》)

⑧【汇注】

傅元恺:百工:百官。(见《史记纪传选译·殷本纪》)

⑨【汇校】

司马贞:旧本作"险",亦作"岩"也。(《史记索隐》)

【汇注】

裴　骃:徐广曰:"《尸子》云傅岩在北海之洲。"(《史记集解》)

张守节：《地理志》云："傅险，即傅说版筑之处，所隐之处，窟名圣人窟，在今陕州河北县北七里，即虞国虢国之界。又有傅说祠。《水经注》云：沙涧水北出虞山，东南迳傅岩，历傅说隐室前，俗名圣人窟。"工，官也，营，谓刻画所梦之形像，于野外求之。墨子云"傅说衣褐带索，庸筑于傅岩"。（《史记正义》）

李　昉：《书·叙传》曰：高宗梦得说（武丁，盘庚弟小乙子也，名武丁。梦得贤相，其名说），使百工营求诸野，得诸傅岩。（《太平御览》卷八三《皇王部八》）

吕　柟：傅岩在平陆县东二十里，曰商贤；有水曰圣人涧。为说版筑之所……今年七月，送谷泉储公南还，已而随内滨子北谒岩祠。展拜既毕，登眺冈陵，顾瞻原隰，见群山四围，大河东绕，郁郁苍苍，浑浑灏灏。内滨子曰：此真圣贤所产之地乎！（《续刻吕泾野先生文集》卷二《谒傅说祠诗序》）

王　恢：傅险：险、岩古通。《伪孔传》："傅氏之岩，在虞虢之界。"《水经注》："沙涧水北出虞山，东南迳傅岩，历傅说隐室前，俗名圣人窟。"《清统志》（一五四）"傅岩，在平陆县东二十五里。傅岩穴，今名隐贤社，在县东北二十五里。两山之峡，为筑版故处。"（《史记本纪地理图考·殷本纪·伊尹与傅说》）

傅元恺：傅险：一作傅岩，在今山西省平陆县东。（见《史记纪传选译·殷本纪》）

【汇评】

墨　子：昔者傅说居北海之洲，圜土之上，衣褐带索，庸筑于傅岩之城。武丁得而举之，立为三公，使之接天下之政，而治天下之民……武丁之举傅说也，岂以为骨肉之亲、无故富贵、面目美好者哉？唯法其言、用其谋、行其道，上可而利天，中可而利鬼，下可而利人，是故推而上之。（《墨子·尚贤下》）

⑩【汇校】

王叔岷：案：《吕氏春秋·求人》篇："傅说，殷之胥靡也。"高诱注："胥靡，刑罪之人也。"（《史记斠证·殷本纪第三》）

陈　直：《正义》：胥靡，腐刑也。直按：《史记·申公传》云"乃胥靡申公"，徐广注亦为腐刑。《隶释》卷十《汉幽州刺史朱龟碑》云："永昌太守曹鸾上□解党以不纠摘，获戾胥靡，潜于家巷。"可证东汉人解胥靡为禁锢之义，本文则又似指为普通犯刑之人，皆不作腐刑解。徐广解胥靡为腐刑，盖因薰胥二字而误，《汉书·司马迁传》赞云："乌乎史迁，薰胥以刑"是也。（《史记新证》）

【汇注】

泷川资言：《考证》：胥靡解见《贾生传》。中井积贵曰："靡縻通，刑人以索相连，累累相属也。"（《史记会注考证卷三·殷本纪第三》）

傅元恺：胥靡：古代奴隶的一种，汉时用作一种刑徒的名称。（见《史记纪传选译·殷本纪》）

【汇评】

郑　樵：又按《墨子》曰："傅说居北海之州，圜土之上，衣褐带索，庸筑于傅岩之城。"臣按：筑者，筑室也。依岩筑室，其隐者与怀才抱道应时而起，非役徒也。以士君子之身，何自苦而衣胥靡之衣，为刑人之事乎？（《通志》卷三《商》）

⑪【汇注】

裴　骃：孔安国曰："傅氏之岩在虞虢之界，通道所经，有涧水坏道，常使胥靡刑人筑护此道。说贤而隐，代胥靡筑之，以供食也。"（《史记集解》）

王　圻：秦汉以前书籍之文言多辟况，当求于意外。如《尚书》云"说筑傅岩之野"，"筑"之为言居也。后世犹有上筑之称。求其说而不得，遂谓傅说起于版筑，虽孟子亦误矣。（《稗史汇编》卷一〇三《文史门·辟况》）

孙诒让：孔安国《书传》云："傅岩在虞、虢之界。"《史记索隐》云："在河东太阳县。"又夏靖书云："猗氏六十里，河西岸吴阪下，便得隐穴，是说所潜身处也。"按：今在山西平陆县东二十五里。诒让按：《书叙》云："高宗梦得说，使百工营求诸野，得诸傅岩。"《孔疏》引马融云："高宗始命为傅氏。"又郑康成云："得诸傅岩，高宗因以傅命说为氏。"《说文·夐部》引《书叙》释之云："傅岩，岩穴也。"伪《古文·说命》云："说筑傅岩之野。"伪《孔传》云："傅氏之岩，在虞、虢之界，通道所经，有涧水坏道，常使胥靡刑人筑护此道。说贤而隐，代胥靡筑之以供食。"《孔疏》引皇甫谧云："高宗梦天赐贤人，胥靡之衣，蒙之而来，且曰：'我徒也。'姓傅，名说。明，以梦示百官，百官皆非也。乃使百工写其形象，求诸天下，果见筑者胥靡，衣褐带索，执役于虞、虢之间，傅岩之野，名说。以其得之傅岩，谓之傅说。"《水经河水注》云："沙涧水出虞山，东南迳傅岩，历傅说隐室前，俗谓之圣人窟。"《史记·殷本纪》傅岩作傅险，音近字通。（《墨子间诂》卷二《尚贤中》）

钱　穆：案：今山西平陆东二十五里。（《史记地名考》上，第248页）

⑫【汇注】

佚名撰、孔子整理：高宗梦得说，使百工营求诸野，得诸傅岩，作《说命》三篇。（《尚书·说命上·序》）

⑬【汇注】

左丘明：得傅说以来，升以为公，而使朝夕规谏，曰："若金，用女作砺；若津水，用女作舟；若天旱，用女作霖雨。启乃心，沃朕心。若药不瞑眩，厥疾不瘳。若跣不视地，厥足用伤……必交修余，无余弃也。"（《国语·楚语上》）

⑭【汇注】

傅　说：呜呼，明王奉若天道，建邦设都，树后王君公，承以大夫师长，不惟逸豫，惟以乱民。惟天聪明，惟圣时宪，惟臣钦若，惟民从乂。惟口起羞，惟甲胄起戎，惟衣裳在笥，惟干戈省厥躬，王惟戒兹，允兹克明，乃罔不休。惟治乱在庶官，官不及私昵，惟其能，爵罔及恶德，惟其贤。虑善以动，动惟厥时。有其善，丧厥善，矜其能，丧厥功。惟事事，乃其有备，有备无患。无启宠纳侮，无耻过作非。惟厥攸居，政事惟醇。黩于祭祀，时谓弗钦，礼烦则乱，事神则难。（引自《尚书·说命中》）

⑮【汇评】

墨　子：傅说，被褐带索，庸筑乎傅岩，武丁得之，举以为三公，与接天下之政，治天下之民。此何故始贱卒而贵，始贫卒而富？则王公大人明乎以尚贤使能为政，是以民无饥而不得食，寒而不得衣，劳而不得息，乱而不得治者。（《墨子》卷二《尚贤中》）

孟　子：傅说举于版筑之间……故天将降大任于是（斯）人也，必先苦其心志，劳其筋骨，饿其体肤，空乏其身，行拂乱其所为，所以动心忍性，增益其所不能。（《孟子》卷六《告子下》）

傅　玄：贤者，圣人所与共治天下者也。故先王以举贤为急。举贤之本莫大正身而一其听。身不正，听不一则贤者不至，虽至不为之用矣。古之明君，简天下之良才，举天下之贤人，岂家至而户阅之乎？开至公之路，秉至平之心，执大象而致之，亦云诚而已矣。夫任诚天地可感，而况于人乎？傅说，岩下之筑夫也，高宗引而相之；吕尚，屠钓之贱老也，文武尊而宗之；陈平，项氏之亡臣也，高祖以为腹心：四君不以小疵忘大德，三臣不以疏贱而自疑，其建帝王之业，不亦宜乎！（《傅子·举贤篇》）

⑯【汇校】

梁玉绳：按：殷不当称"国"，疑是羡文。（《史记志疑》卷二《殷本纪第三》）

【汇注】

墨　子：傅说被褐带索，庸筑乎傅岩，武丁得之，举以为三公，与接天下之政，治天下之民。（《墨子》卷二《尚贤中》）

陈　栎：太戊崩，子仲丁立，迁都于嚣，其孙河亶甲迁于相，殷复衰。祖乙迁于耿，又六世而为盘庚，避水灾，复迁于亳。又三世而为武丁，梦帝赉之良弼，乃以形旁求于天下，傅说筑野，肖焉。王召与语，果贤，立以为相。殷以中兴，享国五十九年。后世谓武丁得一傅说而为高宗，信矣。（《历代通略》卷一《商》）

孙诒让：《国语·楚语》云："武丁使以象梦求四方之贤圣，果得傅说，以来，升以为公。韦注云：公，三公也。《史记·殷本纪》云武公"得而与之语，果圣人，举以为相，殷国大治"。（《墨子间诂》卷二《尚贤中》）

【汇评】

李　观：殷之哲王，唯政是恤。夜分而寝，梦获良弼……说之居兮山之幽，云峨峨兮水浩浩。彼人兮何斯，欸中心兮梦之。如渴兮在兹，如饥兮在兹，想遗眷兮索隐，抚空怀而叹思。思之未得，端宸沈默。其梦也则诚，其寝也则惑。其收之于野，而寄之以国。有唐时雍，上明下恭，君与之同日，臣与之比踪。事不惟旧，今之斯从，斐而成章，有愧雕龙。（引自《全唐文》卷五三二《高宗梦得说赋》）

刘 刚：武丁是商朝中后期的一位君主，庙号高宗，在商诸王中颇负盛名。《诗经》的五篇《商颂》，其中《玄鸟》和《殷武》都是为颂美武丁而作。《殷武》是专门祭祀高宗之乐，其中称赞武丁时期的兴盛："商邑翼翼，四方之极。赫赫厥声，濯濯厥灵。"朱熹注解这几句说："言高宗中兴之盛如此。"《尚书·无逸》："其在高宗，时旧劳于外，爰暨小人。"由于武丁曾居民间，多少能知道一点民间疾苦。《史记》说："武丁修政行德，天下咸驩，殷道复兴。"武丁在位五十九年，兢兢业业、不敢荒宁，励精图治、国力强盛，史称"武丁中兴"。

武丁在位时征服了许多小国，扩大了领土。代表当时社会生产力发展水平的青铜业，也有了突破性进展。此外，在纺织、医学、交通、天文等方面，也都取得不小成就。武丁开创的盛世局面，为商代晚期社会生产的发展乃至西周文明的繁盛，打下了很好的基础。武丁成就卓著，因而后人将他与成汤并提。他死后，被尊为高宗。

武丁时期之所以走上中兴道路的主要原因有以下三个方面：

一 盘庚迁殷

国王盘庚在位时，克服重重困难迁都于殷（今河南省安阳市西北），使商王朝终于找到了一个最理想的定都地点。殷地处黄河中游的冲积平原，水土肥沃，利于农业的发展，同时地理位置盘踞天下之中，既便于控制东部平原的诸侯各国，又便于进攻西北高原的游牧民族。盘庚实现迁都大计不久，就出现了"百姓安宁，殷道复兴"的政治局面，从此，商王朝结束了"荡析离居、不常厥邑"的动荡岁月，国力国势开始上升。盘庚迁殷后，商王国在政治、经济各方面都有了发展，特别在武丁统治的五十几年间，可说是商朝最强盛时期。《竹书纪年》说："自盘庚徙殷，至纣之灭，二百七十三年，更不徙都。"由于殷墟发掘得到从武丁至帝辛的历代王室的不少占卜刻辞，这证明"更不徙都"之说是可靠的。盘庚迁殷以后社会经济方面一定有了较大变化，才会一变过去长期以来经常迁都的局面。

二 根本原因在于武丁的英明

武丁的父亲小乙（即商朝第二十一代君主）对武丁的成长起到了至关重要的作用。武丁年少时，他的父亲小乙曾让他到民间，隐去自己贵族身份，与平民一起参加劳作，使他有机会了解一些民间的疾苦和稼穑的艰辛。武丁在民间发现了许多治国贤才，曾破格提拔出身低微的傅说举以为相。武丁能接受臣下的谏言，傅说等臣属又经常给他出谋划策，才使商朝的政治十分稳定，上至贵族，下至平民，对武丁没有任何怨言。此外，武丁还利用商朝的军事优势，先后发起一系列战争，从周边少数民族获得大量人口和财富。在武丁继位后的五十九年间，武丁曾派兵四处出征，讨伐侵扰其境的外方邦。武丁对西土的羌方，北部的方、土方，东土的人方，南部的荆楚，西南的巴、蜀等都曾进行过征战。这些征伐，使商王朝域内的百姓得到安定的生活环境，也使这些方国宾服于商。与此同时，武丁也进行经济和文化的交流，诸侯各国纷纷融入商王朝，使商王朝的版图和政治影响空前扩大，终出现了"武丁中兴"的局面。

三　贤相傅说和王后妇好的功劳

傅说原为刑徒，被武丁发现后，加以重用，"使之接天下之政而治天下之民"。《史记·殷本纪》记载：帝武丁即位，思复兴殷，而未得其佐。后来武丁夜梦得圣人，名曰说。以梦所见视群臣百吏，皆非也。于是乃使百工营求之野，得说于傅险中。是时说为胥靡，筑于傅险。见于武丁，武丁曰：是也。得而与之语，果圣人，举以为相，殷国大治。故遂以傅险姓之，号曰傅说。这件事在《墨子》《国语》《吕氏春秋》《帝王世纪》《尚书》等书中均有记载，内容也大同小异。当然，武丁托梦得圣人，是不可信的。合理的解释是，武丁在民间时，就已经访得傅说这个贤人，但傅说的地位太低下，武丁恐怕众人不服，于是利用众人迷信的心理，用托梦来实现自己的目的。

傅说为相辅佐武丁五十九年，大力改革政治，实行"治乱罚恶、畏天保民、选贤取士、辅治开化"等一系列政治措施，缓解了各王室宗亲、国家与奴隶之间矛盾，使殷商出现政治开明，国泰民安，百废俱兴的局面，史称"殷国大治""殷道复兴"。武丁一朝，成为商代后期的极盛时期。考古资料也说明武丁在位的五十九年间，是商朝最繁盛的时期。傅说因此成为历史上著名的中兴名相。关于傅说从政经历的说法，东晋时期的伪《古文尚书》中有《说命》上中下三篇。上篇叙述傅说初见武丁的过程及劝武丁虚心纳谏的言论；中篇为傅说向武丁陈述治国方略，其中有传颂不绝的名言：非知之艰，行之惟艰；下篇为君臣共勉之辞。以上传说虽非信史，却可以反映出傅说这位上古时期的政治家在人们心目中的地位，像所有被后人景仰的英雄一样，在不少史料中，傅说死后也变成了神，化成了一颗星宿，叫"傅说星"。屈原的《远游》中说："奇傅说之托辰星兮，羡韩众之得一。"《庄子·大宗师》中说："傅说得之，以相武丁，奄有天下，乘车维，骑箕尾，而比于列星。"《晋书·天文志》中说："傅说一星，在尾后，傅说主章祝，巫官也。"可见，在人们的心中，傅说是真的上天做了神，这是当时人们对圣人的一种崇敬。

武丁的另一个得力助手是妇好。她是武丁的王后，又是一位杰出的军事领袖。武丁时期，商王朝周围有许多被称为"某方"的部族，这些部族有的臣属于商或与商结成同盟，有的则与商敌对。在武丁继位之初，就曾平定荆楚之乱。《易经》还有记载"高宗伐鬼方，三年克之"。武丁一朝，征伐不断，在一连串的对外战争中，妇好担任了极为重要的角色。她多次作为远征军的统帅，率领商王朝的千军万马驰骋于沙场。

有这样一条卜辞：

  辛巳卜，争贞：今载王登人，呼妇好伐土方，受有佑？五月。

  这条卜辞是问，王征集兵员，命令妇好率兵征伐土方，能否取得上天的保佑。很清楚，在这次军事行动中，妇好被授予指挥权。土方是北方的一个强悍部族，在武丁时代屡与商王朝兵戎相见，但武丁以后的卜辞就不再记与土方交战之事，这说明土方在武丁生前已受到沉重打击，不复成为商王朝的边患。我们可以想见统兵出征的妇好曾为此立下赫赫战功。

  妇好还曾指挥商王朝的大军与西北方的游牧民族羌方作战：

  辛巳卜，贞：登妇好三千，登旅万，呼伐羌？

  为这次伐羌的战事，动员了一万三千人，这是卜辞中动员军队人数的最高纪录。在那个时代，一万三千人是一个庞大的军队，而这支军队的最高指挥正好是妇好这个女性将领。妇好还曾经率领商王朝的诸侯们出兵打仗，这些诸侯都受妇好的管制。有时武丁亲征，妇好就为王前驱，先期去征集兵员，组织军队。妇好死后，卜辞记载武丁曾祈祷妇好的阴魂帮助他震慑和战胜敌方，这也从侧面反映了妇好生前威名之盛。

  卜辞的资料为我们勾勒了一位女将军的形象，而妇好墓中的出土文物又可作为卜辞的旁证。妇好墓中曾发掘出四件青铜钺，最大的重九公斤，是同类文物中罕见的。铜质或玉质的钺在商周时代是王权和军事指挥权的象征。周武王伐纣时就手执黄钺。可见妇好在生前是极重要的一位将领。

  从前面的论述可以得出这一结论，武丁在父亲的精心培育下，借先王迁都之利，又凭自己通晓民情、知人善任的优点，在傅说、妇好等贤臣的帮助下，终于让商王朝成为当时国力最强盛的奴隶制大国之一。武丁的文治武功有利于奴隶社会的繁荣和多民族国家的逐步形成，推动了历史的发展。武丁中兴和盘庚中兴、光武中兴、贞观之治等辉煌时代一起谱写了中国光辉的历史进程。（《武丁中兴的原因初探》，《安阳工学院学报》，2005年第5期）

⑰【汇注】

  郑 樵：又按皇甫谧曰：高宗梦天赐贤人，胥靡之衣，蒙之而来，曰："我徒也，姓傅名说，得我者岂徒也哉！"武丁寤而推之曰："傅者，相也；说者，欢悦也。天下当有傅我而说民者哉？"明日审梦以视百官，皆非也。乃使百工写其形象，求诸天下，果见筑者胥靡，衣褐带索，执役于虞、虢之间，傅岩之野，名说。以其得之傅岩，谓之傅说。（《通志》卷三《商》）

  徐文靖：《笺》按：《书·叙》曰：高宗梦得说，使百工营求诸野，得诸傅岩。作《说命》三篇。《孔传》曰：傅氏之岩，在虞、虢之界，通道所经，有涧水坏道，常使胥靡刑人筑护此道。说贤而隐，代胥靡筑之以供食。……《括地志》：傅说筑版之处，在今陕州河北县北七里，即虞虢之界。《水经注》：沙涧水注之，水出虞山东南，迳傅岩，历傅说隐室前，俗名之为圣人窟。或问：高宗之于傅说，文王之于太公，知之熟矣，恐民之未信也。故假之梦卜，以重其事。程子曰：然则是伪，圣人无伪。（《竹书纪年统笺》卷六《武丁三年，梦求傅说，得之》）

郭嵩焘：按此史公取《国语·楚语》《孟子·告子》申明《尚书》之文，便曲尽一种逸趣。（《史记札记》卷一《殷本纪》）

【汇评】

范祖禹：高宗得傅说以为相。王曰："来，汝说！台小子，旧学于甘盘（原注：甘盘，贤臣，有道德者）。"说曰："王！人求多闻，时惟建事，学于古训，乃有获。事不师古，以克永世，匪说攸闻。惟学逊志，务时敏，厥修乃来。允怀于兹，道积于厥躬。惟敩学半，念终始典于学，厥德修，罔觉。监于先王成宪，其永无愆。"（《帝学》卷一）

　　帝武丁祭成汤，明日，有飞雉登鼎耳而呴①，武丁惧②。祖己曰③："王勿忧，先修政事。"祖己乃训王曰："惟天监下，典厥义④。降年有永有不永，非天夭民，中绝其命⑤。民有不若德，不听罪，天既附命正厥德⑥，乃曰：'其奈何？'呜呼！王嗣敬民⑦，罔非天继⑧；常祀毋礼于弃道⑨。"武丁修政行德，天下咸欢，殷道复兴⑩。

① 【汇校】

王叔岷：案：《古写本》"飞"作"蜚"，《汉书·五行志》中之下引《书·高宗肜日》序同。今本《书》序作"飞"。师古注："蜚，古飞字。"（本篇下文"多取野兽蜚鸟置其中"。《治要》引"蜚"作"飞"，《楚世家》"三年不蜚不鸣"，《御览》四五一引"蜚"作"飞"。并同此例。）《诗·商颂·玄鸟》孔疏引"登"作"升"义同。本书《三代世表》《帝王略论》皆作"升"。《汉志》引《书序》作"登"，《御览》引"呴"作"雊"，《说文》："雊，雄鸡鸣也。"雊、呴正假字。《三代世表》《封禅书》《书序》《尚书大传》《汉书·郊祀志》上《帝王略论》皆作"雊"。（《史记斠证·殷本纪第三》）

【汇注】

伏　生：武丁祭成汤，有雉飞升鼎耳而雊。武丁问诸祖己。祖己曰："雉者，野鸟也。不当升鼎。今升鼎者，欲为用也。远方将有来朝者乎？"故武丁内反诸己，以思先王之道，三年，编发重译来朝者六国。（《尚书大传》卷二《殷传》）

张守节：音构。呴，雉鸣也。《诗》云："雉之朝呴。"（《史记正义》）

王国维：武丁……二十九年，肜祭太庙，有雉来。（《尚书序》："高宗祭成汤，有飞雉升鼎耳而雊。祖己训诸王，作《高宗肜日》。"）（《今本竹书纪年疏证》）

傅元恺：呴：雉鸟鸣叫。古代认为野鸟入室是不祥之兆。（见《史记纪传选译·殷本纪》）

【汇评】

班　固：野鸟居鼎耳，小人将居公位，败宗庙之祀。（《汉书·五行志》）

又：野鸟入庙，败亡之异也。（同上）

郑　玄：鼎，三公象也，又用耳行。雉升鼎耳而鸣，象视不明，天意若云："当任三公之谋以为政。"（《尚书注》）

吕祖谦：灾异有二，人君之过，形见暴露，然后出灾异以警惧之，此无道之君与天地隔绝不通，飞潜动植皆失其宜，如是者灾异之应当迟。贤君至诚，与天地合为一体，性情之差，少有过失，灾异立见。如是者灾异之应常速，高祖登祢庙而有飞雉之变。以高宗之为君，岂其有异？盖高宗恭默思道，梦帝赉以良弼，精神与天地相通久矣，又继之以宪，天之功德与天合，故于祭祀之间略有过厚，飞雉随而应之，此虽高宗近厚之过，过于厚亦过也。（《古今人物论》卷一《武丁》）

时　澜：高宗祭成汤，而有飞雉升鼎直而雊，以高宗之为君，岂其有异？盖高宗恭默思道，梦帝赉予良弼，精与天地相通久矣。又继之以宪天之功，德与天合，故于祭祀之间，略有过厚，飞雉随而应之。此虽高宗近厚之过，过于厚，亦过也。傅说中篇言："黩于祭祀，时谓弗钦，礼烦则乱，事神则难。"已知高宗之偏在此。旨哉惟艰，领略警者之次第深矣，而此心终难除，于肜祭之间，复有过厚之意，人之气质偏于厚处最为难变，乃知行之果为艰也……古人祭祀，诚意纯一，虽祭罢之后，诚意犹不散，故于明日又祭，又以祭祀养我之诚意。如《采蘩诗》言"僮僮祈祈"，祭祀时，诚意固如此，至于归时，又且舒徐和缓，正此之谓。若常人乍作乍辍，何足对越天地哉！（《增修东莱书说·高宗肜日·注》）

刘起釪：要知在祭祀大典中，发生雉鸟鸣叫的事，这在商代是有特殊意义的大事。由于商代统治者的宗教迷信观点特别强烈，在历史上形成为"殷人尚鬼"的特点，而原始时期商族又以鸟作为图腾，在这渊源久远的图腾崇拜的传统意识和心理素质下，殷人认为雉是一种神鸟，因此鸣雉的事不能不成为一件大事。

在文献中，早就透露了商族原始的鸟图腾遗迹。《诗·商颂·玄鸟》的"天命玄鸟，降而生商"。又《长发》的"有娀方将，帝立子生商"，以及《楚辞·天问》"简狄在台营何宜，玄鸟致贻女何嘉"等，早就成了人所共知的商族遵奉鸟图腾的明证。上帝命令玄鸟下来和有娀之女简狄生下了商的始祖，这一故事自商代传到汉代，演变得越详备越完整，其实只反映商族曾经过母系氏族阶段并以玄鸟为图腾这一历史遗影。于省吾先生《略论图腾与宗教起源和夏商图腾》一文，举出商代青铜器有"玄鸟妇壶"，表示作器的贵妇为鸟图腾族的后裔。又举乙、辛时卜辞中有"娶毓箦"之文，娀即有娀氏。显见商代自先世契母简狄直到乙、辛时期，还与有娀氏保持婚媾关系。这些地下史料与文献记录交验互证，证实了早期商族母系阶段与图腾崇拜的确切存在。

我们很高兴又看到胡厚宣先生《甲骨文商族鸟图腾的遗迹》一文，对此作了更详细地阐释，并考释了玄鸟就凤，而雊是凤属的一种，或称丹鸟。文中举出卜辞中在王亥名字旁加一鸟形，因王亥是商代第一位先公上甲微之所自出，在他名字旁加上本族祖先鸟图腾的符号，看出商族对鸟图腾形迹的珍视。特别是卜辞中有很多祭祀神鸟的记录。如武丁时数祭"帝史凤"（《通》398、《续补》918等），又有三条禘祭雊鸟，而且武丁给了很隆重的祀典（用三牛三豕三犬等），这都是对凤鸟对雊鸟的尊重。较早卜辞有一条报祭"祥鸟"的事（《甲》2904），则与《殷本纪》载祖己称雊为"祥雊"同。同时武丁不仅要祭鸟，还要祭天上的鸟星（《殷墟文字乙编》有多片），武丁时卜辞更有好几条关于鸣雊的记录，说明了武丁时代商王朝统治者是如何以一种戒慎恐惧的心理状态对待着鸣雊的事，这就直接可悟《高宗肜日》篇中鸣雊一事的原有意义。不仅《高宗肜日》篇郑重其事地记载了鸣雊的事，其他文献中记及鸣雊、雊雉的还所在多有（如胡先生文中即引到《小雅·小弁》《邶风·匏有苦叶》《楚辞·九怀》《夏小正》《月令》《淮南·时则要略》《洪范五行传》《法言·先知》等），《左传·襄三七年》还记"鸟鸣于亳社，如曰'喜喜'。甲午，宋大灾"。可见鸟鸣灾异深种于商族心里的程度，晚至春秋时期犹且如此，则当武丁父子之世，基于祖先图腾崇拜的传统心理的影响，对于一向认为神异的雊鸟的鸣叫，自然会非常敏感，非常警觉，非常畏惧的。在平常状态下，听到鸣雊，都要发生这种戒慎恐惧的心理，如胡先生在最近《重论"余一人"问题》文中引到两条卜辞（《安明》140），记有鸟在鸣，就反复卜问，对武丁这个人有什么祸患？平时犹如此，遇到肜祭大典中忽然发生鸣雊的事，对他们来说，当然是非常可怕的大事！于是战战兢兢地以为是不是自己的行为招致了上帝及祖先神灵的谴责而要降下罪罚来，因此才引起祖己那一段劝诫的话。（《谈〈高宗肜日〉》，《殷都学刊》增刊，1985年2月）

② 【汇评】

王　充：高宗祭成汤之庙，有飞雉升鼎而雊，祖己以为远人将有来者。说《尚书》家谓雉凶，议驳不同。且从祖己之言，雉来吉也。雉伏于野草之中，草覆野鸟之形，若民人处草庐之中，可谓其人吉而庐凶乎？民人入都，不谓之凶，野草生朝，何故不吉？雉则民人之类，如谓含血者吉，长狄来至，是吉也，何故谓之凶？如以从夷狄来者不吉，介葛卢来朝，是凶也。如以草木者为凶，朱草蓂荚出，是不吉也。朱草蓂荚皆草也，宜生于野，而生于朝，是为不吉，何故谓之瑞？一野之物来，或出，吉凶异议。朱草蓂荚，善草，故为吉，则是以善恶为吉凶，不以都野为好丑也。(《论衡·异虚篇》)

③【汇注】

裴　骃：孔安国曰："贤臣名。"(《史记集解》)

【汇评】

刘起釪：《高宗肜日》所载的这一篇话是祖己讲的。祖己是什么人呢？伪《孔传》云："贤臣也。"朱骏声《尚书古注便读》则引汉人说云："祖己，王之宗族也"。魏源《书古微》据《家语》及《帝王世纪》云："孝己，祖己是也。"按，甲骨文中祖庚、祖甲时代的卜辞有兄己（《殷契粹编》第 308 至 310 片），廪辛、康丁时卜辞有父己（《殷虚文字甲编》2695、2141，《粹编》311—318 片等)，武乙至帝乙，帝辛时卜辞有祖己（《殷虚书契前编》一卷 19·1，23·3—6)，王国维《殷卜辞中所见先公先王考》论定卜辞中此人即武丁之子孝己，郭沫若《卜辞通纂》同意王说，并据其书第六七片祖己与祖庚同列，证明祖己确即孝己。总之，卜辞中的祖己，就是武丁之子孝己，已成定论无疑了。

此说遇到的问题是，甲骨中有武丁时祭小王或与小王有关的卜辞，如："小王囗田夫"（《库》一二五九），"㞢小王"（《铁》九〇二《南南》三、一四六），"令……小王……臣"（《京》二〇九九)，"囗小王（《明》二二二〇）等等及其他有"小王"字样者四五条，论者遂以为祖己已死于武丁时。其实所有这些卜辞都只称"小王"，并没有一条称"小王子己"，怎么就能确定小王必然是祖己呢？《殷契骈枝三编》载明义士藏有刻着"小王父己"之辞的龟甲，这是人们据以断定小王即祖己的论据。其实这也不是十分有力的，安知他不是指别一人。何况文献中关于祖己的传说很不少，也有"孝己"等称呼，却一点也没有露出过他曾称"小王"的线索，因此我们认为即使武丁时果然有一个小王死了，也不能绝对肯定他就是祖己。所以我们认为王国维谓孝己不死于武丁时之说仍是可信的。

因此，我们认为《高宗肜日》这篇讲话的主讲者祖己就是孝己，他当祖庚肜祭父王武丁宗庙的时候，因鸣雉之异，对祖庚讲了这篇话。(《谈〈高宗肜日〉》，《殷都学刊》增刊，1985 年 2 月)

【汇注】

裴　骃：孔安国曰："言天视下民，以义为常也。"(《史记集解》)

傅元恺：监：审视。下：下民。典：常道，准则。（见《史记纪传选译·殷本纪》)

④【汇注】

时　澜：义，理也。谓天监视下民，其所主自有常理，至公而无私，厚薄高下善恶皆合其宜，即常理也。理无偏全，气有厚薄，惟皇上帝降衷于下民，安有一人不同于此理者？（《增修东莱书说·高宗肜日·注》）

⑤【汇校】

陈蒲清：《尚书·高宗肜日》作"非天夭民，民中绝命。"（引自王利器主编《史记注译》卷三《殷本纪》）

⑥【汇注】

裴　骃：孔安国曰："不顺德，言无义也。不服罪，不改修也。天以信命正其德，谓其有永有不永。"（《史记集解》）

司马贞：附，依《尚书》音孚。（《史记索隐》）

傅元恺：附：付予，给予。正：修治。（见《史记纪传选译·殷本纪》）

⑦【汇注】

傅元恺：民：指先王，对天而言王亦为民。（见《史记纪传选译·殷本纪》）

⑧【汇注】

傅元恺：天继：上天的子嗣。（见《史记纪传选译·殷本纪》）

⑨【汇注】

裴　骃：孔安国曰："王者主民，当敬民事。民事无非天所嗣常也。祭祀有常，不当特丰于近也。"（《史记集解》）

司马贞：祭祀有常，无为丰杀之礼，于是以弃常道。（《史记索隐》）

【汇评】

时　澜："既"字最当看，言民虽不听罪，天既有定命，无毫厘之差矣，乃曰其如我何！祖己言之而复叹，乃指高宗而告之曰：王所主者，止有敬民，君职所主，在于此耳。司（同嗣）字下得有力。司者，存之谓也。天下之民，无非天之胤嗣，不可有一毫私心间之于其中，而分其疏远，天下之理，所以立天下之宜，于大公之中，司民之际，知天胤之均一，典祀而可以丰于昵乎？苟有所丰，则此心私矣，此篇为雉雊而作进戒之言，不及灾异，独指大公之道以示之。盖高宗天资聪明，非如昏昧之君，必于其过而提之。大公之道既明，高宗已省知其胸中有不合理者矣，此古人之善正君者。后人谓祖己讽谏，不敢直言，不知高宗乃从谏之君，而祖己与高宗皆已尝用力者也。（《增修东莱书说·高宗肜日·注》）

⑩【汇注】

伏　生：武丁祭成汤，有飞雉升鼎耳而雊。武丁问诸祖己，祖己曰：雉者，野鸟也。不当升鼎。今升鼎者，欲为用也。远方将有来朝者乎？故武丁内反诸己，以思先

王之道。三年，编发重译来朝者六国。(《尚书大传》卷一《高宗肜日》)

程　楷：商懋昭大德，而建中于民，以义制事，而表正万邦。汤之明断卓矣。一传而为太甲也，则处仁迁义，而克修乎厥德，数传而为武丁也，复兴殷道，而肆伐乎鬼方，盖求先美以自振者也。(《明断编》)

王国维：王，殷之大仁也(《汉书·贾捐之传》)。力行王道，不敢荒宁，嘉靖殷邦，至于小大，无时或怨(四语出《书·无逸》)。是时舆地东不过江黄，西不过氐、羌，南不过荆蛮，北不过朔方，而颂声作(《汉书·贾捐之传》)。礼废而复起，庙为高宗。(《今本竹书纪年疏证》)

【汇评】

高　拱：天变诚可畏。然天心仁爱人君，亦是曲说。求其理而不得，则亦不之信矣。今只云："天灾流行，祸乱将作，必须谨修政事，爱恤人民，以保固国家，则灾可无害。不然，将不可救药而祸乱成矣。此自实言，自可使人君知惧。"(《本语》卷五)

　　帝武丁崩①，子帝祖庚立②。祖己嘉武丁之以祥雉为德，立其庙为高宗③，遂作《高宗肜日》及《训》④。

① 【汇注】

郑　樵：帝武丁(原注：元年，戊午)：在位五十九年崩。祖己嘉武丁之祥雉，为立庙，为高宗，子祖庚立。(《通志》卷三《商》)

马端临：武丁，小乙子，以丁巳嗣立，五十九年乙卯崩。(《文献通考》卷二百五十《帝系·历年》)

蒋廷锡：按《书经·无逸》：其在高宗时，旧劳于外，爰暨小人，作其即位，乃或亮阴，三年不言，言乃雍。不敢荒宁，嘉靖殷邦，至于小大，无时或怨。肆高宗之享国五十有九年。(见《古今图书集成·明伦汇编·皇极典》卷九《商·高宗武丁本纪》)

又：按《竹书纪年》，武丁(注：名昭)元年丁未，王即位，居殷，命卿士甘盘。三年，梦求傅说，得之。六年，命卿士傅说视学养老。二十九年，肜祭太庙，有雉来。五十九年，陟。(同上)

吉德炜（周端昭译）：妇好在辛日获得祭祀(合集32757))，就好像是她的庙号所指示的日子，无论是母辛或是妣辛都是以辛为庙号，可参见李学勤以《论"妇好"墓的年代及其有关问题》，载于《文物》(1977年11月，第35页)。至于关于配偶逝世的次序，可参见常玉芝《商代周祭》(第105页注2)，她引用李学勤《"中日欧美澳纽所见所拓所摹金文编"选择》，载见于《古文字研究论集》10，1982 年，第 41 页。亦见于吉德炜《起源：中国新石器时代与商代女性》的地位，第 41—42 页。（伊沛霞、姚平主编《当代西方汉学家研究集萃》上古文史卷，第 43 页）

中科院考古所：安阳殷墟妇好墓（五号墓），是中国社会科学院考古研究所安阳工作队在 1976 年发掘的。墓葬埋在一座殷代房基下面，规模不太大，但墓室未遭破坏，随葬器物极其丰富精美，是殷王室墓中最完整的一批资料。本书（按：本书即《殷墟妇好墓》一书）即是妇好墓的一部全面综合性的报告。

妇好圈足觥

根据墓中所出的铜器铭文和器物形制，参照甲骨卜辞中的有关记载，此墓墓主应是殷王武丁的配偶"妇好"，庙号"辛"，死于武丁时期。妇好墓的发现，对于研究殷代的历史，尤其是武丁时期的政治、经济、手工业、文化艺术、方国、礼制以及铜器断代、殷墟布局等问题，都有重要价值。（《殷墟妇好墓·内容简介》）

中科院考古所：殷墟是商代后期的都城，位于河南省安阳市西北郊，横跨洹河两岸，范围相当广阔，据目前所知，大致有二十四平方公里。

司母辛方鼎

据《史记·殷本纪·正义》引《竹书纪年》："自盘庚徙殷，至纣之灭，七百七十三年，更不徙都。"近代学者多以为"七百"当为"二百"之误。殷王朝在殷墟的建都时间约当公元前十四世纪末至公元前十一世纪，历时二百七十三年。

洹水南岸的小屯村，是殷墟的中心，这里分布有极其丰富的殷代文化遗存。著名的宫殿宗庙遗址以及与这一建筑群相关的各种遗迹，就是在小屯村东北地发现的。

在宫殿宗庙遗址的西南侧，即小屯村北略偏西约 100 米处，有一片高出周围地面约 0.8 米的岗地，这里公布有相当丰富的殷代文化遗存，解放前、后都未曾发掘。

岗地略呈三角形，东窄西宽，东西长 140 余米，东端宽 28 米，西端宽 110 余米，面积约一万平方米。岗地的北缘是一条由西北流向东南的现代灌溉水渠，南边是历年取土形成的断崖，西边为稍低于岗地的农田，东边是一条现代水沟，在水沟之东有一条由小屯村通向洹河南岸的小路，路东为小屯大队第四、五生产队的场院，也是一片高地，较平坦，面积约两万平方米，从地形观察，两者原可能是连成一片的，后被水沟及小路分隔为二。由此，我们估计这一遗址的范围大约有三万平方米。

1975年冬，当地社员群众计划平整这片岗地。为了做到既有利于农业生产，又有利于殷墟的保护工作，从11月20日起，我们对其进行了较全面的勘查。

开始，我们铲探了岗地的四缘，发现东部有较厚的夯土，往西夯土渐薄。11月23至25日，铲刮了岗地南缘140余米长的断崖，从剖面上观察到，靠东70米的一段有较密的夯土房基，并有路土和打破房基的灰坑。这时，五号墓（编号：76AXTM5，即妇好墓）南端的填土已暴露了出来，但当时没有与压在它上面的房基土分开，只记录了它的土质特征。

为了进一步了解这片岗地的文化层堆积以及基址的分布情况，为第二年的正式发掘作好准备，12月1日起，我们在岗地的东南隅开挖了5×10米的探方六个，并揭露出殷代房基数座。后因天气严寒，不宜清理，12月15日，予以覆盖。

1976年春秋两季，继续在此进行发掘。春季参加的工作人员三人，秋季参加的两人。两季共发掘了1000余平方米，发现殷代房基十余座，殷墓十余座，殷代灰坑八十个以及唐墓等，并发掘出相当数量的文化遗物。五号墓是春季发掘的主要收获。本报告只报道五号墓以及与其有关的遗迹现象，其余将另行报道，此处从略。

这座墓被压在一座殷代房基（编号：76AXTF1）之下，而一号房基又被一个殷代灰坑（编号：76AXTH1）破坏，清理灰坑

司母辛四足觥

与房基后，露出墓口。由于墓坑较深，经三次铲探，都未到底。5月16日是星期天，集中有经验的技工，再度铲探，开始在墓坑北端打了两个探孔，但没有发现重要现象；又在墓坑西北角向东、向南各2米处打了一孔，终于在探孔里带上了较厚的漆皮和一个完整的绿色玉坠，由此证实这是一座较重要的墓葬。当时因临近麦收，加之天气逐渐炎热，于是决定暂停其他遗迹的清理，集中力量发掘此墓。

发掘工作从5月17日开始，6月4日挖到潜水面，6、7两日用水泵抽水，7日下午清理完竣。稍事整理后，我们选出了一部分标本，在当地举办了一个小型展览，接待来自各条战线的参观者约两万人次。

五号墓发现于这次发掘范围内最东南部位的T10、T11两个探方内，墓东壁距岗地

东边缘约 13 米；东北距解放前发掘的 C 区基址（或称丙组基址）西南边缘 200 余米，东距 1975 年冬发掘的 F10、F11 约 106 米。墓的规模不算太大，但墓室保存完好，随葬品极其丰富精美，其中铜器铭文和玉、石器刻文十一种，当是殷代大、中型墓中最完整而且具有重要意义的一批资料。

根据随葬器物（不是全部）的形制特征，墓葬的层位关系，出有大量铭"妇好"的铜器、铭"司母辛"的重器，结合甲骨卜辞中的有关记载，我们认为，此墓年代属于分为四期的殷墟文化中的第二期；墓主人应是殷王武丁的配偶妇好，死于武丁在世时（大约在武丁晚期），庙号称"辛"，即乙辛周祭祀谱中武丁三个法定配偶之一的"妣辛"。像这样能确切断定墓主人和墓葬年代的殷墓，在殷墟发掘史上还是第一次。

由于此墓墓主与墓葬年代均较清楚，出土器物丰富，组合完整，因此，它对于研究殷代的历史，尤其是武丁时期的政治、经济、手工业、文化艺术与方国或族的关系，以及殷代铜器断代，殷墟布局等问题都有重要价值。（《殷墟妇好墓·前言》）

② 【汇注】

李　昉：《史记》曰：帝祖庚在位七年，崩，弟祖甲立。（《太平御览》卷八三《皇王部八》）

又：《纪年》曰：祖庚曜居殷。（同上）

朱孔阳：祖庚名曜，武丁子，在位七祀。（《历代陵寝备考》卷七《商》）

王国维：祖庚，名曜（《御览》八十三引《纪年》："祖庚曜居殷"）。元年丙午，王即位，居殷，作《高宗之训》。十一年，陟（《御览》八十三引《史记》："祖庚在位七年。"《外纪》同）。（《今本竹书纪年疏证》）

方诗铭：《太平御览》卷八三《皇王部》引《纪年》曰：祖庚曜居殷。……甲骨文作"且（祖）庚"。（《古本竹书纪年辑证·殷纪》）

③ 【汇注】

戴　圣：高宗者，武丁；武丁者，殷之贤王也。继世即位。而慈良于丧，当此之时，殷衰而复兴，礼废而复起，故善之。善之，故载之书而高之，故谓之高宗。（《礼记·丧服四制》）

孔颖达：高宗者，殷王武丁之号也（《周易·既济》"高宗伐鬼方，三年克之"之）。（《尚书正义》）

李　昉：《史记》曰：武丁崩，祖己嘉其德，立其庙，为高宗。（《太平御览》卷八三《皇王部八》）

司马光：高宗祭成汤，有飞雉升鼎耳而雊。祖己曰："惟先格王，正厥事。（原注：言至道之王，遭变异，正其事，而异自消）"高宗从之，不敢荒宁，嘉靖殷邦，至于小

大,无时或怨。(原注:善谋殷国,至于小大之故人,无是有怨者。言无非)享国五十九年崩,号高宗。(《稽古录》卷七《殷下》)

王又俊:高宗陵在西华县城北长平乡。(《河南通志·陈州》卷四九《陵墓》)

【汇评】

王若虚:《殷本纪》云:"武丁祭成汤,明日,有飞雉登鼎而雊,武丁惧,祖己乃训王曰。""武丁修政行德,天下咸欢,殷道复兴"。武丁崩,祖庚立,祖己嘉武丁之以祥雉为德,立其庙为高宗,遂作《高宗肜日》及《训》。考之于《书》,此篇即祖己训王之词。其曰"高宗"者,史氏追称耳,诸篇之体皆然,而云武丁既没,祖己嘉之而作,谬矣。且立庙称宗,自国家之事,岂独出祖己之意哉?(《滹南遗老集》卷九《史记辨惑》)

蒋廷锡:王,殷之大仁也。力行王道,不敢荒宁。嘉靖殷邦,至于大小,无时或怨。是时舆地东不过江、黄,西不过氐、羌,南不过荆蛮,北不过朔方,而颂声作,礼废而复起,庙号高宗。(见《古今图书集成·明伦汇编·皇极典》卷九《商·高宗武丁本纪》)

④【汇校】

崔　适:按:各本中云"作《高宗肜日》及《训》"。《高宗肜日》上既录其文矣,不当复录其篇名。上文系祖己亲对武丁语,此谓武丁崩后作,亦自相冲决,可为妄人窜入之证。(《史记探源》卷二《殷本纪》)

【汇注】

伏　生:武丁祭成汤,有飞雉升鼎耳而雊,武丁问诸祖己,祖己曰:"雉者,野鸟也,不当升鼎。今升鼎者,欲为用也。远方将有来朝者乎?"故武丁内反诸己,以思先王之道,三年,编发重译来朝者六国。孔子曰:吾于《高宗肜日》,见德之有报之疾也。(《尚书大传·殷传》)

裴　骃:孔安国曰:"祭之明日又祭,殷曰肜,周曰绎。"(《史记集解》)

徐文靖:《笺》按:《书·叙》曰:高宗祭成汤,有飞雉升鼎耳而雊。祖己训诸王,作《高宗肜日》《高宗之训》。《孔疏》曰:《高宗之训》,所以训高宗也。蔡仲默曰:于肜日有雉雊之异,盖祭祢庙也。《序》言祭汤庙者,非是。按二说皆谬。盖高宗,武丁之庙号也。若是《书》作于武丁未陟之前,岂可云《高宗之训》乎?《竹书》殷武丁二十九年陟,庙号高宗。祖庚元年即位,居殷,作《高宗之训》。《殷本纪》帝武丁崩,子祖庚立。祖己嘉武丁之以祥雉为德,立其庙为高宗,作《高宗肜日》及《训》。意是时祖庚绎祭于高宗之庙,每过于丰,故戒以无丰于昵,因作《高宗之训》,以训祖庚耳。《孔疏》以为训高宗,谬矣。《书·序》高宗祭成汤,《竹书》武丁祭太庙,并有证据,而《蔡传》云祭祢庙,以《序》言祭汤庙,非。意以丰于昵,昵为近，庙则不得为汤庙也。不审丰于昵者，祖庚也。祭汤庙者，高宗也。《书》曰：惟先格王，正厥事，乃训于王。格王者，至道之王高宗也。训于王者，训于祖庚也。何转以《叙》为非？又按：格王，成帝建始元年，诏作假王。师古曰：《高宗肜日》载武丁之臣祖己之辞也。假，至也。以祖己为高宗之臣时所作亦误。嗟乎！《竹书》未出，天下之以不狂为狂者，将胡底也？（《竹书纪年统笺》卷六《武丁二十九年肜祭大庙有雊来》）

又：《笺》按：《书·叙》祖己训诸王，作《高宗之训》。《孔氏传》曰：所以训也亡。今据《竹书》，祖己作《高宗之训》在祖庚元年。则高宗之崩已逾年矣。《孔疏》以为训高宗，失其旨矣。又按商彝器有祖己爵，薛尚功曰：商之君有雍己，无祖己。据《书·叙》祖己训诸王，作《高宗之训》，商器又有祖己甗，疑即此祖己也。（《竹书纪年统笺》卷六《祖庚元年丙午即位居殷作《高宗之训》》）

俞正燮：《史记·殷本纪》帝武丁祭成汤，明日，有飞雉登鼎耳而雊。武丁惧。祖己曰："王勿忧，先修政事。"祖己乃训王曰"唯天监下"云云，"王嗣敬民，罔非天继，常祀毋礼于弃道"。武丁修政行德，天下咸欢，殷道复兴。帝武丁崩，子帝祖庚立。祖己嘉武丁之以祥雉为德，立其庙，为高宗，遂作《高宗肜日》及《训》。史迁从孔安国问故，载其说如此。孔知典祀无丰于昵为无礼于弃道者，丰是盛礼，昵是弃道也。《书·序》言祖己训诸王，作《高宗肜日》《高宗之训》，孔知是祖庚时立庙，始作《书》者，以经文首称高宗，是已立庙也。《书·序》《史记》俱言祭成汤，而马融以昵为考，谓祭近庙，《左传》以妻为昵。古者严父，岂得以父为昵？今枚、孔用马说，与安国故训适相反。（《癸巳存稿》卷一《高宗肜日》）

江灏：高宗，殷商的第二十三代君主武丁。肜日，肜祭之日。按照《书序》和《史记·殷本纪》，都说是高宗武丁祭成汤，有只山鸡飞到祭器上鸣叫，武丁恐惧，他的贤臣祖己作《高宗肜日》训王。近人根据甲骨卜辞的记载，认为肜日之上的人名，是被祭祀的祖先，而不是主持祭祀的人。那么《高宗肜日》应该是后人祭高宗，不是高宗祭成汤。本文可能是武丁死后，他的儿子祖庚继承帝位，在肜祭武丁时，祖己训导祖庚的记录。（《今古文尚书全译·高宗肜日·题解》）

又：肜日：肜，殷商时的祭名。祭祀后的第二天再举行祭祀。《尔雅·释天》："绎，又祭也。周曰绎，商曰肜，夏曰复胙。"（《今古文尚书全译·高宗肜日·注》）

又：《高宗之训》与上篇《高宗肜日》共序，也可能是祖庚肜祭武丁时，祖己训导祖庚的训辞。无正文。（《今古文尚书全译·高宗之训·解题》）

【汇评】

孔鲋：孔子曰：《书》之于事也，远而不阔，近而不迫，志尽而不怨，辞顺而不谄，吾于《高宗肜日》见德有报之疾也。苟由其道，致其仁，则远方归志而致其敬焉。

(《孔丛子》卷上《论书》)

　　戴　圣：祭不欲数，数则烦，烦则不敬。祭不欲疏，疏则怠，怠则忘。（《小戴礼记·祭义》）

　　李　昉：孔子曰：吾于《高宗肜日》，见德有报之疾。（《太平御览》卷八三《皇王部八·帝武丁》）

　　王若虚：《高宗之训》乃《书》篇名，自当全著，而但云"及《训》"，此复失之太简矣。（《滹南遗老集》卷九《史记辨惑》）

　　朱之蕃：观《纪》中历叙所以作书之故，而商家一代君臣之贤概可见矣。（见《百大家评注史记·殷本纪》）

　　陈士元：孔安国氏曰："高宗，殷之中兴王武丁也。"元按：《商本纪》云：帝武丁，帝小乙之子也。武丁修政行德，殷道复兴。在位五十九祀，武丁崩，子祖庚嗣，立武丁之庙，为高宗。作《殷武》乐章以颂之。《礼记·丧服四》制云，高宗者武丁，武丁者，殷之贤王也，继世即位而慈良于丧。当此之时，殷衰而复兴，礼废而复起，故善之。善之，故载之书中而高之，故谓之高宗。（引自陈春辑刻《湖海楼丛书·论语类考》卷七《高宗》）

　　　　　帝祖庚崩①，弟祖甲立②，是为帝甲③。帝甲淫乱④，
　　殷复衰⑤。

① 【汇注】
　　郑　樵：帝祖庚（原注：元年，丁亥）：祖庚在位七年崩，弟辛甲立。（《通志》卷三《商》）
　　马端临：祖庚，武丁弟，以丙辰嗣立，七年壬戌崩。（《文献通考》卷二百五十《帝系·历年》）
　　蒋廷锡：按《竹书纪年》，祖庚（注：名曜）元年丙午，王即位，居殷，作《高宗之训》。十一年，陟（按《通志》作在位七年）。（见《古今图书集成·明伦汇编·皇极典》卷九《商·帝祖庚本纪》）
　　宫梦仁：祖庚，武丁子，在位七年。（《读书纪数略》卷一五《统纪类》）

② 【汇注】
　　蒋廷锡：按《书经·无逸》：其在祖甲，不义惟王。旧为小人，作其即位，爰知小人之依，能保惠于庶民，不敢侮鳏寡，肆祖甲之享国三十有三年。（《古今图书集成·明伦汇编·皇极典》卷九《商·帝祖甲本纪》）

又：《蔡传》：《史记》"高宗崩，子祖庚立。祖庚崩，弟祖甲立"。则祖甲，高宗之子，祖庚之弟也。郑元曰："高祖欲废祖庚，立祖甲。祖甲以为不义，逃于民间，故云'不义惟王'。按汉孔氏以祖甲为太甲，盖以《国语》称'帝甲乱之，七世而陨'，孔氏见此等记载，意为帝甲必非周公所称者。又以'不义惟王'与太甲，兹乃不义文似，遂以此称祖甲者为太甲，然详此章'旧为小人，作其即位'与上章'爰暨小人，作其即位'，文势正类。所谓小人者，皆指微贱而言，非谓憸小之人也。'作其即位'亦不见太甲复政思庸之意。"又按邵子《经世书》：高宗五十九年，祖庚七年，祖甲三十三年，世次历年，皆与《书》合，亦不以太甲为祖甲。况殷世二十有九，以甲名者五，帝以太、以小、以沃、以阳、以祖别之，不应二人俱称祖甲。《国语》传讹承谬，旁记曲说，不足尽信，要以周公之言为正。又下文周公言"自殷王中宗及高宗及祖甲及我周文王"，及云者因其先后次第而枚举之辞也，则祖甲而非太甲明矣。（同上）

又：按《竹书纪年》，祖甲（注：名载）元年丁巳，王即位，居殷。十二年，征西戎；冬，王返自西戎。十三年，西戎来宾。命邠侯组绀。二十四年，重作《汤刑》。三十三年，陟（按《通志》作在位十六年）。（同上）

朱孔阳：祖甲，《国语》作帝甲，名载。祖庚弟。初，高宗以祖甲为贤，欲废祖庚立之，祖甲以为不义，逃于民间作。其即位，爰知小人之依，在位三十有三祀。（《历代陵寝备考》卷七《商》）

王国维：祖甲（原注：《国语》作帝甲），名载。元年丁巳，王即位，居殷。十二年，征西戎。冬，王返自西戎（原注：祖甲西征，得一丹山。案：此《大荒北经》注引《竹书》。"祖甲"原注作"和甲"）。十三年，西戎来宾。命邠侯组绀。二十四年，重作汤刑（《左·昭五年传》："商有乱政而作汤刑"）。二十七年，命王子嚣、王子良（《西京杂记》："霍将军妻产二子，疑所为兄弟。霍光闻之，答书曰：'昔殷王祖甲，一产二子，曰嚣曰良'"）。三十三年，陟（《书·无逸》："肆祖甲之享国三十有三年。"案：昔人多以祖甲为太甲，郑玄以为武丁子帝甲。《御览》八十三引《史记》："祖甲在位十六年。"《外纪》同）。（《今本竹书纪年疏证》）

③【汇校】

施之勉：按：《御览》八十三引："帝甲作'帝祖甲'。"今本《竹书纪年》："帝甲二十四年，重作《汤刑》。"（《史记会注考证订补·殷本纪第三》）

【汇注】

李　昉：《史记》曰：帝祖甲淫乱，殷复衰。在位十六年崩。子廪辛。（《太平御览》卷八三《皇王部八》）

又：《纪年》曰：祖庚曜居殷。（同上）

又：《帝王世纪》曰：《春秋外传》所谓"玄王勤商，十有四世，帝甲乱之，七世

而殒"是也。（同上）

方诗铭：《太平御览》卷八三皇王部引《纪年》曰：帝甲载居殷。……《尚书·无逸》作"祖甲"。《国语·周语下》："帝甲乱之，七世而殒。"韦昭注："至纣七世而亡也。"祖甲至纣正当七世，是"帝甲"即"祖甲"。《史记·殷本纪》："祖甲立，是为帝甲。"《三代世表》作"帝甲"。甲骨文作"且（祖）甲"。（《古本竹书纪年辑证·殷纪》）

【汇评】

周　公：其在祖甲，不义惟王，旧为小人。作其即位，爰知小人之依，能保惠于庶民，弗敢侮鳏寡。（引自《尚书·无逸》）

④【汇注】

徐文靖：《笺》按：《昭五年传》，叔向诒子产书曰：夏有乱政，而作《禹刑》，商有乱政，而作《汤刑》。周有乱政，而作《九刑》。《杜注》：夏、商之乱，著禹、汤之法。周之衰，亦为刑书，谓之《九刑》。（《竹书纪年统笺》卷六《祖二十四年重作汤刑》）

⑤【汇注】

司马贞：《国语》云"帝甲乱之，七代而陨"是也。（《史记索隐》）

蒋廷锡：王旧在野，及即位，知小人之依，能保惠庶民，不侮鳏寡。迨其末也，繁刑以携远，殷道复衰。（见《古今图书集成·明伦汇编·皇极典》卷九《商·帝祖甲本纪》）

【汇评】

梁玉绳：按：周公以祖甲与中宗、高宗、文王并称迪哲，安得以为淫乱衰殷，《纪》及《世表》同误。然其误从《国语》来，《周语》曰"帝甲乱之，七世而殒"，犹云孔甲乱夏也。此卫彪傒之谬谈，何史公不信周旦之语而反信卫傒耶？《潜南集》五《辨惑》曰："《书》，圣经也；《史》《传》，出于杂说者也。周公去殷为近，知其事训，左氏、马迁为远，其传闻容有妄焉，与其变易迁就，宁舍《史》《传》而从《经》可也。"惠氏《左传补注》曰："汲郡古文云'祖甲二十四年重作汤刑'，昭六年《传》'商有乱政而作汤刑'，《外传》'帝甲乱之'。祖甲贤君，事见《尚书》止以改作汤刑，故云乱也。"此说甚通。而《潜南》所谓"变易迁就"者，盖指伪孔《传》及王肃邪解，以祖甲为太甲耳。乃孔《疏》力主之，以康成言武丁子帝甲事为妄造。试问太甲称祖，谁所传说？出何典籍耶？若谓《无逸》以德优劣、年多少为先后，岂太甲之德逊于后嗣，文王之圣逊于三代，而武丁五十九年之后胡以不计数文王之五十年乎？于是祖甲一人忽上冒太甲之贤，忽变而为乱殷之主，歧头诡见，坐令矛盾两伤，蔡《传》辨之极明。（《史记志疑》卷二《殷本纪第三》）

帝甲崩①，子帝廪辛立②。帝廪辛崩③，弟庚丁立④，是为帝庚丁⑤。帝庚丁崩⑥，子帝武乙立⑦。殷复去亳，徙河北⑧。

① 【汇注】
郑　樵：帝辛甲（原注：亦曰祖甲。元年，甲午）：《无逸》言祖甲者，太甲也。在位十六年崩，子廪辛立。（《通志》卷三《商》）

马端临：祖甲，祖庚弟，以癸亥嗣立，三十三年乙未崩。（《文献通考》卷二百五十《帝系·历年》）

② 【汇校】
司马贞：《汉书·古今人表》及《帝王世纪》皆作"冯辛"。（《史记索隐》）

徐文靖：《笺》按：《殷本纪》：帝甲崩，子帝廪辛立。《索隐》《古今人表》及《帝王世纪》皆作凭辛。（《竹书纪年统笺》卷六《凭辛》）

【汇注】
李　昉：《史记》曰：帝廪辛在位六年，崩，弟庚丁立。（《太平御览》卷八三《皇王部八》）

又：《纪年》曰：冯辛先君殷。（同上）

朱孔阳：廪辛，《竹书》作冯辛，名先。祖甲子，在位六祀。（《历代陵寝备考》卷七《商》）

王国维：冯辛（原注：《史记》作廪辛。《汉书·古今人表》亦作冯辛），名先。元年庚寅，王即位，居殷。四年，陟（《御览》八十三引《史记》："廪辛在位六年。"《外纪》同）。（《今本竹书纪年疏证》）

③ 【汇注】
郑　樵：帝廪辛（原注：亦曰冯辛。元年，庚戌）：廪辛在位六年崩，弟庚丁立。（《通志》卷三《商》）

马端临：廪辛，祖甲子，以丙申嗣立，六年辛丑崩。（《文献通考》卷二百五十《帝系·历年》）

宫梦仁：廪辛，（祖）甲子，在位六年。（《读书纪数略》卷一五《统纪类》）

徐文靖：《笺》按：《书·无逸》自是厥后，亦罔或克寿。或五六年，或四三年，如沃甲五年，南庚六年，小辛三年，仲壬、阳甲、凭辛皆四年。（《竹书纪年统笺》卷六《凭辛四年陟》）

④ 【汇注】
朱孔阳：庚丁名嚣，祖甲次子，在位二十有一祀。（《历代陵寝备考》卷七《商》）

⑤【汇注】

李　昉：《史记》曰：帝庚丁在位三十一年崩，子武乙立，殷复去亳徙河北。（《太平御览》卷八三《皇王部八》）

又：《纪年》曰：庚丁居殷。（同上）

王国维：庚丁，名嚣。元年甲午，王即位，居殷。八年，陟（《御览》八十四引《史记》："庚丁在位三十一年。"《外纪》："六年。"又《帝王本纪》云"二十三年"）。（《今本竹书纪年疏证》）

方诗铭：（《太平御览》卷八三《皇王部》引）《纪年》：庚丁居殷。按：甲骨文作"康且（祖）丁"或"康丁"，郭沫若同志云："康祖丁或作康丁，罗振玉云：'《史记》作庚丁，为康丁之讹，商人以日为名，无一人兼用两日者。'"（《古本竹书纪年辑证·殷纪》）

⑥【汇注】

郑　樵：帝庚丁（原注：元年，丙辰）：庚丁在位六年（原注：《帝王本纪》曰：十一年）崩，子武乙立。（《通志》卷三《商》）

马端临：庚丁，廪辛弟，以壬寅嗣立，二十一年壬戌崩。（《文献通考》卷二百五十《帝系·历年》）

蒋廷锡：按《竹书纪年》，庚丁（注：名嚣）元年甲午，王即位，居殷。八年，陟（按《帝王世纪》作二十一年，《通志》作在位六年）。（见《古今图书集成·明伦汇编·皇极典》卷九《商·帝庚丁本纪》）

⑦【汇注】

朱孔阳：武乙名瞿，庚丁子。元祀，迁都河北。无道，射天。在位四祀，畋于河渭，暴雷震死。（《历代陵寝备考》卷七《商》）

王国维：武乙，名瞿。元年壬寅，王即位，居殷。三年，自殷迁于河北（《史记·殷本纪》："武乙立，殷复去亳迁河北。"案：《正义》引《纪年》："自盘庚迁殷，至纣之灭，更不迁都。"此妄取《史记》乱之）。命周公亶父赐以岐邑。十五年，自河北迁于沫（《史记·周本纪》正义引《帝王世纪》"帝乙复济河北，徙朝歌"）。三十五年，王畋于河、渭，暴雷震死。（《今本竹书纪年疏证》）

又：案武乙以前四世，为小乙、武丁、祖甲庚丁，则祖乙即小乙，祖丁即武丁，非河亶甲之子祖乙，亦非祖辛之子祖丁也。又此五世中名丁者有二，故于庚丁云康祖丁以别之。否则亦直云祖而已。然则商人自大父以上皆称曰祖，其不须区别而自明者，不必举其本号，但云祖某足矣。即须加区别时，亦有不举其本号，而但以数别之者。如云"□□于三祖庚"，按商诸帝以庚名者，大庚第一，南庚第二，盘庚第三，祖庚第四。则三祖庚即盘庚也。又有称四祖丁者，按商诸帝以丁名者，大丁第一，沃丁第二，中丁第三，祖丁第四，则四祖丁即《史记》之祖丁也。以名庚者皆可称祖庚，名丁者皆可称祖丁，故加三、四等字以别之，否则赘矣。(《观堂集林》卷九《殷卜辞所见先公先王考·祖某》)

  方诗铭：(《太平御览》卷八三《皇王部》引)《纪年》曰：武乙即位，居殷。三十四年，周王季历来朝，武乙赐地三十里，玉十珏，马八匹。按：甲骨文作"武且(祖)乙"，晚殷金文《肄殷》《丰彝》作"武乙"。(《古本竹书纪年辑证·殷纪》)

⑧【汇注】
  蒋廷锡：按《竹书纪年》，武乙(注：名瞿)元年壬寅，王即位，居殷。邠迁于岐周。三年，自殷迁于河北。十五年，自河北迁于沬。(见《古今图书集成·明伦汇编·皇极典》卷九《商·帝武乙本纪》)

  帝武乙无道①，为偶人②，谓之天神。与之博，令人为行③。天神不胜，乃僇辱之。为革囊，盛血，卬而射之④，命曰"射天"⑤。武乙猎于河渭之间，暴雷，武乙震死⑥。子帝太丁立⑦。帝太丁崩⑧，子帝乙立⑨。帝乙立，殷益衰⑩。

①【汇评】
  俞　樾：《殷本纪》，武乙无道，为革囊，盛血而仰射之，名曰射天；《宋世家》，宋偃王盛血以革囊，悬而射之，名曰射天；《龟策传》纣杀人、六畜，以革囊盛其血，与人悬而射之，与天帝争强。三君所为，如出一辙，何哉？子贡不云乎？纣之不善，不如是之甚。(《湖楼笔谈》卷三)

②【汇注】
  司马贞：偶音寓。亦如字。(《史记索隐》)
  张守节：偶，五苟反。偶，对也。以土木为人，对象于人形也。(《史记正义》)

③【汇注】
  张守节：为，于伪反。行，胡孟反。(《史记正义》)

④【汇注】
  陈蒲清：卬即"仰"字。(引自王利器主编《史记注译》卷三《殷本纪》)

⑤【汇评】
  王奇伟、何宏波：商代的鬼神信仰保留有较多的原始性，殷人的敬鬼事神还没有

后世人的欺骗成分。从商代晚期武乙射天开始，社会上出现了严重的慢于鬼神的现象，这是社会发展、殷人认识水平提高后的进步现象。传统观点认为殷人尊神是神道设教、愚弄民众，慢于鬼神是商王的无道行为，这些观点是不符合商代社会的实际情况的。（《从武乙射天看商代的人神关系》，《郑州大学学报》，2001 年第 5 期）

⑥【汇注】

李　昉：《纪年》曰：武乙即位，居殷。三十四年，周王季历来朝，武乙赐地三十里，玉十珏，马八匹。（《太平御览》卷八三《皇王部八》）

又：《帝王世纪》曰：帝武乙复济河，北徙朝歌。（同上）

郑　樵：帝武乙（原注：元年，壬戌）：武乙复去亳，都河北。中国微弱，东夷盛强，分迁淮岱，渐居中土。武乙无道，为偶人，谓之天神，令人为行与之博，天神不胜，僇辱之，为革囊，盛血，仰而射之，命曰"射天"，猎于河渭之间，震死。在位四年。子太丁立。（《通志》卷三《商》）

马端临：武乙，庚丁子，以癸亥嗣立，四年丙寅崩。（《文献通考》卷二百五十《帝系·历年》）

【汇评】

王　充：或曰："纣父帝乙，射天殴地，游泾、渭之间，雷电击而杀之（按语：雷电击杀者为武乙，武乙乃帝乙之父也）。斯天以雷电诛无道也。"帝乙之恶，孰与桀纣。邹伯奇论桀纣恶不如亡秦，亡秦不如王莽，然而桀纣秦莽之地，不以雷电。……书家之说，恐失其实也。（《论衡·感类篇》）

⑦【汇校】

瞿景淳：按"太丁"重见，疑误。（见《百大家评注史记·殷本纪》）

郭嵩焘：《札记》云："《纪年》作'文丁'。"（《史记札记》卷一《殷本纪》）

王国维：文丁（今本《竹书纪年》）原注：《史记》作大丁，非。案：《后汉书·西羌传》注：《太平御览》《通览外纪》引《纪年》皆作"大丁"。惟《北堂书钞》四十一引《纪年》作"文丁"。《御览》八十三引《帝王世纪》"文丁一曰大丁"。（《今本竹书纪年疏证》）

【汇注】

皇甫谧撰、徐宗元辑：太丁之世，王季伐诸戎。（《帝王世纪》辑存《殷商第三》）

李　昉：《史记》曰：帝太丁在位三年，崩。子帝乙立。（《太平御览》卷八三《皇王部八》）

又：《纪年》曰：太丁三年，洹水一日三绝。（同上）

又：《帝王世纪》曰：帝文丁一曰大丁。（同上）

朱孔阳：太丁，《竹书》作文丁，名托。武乙子，在位三祀。（《历代陵寝备考》

卷七《商》)

王国维：文丁，名托。元年丁丑，王即位，居殷（原注：自沬归殷邑）。三年，洹水一日三绝。十一年，周公季历伐翳徒之戎，获其三大夫，来献捷（《后汉书·西羌传》注引《纪年》："十一年，周人伐翳徒之戎，捷其三大夫。"《外纪》引作"十三年"）。王杀季历（《晋书·束皙传》《史通》《疑古篇》《杂说篇》引《纪年》："文丁杀季历。"《书钞》四十一引"文丁杀周王"云云）。十三年，陟（《御览》八十三引《史记》："太丁在位三年。"《外纪》同）。（《今本竹书纪年疏证》）

方诗铭：《竹书纪年》曰：太丁二年，周人伐燕京之戎，周师大败。（《古本竹书纪年辑证·殷纪》）

又：《纪年》曰：太丁三年，洹水一日三绝。……洹水在殷都之旁。甲骨文有"洹其乍（作）兹邑祸"。谓洹水泛滥，殷都受灾，此武丁时所卜。"其尞于洹泉大三牢"。谓以牛羊尞祭于洹水，祈其不为灾祸，此武乙、文丁时所卜。洹水固可以泛滥，亦可以因旱而绝流，此次祭祀洹水，与《纪年》所记"洹水一日三绝"，可能为一事。（同上）

又：《竹书纪年》曰：太丁四年，周人伐余无之戎，克之，周王季命为殷牧师。（同上）

又：《竹书纪年》曰：太丁七年，周人伐始呼之戎，克之。（同上）

⑧【汇注】

马端临：太丁，武乙子，以丁卯嗣立，三年己巳崩。（《文献通考》卷五二〇《帝号历年》）

蒋廷锡：按《竹书纪年》，文丁（注：《史记》作太丁，非。名托）元年丁丑，王即位，居殷。十三年，陟（按《通志》作在位三年）。（见《古今图书集成·明伦汇编·皇极典》卷九《商·帝太丁本纪》）

⑨【汇注】

皇甫谧撰、徐宗元辑：帝乙复济河北，徙朝歌，其子纣仍都焉。（《帝王世纪辑存·殷商第三》）

又：帝乙有二妃，正妃生三子：长曰微子启，中曰微仲行，小曰受。庶妃生箕子，年次启，皆贤。初启母之生启及行也，尚为妾，及立为后，乃生辛。帝乙以启贤且长，欲以启为太子，史据法争之，帝乙乃立辛为太子。帝乙即位三十七年。（同上）

朱孔阳：帝乙名羡，太丁子，在位三十有七祀。（《历代陵寝备考》卷七《商》）

王国维：帝乙，名羡。元年庚寅，王即位，居殷。三年，王命南仲西拒昆夷，城朔方。（《诗·小雅》："王命南仲，往城于方。"传："王，殷王也。"）九年，陟。（《御览》八十三引《帝王世纪》："帝乙在位三十七年。"《外纪》同）（《今本竹书纪

年疏证》）

  方诗铭：(《太平御览》卷八三《皇王部》引)《纪年》曰：帝乙处殷。二年，周人伐商。……金文《郘其卣》作"文武帝乙"。(《古本竹书纪年辑证·殷纪》)

⑩【汇注】

  李　昉：帝乙处殷。二年，周人伐商。(《太平御览》卷八十三《皇王部八》)

【汇评】

  梁玉绳：按：《书·酒诰》曰"自成汤咸至于帝乙，成王畏相，多士曰：自成汤至于帝乙，罔不明德恤祀"。《易》也屡称帝乙（非汤也），是固殷之贤君也，奈何以为殷由之益衰乎？此《纪》及《世表》同误。然其误必因错会《左传》来，文二年《传》曰："子虽齐圣，不先父食。故禹不先鲧，汤不先契，文武不先不窋。宋祖帝乙，郑祖厉王，犹上祖也。"《传》不过杂举以明不先祖父之义，乃史公见其与厉王并言，遂以为衰殷之主。杜预仍其误而甚其词云："二国不以帝乙、厉王不肖，犹尊尚之"。未知帝乙不肖何在？上文鲧、契亦并言，可谓契是不肖乎？(《人表》置帝乙于下中，亦是沿误也)(《史记志疑》卷二《殷本纪第三》)

  帝乙长子曰微子启①，启母贱，不得嗣②。少子辛，辛母正后，辛为嗣③。帝乙崩④，子辛立⑤，是为帝辛⑥，天下谓之纣⑦。

①【汇注】

  司马贞：微，国号。爵为子。启，名也。《孔子家语》云"微"或作"魏"，读从微音。邹本亦然也。(《史记索隐》)

【汇注】

  陈士元：微子，名启。《家语》，微作魏。《史记》，启作开。(《孟子杂记》卷三《辨名》)

  陈士元：朱子曰："微子，纣庶兄。"元按：微子启，《家语》及《路史》皆作"魏子启"。《史记》云："微子开者，殷帝乙首子而纣之庶兄也。纣既立，不明，淫乱于政。微子数谏，不听，乃问于太师、少师，遂亡。"然《尚书》作微子启而《史记》作微子开者，避汉景帝讳也。食邑于微，故曰微子。《吕氏春秋》云："纣母生微子与仲衍，其时尚为妾，改而为妻，生纣，纣父欲立微子启为太子，太史据法而争曰：有妻之子，不可立妾之子，故立纣为后。"《史记》云"启母贱"，"辛母正后"，是二母也。若谓启、辛同母，则妻从夫贵，而所生之子亦从而贵，启不得称嫡长子乎？此吕氏之谬也。《论语》谓"微子去之",未尝明言其何往,而孔安国氏乃有奔周之说,《左传》又有面缚衔璧衰绖舆榇之说,《史记》又有"持祭器造于军门,肉袒面缚,膝行而前"之说,真厚诬微子也。罗泌、王柏、金履祥辈皆有辨矣。《一统志》云墓在归德州西南二十二里。(引自陈春辑刻《湖海楼丛书·论语类考》卷七《微子》)

王士俊：微子墓,在府城西南一十里。微子,帝乙元子。(《河南通志·归德府》卷四十九《陵墓》)

江灏：微子名叫启。微是封号,子是爵位。微子是帝乙的长子,纣的同母庶兄。按《吕氏春秋》,启的母亲生启的时候还没有被帝乙立为正妃,生纣的时候才立为正妃,因此,启年长是庶出,纣年小是嫡出。(《尚书今古文全译·微子·题解》)

傅元恺：帝乙：武丁死后,传七帝至帝乙。(见《史记纪传选译·殷本纪》)

张大可：微子启：微：国号；子：爵位；启：人名,即纣兄。启母生启时身份未正,生纣时才为妃,故启长而庶,纣小而嫡。(《史记全本新注》卷三《殷本纪第三》)

编者按：《孔子家语》卷一〇《本姓解第四十二》云：微子启,帝乙之元子,纣之庶兄,以圻内诸侯,入为王卿士。初,武王尅殷,封纣之子武庚于朝歌,使奉汤祀。武王崩而与管、蔡、霍三叔作难,周公相成王东征之,二年,罪人斯得,乃命微子代殷后,作《微子之命》申之。与国于宋,后殷之子孙,惟微子先往,故封之贤。微子卒,其弟曰仲思名衍,嗣微子后,故号微仲。

② 【汇注】

司马贞：此以启与纣异母,而郑玄称为同母,依《吕氏春秋》,言母当生启时犹未正立,及生纣时始正为妃,故启大而庶,纣小而嫡。(《史记索隐》)

【汇评】

马骕：《吕氏春秋》：纣之同母三人,其长曰微子启,其次曰仲衍,其次曰受德。受德乃纣也,甚少矣。纣母之生微子启与仲衍也,尚为妾,已而为妻而后生纣。纣之父、纣之母欲置微子启以为太子。太史据法而争之曰："有妻之子而不可置妾之子。"纣故为后。用法若此,不若无法。(《绎史》卷十九《文王受命》)

③ 【汇注】

李诩：《吕氏春秋》曰：纣之同母三人,其长曰微子启,次曰仲衍,次曰受德即纣也,甚少矣。纣母之生启与仲衍也,尚为妾,已而为妻,而后生纣,纣之父母欲置微子启为太子,太史据法而争之曰："有妻之子不可置妾之子。"纣故为后。《史记》载帝乙长子微子启,启母贱不得嗣。少子辛,辛母正后,辛立。是微子与纣异母也。郑玄论启、辛,亦曰同母,盖本之吕氏。玄去迁世不远,当从同母之说。此《索隐》亦略著。(《戒庵老人漫笔》卷五《纣启同母》)

【汇评】

梁玉绳：附按：马融注《论语》云"微子纣之庶兄"，此本于《史·宋世家》，与《纪》言微子及纣异母同。自康成注《尚书》据《吕氏春秋·仲冬纪》，言"微子生时母犹为妾，及为后生纣"，遂以微子为纣同母庶兄。孔、邢《经》，《疏》及《索隐》并宗其说。夫帝乙贤君，不应废子之长且贤者，而立晚生不肖之子。如谓先妾后后，遂分嫡庶，则当立后时，何以不即立太子，必待纣之生乎？况其为母一耳，庶不可为嗣，妾乃可为后欤？太史之争，宜在立后时，不宜在欲立太子时也。准情揆理，《吕子》殊不足据。《余冬叙录》云"妾既得为后矣，而所生之子不得从亲称嫡长子乎？"此语真足破疑。然则帝乙之欲立微子者，知纣之不肖，思废之而立贤子也。太史争之者，执嫡庶子分，泥于经而不达于权也。若《公都子》引当时人言，以微子与比干为纣之叔父，则误矣。至启当时讳"开"，史例也，说在《周纪》中。（《史记志疑》卷二《殷本纪第三》）

李元度：古有一言丧邦，且贻祸天下万世者，殷太史之争立纣是也。《吕氏春秋》曰："纣母生微子仲衍，其时尚为妾，及为妻，生纣。"《通鉴外纪》曰：帝乙及后以启贤，欲立为太子，太史据法争曰："有妻之子，不可立妾之子。"因立纣。是殷祀六百，丧于太史一言也。较平、勃之许王吕氏，勣、敬宗之赞立武氏，贻祸为尤烈矣。夫谓不可立妾子者，尊嫡之常法，然仍当视其贤不肖何如，岂有明知嫡子不肖而必立之者哉？况启、衍、纣一母之子也，何贵何贱？而必谓前所生为妾之子，继所生乃妻之子耶？万一既立为后，不复生子，则将谓所生者皆不足为子耶？抑皆舍之，别求子以立为后耶？公羊氏有母以子贵，子以母贵之说，母以子贵，礼也，若子以母贵，则曲说耳。夫为妻纲，子皆统于其父，不当以母分贵贱，然使后、妃并存，贵贱犹可言也，一人则何贵贱之有？……且夫立嫡不立庶，盖惩并后匹嫡之祸，而一以前定者杜争端耳，若一母之子，又以先后分嫡庶，此何理乎？（《天岳山馆文钞》卷一《殷太史论》）

④【汇注】

郑樵：帝乙（原注：亦曰辛乙。元年，己巳）：乙之子三人，长曰微子启，次曰仲衍，季曰纣。启母贱，而立纣焉。嫡故也。或言三人同母，母本妾也。以为后生纣。纣尚幼，乙及后谓启贤，欲以为太子，太史据法而争之曰："废嫡立庶，不可。"乙在位三十七年，商家日微，崩。少子纣立。（《通志》卷三《商》）

马端临：帝乙，太丁子，以庚午嗣立，三十七年丙午崩。（《文献通考》卷二百五十《帝系·历年》）

蒋廷锡：按《竹书纪年》，帝乙（注：名羡）元年庚寅，王即位，居殷。九年，陟（按《通志》作在位三十七年）。（见《古今图书集成·明伦汇编·皇极典》卷九

《商·帝乙本纪》）

宫梦仁：帝乙，太丁子，在位三十七年。（《读书纪数略》卷一五《统纪类》）

徐文靖：《笺》按：《文二年传》：宋祖帝乙，犹上祖也。杜预曰：帝乙，微子父。宋不以帝乙为不肖而犹尊尚之。（《竹书纪年统笺》卷六《帝乙九年陟》）

⑤【汇注】

司马光：王乙崩，子受德立。受德一曰辛，是为纣王。（《稽古录》卷七《殷下》）

⑥【汇注】

徐文靖：《笺》按：《周书·克殷解》：尹逸策曰：殷末孙受德，迷先成汤之明，侮灭神祇不祀。孔晁曰：纣字受德也。又按《吕氏春秋·当务篇》，纣之同母三人，长曰微子启，次曰仲衍；三曰受德，乃纣也。（《竹书纪年统笺》卷六《帝辛名受》）

王国维：卜辞于诸先王本名之外，或称"帝某"，或称"祖某"，或称"父某""兄某"。罗参事曰："有商一代帝王，以甲名者六，以乙名者五，以丁名者六，以庚辛名者四，以壬名者二，惟以丙及戊、己名者各一。其称大甲、小甲，大乙、小乙，大丁、中丁者，殆后来加之以示别。然在嗣位之君，则径称其父为父甲，其兄为兄乙，当时已自了然。故疑所称父某、兄某者，即大乙以下诸帝矣。"余案：参事说是也。非独父某，兄某为然，其云帝与祖者，亦诸帝之通称。（《观堂集林》卷九《殷卜辞所见先公先王考·祖某》）

⑦【汇注】

皇甫谧撰、徐宗元辑：帝纣能倒曳九牛，抚梁易柱。有苏氏叛，纣因伐苏，苏人以美女妲己奉纣，纣大悦，赦苏而纳妲己为妃，常与沉醉于酒。所誉者贵，所憎者诛。淫纵愈甚。始作象箸，箕子为父师，叹曰："象箸必不更于圭甀，必将犀玉之杯；食熊蹯豹胎，必不衣短褐，处茅茨之下，必将衣文绣之衣，游于九层之台，居于广室之中矣。"居五年，纣果造倾宫，作琼室瑶台，饰以美玉，七年乃成。其大三里，其高千丈，其大宫百，其小宫七十三处。宫中九市，车行酒，马行炙，以百二十日为一夜，六月发民，猎于西山。居期年，天下大风雨，飘牛马，坏屋树，天火烧其宫，两日并尽，或鬼哭，或山鸣。纣不惧，愈慢神，诛谏士，为长夜之饮，七日七夜，失忘历数，不知甲乙。问于左右莫知。使问箕子，箕子谓其私人曰："为天下主，而一国皆失日，天下危矣。一国不知，而我独知之，我其危矣。"宰人以酢熊蹯不熟，纣怒，杀宰人。斮朝涉之胫而视其髓，刳孕妇之腹而观其胎，又杀人以食虎。诸侯或叛，妲己以罚轻。纣欲重刑，乃先为大熨斗以火爇之，使人举，辄烂手不能胜，纣怒，乃更为铜柱以膏涂之，加于爇炭之上，使有罪者缘焉。足滑，遂跌堕火中。纣与妲己笑为乐，名曰炮烙之刑。武王乃率诸侯来伐纣，纣有亿兆夷人，起师自容间至浦水，与同恶诸侯五十国，凡七十万人，距周于商郊之牧野，纣师皆倒戈而战。纣即位三十三年，正月甲子

败绩，赴宫登鹿台，蒙宝衣玉席，自投于火而死。周武王封其子武庚为殷后。（见《帝王世纪辑存·殷商第三》）

裴　骃：《谥法》曰："残义损善曰纣"。（《史记集解》）

陈士元：纣：一作蚩，《周书》称受，《史记》称辛，《经世书》称受辛。（《孟子杂记》卷三《辨名》）

李　贽：纣资辩捷疾，闻见甚敏，材力过人，手格禽兽，知足以拒谏，言足以饰非，以为天下皆出己之下。始为象箸，箕子叹曰："彼为象箸，必为玉杯。而远方珍怪之物，舆马宫室之渐，自此始矣。"……纣淫泆益肆，箕子谏不听，人或曰："可以去矣。"箕子曰："知不用而言，愚也。杀身以彰君之恶而自说于民，吾不忍为也。"乃解衣被发，佯狂而去之。西伯发举兵伐纣，纣乃衣宝衣，自焚而死。殷亡。箕子过殷墟，伤宫室毁坏生禾黍，乃作麦秀之歌曰："麦秀渐渐兮，禾黍油油兮，彼狡童兮，不与我言兮。"殷民闻之，皆流涕。……桀不过饮酒食肉，纣才智过人，其恶愈甚矣。然向与难之臣，独此为甚，至今犹有悲风。求之有夏，不可得矣。（《史纲评要》卷一《商纪·纣》）

朱孔阳：帝辛，名受，即纣也。曰纣辛。帝乙子。八祀，伐有苏氏，获妲己，嬖之，纵淫乐，重刑辟，百姓颤怨。三十有二祀，商亡。明年，周武王十有三年，大会诸侯于孟津，誓师伐商，会于牧野，商师溃，受反奔鹿台，衣珠玉自燔而死。（《历代陵寝备考》卷七《商》）

【汇评】

梁玉绳：附按：纣有二名，曰辛者，殷以生日名子也；曰受者，别立嘉名也。犹天乙又名履，上甲又名微也。《史》不书名受，偶不及也。（《竹书》云名辛受）而纣、受音近，故天下共称之，盖即以为号矣。先儒谓"纣"为谥，非。至康成谓"纣字受德"则不足信。盖德为虚位，有凶有吉，受德云者，犹《汤誓》言"夏德"，《立政》言"桀德"，非字之谓也。然其所以致误之由，固自有说。《立政》曰"其在受德暋"，《周书·克殷》篇曰"殷末孙受德"，吕不韦作书误解，遂于《仲冬纪》著之曰"其次受德"。康成过信吕书，取以释《经》，后儒又过信康成，故晋孔晁注《周书》，张守节《周本纪·正义》并云"纣字受德"。伪孔《传》于《戡黎》篇从马融读受为纣，谓"声转相乱"，于《立政》篇依康成作"受德"，谓"帝乙爱焉"，为作善字，更属歧说。而仲达曲为之疏曰："或言'受'或言'受德'，呼有单复耳。"岂其然哉？《周本纪》录《克殷》篇改"末孙受德"为"季受"。季者少子也，岂史公有意更之欤？（《立政》"受德"，《释文》引马云"受所为德也"。金陵本《周本纪》作"殷之末孙季纣"，不作"季受"）（《史记志疑》卷二《殷本纪第三》）

帝纣资辨捷疾①，闻见甚敏；材力过人②，手格猛兽③；知足以距谏，言足以饰非；矜人臣以能，高天下以声，以为皆出己之下④。好酒淫乐，嬖于妇人。爱妲己⑤，妲己之言是从⑥。于是使师涓作新淫声⑦，北里之舞⑧，靡靡之乐⑨。厚赋税以实鹿台之钱⑩，而盈钜桥之粟⑪。益收狗马奇物，充仞宫室⑫。益广沙丘苑台⑬，多取野兽蜚鸟置其中。慢于鬼神。大冣乐戏于沙丘⑭，以酒为池⑮，县肉为林⑯，使男女倮相逐其间⑰，为长夜之饮⑱。

① 【汇注】
　　傅元恺：辨：通"辩"，聪慧。（见《史记纪传选译·殷本纪》）

② 【汇注】
　　马　骕：《论衡》：纣力能索铁伸钩，抚梁易柱。（《绎史》卷十九《文王受命》）
　　又：《帝王世纪》：纣倒曳九牛，抚梁易柱。（同上）
　　傅元恺：材力：气力。（见《史记纪传选译·殷本纪》）
　【汇评】
　　王　樵：史称纣资辨捷疾，闻见甚敏，材力过人，纣惟恃此而狎侮五常，荒怠弗敬，所以败汤之德而覆其宗也。（《尚书日记》卷十）

③ 【汇注】
　　张守节：《帝王世纪》云"纣倒曳九牛，抚梁易柱"也。（《史记正义》）

④ 【汇注】
　　马　骕：《荀子》：古者桀纣，长巨姣美，天下之杰也。筋力越劲，百人之敌也。然而身死国亡，为天下大僇，后世言恶则必稽焉。（《绎史》卷十九《文王受命》）
　【汇评】
　　李　贽：纣以天下皆出己下，故人得视之如腐鼠耳。（《史纲评要》卷二《周纪·武王》）

⑤ 【汇注】
　　刘　向：妲己者，殷纣之妃也。嬖幸于纣。纣材力过人，手格猛兽。智足以拒谏，辨足以饰非。矜人臣以能，高天下以声。以为人皆出己之下，好酒淫乐，不离妲己。妲己之所誉贵之，妲己之所憎诛之。作新淫之声，北鄙之舞，靡靡之乐，收珍物积之后宫，谀臣群女，咸获所欲。积糟为丘，流酒为池，悬肉为林，使人裸形相逐其间，为长夜之饮，妲己好之，百姓怨望，诸侯有畔者。纣乃为炮烙之法，膏铜柱加之炭，

令有罪者行其上，辄堕炭中。妲己乃笑。比干谏曰："不修先王之典法，而用妃言，祸至无日。"纣怒，以为妖言。妲己曰："吾闻圣人之心有七窍。"于是剖心而观之，囚箕子，微子去之。武王遂受命，兴师伐纣，战于牧野，师倒戈，纣乃登廪台，衣宝玉衣而自杀。于是武王遂致天之罚，斩妲己头悬于小白旗。以为亡纣者，是女也。《书》曰："牝鸡无晨。牝鸡之晨，惟家之索。"《诗》云："君子信盗，乱是用暴。匪其止共，维王之功。"此之谓也。（《古列女传》卷七《殷纣妲己》）

裴　骃：皇甫谧曰："有苏氏美女。"（《史记集解》）

司马贞：《国语》有苏氏女，妲字己姓也。（《史记索隐》）

郑　樵：纣伐有苏氏，有苏氏以妲己女纣。纣惑之，言无不听。所好者贵，所恶者诛。使师延（原注：一作涓）作《朝歌》《北鄙》之音，《北里》之舞，靡靡之乐，造鹿台而为琼室玉门，台三里，高千尺，七年乃成（原注：其台今在朝歌城中），厚赋敛以实鹿台之钱，而盈钜桥之粟，益收狗马奇玩充牣宫室。以人食兽，广沙邱、苑台，多取鸟兽之异者置其中，大聚乐戏于沙邱，以酒为池，以糟为邱，县肉为林，使男女倮相逐其间。大宫百里，宫中九市，与崇侯、费中，戏于离宫，以百二十日为一夜，谓之长夜饮。车行酒，骑行炙，以绳罥人头，引就酒池，醉而溺死。纣醉而忘其日辰甲子。……百姓怨望，诸侯有畔者。妲己以为威不立耳，乃说纣重刑辟。（《通志》卷三《商》）

马　骕：《纪年》帝辛九祀，伐有苏，获妲己以归。（《绎史》卷十九《文王受命》）

俞　樾：国朝刘廷玑《在园杂记》云：妲己姓钟名妲字己，此说未知所本。按《晋语》云：殷辛伐有苏，有苏氏以妲己女焉，韦注曰：有苏，己姓之国，妲己其女也。《史记索隐》亦云妲字，己姓，然则姓钟之说当是俗传，不足据也。（《茶香室丛钞》卷四《妲己》）

又：明杨慎《升庵外集·字说》云：嬶己即妲己。引《字统》云：黑而有艳曰嬶。按《说文·黑部》嬶白而有黑也。从黑，旦声。五原有莫嬶县。今据此说，则嬶即妲己之本字矣。不特得其字，且可想见其容，亦奇闻也。（《茶香室续钞》卷五《妲己亦作嬶己》）

【汇评】

刘　向：妲己配纣，惑乱是修。纣既无道，又重相谬。指笑炮炙，谏士刳囚。遂败牧野，反商为周。（《古列女传》卷七《殷纣妲己颂》）

李百药：或受讥于妲己，且自悦于从禽；虽才高而学富，竟取累于荒淫。（见《文苑英华》卷六十《赞道赋》）

林紫秋：在中国人的眼里，妲己是一个标准的"红颜祸水""一代妖后"；无论是正史还是野史，无论是文学作品还是历史著作，妲己都不曾正面生存过；妲己负面形象的形成，是一个典型的"被祸水""被妖魔"的过程；在这个过程中，儒家的"妇道"以及成王败寇的理论和古代文人借古讽今的传统产生了重要作用。(《论妲己妖魔形象的形成》，《四川民族学院学报》，2011年第3期）

夏增民、迟明霞： 在传统上，一直认为是末喜、妲己和褒姒导致了夏商周三代的灭亡，"女祸论"或"女祸史观"即由此产生，然而她们的历史形象以及她们被当成三代灭亡的原因，是先秦秦汉时期社会不断进行历史建构的结果。对末喜、妲己和褒姒祸国的史事建构，实质是政治和历史观上的"厌女症"，通过这种社会性别的理论建构，而欲建立起父权制的社会性别制度。由于先秦秦汉在中国文化中的源头地位，"女祸论"成为中国传统性别制度和文化中的重要表征。(《儒学与汉代社会性别制度的理论建构——以"女祸史观"下末喜、妲己和褒姒的史事撰述为中心》，《华中科技大学学报》（社会科学版），2012年第4期）

⑥【汇评】

罗　泌： 人主有大惑九，材者处其四，而不材者处其五。好货、贪仙、悦女色而事四夷，此材者之所惑也。为游观，喜符瑞，好乐，便佞而谀佛，此不材者之所惑也。是九者皆足以丧身亡国，而女色为尤急。子曰：我未见好德如好色者也。天下之物，好之斯惑之矣。小惑易好，大惑易性，是故攫金者不见市贾，逐兔者不见泰山，而况女色之移情乎？当此之时，敌国觊求而不得哉？(《路史》卷三《发挥·青阳遗姝》)

⑦【汇校】

梁玉绳： 按：《韩子·十过》《释名》《水经注》八，《拾遗记》皆作"师延"，是也。此与《人表》并误作"涓"。师涓出于晋平公、卫灵公之世，亦见《韩子·十过》及《吕子·长见》，补《乐书》者曾引之（《淮南·泰族训》又误以师延为师旷时）。(《史记志疑》卷二《殷本纪第三》)

傅元恺： 师涓：应作师延，纣时乐师。师涓是晋平公时乐师。（见《史记纪传选译·殷本纪》)

【汇注】

马　骕： 《拾遗记》：师延者，殷之乐人也。设乐以来，世遵此职。至师延精述阴阳晓明象纬，莫测其为人。世载辽绝，而或出或隐，在轩辕之世，为司乐之官，及殷时，总修三皇五帝之乐，抚一弦琴，则地祇皆升，吹玉律，则天神俱降。当轩辕之时，年已数百岁，听众国乐声以审兴亡之兆，至夏末抱乐器以奔殷，而纣淫于声色，乃拘师延于阴宫，欲极刑戮。师延既被囚系，奏清商流徵涤角之音，司狱者以闻于纣，纣犹嫌曰："此乃淳古远乐，非余可听说也。"犹不释。师延乃更奏迷魂淫魄之曲，以欢修夜之娱，乃得免炮烙之害。(《绎史》卷十九《文王受命》)

黄　伦：孔颖达云"纣使师延作靡靡之乐"，靡靡者，相顺从之意。纣拒谏饰非，恶闻其短，惟其靡靡相随顺、利口捷给、随从上意者，以之为贤。商人效之，遂成风俗。（《尚书精义》卷四十七《毕命》）

惠士奇：所谓淫乐者，郑卫桑间濮上师延所作新声之属。王肃云"凡作乐而非其所，则谓之淫。"淫，过也。（《礼说》卷七《春官二》）

⑧【汇注】

傅元恺：北里舞：一种放荡的舞蹈。（见《史记纪传选译·殷本纪》）

⑨【汇注】

孔颖达：奸声谓奸邪之声，感动于人；逆气谓违逆之气，即奸邪之气也。奸声感动于人而逆气来应，二者相合而成象，淫乐遂兴，纣作靡靡之乐是也。（《礼记正义》卷五十一《乐记》）

毛奇龄：殊不知古人所谓郑声淫、商纣靡靡之乐，皆以其乐章与乐声多淫荡不雅驯耳，非谓与五声十二律之法有踰轶也。（《经问》卷十三）

【汇评】

史　徵：纣作靡靡之乐，天下为之离叛，必须饮食以宜，而不失贞正之道，可以获吉，故曰贞吉也。（《周易口诀义》卷一《需》）

丘　濬：声音之道，与政相通。古之善观人国者，不观其政治而观其声音。其音安以乐者，其政必和；其音怨以怒者，其政必乖；其音哀以思者，其民必困。政之和者，治国也；政之乖者，乱国也；民之困者，将亡之国也。国之将亡，其政必散，其民必流。政散则诬罔其上，罔上则民无诚心矣；民流则肆行其私行，私则无公心矣。如此行之不已，则靡靡之乐所由作焉。是以自古人君必致谨于礼乐刑政之施，以为感化斯人之本，恒使吾之政咸和而不乖，吾之民咸安而不困。采民之歌诗，顺民之情性，协比以成文，播奏以为乐，使天下之人闻吾之声者，知吾之德；聆吾之音者，感吾之治；审吾之乐者，得吾之政。（《大学衍义补》卷四十二《治国平天下之要》）

⑩【汇注】

高　诱：鹿台，纣钱藏府所积也。（《淮南子注·主术训》）

裴　骃：如淳曰："《新序》云鹿台，其大三里，高千尺。"瓒曰："鹿台，台名，在今朝歌城中。"（《史记集解》）

张守节：《括地志》云："鹿台在卫州卫县西南三十二里。"（《史记正义》）

马　骕：《新序》：纣为鹿台，七年而成，其大三里，高千尺，临望云雨。（《绎史》卷十九《文王受命》）

王　筠："鹿台之钱"似欠妥。古曰泉，曰货，曰币，似周景王铸大钱，即其始矣。庤乃钱镈，盖其本义。钱币则借义。按《孟子》以粟易械器，是七国犹不改交易而退之遗。钱特从而权之耳。《秦始皇本纪》曰：惠文王二年，初行钱，或第指秦耶？则九府圜法在其先矣。或谓但用钱买物，无复"抱布贸丝"遗风耶？则《越绝书》云糴石二十则伤农，九十则伤末，直至终篇，皆以钱计也，当问立。（《史记校》卷上《殷本纪》）

王　恢：鹿台，臣瓒曰："在朝歌城中。"《汉志》："朝歌纣所都，周武王弟康叔所封，更名卫。"《括地志》："在卫县西南三十二里。"《纪要》（四九）："在淇县东北。《志》云，今县之南阳社有鹿台，县东北吴里社有钜桥，皆纣积粟处。"《清统志》（二〇〇）："鹿台，即今淇县治。"（《史记本纪地理图考·殷本纪·纣之不善》）

⑪【汇注】

高　诱：钜桥，纣仓名也。一说，钜鹿漕运之桥粟。（《淮南子注·主术训》）

裴　骃：服虔曰："钜桥，仓名。许慎曰钜鹿水之大桥也，有漕粟也。"（《史记集解》）

司马贞：邹诞生云："钜，大；桥，器名也。纣厚赋税，故因器而大其名。"（《史记索隐》）

王　恢：钜桥，《纪要》（一六）："在浚县西五十里。鹿台在焉。今有钜桥镇。"今淇县东北——淇水东岸。《浊漳水注》："许慎曰：钜鹿水之大桥也。今临侧水湄左右方一二里中，中若丘墟，盖遗囷故窖也。"《纪要》（一五）因而又曰："在曲周县西。"《清统志》（三三）从其说曰："仓在今曲周县东北。"诸说无非因"钜"字即以为钜桥而附会。倘知钜桥故城宋大观二年被黄河淹没，民国十年夏秋间发现在二丈以下，则诸说可信与否，不待智者而知矣。（《史记本纪地理图考·殷本纪·纣之不善》）

钱　穆：案：今濬县西五十里有钜桥乡。（《史记地名考》上，第252页）

【汇评】

管　仲：所谓能以所不有予人者，武王是也。武王伐纣，士卒往者，人有书社。入殷之日，决钜桥之粟，散鹿台之钱，殷民大说，此所谓能以所不有予人者也。（《管子》卷二十一《版法解》）

朱国祚：鹿台钜桥，纣积之以敛怨，而武散之以得民。财聚民散，财散民聚之说征矣。（引自《百大家评注史记·殷本纪》）

⑫【汇注】

傅元恺：充牣：充满。（见《史记纪传选译·殷本纪》）

【汇评】

韩　非：纣为象箸而箕子怖，以为象箸必不盛羹于土铏，则必犀玉之杯；玉杯象箸，必不盛菽藿，则必旄象豹胎；旄象豹胎，必不衣短褐，而舍茅茨之下，则必锦衣九重，高台广室也。称此以求，则天下不足矣。圣人见微以知萌，见端以知末，故见

象箸而怖，知天下不足也。(《韩非子集解》卷七《说林上》)

⑬【汇注】

　　裴　骃：《尔雅》曰："逴迤，沙丘也。"《地理志》曰在钜鹿东北七十里。(《史记集解》)

　　张守节：《括地志》云："沙丘台在邢州平乡东北二十里。《竹书纪年》自盘庚徙殷至纣之灭二百五十三年，更不徙都，纣时稍大其邑，南距朝歌，北据邯郸及沙丘，皆为离宫别馆。"(《史记正义》)

　　王　恢：沙丘：《汉志》："钜鹿郡钜鹿，纣作沙丘台在东北七十里。"《清统志》(三〇)：沙丘台在平乡县东北。《水经注》：衡漳迳沙丘台东。《括地志》：台在平乡县东北二十里。旧志，今平乡东北有王固冈，冈东北十余里有太平台村，东去广宗乡八里，其东又有小平台村，即故沙丘台遗址也。《正义》所谓"纣时稍大其邑，南距朝歌，北据邯郸及沙丘，皆为离宫别馆"者也。《寰宇记》(五九)："卫县北四十里宛城有沙丘台，俗称妲己台。"卫县故治，今滑县西南五十里卫县集。离宫别馆，不限远近。其后赵武灵王、秦始皇并死沙丘平台。(《史记本纪地理图考·殷本纪·纣之不善》)

　　傅元恺：沙丘：古地名。在今河北省广宗县西北太平台。(见《史记纪传选译·殷本纪》)

【汇评】

　　王骏观撰、王骏图续：正义：沙丘台在邢州。《竹书纪年》云："自盘庚徙殷至纣之灭，七百七十三年，更不徙都。"图按：下文封武庚以续殷嗣，《正义》又引《纪年》云："汤灭夏，以至于受，用岁四百九十六年也。"前后矛盾如此，《竹书》之妄可知，不知《正义》何以深信，且于不相涉者亦引之耶？(《史记旧注评义》)

⑭【汇校】

　　裴　骃：徐广曰："冣，一作'聚'。"(《史记集解》)

　　郭嵩焘：按：大聚乐，《泰誓·疏》引作"聚"。《考异》云："当作'冣'，《说文》宀部：'冣，积也。从宀、从取。'冂部：'冣，犯而取也。'是此当作'大冣乐'读才句切。"(《史记札记》卷一《殷本纪》)

　　瞿方梅：方梅案：古"冣""聚"音义皆同。《公羊传》曰："'会'犹'最'也。"何注："'最'之为言'聚'也。"(《史记三家注补正·殷本纪第三》)

【汇注】

　　傅元恺：冣：同"聚"。(见《史记纪传选译·殷本纪》)

⑮【汇注】

　　张守节：《括地志》云："酒池在卫州卫县西二十三里。《太公六韬》云纣为酒池，

回船糟丘，而牛饮者三千余人为辈。"（《史记正义》）

马　骕：《论衡》：纣沈湎于酒，以糟为丘，以酒为池，牛饮者三千人。长夜之饮，忘其甲子。车行酒，骑行炙，百二十日为一夜。（《绎史》卷一九《文王受命》）

王　恢：酒池：《括地志》"酒池在卫县西二十三里。《太公六韬》云纣为酒池，回船糟丘而牛饮者三千余人为辈。"此即《周书·酒诰》"群饮"之夸词。（《史记本纪地理图考·殷本纪·纣之不善》）

【汇评】

刘　敏：商末的酗酒，不是统治阶级中个别人的行为，而是以最高统治者为代表的集团行为，具有社会性。所以，它关系和影响到国家的存亡。这不但从文献史料中，而且从考古资料中均得到了证明，如殷墟发现的器皿中，有相当大的部分都是酒器。当一个统治集团的大多数人都陷于醉生梦死之中，弃国家安危、民众生死于不顾，那么，这个政权就没有存在的理由了。（《中国王朝兴衰史十七讲》，第10页。）

⑯【汇注】

张守节：县，户眠反。（《史记正义》）

【汇评】

马　骕：《韩非子》：昔者纣为象箸而箕子怖，以为象箸必不加于土铏，必将犀玉之杯。象箸玉杯，必不羹菽藿，则必旄象豹胎。旄象豹胎，必不衣短褐而食于茅屋之下，则锦衣九重，广室高台，吾畏其卒，故怖其始。居五年，纣为肉圃，设炮烙，登糟丘，临酒池，纣遂以亡。故箕子见象箸以知天下之祸，故曰"见小曰明"。（《绎史》卷一九《文王受命》）

⑰【汇注】

张守节：倮，胡瓦反。（《史记正义》）

⑱【汇评】

林之奇：纣好酒淫乐，不离妲己，为长夜饮，妲己好之。百姓怨望而诸侯有畔者，妲己曰"罚轻诛薄，威不立耳"，纣乃重刑辟为炮烙之法，妲己乃笑。则知纣之所以肆志于民上而恣其淫欲，百姓离散而无复有爱上之诚，诸侯携贰而无复有尊王之义者，惟其为长夜之饮故也。则商之祸，岂不自于酒乎？（《尚书全解》卷二十九《酒诰》）

百姓怨望而诸侯有畔者①，于是纣乃重刑辟②，有炮格之法③。以西伯昌、九侯④、鄂侯为三公⑤。九侯有好女⑥，入之纣。九侯女不憙淫⑦，纣怒，杀之，而醢九侯⑧。鄂侯争之强，辨之疾，并脯鄂侯⑨。西伯昌闻之，窃叹。崇侯虎知之⑩，以告纣，纣囚西伯羑里⑪。西伯之臣闳夭之徒，求美女、奇物、善马以献纣⑫，纣乃赦西伯⑬。西伯出而献洛西之地⑭，以请除炮格之刑⑮。纣乃许之，赐弓矢斧钺，使得征伐，为西伯⑯。而用费中为政⑰。费中善谀，好利，殷人弗亲。纣又用恶来⑱。恶来善毁谗，诸侯以此益疏。

① 【汇注】

马　骕：《新序》：作炮烙之刑，戮无辜，夺民力，冤暴施于百姓，惨毒加于大臣，天下叛之，愿臣文王。（《绎史》卷一九《文王受命》）

② 【汇注】

马　骕：《帝王世纪》：纣欲重刑，乃先作大熨斗，以火热之，使人举，不能胜，辄烂手。与妲己为戏笑。（《绎史》卷十九《文王受命》）

③ 【汇校】

施之勉：按：《景祐本》作"炮格"，《黄善夫本》作"炮烙"。（《史记会注考证补订·殷本纪第三》）

【汇注】

皇甫谧撰、徐宗元辑：纣作铜柱，令男女裸形缘之，落则妲己笑。（《帝王世纪辑存·殷商第三》）

裴　骃：《列女传》曰："膏铜柱，下加之炭，令有罪者行焉，辄坠炭中，妲己笑，名曰炮烙之刑。"（《史记集解》）

司马贞：邹诞生云"格，一音阁"。又云"见蚁布铜斗，足废而死，于是为铜格，炊炭其下，使罪人步其上"，与《列女传》少异。（《史记索隐》）

蒋廷锡：按《竹书纪年》，帝辛（注：名受，即纣也，曰受辛）元年乙亥，王即位，居殷。四年，大蒐于黎，作炮烙之刑。（《古今图书集成·明伦汇编·皇极典》卷九《商·帝辛本纪》）

马　骕：《列女传》：为炮烙之法。膏铜柱加之炭，令有罪者行其上，辄堕炭中。（《绎史》卷一九《文王受命》）

徐文靖：《笺》按：《淮南·俶真训》迨至殷纣，燔生人，辜谏者，为炮烙，铸铜柱。《汉书》莽作焚如之刑，犹是也。（《竹书纪年统笺》卷六《帝乙四年作炮烙之刑》）

郭嵩焘：有炮烙之法。《札记》云："'炮烙'，《宋本》作'炮格'。《索隐》引邹诞生'格音阁'。《吕氏春秋》'肉圃为格'，高诱《注》'以铜为之'。诸书皆为后人

改作'烙'矣。说见卢氏《钟山札记》,余详《杂志》。"(《史记札记·殷本纪》)

【汇评】

林之奇:夫纣为暴虐之甚矣,而妲己尚且以为罚轻。炮烙之刑,使人遭枉刑至痛于膏火之中,而才足以供其一笑,则其为不道,又在纣之上矣。(《尚书全解》卷二十三《牧誓》)

沈廷芳:纣有炮烙之刑云云,是纣罪过于桀也。(《十三经注疏正字》卷七《泰誓》)

④【汇校】

裴　骃:徐广曰:"一作'鬼侯'。邺县有九侯城。"(《史记集解》)

【汇注】

司马贞:九亦依字读,邹诞生音仇也。(《史记索隐》)

张守节:《括地志》云:"相州滏阳县西南五十里有九侯城,亦名鬼侯城,盖殷时九侯城也。"(《史记正义》)

王　鏊:按徐注云:"(九侯),一作鬼侯。"然则《吕氏春秋》所谓纣为无道,杀梅伯而醢之,杀鬼侯而醢之,即此事也。(引自《百大家评注史记·殷本纪》)

王　恢:九侯:《礼记·明堂位》作鬼侯。《竹书》:"帝辛元年命九侯、周侯、鄂侯。"徐文靖《统笺》:"按《战国策》鲁仲连曰:昔者,鬼侯、鄂侯、文王,纣之三公也。鬼一作九。"盖九鬼同声。《集解》徐广曰:"一作鬼侯,邺城有九侯城。"(《郡国志》同)《括地志》:"相州滏阳县西南五十里有九侯城,亦名鬼侯城。盖殷时九侯城也。"(《史记本纪地理图考·殷本纪·纣之不善》)

又:九侯之国疑即鬼方。《易·既济》:"高宗伐鬼方,三年克之。"《诗·大雅·荡》:"内奰(音备)于中国,覃及鬼方。"王国维《鬼方考》:"后人读《易》,见鬼方之克,时需三年,则知其为强国;见方与中并举,则知其为远方。然均未能质言其地。"乃以今藏之小盂鼎、梁伯戈,皆铭有"鬼方"两字,以为盂鼎出陕西郿县,郿西北为盂封地,鬼方必在汧陇之间。恢以为古器物可随人为转移,如宣城李氏所藏小盂鼎,潍县陈氏所藏梁伯戈,若干年后现于宣城、潍县,其可谓为盂梁封地乎?窃疑纣醢鬼侯,其族西窜,周时至于山陕,汉更及于陇海,与羌种合。如谓殷高宗伐及关陇,无异黄氏《日钞》据《竹书》"次于荆州",以鬼方即荆楚;杨慎《丹铅总录》据《汉书·严助传》"小蛮夷也",以贵州当之矣。(同上)

⑤【汇校】

裴　骃:徐广曰:"一作'邘',音于。野王县有邘城。"(《史记集解》)

【汇注】

王　恢:邘侯:徐广曰:"音于,野王县(沁阳)有邘城。"京相璠曰:"县西北三十里有故邢城、邢台。"《志疑》以徐说为非。谓"《路史·国名纪》云,邢侯亦纣三公。《世纪》,邢侯事纣以忠谏死。而邗为文王所伐,文王岂伐贤哉!则知《史记》异本是邢字,徐误为邗,而鄂即邢也。"如邢侯死,邢侯不可以为三公乎!甲骨"井""盂"并见,徐说是。《周纪》作"邘"。(《史记本纪地理图考·殷本纪·纣之不善》)

编者按:《太平御览》所引《史记》,"九侯"作"鬼侯","鄂侯"作"邢侯",与今本《史记》不同,文亦互有异同,录之如下:《史记》曰:纣资辩捷疾,闻见甚敏,材力过人,手格猛兽;智足以拒谏,言足以饰非;矜人臣以能,高天下以声。以为人皆出己之下。好酒淫乐,嬖于妇人。受妲己,使师涓作淫声,北里之舞,靡靡之乐。厚赋税以实鹿台之钱,而盈钜桥之粟(原注:鹿台,台名;钜桥,仓名)。以西伯昌、鬼侯、邢侯为三公,鬼侯有女,入之纣。鬼侯女不憙淫,纣杀之而醢鬼侯,邢侯争之,并脯。西伯昌闻之窃叹。崇侯虎知之,以告纣,纣囚西伯羑里。及武王伐纣,纣兵败绩,入登鹿台,衣其宝玉衣,起火而死。

⑥【汇注】

马 骕:《潜夫论》:昔纣好色,九侯闻之,乃献厥女。纣乃大喜,以为天下之丽莫若此也。以问妲己。妲己惧进御而夺己爱也,乃伪俯而泣曰:"君之年即耆耶?明既衰邪?何貌恶之若此而复谓之好也?"纣于是渝而以为恶。妲己恐天下之愈进美女者,因白"九侯之不道也,乃欲以此惑君王也。王而弗诛,何以革后!"纣则大怒,遂脯厥女而烹九侯。自此之后,天下之有美女者,乃皆重室昼闭,惟恐纣之闻也。(《绎史》卷一九《文王受命》)

⑦【汇校】

裴 骃:徐广曰:"一云无'不喜淫。'"(《史记集解》)

⑧【汇注】

皇甫谧撰、徐宗元辑:纣以鬼侯为三公。鬼侯有女美而进之于纣,悦之,妲己乃泣而谮之,纣怒鬼侯女,遂杀之,而醢鬼侯。(《帝王世纪辑存·殷商第三》)

傅元恺:醢:肉酱。这里是指古代的一种酷刑,把人剁成肉酱。(见《史记纪传选译·殷本纪》)

⑨【汇注】

司马迁:九侯有子而好,献之于纣,纣以为恶,醢九侯。鄂侯争之强,辩之疾,故脯鄂侯。(《史记·鲁仲连邹阳列传》)

曹淑琴:噩,典籍中又写作鄂、咢。这个国家立国的时间可能很早。徐中舒说鄂之立国当远在殷商之世,这是有道理的。《史记·殷本纪》提到,商代晚期,鄂侯与西伯昌、九侯一起为"三公"。纣王无道,辟重刑,施炮烙,醢九侯。"鄂侯争之强,辩之疾,并脯鄂侯"。这说明鄂侯在商代的诸侯国中拥有特殊的地位,敢于对商纣之无道进行抗争．这也从一个侧面反映了鄂在晚商时期已是雄踞南方的一个大国，如同周人在西方那样。武王伐纣，周人灭商的事变，鄂侯很可能是支持的。周王朝建立以后，周人为巩固政权，必与鄂侯加强联系。鄂国也从与周王室的友好关系中，巩固它对周围小国间的盟主地位。所以前面介绍的铜器铭文中看到的噩侯公室与周王室通婚等的融洽关系，当并非偶然。这种关系从其它实例中也得到证明。（《噩器初探》，《江汉考古》，1993年第2期）

徐少华：徐广两说均为可疑．其一，鄂与邘邢两字虽古音相近，然形体区别甚明，无由致误；其二，据《史记·周本纪》记载，商代晚期，周文王为剪除商之羽翼而"伐邘"（亦见《韩非子·难二》，"邘"作"盂"，所指实一），则邘为商代与鄂并存的诸侯之一，两者不能混同。西周时期，鄂国尚存，而邘为"武之穆"，邢为"周公之胤"，三国并为周王朝的重要诸侯，更不能将其混为一谈。甲骨卜辞中，鄂作噩（金文亦同，为统一起见，文中皆隶作"鄂'"）、邘作盂（与《韩非子》所载相同），两者多为地名，虽常并称，但分为两地是十分明显的。……卜辞之鄂，当是《史记·殷本纪》所载纣之三公之一的鄂侯之国，为商代后期商王室在沁水流域的重要据点之一。裴骃《集解》所引徐广关于鄂一作"邘'，又作"邢'的说法虽不尽可信，但其认为商之鄂侯在沁水下游地带，是有见地的，或因商鄂之地西周时期并属姬姓邘国所有而将两者混一。（《鄂国铜器及其历史地理综考》，《考古与文物》，1994年第2期）

李学勤：西周曾有姞姓鄂国，于厉王时被王师攻灭，是熟悉金文研究的学者都知道的。最近出现的一件鄂侯鼎，进一步证明周初已有鄂侯存在。从鄂国青铜器的出土地点，以及昭王南征时金文地名的考证，可以推定鄂国确在江汉会合处的今湖北鄂城一带。西周时有姞姓诸侯鄂国，金文作"噩"。鄂侯西周晚期曾与王室通婚，于厉王用兵南方归途中觐见纳醴，得到厚赏，但不久叛变，成为南淮夷、东夷侵犯王朝境土的带头人，结果被王师攻灭。这段历史不见于传世文献，然而却是熟悉金文研究的人们稔知的。鄂国在西周史上相当重要，当时也颇强盛。但这个诸侯国在何时始封，地理位置在哪里，一直没有定论。《史记·殷本纪》载，纣"以西伯昌、九侯（一作鬼侯）、鄂侯为三公。九侯有好女，入之纣，九侯女不熹淫，纣怒，杀之而醢九侯。鄂侯争之彊，辨之疾，并脯鄂侯"。由此看来，商末的鄂侯世系于周朝建立后得以继续，是非常可能的。2008年春季，在澳门出现了一件周初的青铜器鄂侯鼎。虽系流散文物，不知其出土所在和有关情况，但由于是已知最早的鄂侯自作器物，还是值得加以讨论。这是一件中型大小的圆鼎，通高43厘米，口径34厘米。立耳深腹，口沿下饰饕餮纹，有小扉棱。腹部光素，近底处略显膨出。三柱足，足上端有兽首及扉棱。2006年，我们在研究自海外回归的子龙大鼎时，曾经专门分析过像鄂侯鼎这种类型的圆鼎。该类型鼎的年代跨度是从商末到周初，代表性的例子有子龙鼎、戍嗣鼎等，一直到周康王二十三年的大盂鼎。鄂侯鼎由器形轮廓看，显然晚于成嗣鼎而早于大盂鼎。和鄂侯鼎形制、纹饰都非常近似的，是1997年出土的河南鹿邑太清宫M1：9鼎。对看这两件鼎，后者高50.8厘米，稍大一些，形制轮廓全同。两器饕餮纹的构造尤其一致，如其爪后有长距，背上有立羽，在饕餮旁边都加有小的倒置夔纹，无疑是同一期间的作品。我前此指出，太清宫M1很可能是宋国始封君微子启未继位的长子之墓，正说明鄂侯鼎的年代属于周初。……过去虽然不曾发现周初鄂侯自作的器物，但当时有鄂侯存在则是已知的。（《论周初的鄂国》，《中华文史论丛》，2008年第4期）

【汇评】

王　圻： 徐广于九侯下注云：一作鬼侯。然则《吕氏春秋》所谓纣为无道，杀梅伯而醢之，杀鬼侯而脯之，即此事也。但二书同载一事而所云醢、脯不同。予观《明堂位》亦云纣脯鬼侯以享诸侯，则鬼侯当是初脯，其被醢者或鄂侯也。梅伯之死于直谏，《皇王大纪》《楚词集注》为说略，高诱乃谓梅伯尝劝纣纳九侯之女，至是纣怒而醢之，此不知何据而云，诚厚诬矣。（《稗史汇编》卷一一二《文史门·辨讹上·梅伯鬼侯》）

⑩**【汇注】**

卢元骏： 崇，国名，唐虞之时，封鲧于崇。舜杀鲧后，将其国又封别的诸侯，地在今陕西省户县东。（《说苑今注今译》卷一五《指武》）

又：崇侯虎，崇侯是崇国的国君，虎是名。（同上）

陈　直： 直按：《殷墟书契菁华》二页大龟甲，有"王曰侯虎母归"之记载，疑即指崇侯虎而言。（《史记新证》）

王　恢： 崇侯，《诗·大雅·传》："崇在鄠县；丰在鄠县杜陵西南。"《纪要》（五三）："鄠县北二里鄠城，古扈国，殷为崇国地，周为丰邑，秦为鄠。甘亭、扈、鄠，一也。汉置鄠县。甘亭在县西南五里。夏启伐有扈，誓师于甘，即此。"恢以为皆非也：扈、甘见《夏纪》，在今河南。崇亦在河南嵩山境。其所以并说在鄠者，把《大雅》之诗"既伐于崇，作邑于丰"，误为一地或相近。又以"于崇""于丰"非对文，说于为国，而于在河内（见上鄂侯），崇在河南，同近商畿之侯国，文王翦商，伐之，归而作丰也。汉置密高县于今登封，盖有所因。《左》宣元年，晋赵穿侵崇，又后徙或其苗裔之居近秦国者——王船山以为居渭北河湄，不能详也。……崔适《丰镐考信录》（二）亦谓《周纪》谓崇侯以积善累德潜之纣，《殷纪》又谓崇侯以窃叹九侯告之纣，司马氏已自无定说矣，乌可信哉！（《史记本纪地理图考·殷本纪·纣之不善》）

马世之： 关于崇之具体地望，俞樾《俞楼杂纂》二十八谓在今河南嵩县。张荫麟《中国史纲·上古篇》也说在今嵩县附近。新编《辞海》（地理分册·历史地理）则主张在今河南禹县北。嵩县古名陆浑，位于伊水流域，距离登封不远；禹县古称阳翟，与登封毗邻，夹颍水而连属。崇为大国，所辖疆域非耆、邗可比，似应包括今河南登封、禹县及嵩县等地在内。崇是周人向商殷进攻的最后一个也是最大一道防线，文王伐崇为后来武王灭商时长驱直入扫除了障碍。因而从地理位置来分析，金景芳先生断言："这个崇国肯定在嵩山附近。"（金景芳：《中国奴隶社会史》，第109页）这种说法是可取的。（《文王伐崇考——兼论崇的地望问题》，《史学月刊》，1989年第2期）

⑪【汇校】

王　恢：羑里，羑或作牖。《汉志》："河内郡荡阴，有羑里城，西伯所拘。"《荡水注》："羑水东流迳羑城北，故羑里也。至内黄入荡。"《正义》"羑城在汤阴县北九里。"（《史记本纪地理图考·殷本纪·纣之不善》）

【汇注】

伏　生：散宜生、南宫括、闳夭三子，相与学讼于太公。遂与三子见文王于羑里，献宝以免文王。（《尚书大传》卷一《西伯戡耆》）

又：太公之羑里，见文王。散宜生遂之犬戎氏，取美马，驳身，朱鬣，鸡目，之两海之滨，取白狐、青翰（原注：翰，毛之长大者），之于陵氏，取怪兽（原注按曰：《吴中本》"取怪兽"下有"大不避虎狼间"六字），尾倍其身，名曰驺虞。之有参氏，取姜女。之江淮之浦，取大贝，如车渠，陈于纣之廷。纣出见之，还而观之，曰："此何人也？"散宜生遂趋而进曰："吾西番之臣，昌之使者。"纣大悦曰："非子罪也，崇侯也。"遂遣西伯伐崇。（同上）

刘　向：文王欲伐崇，先宣言曰："予闻崇侯虎，蔑侮父兄，不敬长老，听狱不中，分财不均，百姓力尽，不得衣食，予将来征之，惟为民乃伐崇，令毋杀人，毋坏室，毋填井，毋伐树木，毋动六畜，有不如令者死无赦。"崇人闻之，因请降。（《说苑》卷一五《指武》）

裴　骃：《地理志》曰河内汤阴有羑里城，西伯所拘处。韦昭曰"音酉"。（《史记集解》）

张守节：牖，一作"羑"，音酉。羑城在相州汤阴县北九里，纣囚西伯城也。《帝王世纪》云：囚文王，文王之长子曰伯邑考质于殷，为纣御，纣烹为羹，赐文王，曰"圣人当不食其子羹"。文王食之。纣曰"谁谓西伯圣者？食其子羹尚不知也"。（《史记正义》）

郑　樵：纣以西伯昌、九侯、鄂侯为三公。九侯亦谓鬼侯（原注：今邺县有九侯城是也。鄂，徐广谓"一名邗"，野王县有邗城。今怀州治。然晋地亦有名鄂者）。九侯之女美，纳之于纣。其女贤而不淫，纣恶而杀之，醢九侯，鄂侯争之，脯鄂侯。又剖孕妇而视其胎，斩朝涉之胫，而视其髓。西伯闻而窃叹。崇侯虎以告，且曰："昌仁而有谋，太子发勇而不疑，中子旦恭俭而知时。冠虽弊，礼加头，履虽鲜，位在足，

彼将易置焉。请及未成形图之。"纣于是囚西伯于羑里（原注：今河内汤阴）。(《通志》卷三《商》)

郝　经：相之南属邑曰汤阴，去朝歌五十里，而远故殷纣畿内地也。汤阴之北道右有古城，圮覆之余，犹峻绝，屹然以其隘小而逼，故土实其中，畿与堞平，乃纣拘文王羑里之库也。前有文王庙，只存数楹，一碑断碎不可读，然过者望见，必披荆棘拜谒，咨嗟而去，莫不尤纣之凶，闵圣之厄。(《羑里周文王庙碑》，载《郝文忠公陵川文集》)

蒋廷锡：按《竹书纪年》帝辛二十三年，囚西伯于羑里。(见《古今图书集成·明伦汇编·皇极典》卷九《商·帝辛本纪》)

马　骕：《淮南子》：文王砥德修政三年，而天下二分归之。纣闻而患之，曰："余夙兴夜寐，与之竞行，则苦心劳形；纵而置之，恐伐余一人。"崇侯虎曰："周伯昌行仁义而善谋，太子发勇敢而不疑，中子旦恭俭而知时，若与之从，则不堪其殃。纵而赦之，身必危亡。冠虽弊，必加于头，及未成，请图之。"屈商乃拘文王于羑里。(《绎史》卷十九《文王受命》)

又：《帝王世纪》：纣既囚文王，文王长子曰伯邑考，质于殷，为纣御，纣烹以为羹，赐文王，曰："圣人当不食其子羹。"文王得而食之。纣曰："谁谓西伯圣者？食其子羹尚不知也。"(同上)

徐文靖：《笺》按：《赵策》鲁连子曰：纣醢鬼侯、脯鄂侯，文王闻之，喟然而叹，故拘之于羑里之库。又《淮南·道应训》，崇侯虎曰：周伯昌行仁义而善谋，若与之从，则不堪其殃。纵而赦之，身必危亡。及未成，请图之。屈商乃拘文王于羑里。高诱曰：屈商，纣臣也。皇甫谧云：纣二十年囚文王，少三年也。又按《地理志》：河内荡阴县西山羑水所出，至内黄入荡，有羑里城，西伯所拘也。《水经注》曰：昔纣王纳崇侯虎之言，囚西伯于此。散宜生、南宫括见文王乃演《易》，用明否泰终始之义焉。(《竹书纪年统笺》卷六《帝辛二十三年囚西伯于羑里》)

王　筠：囚西伯事，《殷本纪》以为缘九侯之女，《周本纪》以为缘积善累德。而出于崇侯虎则同，或以西伯之"窃叹"，即其积善累德耶？(《史记校》卷上《殷本纪》)

刘毓庆：戡黎为文王图商的最后一举，而文王的被囚也正在戡黎一役。《周本纪》谓纣听信崇侯虎的逸言而囚文王，郑玄注《尚书》引《大传》则云：文王三伐皆胜，纣始畏而恶之。拘于羑里。《赵策》则说纣醢鬼侯，脯鄂侯，文王因"喟然长叹"而被囚，惟独《尚书大传》雅雨堂刊本云："西伯既戡耆（黎），纣囚之羑里。"此说最为在理。文王伐黎，目的就是向商王国进攻。纣王"资辩捷疾，闻见甚敏，材力过人"，英勇好斗，岂能听到祖伊告急，竟无动于衷？难道他会忘记文王曾经为父报仇出兵伐商吗？实际上，纣是早有准备的，他一面回答祖伊："不有天命乎？是何能为！"一面又积极准备反击。《左昭四年传》：说"纣为黎之蒐，东夷叛之。"所谓蒐，就是通过田猎检阅军队，是将要用兵的表示，而"纣为黎之蒐"，我认为此正是为了到黎去擒文王。"西伯既戡耆，纣囚之羑里"，则是纣一战而擒文王的曲折反映。东夷之叛，可能与周人在东南的活动有关，说不定东夷是配合文王的进攻而采取的行动。《左昭十一年传》云"纣克东夷，而陨其身"，纣蒐于黎，一战而擒文王。"东夷叛之"，则又恃其"百克"之勇，穷兵黩武征伐东夷，结果为周人复仇的军人抄了后路，落了个身死国亡。（《雅颂新考·文王之什新考·文王死于纣手考》）

【汇评】

胡一桂：当纣之杀九侯、醢鄂侯而囚文王也，文王自视亦同剐刖之人尔。然文王小心翼翼，不敢怨纣且不敢明言其君之困，已而但云左右大夫之相困。至圣不死，实中正之大德使然，及出而为西伯，得专征伐，三分有二以服事殷，未尝稍踰。臣职不过仅仅自守侯邦之祭祀而已，臣之大义，虽圣人复起，不可易也。或言？子先抱祭器归周者，非也。《书》所谓"我不顾行遯"者，去而避纣，曷尝有去商即周之事哉？归周以全宗祀，自是商亡以后事。比干之死，固已安之。箕子之佯狂，意柳宗元之论亦深有以察乎其心。（《十七史纂古今通要》卷二《殷》）

王　樵：昔司马迁谓西伯阴行善，后儒皆笑其陋，然以事势言之，当时若行迹显，显必不见容。观纣醢九侯，脯鄂侯，文王只一窃叹便至羑里之囚，而况日有足听闻之声入于凶人所恶闻之耳乎？但谓文王为此而韬晦其迹则不可尔。（《尚书日记》卷七《仲虺之诰》）

方　燕：崇侯虎正是站在保护自身和翼卫商王朝立场上，提醒纣王重视周族势力的增长，并力主纣王囚禁西伯。《淮南子·道应训》载："崇侯虎曰：'周伯昌行仁义而善谋……若与之从，则不堪其殃。纵而赦之，身必危亡……及未成，请图之。'屈商（纣臣名）乃拘文王于羑里。"而商纣王对于周族势力的强大也并非视而不见，纣王在太行山的黎地举行大规模军事演习，其目的在于向周及各诸侯显示军威。由此可见，纣拘文王并非崇侯虎单方面建议所致，而是崇侯虎所言正巧击中了纣王的心病，君臣一拍即合，从而一手导演了这出政治剧。崇侯虎是"纣囚西伯"事件的策划者，但同时也是这场政治斗争的牺牲品。纣王在释放西伯时告知："谮西伯者，崇侯虎也。"是纣王推出崇侯虎这个关系人物来顶罪，其目的在于一方面对周人表示安抚，另一方面转移周人的视线，将羑里之囚的责任归于崇侯虎，从而消弭政治危机。崇侯虎因"谮西伯"而被周人视为仇敌，后来周伐崇既是为了搬掉东进路上最大的绊脚石，也是为了报文王被囚之仇。（《"纣囚西伯"发微》，《四川师范大学学报》（社会科学版），1995年第1期）

⑫【汇校】

瞿方梅：方梅案：《左氏》襄公三十一年传："卫北宫文子曰：'纣囚文王七年，诸侯皆从之囚，纣于是乎惧而归之。'说与此异。"（《史记三家补正·殷本纪第三》）

【汇注】

马　骕：《古今乐录》：文王囚于羑里，太颠、闳夭、散宜生、南宫括之属往见文王，文王为瞚右目者，言纣之好色，柎桴其腹者，言欲得其宝也。蹀躞其足者，使迅疾也。于是周流求之以献纣。（《绎史》卷一九《文王受命》）

⑬【汇注】

姜　望：商王拘周伯昌于羑里，太公与散宜生以金千镒，求天下珍物，以免君之罪。于是得犬戎氏之文马，毫毛朱鬣，目如黄金，名鸡斯之乘，以献商王。（《六韬·逸文》）

左丘明：纣囚文王七年，诸侯皆从之囚，纣于是惧而归之。（《左传襄公三十一年》）

钱　穆：案：今汤阴县北；亦名牖里。（《史记地名考》上，第254页）

【汇评】

吕不韦：昔者纣为无道，杀梅伯而醢之，杀鬼侯而脯之，以礼诸侯于朝，文王流涕而咨之。纣恐其畔，欲杀文王而灭周。文王曰："父虽无道，子敢不事父乎？君虽不惠，臣敢不事君乎？孰王而可畔也？"纣乃赦之。天下闻之，以文王为畏上而哀下也。（《吕氏春秋·行论》）

郑　樵：周臣散宜生、南宫适、闳夭患之，而问于吕尚。三子旧学于尚，尚知其贤，相与见西伯羑里。乃求有莘之美女，骊戎之文马，有熊之九驷，西海滨之白狐，林陵怪兽，江淮大贝，因嬖臣费中而献之。散宜生趋而进曰："西藩之臣昌命其行人敢效其宝，以免其辜。"纣大说曰："一物足以释其辜，况多乎！"（《通志》卷三《商》）

蒋廷锡：按《竹书纪年》，帝辛二十九年，释西伯，诸侯逆西伯归于程。（见《古今图书集成·明伦汇编·皇极典》卷九《商·帝辛本纪》）

徐文靖：《笺》按：《襄二十一年传》：卫北宫文子曰：纣囚文王七年，诸侯皆从之囚，纣于是惧而归之。此言为得其实。《殷本纪》：纣囚西伯，西伯之臣闳夭之徒，求美女、奇物、善马以献纣，纣乃赦西伯，亦传闻之辞也。（《竹书纪年统笺》卷六《帝辛二十九年释西伯》）

刘毓庆：纣囚文王，囚后如何，众说不一。《左襄十一年传》云："纣囚文王七年，诸侯从之囚，纣于是惧而归之。"《赵策》说：纣将文王"拘之之羑里之库百日，而欲之死"。《尚书大传》说："纣乃囚之（文王），四友献宝，乃得免于虎口。"《殷本纪》说："西伯之臣闳夭之徒，求美女奇物善马以献纣，纣乃赦西伯。"……羑里之事，百家之言，不会无据。《诗》《书》不载，是因为事不光彩，周人避讳，但事情还是传下来了。周人及儒家之徒于是想方设法，让文王"出狱"，造出了种种"出狱"的方案，结果矛盾重重，欲盖弥彰。《春秋传》说文王囚七年而被释，以《大传》《史记》受命七年而崩推之，所谓被释之年，正是所死之年，于是不得不怀疑文王到底是受命七年被囚死呢，还是囚七年而被释呢？由此推论，西伯被囚，死于羑里，这是可以肯定的。而且作出此结论，种种疑问，便可迎刃而解了。

西伯戡黎，《诗经》不言，《周书》不载。正因为这次战役文王被擒而囚死，实为国之大耻，周人羞言的缘故。

"文王受命，惟中身"乃是周公对成王的私房话。"惟中身"者谓文王未能得其天年也。

武王之所以"父死不葬"，匆匆伐商，是因为急于为父报仇，而且文王之尸未曾归国，武王也无法埋葬。

武王之所以伐纣，自称"太子发"，是因为文王死的突然，没有来得及交班。武王急于替父报仇，服丧伐纣，未及即位，因此他们沿用文王改元后的纪年。直至伐商胜利，才正式称王改元。

武王伐纣誓师，之所以一再说文王无罪者，是因为文王死于纣手。他的目的，无非是说文王伐黎与商无关，纣杀无罪的文王是无道的行为。

武王之所以要把已死的纣王碎尸枭首，是因为非此无法解杀父之仇。周是带有浓厚的氏族社会意识的奴隶制社会，报仇则是氏族社会的一个显著特点。《大戴礼·首子制言》说："父母之仇，不同同生；兄弟之仇，不与聚国；朋友之仇，不与聚乡；族人之仇，不与聚邻。"武王对纣采取的残忍手段，正是氏族意识的反映。（《雅颂新考·文王之什新考·文王死于纣手考》）

聂玉海：商纣王把周文王囚羑里后没有把他杀掉而释放了，其决定性的原因是当时商王朝面临的内外形势，即外部条件及内部因素。外部条件是纣王正集中全部力量攻伐东夷，而西部势力强大的周族严阵以待，纣王为了稳住周族，以便全力专心攻伐东夷，而把周文王释放了。阶级斗争日益尖锐与统治集团内部的矛盾激烈展开，是纣王释放周文王的内部因素。（《商纣王释放周文王的原因》，《史学月刊》，1990年第4期）

编者按：孔颖达《疏》曰："传言囚文王七年，文王必七年为囚矣。"《尚书·无逸》云："文王受命惟中身，厥享国五十年。"则文王在位历年多矣。未知何时被囚也。《周本纪》称，纣囚西伯于羑里，闳夭之徒求美女珍宝而献之纣，纣大说。乃赦西伯，赐之弓矢，使之得征伐，其下乃云虞芮争狱，俱让而去，诸侯闻之曰："西伯受命之君也。"如司马迁所云："虞芮质狱之前被囚也。"《尚书传》称："文王一年，质虞芮；

二年伐邗；三年伐密须；四年伐犬夷。纣乃囚之。四友献宝乃得免于虎口，出而伐者。"郑玄《尚书·注》据《书·传》为说，云："纣闻文王断虞芮之讼，后又三伐皆胜，始畏而恶之，拘于羑里。纣得散宜生献宝而释文王。文王释而伐黎。以为四年囚之，五年释之。"即如所言，被囚不盈一年……司马迁之言，当得其实。在质虞芮之前囚之，故囚之得七年也。（《左传》"襄公三十一年"疏）

⑭【汇注】

张守节：洛水一名漆沮水，在同州洛西之地，谓洛西之丹、坊等州也。（《史记正义》）

郑　樵：西伯归而献洛西之地，赤壤之田方千里，请除炮烙之刑。纣许之。（《通志》卷三《商》）

王　恢：洛西：《正义》以为陕西洛水西丹坊等州。吕思勉《读史札记·毕郢》说伊洛之洛。《志疑》（二）谓"《韩子·难》二篇云：文王请入洛西之地千里，以请解炮烙之刑。并承讹袭妄"。或然也。以《吕氏春秋·顺民篇》云：纣赐之千里之地，文王辞，愿为民请炮烙之刑。不言洛西，似得其实。古代部落林立，殷不过中原较强大、有组织之政府。周则据有关中，以小事大，非显如后之大一统——普天之下，莫非王土，率土之滨，莫非王臣也。其时河洛之间有大荔，洛西翟人充斥，彭戏居今白水，安得慷他人之慨而赐之、献之也。吕思勉疑伊洛之洛，较近是。（《史记本纪地理图考·殷本纪·纣之不善》）

张大可：洛西之地：陕西中部洛水流域之地。（《史记全本新注》卷三《殷本纪第三》）

⑮【汇注】

姜　望：纣患刑轻，乃更为铜柱，以膏涂之，加于然炭之上，使有罪者缘焉，滑跌堕火中，纣与妲己笑以为乐，名曰炮烙之刑。（《六韬·逸文》）

韩　非：昔者文王侵盂克莒举酆，三事举而纣恶之，文王乃惧，请入洛西之地、赤壤之国方千里，以解炮烙之刑。天下皆说。仲尼闻之曰："仁哉文王！轻千里之国，而请解炮烙之刑；智哉文王！出千里之地，而得天下之心。"（《韩非子·难二》）

范　晔：武王入殷，先去炮烙之刑。（《后汉书·王畅传》）

杜　佑：膏铜柱加之以炭，令有罪者行焉，名曰炮烙之刑。（《通典》卷一七〇《刑八·峻酷》）

【汇评】

吕不韦：文王处岐事纣，冤侮雅逊，朝夕必时，上贡必适，祭祀必敬。纣喜，命文王称西伯，赐之千里之地。文王再拜稽首而辞曰："愿为民请炮烙之刑。"文王非恶千里之地，以为民请炮烙之刑，必欲得民心也；得民心，则贤于千里之地。故曰："文

王智矣。"(《吕氏春秋·顺民》)

⑯【汇注】

王慎行：文王为纣臣，按君臣之义乃千古之洪范；臣下的被囚、获释或受封为侯，皆在君主喜怒与好恶的旦夕之间。故文王为纣臣之说，最初是以纣囚文王于羑里之事为论据的形式，从战国时代一直流传至西汉，有典籍可征。《左传·襄公三十一年》："纣囚文王七年，诸侯皆从之囚，纣于是乎惧而归之。"……上引诸史料，当以成书于战国时期（前403年—前386年）的《春秋左传》为最早，其次为《战国策》（鲁仲连生卒约前305年—前245年），再次为《韩非子》（韩非生卒约前280年—前233年）。《贾谊新书》以下为西汉早期史料，当无疑义。可见文王为纣臣说，在战国秦汉时代是以纣囚文王为论据开始流布，并为史书所载。最早记录此事的《左传》仅载纣囚文王之期限，而未记囚于何处，亦未曾言文王立于殷商之朝，为纣三公之一。其后，晚于《左传》而出的《战国策》始为文王被囚一事，大加渲染铺陈，遂有文王窃叹殷廷二公相继醢脯惨死而获罪被囚于羑里之事，开创了文王为纣三公之一，即文王事纣为臣说之先河；尽管如此，尚无献宝贿赂之事。迨至西汉早期成书的《淮南子》《尚书大传》又为之演绎，始有文王之臣散宜生等以千金求取珍怪、善马、美玉、大贝等宝物，通过商臣费仲贿赂纣而后文王获释，然而尚未有殷纣赐斧钺、文王献洛西之事。逮乎西汉鸿儒司马迁撰述《史记》时，遂依据战国故史旧闻，综合西汉早期文献所载文王史事，为之增益，又添加了上引《殷本纪》《周本纪》所谓"西伯出而献洛西之地"，纣"赐之弓矢斧钺"，"使得征伐"，封为"西伯"。至此，文王事纣为臣之说，在战国至西汉的流布与辗转记载中，逐步臻于完善；又经太史公加工润色撰述于《史记》之中，遂成千古之定谳，此乃文王为纣臣说之形成。正因为文王事纣为臣说系汉儒据战国旧闻粉饰增益而成，故上引诸史料相互扞格，纰漏层出。《左传》始载纣囚文王七年，《贾谊新书》及明代伪书《今本竹书纪年》因袭之；《战国策》则以为拘之百日；然《淮南子》《尚书大传》《史记·周本纪》及《齐太公世家》所言皆不足七年，亦无《左传》"诸侯皆从之囚"之事，可见文王被囚期限在上述典籍中，已自相矛盾，纰漏如是。《尚书大传》以为断虞、苪之讼，伐邘，伐密须，伐犬戎在文王被囚之前；而《史记·周本纪》则认为断讼、征伐在文王获释之后，此乃两种记载所反映同一事件而前后次序之抵牾与舛误。《左传》所载诸侯皆欲陪伴文王坐牢，纣惧而释文王；《淮南子》《尚书大传》《史记》则认为纣接受散宜生之宝物贿赂而释文王，此乃文王获释之由不一其说而生纰漏之处。通过对古文献中文王事纣为臣史料之考辨，提出质疑，分析传统旧说的形成及纰漏，其中的疑窦与舛误已使纣囚文王之事，不足凭信。论据已失，文王为纣臣说不攻自破，文王非纣臣不辨自明。足见上古本无信史，古人又不知求实，往往误以后世之事而度前人；去古愈远，则史事讹误者益多，辗转误载，以讹传讹，则真实性亦愈失，此乃附会之由也。（《文王非全纣臣考辨——兼论文王的文治武功》，《历史研究》，1994年第5期）

【汇评】

梁玉绳：按：史公说文王出羑里及专征二事，《殷纪》《周纪》及《齐世家》所载虽有详略，而大概相同，盖本伏生《大传》而增损之，然皆战国好事者意构之词，非其事之实也。太公、闳夭、散宜生并周公所称修和迪教之臣，《孟子》所称见而知之者，则欲脱君于难，必有道矣，何至藉美女等物如勾践之豢吴耶？除去炮烙，是太师、少师从容燕语之所不得于纣者，乃以羑里之囚一请而即许之，决无此理。况洛西本纣地，文王乌从献之耶？美女奇物仅足赎窃叹之罪，请去炮烙方抱有善归之疑，安能缘兹两端，便赐征伐耶？《后汉书·史弼传》陶丘洪云"文王牖里，闳、散怀金"，《韩非子·难》二篇云"文王请入洛西之地千里以解炮烙之刑"，（洛西宁有千里？）并承讹袭妄而敷衍之耳。（《路史·发挥·论太公》篇亦辨之）然则文王何以出羑里？曰：《左传·襄三十一年》卫北宫文子曰，"纣囚文王七年，诸侯皆从之囚，纣惧而归之"。《吕氏春秋·行论》篇云："纣欲杀文王而灭周。文王曰：'父虽无道，子敢不事父乎？君虽不惠，臣敢不事君乎？孰王而可畔也。'纣乃赦之。"此文王出狱之故也。然则何以得专征伐？曰：文王之为西伯，因于王季，纣加赐文王弓矢斧钺得专征伐耳，《竹书》可证矣。《竹书》谓文王降密而得赐专征，则非。因得专征，故可以伐密。然则何以请除刑？曰：亦见《吕氏春秋》，其《顺民》篇云："文王处岐事纣，冤侮雅逊，朝夕必时，上贡必适，祭祀必敬。纣喜，赐之千里之地。文王再拜稽首而辞，愿为民请炮烙之刑。"是地为纣赐之，非文王献之，亦不言洛西也。而炮烙之刑，许不许未可知也。（《后汉书·王畅传》言："武王入殷，先去炮烙之刑，"是未许矣）《吕子》必有所据，似得其实，惟言赐地千里太过。（《淮南子·道应训》亦言献纣事，以纣为炮烙在出羑里之后，以剖比干、剔孕妇、杀谏者在文王之时，皆谬也）宋李觏《盱江集》谓诸侯从囚与请除炮烙，是得众卖恩，适足以起纣之疑而激之怒，盖未知文明柔顺之道，自有不可得而害者。（《史记志疑》卷二《殷本纪第三》）

⑰【汇注】

张守节：费音扶味反。中音仲。费，姓；仲，名也。（《史记正义》）

李元春：《殷本纪》费仲作费中，《周本纪》复作费仲，中亦读作仲，此用字参差法。（《诸史闲论·史记》）

⑱【汇注】

司马贞：秦之祖蜚廉子。（《史记索隐》）

【汇评】

荀　子：世之灾，妒贤能，飞廉知政任恶来。卑其志意，大其园囿高其台。（《荀

子》卷一八《成相篇》）

路国权："恶来"是秦族先祖之一，其名称和生平事迹可参见《史记·秦本纪》的记载："蜚廉生恶来。恶来有力，蜚廉善走，父子俱以材力事殷纣。周武王之伐纣，并杀恶来。"此外，《吕氏春秋·当染》云："殷纣染于崇侯、恶来。"《尸子》云："武王亲射恶来之口。"从上述文献记载可知，"恶来"主要活动在商代晚期的殷纣王时期。"恶来"是保留在今传《史记·秦本纪》等文献中的称谓，流传至今字词已经发生了讹变。通过与考古出土的地下材料尤其是文字材料的比较研究，可以大致梳理出其讹变的原因和本来的面貌。于省吾先生曾经指出，"恶来"应当是"亚来"之讹误，"亚来，亚其官，来其名也"。查《史记·韩信卢绾列传》云："孝景中六年，卢绾孙他之，以东胡王降，封为亚谷侯。"南朝刘宋裴骃《集解》引徐广注曰："亚，一作恶。"由此可以证明，《史记》传本中"恶""亚"二字讹误（或曰通假）的情况绝非孤例。因此，于省吾先生指出"恶来"应为"亚来"之误是有可能的。从甲骨文和金文材料来看，"亚来，亚其官，来其名"这种称谓确是属于商代晚期比较习见的"官职＋私名"称谓方式，在商代晚期金文中能够找到大量例证，而且商代晚期以"亚"作为官职名称组成"官职＋私名"式称谓的例子屡见不鲜。例如，与"恶（亚）来"大约同时处于殷纣时期的人物"亚鱼""亚告"等，已经发现有很多件铭刻着他们名字的青铜器。虽然迄今还没有发现铭刻有"亚来"的青铜器，但这并不能否定"亚来"称谓的合理性、时代特征和客观存在。"亚"是商代晚期殷墟卜辞中比较常见的武官名称，陈梦家、张亚初等先生根据殷墟卜辞中记载的"亚"可以"保王""保我""立吏"的例子，指出"亚"在商代晚期官职系统中具有较高的等级。从考古发现来看，河南安阳殷墟遗址中已经发掘出几座商代晚期曾担任"亚"这一官职的武官的墓葬，墓葬的规模都比较大，而且都随葬有大量高规格的青铜礼器和青铜兵器，如殷墟西区M1713、花园庄东M54、郭家庄M160等。"亚"作为官职名称在西周早期虽然仍见沿用，如《尚书·酒诰》云："越在内服百僚、庶尹、惟亚、惟服、宗工越百姓、里居。"但这应该是西周早期文化中遗留的商人传统因素，而非周人西土集团的传统。迄今发现的大量西周时期青铜器铭文中还没有以"亚"作为官职名称组成"官职＋私名"式称谓的例子。即便今后有所发现，也很有可能属于西周时期的殷遗民系统。师询簋（《殷周金文集成》4321）记载的"成周走亚"并列在诸夷之后，地位低下，可能也出自东方商人系统，反映了"亚"这种官职在整个职官系统中的地位已经降得很低。从地下出土的商周甲骨文、金文材料来看，"恶（亚）来"这一称谓属于商代晚期习见的"官职＋私名"称谓方式，"亚"作为官职名称属于商人传统，西周中期以后已经罕见。因此可以认为，"恶（亚）来"这个属于商代晚期商人传统的称谓方式，应该不是生活在西汉早期的司马迁能够杜撰出来的。有学者认为秦在非子以前的世系是伪造的，到非子居犬丘以后才是信史,"恶(亚)来"这一称谓的时代特征恰恰可以证明这种说法是不正确的。前文已经指出,"亚"在商代晚期是一种比较高的官职。周革殷命之时,秦族的领袖恶(亚)来㜰难,被周人杀死,蜚廉守卫北方还无所报,死后葬于霍太山,他们都失去了原来的官职,其族人也只能沦落为殷遗民集团中的一部分,地位低下。直到西周中期,才因造父"以善御幸于周穆王",立下"一日千里以救乱"的功劳得封于赵城,是谓"以造父之宠,皆蒙赵城,姓赵氏"。这段由恶(亚)来被杀失官至造父受封之前的历史,正是司马迁在《史记·秦本纪》中所说的"秦之先……及殷夏之间微散"的写照。笔者曾经根据考古发掘出土的墓葬材料,通过对秦族贵族埋葬习俗渊源的考察来查证《史记·秦本纪》所记载的秦族源于东方殷商系统的真实性,结论认为:"殷商时期秦族先祖附属于商人,属于商王朝统治集团的一部分。"近年来的考古新发现也进一步支持了这种观点和论证视角的有效性。例如在甘肃省天水市清水县李崖遗址2010年的首次主动考古发掘中,就发现三座具有腰坑、殉狗等典型殷遗民墓葬特征,同时也是具有典型秦宗族墓葬特征的西周中期墓葬。尤其是三座墓中都随葬有多件商式分裆鬲,墓主人来源于殷商文化传统无可置疑。从由北京大学、国家博物馆、甘肃省考古研究所、陕西省考古研究院和西北大学等五家单位组成的早期秦文化联合考古队所作的区域系统调查和研究的成果来看,李崖遗址很有可能是非子封邑所在。这无疑进一步支持了我们的观点。现在,从"恶(亚)来"这个时代特征鲜明、属于商人传统的秦族先祖的称谓来论证,也可以进一步证明先前的观点,即"秦族渊源于东方殷商系统"。我们赞同"把秦族的渊源与秦文化的渊源区分开来……秦族的渊源是指以秦国君主为代表的秦国统治民族的族源",因此,"秦族"这一概念应界定为"秦国君主代表的最高等级贵族,即秦国君主的宗族",以与表示秦政权统治下的人群的概念——"秦人"相区别。其实,至迟在西汉早期,人们便已经注意到这两个概念之间的区别,在使用中进行了比较严格的区分,如贾谊《过秦论》云:"山东豪俊遂并起而亡秦族矣""秦人开关延敌""秦人阻险不守";司马迁《史记·秦始皇本纪》云:"我闻赵高乃与楚约,灭秦宗室而王关中""项籍为纵长,杀子婴及秦诸公子宗族";《史记·高祖本纪》云:"秦人喜""秦人大失望"等等。后来的学者中间之所以产生"东来说"与另据《孟子·滕文公下》的记载,飞廉(即蜚廉)死于周公东征时期,与《史记·周本纪》的记载矛盾。近年发现的《清华简·系年》简文支持《孟子·滕文公下》的说法,司马迁《史记·周本纪》的这段记载可能另有所本。(参见李学勤《清华简〈系年〉及有关古史问题》,载于《文物》2010年第3期)周人自称为夏人之后,尝称"有夏",如在《尚书》中,《康诰》云"(文王)用肇造我区夏,越我一二邦以修我西土";《君奭》云"惟文王尚克修和我有夏";《多方》云"天惟五年须暇(夏)之子孙";《立政》云"帝钦罚之,乃俾我有夏式商受命"等。这里的

"夏"实际都指"周"。"西来说"的持久纷争,关键就在于对"秦族"和"秦人"两个概念的混淆。总之,本文从考查秦族先祖"恶(亚)来"这一称谓的时代特征出发,再次论证了司马迁《史记·秦本纪》关于秦族起源于东方商人系统的记载的可靠性。(《说"恶来"——秦族起源再探》,《咸阳师范学院学报》,2011年第5期)

西伯归,乃阴修德行善①。诸侯多叛纣而往归西伯②,西伯滋大③,纣由是稍失权重。王子比干谏④,弗听。商容,贤者,百姓爱之⑤,纣废之。及西伯伐饥国,灭之⑥,纣之臣祖伊闻之而咎周⑦,恐,奔告纣曰:"天既讫我殷命,假人元龟⑧,无敢知吉⑨。非先王不相我后人⑩,维王淫虐用自绝,故天弃我。不有安食。不虞知天性,不迪率典⑪,今我民罔不欲丧,曰:'天曷不降威,大命胡不至⑫?'今王其奈何?"纣曰:"我生不有命在天乎⑬!"祖伊反,曰:"纣不可谏矣。"西伯既卒,周武王之东伐,至盟津⑭,诸侯叛殷会周者八百。诸侯皆曰:"纣可伐矣。"武王曰:"尔未知天命。"乃复归。

① 【汇注】

刘 向:周文王作灵台,及为池沼,掘地得死人之骨,吏以闻于文王。文王曰:"更葬之。"吏曰:"此无主矣。"文王曰:"有天下者天下之主也,有一国者一国之主也。寡人固其主,又安求主?"遂令吏以衣棺更葬之。天下闻之,皆曰:"文王贤矣,泽及朽骨,又况于人乎?"或宝以危国,文王得朽骨以喻其意,而天下归心焉。(《新序》卷五《杂事第五》)

郑 樵:(西伯)于是阳为玉门,筑灵台,列侍女,撞钟鼓为乐,纣闻之曰:"西伯改行,吾无忧矣。"西伯阴修德行善,诸侯多畔纣而归周。(《通志》卷三《商》)

【汇评】

梁玉绳:案:《殷》《周》两纪及《齐世家》皆言西伯、吕尚阴谋修德行善以倾商。夫德非倾人之事,亦非阴谋所能为,若果如是,又何以为文王、太公?《古史》削去阴行,止称修德,足明圣人之心,其见卓矣。伪孔《传》于《戡黎》云"文王事纣,内秉王心",孔疏遂有"貌虽事纣,心有将王"之语。《困学纪闻》卷二折之曰,

"文王之德之纯,岂心与貌异乎?"盖见迁《史》说文、武志在倾商,累年伺间,虚言成实,遂发此谬谈耳。(《史记志疑》卷二《殷本纪第三》)

焦　竑：西伯阴修德,古史止称修德,足明圣人之心。至斩纣之事则《古史》不载,为贤者讳也。读史者当合而观之。(引自《百大家评注史记·殷本纪》)

② 【汇注】

袁　康：文王以务争者。纣为天下,残贼奢侈,不顾邦政,文王百里。见纣无道,诛杀无刑,赏赐不当。文王以圣事纣,天下皆尽诚,知其贤圣,从之。此谓文王以务争也。纣以恶刑争,文王行至圣,以仁义争,此之谓也。(《越绝书》卷三《越绝吴内传》)

③ 【汇注】

苏　辙：西伯益大,举兵戡黎。黎近于殷,殷臣祖伊恐,奔告于纣曰:"呜呼!天既讫我殷命,今我氏罔欲丧曰:'天曷不降威,大命不至?今王其如?'"纣王曰:"我生不有命在天!"祖伊反,曰:"乃罪多参在上,安能责命于天乎?"是时殷之耆旧大臣皆弃不用,微子启、箕子、王子比干皆忧惧,莫能救。商容废居于家。纣之卿士大夫皆四方多罪逋逃之人也。西伯既已受命,称王九年而没。武王终三年之丧,以诸侯东伐,至于孟津,观政于商,欲以惧纣改过为善。师还,纣盖长恶不悛,微子与其父师箕子、少师比干谋而归周。箕子佯狂,纣囚以为奴,比干谏而死,纣剖其心观之。周之十三年,武王遂帅诸侯伐纣,一月戊午,师渡孟津,癸亥,陈于商郊,纣亦发兵距之牧野,甲子昧爽,纣兵败,走登鹿台,衣其宝衣赴火而死。(《古史》卷四《殷本纪》)

④ 【汇注】

陈士元：或云胥余,比干名。或云比干字也。王子干封于比,故曰比干。(《孟子杂记》卷三《辨名》)

⑤ 【汇注】

高　诱：文王为西伯,遭纣之虐,三分天下有二,受命而王,故曰百姓所亲也。(《淮南子注》卷十九《修务训》)

⑥ 【汇校】

裴　骃：徐广曰:"饥,一作'阢',又作'耆'。"(《史记集解》)

梁玉绳：按:"饥"《周纪》作"耆",《宋世家》作"阢",盖古今字异,其实一耳。(《史记志疑》卷二《殷本纪第三》)

又：《左传·定公四年》分卫殷民有饥氏,盖饥国之后。(同上)

王　恢：饥国:《周纪》饥作"耆",《宋世家》作"阢",《商书·西伯戡黎》《大传》黎作"耆"。《志疑》(二)据《竹书》《路史》,谓"耆与黎为二国。史公误以《西伯戡黎》之篇载于伐耆下，并为一案，于是《传》《注》皆以为文王，失之矣"。陈槃《春秋大事表撰异》（一二二）谓"史公说本《尚书大传》。……《六韬》似亦是文王灭黎，而武王复以封汤后。然则《殷本纪》之说，非无所据而云然矣。梁氏引证《竹书》，分耆与黎为二，然今本《竹书》，其说未详所据。又引《路史》，然《路史》亦云文王戡黎，是其说矛盾矣"。（《史记本纪地理图说·殷本纪·周武王伐纣》）

【汇注】

王　筠："伐饥国"，《周本纪》败耆国、《宋世家》"灭阢、阢国"皆即《书》之戡黎也。惟所云是何能为？似指文王而言。与《殷本纪》及《尚书》皆不同。（《史记校》卷上《殷本纪》）

傅元恺：饥国：《尚书》作"黎"，是纣畿内的封国，在今山西省黎城；一说在山西省长治县西南，距纣都朝歌均在千里之内。（见《史记纪传选译·殷本纪》）

⑦【汇注】

佚名撰、孔子整理：殷始咎周，周人乘黎。祖伊恐，奔告于受，作《西伯戡黎》。（《尚书·西伯戡黎·序》）

裴　骃：孔安国曰："咎，恶也。"（《史记集解》）

⑧【汇校】

裴　骃：徐广曰："元，一作'卜'。"（《史记集解》）

【汇注】

傅元恺：假人：《尚书》作"格人"，能知天地吉凶的人。元龟：大龟。古代用炙龟壳以占吉凶。（见《史记纪传选译·殷本纪》）

⑨【汇注】

裴　骃：马融曰："元龟，大龟也，长尺二寸。"孔安国曰："至人以人事观殷，大龟以神灵考之，皆无知吉者。"（《史记集解》）

⑩【汇注】

裴　骃：孔安国曰："相，助也。"（《史记集解》）

⑪【汇注】

裴　骃：郑玄曰："王暴虐于民，使不得安食，逆乱阴阳，不度天性，傲很明德，不修教法者。"（《史记集解》）

傅元恺：迪：由。率：法。（见《史记纪传选译·殷本纪》）

⑫【汇注】

傅元恺：大命：指受天命的人。（见《史记纪传选译·殷本纪》）

⑬【汇评】

韩　婴：子曰"不知命无以为君子"，言天之所生皆有仁义礼智，顺善之心；不知天之所以命生，则无仁义礼智顺善之心，无仁义礼智顺善之心，谓之小人。……《大雅》曰："天生烝民，有物有则，民之秉彝，好是懿德。"言民之秉德以则天也。不知所以则天，又焉得为君子乎？（《韩诗外传》卷六）

⑭【汇注】

陈蒲清：盟津：又称孟津。黄河的重要渡口。在今河南省孟津县东，洛阳市东北黄河边。（引自王利器主编《史记注译》卷三《殷本纪》）

【汇评】

王　和：这其实是一次对"大邑商"的武力侦察试探，所以文献称此次行动为"观兵于孟津"。"观兵"二字正揭示出"大邦殷"与"小邦周"二者关系的实质。由此不难看出，殷周之间的关系绝非君臣关系。（《中国早期国家史话》，第124页。）

孟世凯：可以认为周人灭商想法，是"官逼民反"所造成的，自商王文丁囚古公之子季历后，周才与商结仇，此时才可能有报仇的想法。（《中国古代历史与文明：商史与商代文明》，第137页。）

中国国家博物馆编：孟津之会的意义在于通过盟津之誓，显示众多方国首领愿意听从周的号令，表明商王朝统治已经到了分崩离析的地步。（《文物夏商周史》，第69页。）

纣愈淫乱不止①。微子数谏不听②，乃与大师、少师谋③，遂去④。比干曰："为人臣者，不得不以死争⑤。"乃强谏纣。纣怒曰："吾闻圣人心有七窍⑥。"剖比干⑦，观其心⑧。箕子惧⑨，乃详狂为奴⑩，纣又囚之⑪。殷之大师、少师乃持其祭乐器奔周⑫。周武王于是遂率诸侯伐纣⑬。纣亦发兵距之牧野⑭。甲子日，纣兵败⑮。纣走入，登鹿台⑯，衣其宝玉衣，赴火而死⑰。周武王遂斩纣头⑱，县之大白旗⑲。杀妲己。释箕子之囚⑳，封比干之墓㉑，表商容之闾㉒。封纣子武庚禄父，以续殷祀㉓，令修行盘庚之政㉔。殷民大说㉕。于是周武王为天子㉖。其后世贬帝号，号为王㉗。而封殷后为诸侯㉘，属周㉙。

① 【汇注】

姜　望：武王伐殷，得二大夫而问之，曰："殷国将亡亦有妖乎？"一人曰："殷国常雨血、雨灰、雨石，小者如鸡子，大者如箕。尝六月而雨雪，深尺余。"武王曰："大哉，妖也。"一人对曰："非殷国之大妖也。殷国大妖三十七章；殷君喜射人，喜以人食馋虎，喜剖人心，喜杀孕妇，以信者为不信，以诬者为真，以忠者为不忠。忠谏者死，阿谀者赏。以君子为下，以小人为上。以佞辩为相，以女子为政，急令暴取，万民愁苦。喜田弋走狗，试马，出入不时，不避大风甚雨，不避寒暑，喜修治池台，日夜无已，喜为酒池糟丘。饮者三千，饮人为辈坐，起之以金鼓，无长幼之序，贵贱之礼。听谗用誉，无功者赏，无德者富，所爱专制擅令，无礼义，无圣人，无贤士，无衡概，无升斛，无尺寸，无锱铢，有罪放，无罪诛，此殷国之大妖者。其余不可胜数，臣言不能尽。"（《六韬》）

郑　樵：纣在位以来，夷羊在牧，梓化为松，有燕口爪俱句，天雨肉、雨血于亳，大旱、大水，河竭山鸣，两日见，天火焚宫，宫中鬼夜哭，女化为男，龟生毛，兔生角，纣尝六月猎于西土，发民逐兽，谏者曰：长育之时，不可逆天道，绝地德。君践一日之苗，民食百日之食，纣杀之。后数月，大风飘牛马，发屋拔木，飞扬数十里。有雀生鹯。占曰："以小生大，国家王而名昌。"纣闻是占而益怆。又按：武王平商，有二房，问之曰："是国有妖乎？"一房曰："昼见星，天雨血、雨灰、雨石，大如瓮。六月雨雪。"一房曰："商有大妖，此不与也。子不听父，弟不从兄，信者为欺，欺者为忠。妇人为政。君子在野，小人在位，急令暴取，以人餧虎。田猎毕弋，走狗试马，不避风雨。好治池台宫室，百里之宫七十三所，坐起以金鼓。无长幼贵贱，无礼义忠信，无斗尺权衡，此妖之大者也。"武王贵其言，再拜。（《通志》卷三《商》）

【汇评】

左丘明：纣作淫虐，文王惠和，殷是以陨，周是以兴。（《左传》昭公四年）

子　贡：纣之不善，不如是之甚也。是以君子恶居下流，天下之恶皆归焉。（引自《论语·子张》）

何晏集解、邢昺疏：孔（子）曰：纣为不善以丧天下，后世憎甚之，皆以天下之恶归之于纣。（《论语注疏解经》卷一九《子张》）

编者按：北宋真宗时，邢昺《疏》曰："纣，名辛，字受德，商末世之王也。为恶，不道，周武王所杀。《谥法》：'残义损善曰纣。'言商纣虽为不善以丧天下，亦不如此之甚也。乃后人憎甚之耳。……纣为恶行，居下流，对人皆以天下之恶归之于纣也。"

② 【汇注】

姚苏杰：（一）微子与殷王族的血缘关系，目前所见先秦与汉初文献，总共有三种说法。本文经过比较认为，《史记》的说法虽然时代并非最早，但最合理可信。微子为纣异母长兄的观点，能比较好的解释微氏家族在殷的地位以及归降周朝后的待遇等问题。（二）微子在殷的封地，典籍所载有东、西之别。结合甲骨文和传世文献分析，本文确定微地不应该在殷都以东，而应该在以西。甲骨文中的"微"可能就是微子的封地，而这个"微"在地理方位上与后世的"微子城"相合。但因为微子归降周朝后被封于宋，后世关于微子的遗迹、传说便多集中在这一带，山西的"微子城"是否真实可靠，抑或只是后人的附会，限于材料有限现在无法证实。（三）微子的爵位问题与殷商的爵位制度密切关联，本文总结了前人研究成果，利用甲骨文、金文的材料，认为殷代的爵位是侯、伯等，而子、妇则并非爵位。因此微子称"子"不是因为受封子爵。（四）甲骨文中有微伯和微侯，结合对殷代侯、伯性质的考察，本文认为伯和侯最初是有明确分工的，而这种分工到晚期则不大明显。微地的诸侯可能最先封伯，晚期改封为侯。如果此"微"即微子所封，那么微子也应该是侯爵。（《微子在殷身份考论》，《清华大学学报》（哲学社会科学版），2009年增2期）

【汇评】

姜　望：武王问太公曰："桀纣之时，独无忠臣良士乎？"太公曰："忠臣良士，天地之所生，何为无有？"武王曰："为人臣而令其主残虐为后世笑，可谓忠臣良士乎？"太公曰："是谏者不必听，贤者不必用。"武王曰："谏不听，是不忠，贤而不用，是不贤也。"太公曰："不然。谏有六不听，强谏有四必亡，贤者有七不用。"武王曰："愿闻六不听，四必亡，七不用。"太公曰："主好财利，巧夺万民，谏者不听；主好珠玉奇怪异物，谏者不听；……是谓六不听。四必亡：一曰强谏不可止，必亡；二曰强谏知而不肯用，必亡；三曰以寡正强、正众邪，必亡；四曰以寡直强、正众曲，必亡。七不用：一曰主弱亲强，贤者不用；二曰主不明，正者少，邪者众，贤者不用；三曰贼臣在外，奸臣在内，贤者不用；四曰法政阿宗族，贤者不用；五曰以欺为忠，贤者不用；六曰忠谏者死，贤者不用；七曰货财上流，贤者不用。"（《六韬·逸文》）

③【汇注】

傅元恺：大师、少师：纣时乐师。（见《史记纪传选译·殷本纪》）

编者按：大师，《尚书·微子》作"父师"，苏轼《苏氏书传》卷八《微子》注曰："父师，箕子，纣之诸父；少师，比干也。"

④【汇注】

伏　生：伯夷避纣居北海之滨，太公避纣居东海之滨，皆率其党曰：盍归乎？吾闻西伯昌善养老，此二人者，盖天下之大老也。往而归之，是天下之父归之也。天下之父归之，其子曷往？（《尚书大传》卷二《殷传》）

马　骕：王子比干者，亦纣之亲戚也。见箕子谏不听而为奴，则曰："君有过而不以死争，则百姓何辜？"乃直言谏纣。纣怒曰："吾闻圣人之心有七窍，信有诸乎？"乃遂杀王子比干，刳视其心。微子曰："父子有骨肉而臣主以义属，故父有过，子三谏不听，则随而号之。人臣三谏不听，则其义可以去矣！"于是太师、少师乃劝微子去，遂行（据此，比干之死在箕子为奴之后）。(《绎史》卷二〇《武王克殷》）

【汇评】

张九成：呜呼！观《微子》一篇，则人臣去就之义见矣。商之乱至此极矣，无可为者，然三人之心尚庶几其万一焉，故微子之去国，以警纣；比干则直谏以警纣，纣杀比干；至箕子，独佯狂而不死者，尚庶几纣之警悔，吾可以成就之也。纣终不悔而死。此三人者，一存宗祀，一守死节，一陈《洪范》；去者非叛，死者非迂，生者非偷。故孔子表而出之，曰："殷有三仁焉。"以此知臣子之处心当究。观《微子》一篇可也。又以知所谓仁者，或去或死或留，皆仁也。倘以去为是而留为非，以死为是而生为非，皆常人之客气，而非圣人之道也，第顾其心于宗社如何尔？(《横浦集》卷八《微子论》）

⑤【汇注】

韩　婴：纣作炮烙之刑。王子比干曰："主暴不谏，非忠也；畏死不言，非勇也。见过即谏，不用即死，忠之至也。"遂谏，三日不去朝，纣囚杀之。《诗》曰："昊天大怃，予慎无辜！"(《韩诗外传》卷三）

傅元恺：争：通"诤"，诤谏。(见《史记纪传选译·殷本纪》）

⑥【汇注】

俞　樾：梁元帝《金楼子》云：殷帝纣淫虐，王子比干谏，弗听，剖其心，十二穴，破而观之。按《史记》但言有七窍，此云十二穴，亦异闻也。(《茶香室丛钞》卷二《比干心十二穴》）

⑦【汇注】

郑　樵：王子比干，纣之诸父也。曰："为大臣者不谏，非忠也；不死，非勇也。"谏三日，不去。纣曰："吾闻圣人之心有七窍。"乃剖比干之心而视之。或言剖剔孕妇，即比干之妻也。(《通志》卷三《商》）

王士俊：比干墓：在府城北一十五里，即武王所封者。有石题曰"殷太师比干之墓"。河南偃师县西北亦有墓，盖唐开元中土人耕地得铜盘铭，因以立之，其铭篆文甚奇古，云"左林右泉，后冈前道，万世之藏，兹焉是宝"。后魏文帝南巡，亲幸吊祭，刻文墓上。(引自《河南通志·彰德府》卷四十九《陵墓》）

徐文靖：《笺》按：《宋微子世家》王子比干者，亦纣之亲戚也。直言谏纣，纣怒，遂杀比干而剖视其心。《水经注》曰：淇水迳顿丘县故城西，东北迳枉人山东。《隋书·地理志》曰：汲郡黎阳有枉人山。《图经》曰：枉人山，谷名也。或曰纣杀比干于此，因以为名。《世纪》曰：武王命闳夭封比干之墓，命宗祀享祀于军。《寰宇记》：比干墓在汲县十里。《世族谱》：殷比干子坚逃难长林山，因以林氏。《唐书·地理志》：江陵府有长林县。（《竹书纪年统笺》卷六《帝辛五十一年杀王子比干》）

【汇评】

韩　婴：王子比干杀身以成其忠……岂不爱其身哉！为夫义之不立，名之不显，则士耻之，故杀身以遂其行。由是观之，卑贱贫穷，非士之耻也。（《韩诗外传》卷一）

刘　向：昔者费仲、恶来革、长鼻决耳、崇侯虎顺纣之心，欲以合于意。武王伐纣，四子身死牧之野，头足异所，比干尽忠剖心而死。今欲明事情，恐有抉目剖心之祸，欲合人心，恐有头足异所之患。由是观之，君子道狭耳。诚不逢其明主，狭道之中，又将险危闭塞，无可从出者。（《说苑》卷一七《杂言》）

又：夫桀杀关龙逄，而纣杀王子比干，当是时，岂关龙逄无知，而比干无慧哉？此桀纣无道之世然也。故君子疾学修身端行，以须其时也。（同上）

萧良有：余读史至殷少师比干死事，而恻然悲之也。夫仁固不必以杀身成，节固有不必以殉生著者，惟其心焉止耳。必以杀身成仁，殉生著节也，若比干者，可悲哉！……疑干者曰：微、箕不均贵戚乎？可以去则去，可以奴则奴。计不出此，而轻以片言触祸，无益人国，只贻其主以杀直臣之名，过矣！恶！是何言也？是何言也？此又与偷生惜死为人臣而怀二心之甚者也。夫臣同也而疏戚殊。爵同也而委任殊；时同也而彼此先后殊，可执一校邪？殷德且衰，独夫正稔，情关休戚，身系安危，当是时，所恃者独三子耳：微而去以虑宗社；箕而奴以图后功；干不以此时极谏而安所虑且图哉？谏，干职也，亦干意也。谏而死，非干所知也。及其怒出不测，祸成剖心，干以为吾得死所，然犹觊夫天未厌殷，纣或悔祸，幡然而悟，悟而改，盖愆增美，吾且含笑九泉，一死庸伤乎？即不然，昌言论列，慷慨就义，庶几哉有面目见六七君地下。故夫比干之心所以异于人者，非七窍之异，异乎偷生，异乎惜死，异乎为人臣而怀二心者也。古之时，有贞而不利者，伯宗是已；有其心无其术者，鬻拳是已；有贻其君杀直臣之名者，泄冶是已。干若是班乎？嗟嗟，宇宙万形，斯须磨灭，所恃以蔽天壤、贯日星，愈久而弥彰者，独此。为子尽死孝，为臣尽死忠，一念耳。比干以前仗节死义之士，靡得而记云。干而后彰彰较著，若屈左徒死楚，伍相国死吴，岳将军、文丞相死宋，于肃愍、杨忠愍死昭代，虽其遇暗遭谗、抗疏任事不必同，其心可以蔽天壤、贯日星一也。（《明萧良有碑记》，载《河南通志》卷四十八《祠祀》）

马　骕：《中论》：殷有三仁：微子介于石，不终日；箕子内难而能正其志，比干谏而剖心。君子以微子为上，箕子次之，比干为下，故春秋大夫见杀，皆讥其不能以智自免也。（《绎史》卷二〇《武王克殷》）

⑧【汇注】

张守节：《括地志》云："比干见微子去，箕子狂，乃叹曰：'主过不谏，非忠也。畏死不言，非勇也。过则谏，不用则死，忠之至也。'进谏不去者三日。纣问：'何以自持？'比干曰：'修善行仁，以义自持。'纣怒，曰：'吾闻圣人心有七窍，信诸？'遂杀比干，刳视其心也。"（《史记正义》）

【汇评】

傅　玄：正道之不得行，常由佞人乱之也。……纣信其佞臣恶来，以剖其正臣王子比干之心，而殷以亡。（《傅子·矫违篇》）

⑨【汇注】

陈士元：箕子：舜裔。《史记》云：箕子，纣之亲戚。盖外亲耳。而郑玄、王肃、马融以为纣之诸父。伏虔、杜预以为纣之庶兄，均误。《尸子》云：箕子胥余，《庄子注》云：箕子名胥余。（《孟子杂记》卷三《辨名》）

卢元骏：箕子，商纣王的诸父，名胥余。（《说苑今注今译》卷一七《杂言·注》）

【汇评】

陈蒲清：我们认为，比孔子早600年的箕子是总结夏商文化成果的中国的第一位思想家。孔子整理六经，创立儒学，在中国思想史上的地位是大家一致公认的。周公是孔子思想的先驱，也是大多数学者公认的。《淮南子·要略》说："孔子修成康之道，述周公之训，以教七十子，使服其衣冠，修其篇籍，故儒者之学生焉。"然而，人们往往忽视了周公、孔子对夏商思想的继承。其实，周公、孔子都继承了夏、商两代的思想，特别是商代思想成就。周公的文诰反复提到殷商的先王，他的政治思想的核心"明德保民"直接来源于商代思想的精华。孔子明确地说"殷因于夏礼"，"周因于殷礼"。（《论语·为政》）所以，儒家的先王不仅有周朝的文王、武王，还有夏朝的禹，商朝的汤，而且有夏商所直接继承的唐尧、虞舜。那么，夏商文化的代表人物在儒家心目中是谁呢？个人以为，应该是箕子。孔子把箕子与微子、比干称为殷商的"三仁"（《论语·微子》）。微子、比干是单纯的政治家，没有著作传世，而箕子既是政治家，又是有著作传世的思想家。儒家经典《周易》与《尚书》，都给箕子突出的地位。《周易》的卦爻辞，指名道姓提到的真实历史人物，只有殷高宗、帝乙、箕子和康侯，这四人中只有箕子以思想家的面目出现。《周易·明夷·六五》云："箕子之明夷，利贞。"《周易·象辞》云："明入地中，明夷。内文明而外柔顺，以蒙大难，文王以之；利艰贞，晦其明也，内难而能正其志，箕子以之。"儒家在这里把箕子与周文王并列，可见箕子在儒家心目中地位的崇高。《尚书》有《微子》《武成》《洪范》等三个篇章，提到箕子。《洪范》中的"王道"，直接启发了周公的"德政"和孔子的"仁"。所以，我们认为，中国思想史和中国儒学史的第一个阶段是殷周之际，那是周文化吸收、改造、发展夏商文化的阶段，也是儒学的萌芽阶段，其代表人物是箕子和继承箕子的周公。（《箕子与箕子的文化地位》，《长沙大学学报》，2004年第1期）

⑩【汇注】

屈　原：梅伯受醢，箕子佯狂。（《楚辞·天问》）

韩　婴：比干谏而死。箕子曰："知不用而言，愚也。杀身以彰君之恶，不忠也。二者不可。然且为之，不祥莫大焉。"遂解发佯狂而去。君子闻之曰：劳矣箕子！尽其精神，竭其忠爱，见比干之事免其身，仁知之至。（《韩诗外传》卷六）

郑　樵：纣之淫虐滋甚。微子数谏，不从。欲死与亡，未能决。问于太师疵、少师强，对曰："死而能安社稷、利国家，不恨为死。死不能安社稷、利国家，不如亡。"箕子又谏，不听。人曰：可以去矣。对曰："知不用而言之，不智也；杀身以彰君之恶，不忠也；为人臣而自说于民，吾不忍为也。"乃披发佯狂，为奴隶，鼓琴以见志。传之者为《箕子操》。（《通志》卷三《商》）

马　骕：《古今乐录》：箕子佯狂，痛宗庙之为墟，乃作歌曰："嗟嗟，纣为无道，杀比干。嗟复重嗟，独奈何？漆身为厉，被发以佯狂，今奈宗庙何！天乎天哉，欲负石自投河。嗟复嗟，奈社稷何！"后传以为《操》。（《绎史》卷二〇《武王克殷》）

又：《尸子》：箕子胥余，漆体以为厉，被发佯狂，以此免也（胥余，箕子名）。（同上）

又：《楚辞·注》：梅伯，纣诸侯也。忠直而数谏纣。纣怒，乃杀之，菹醢其身。箕子见之，则被发佯狂。（同上）

【汇评】

韩　婴：比干谏而死。箕子曰：知不用而言，愚也，杀身以彰君之恶，不忠也。二者不可，然且为之，不祥莫大焉。"遂解发佯狂而去。君子闻之，曰："劳矣！箕子！尽其精神，竭其忠爱，见比干之事，免其身，仁知之至。"（《韩诗外传》卷六）

刘　安：纣杀王子比干而骨肉怨，斮朝涉者之胫，而万民叛，再举而天下失矣。（《淮南子》卷九《主术训》）

刘　向：箕子弃国而佯狂，范蠡去越而易名……皆见远识微，而仁能去富势，以避萌生之祸者也。夫暴乱之君，孰能离絷以役其身，而与于患哉？故贤者非畏死避害而已也，为杀身无益而明主之暴也。比干死纣而不能正其行，子胥死吴而不能存其国；二子者强谏而死，适足以明主之暴耳，未始有益如秋毫之端也。是以贤人闭其智，塞其能，待得其人然后合。（《说苑》卷一七《杂言》）

陶渊明：去乡之感，犹有迟迟；矧伊代谢，触物皆非！哀哀箕子，云胡能夷！狡童之歌，凄然其悲。（《陶渊明集·读史述九章·箕子》）

沈德潜：箕子者，圣人也，而不在圣人之列，缘孔孟未尝定论，而后世遂无敢加以圣人之称也。然吾闻开天明道者为圣人。故执中之旨，危微之辨，精一之功，尧舜发之，安止之论，大禹发之，而咎䌛则言天，成汤则言降衷、言恒性、言绥猷，伊尹则言一德，而天人相与之故，无人起而明之者，而《洪范》《九畴》，则自箕子演之，今夫《洪范》一书，以天治人者也，以天治人，若在人之所为，即在天之道，而天道之变化昭明，总不外乎在人之理，故以皇极居中，而前四畴为建极之本，治天下之大要也。后四畴为建极之用，治天下之节目也。夫人之于天，视为窅冥荒远，因而弃天亵天者多矣。及观《洪范》之言，其理气相感，捷如影响。而后知位天地育万物之功，初不在吾心，吾性之外，此尧舜以来所未发者，而箕子言之，其为圣人无疑也。乃其不列于圣人者，何故？当箕子之时，文王为圣人，武王为圣人，周公为圣人，又皆会合于兴王之一家，而箕子以囚奴之余，列于亡国大夫之伍，及后封于朝鲜，又以裔夷之远目之，故后世论圣人者，均未之及。即韩子序道统，则云文、武、周公，若以武王之道受之家庭者，抑知武王之心法，固受文王；而《洪范》《九畴》，箕子实遥传于禹而亲授之武王者哉？且夫商、周之交，文王演《易》，箕子演《畴》。演《易》穷卦爻以尽天地万物之理，演《畴》叙彝伦以尽感通之理，其理同其功同也。演《易》者为圣人，演《畴》者独非圣人乎哉？（引自《古今人物论》卷一《箕子论》）

⑪【汇注】

王士俊：箕子台：在西华县学宫后，昔箕子谏纣不听，囚于此。后人筑台以祀。（《河南通志》卷五十二《古迹下》）

【汇评】

韩　婴：纣杀比干，而囚箕子，为炮烙之刑，杀戮无时，群下愁怨，皆莫冀其命，然周师至，令不行乎左右，而岂其无严令繁刑也哉！其所以统之者，非其道故也。若夫明道而均分之，诚爱而时使之，则下之应上，如影响矣；有不由命，然后俟之以刑，刑一人而天下服，下不非其上，知罪在己也。是以刑罚竞消，而威行如流者，无他，由是道故也。……何也？仁刑义立，教诚爱深，礼乐交通故也。《诗》曰："礼仪卒度，笑语卒获。"（《韩诗外传》卷四）

⑫【汇校】

梁玉绳：按：《周纪》作"太师疵、少师强"，殷之乐官也，此似缺"疵、强"二字，不然则与上文称箕子、比干为太师、少师相混矣。"祭"字衍，《周纪》无"祭"字。（《史记志疑》卷二《殷本纪》第三）

王骏观撰、王骏图续：考证：王若虚《辨惑》曰：《尚书·微子》篇，所谓太师少师即箕子比干也。今乃言奔周，与《书》所载异矣。而《周纪》又云："纣杀王子比干，囚箕子，太师疵少师强抱其乐器而奔周。"则迁所谓太师少师者，其乐工耶？若《殷纪》所称亦止于乐工，则微子何至与此辈谋决去就？而此辈之奔，亦为何并持祭器乎？至《宋世家》则曰："武王克殷，微子持其祭器，造于军门。"前后参差，殆不可晓。观按：此亦何不可晓之有？若误以太师少师为箕子比干，则前后纰谬，而不可晓矣。盖奔周之太师，乃殷之贤臣微子，何不可与之谋决去就？且太师之典乐与祀事相为表里，其乐器，大都祭祀所用者居多。奔周之举，本以存古礼乐为重，故特表其持祭乐器也。况礼乐为一朝制治之原，所以虞廷命官，特重典乐。太师一奔，所关非浅，安可以此辈而忽之耶？又《志疑》云："《周纪》作太师疵少师强，殷之乐官也。此缺疵强二字，不然，则与上文称箕子比干为太师少师相混矣。"可为确证。且《类聚》十二，于《周纪》"抱其乐器而奔周"，引作祭器，亦二师可持祭器之一证。余有长辨在《宋世家》"太师少师"下，兹不具载。（《史记旧注平义》）

【汇注】

司马光：纣王都朝歌，资辩捷疾，闻见甚敏，材力过人，智足以距谏，言足以饰非。矜人以能，以为皆出己下，播弃黎老，昵比罪人（原注：播弃，不礼敬；昵，近也），为天下逋逃之，萃渊薮。平居弗祀上帝神祇宗庙，恃其强大，喜用兵，百战皆克。伐有苏，得其女妲己，惟妲己之言是用，作奇技淫巧以悦之，淫湎肆虐，作炮烙之法，膏铜柱下，加之炭，令有罪者行焉，辄堕炭中，以取妲己笑。刳剔孕妇，斩朝涉之胫（原注：冬日见朝涉水者，谓其胫耐寒，斩而视之），醢九侯，脯鄂侯，囚西伯于羑里，久乃赦之。既而西伯戡黎（原注：近王圻之诸侯。戡，胜也）。祖伊恐，奔告于王。王曰："呜呼，我不有命在天！"祖伊反，曰："呜呼，乃罪多参在上，乃能责命于天（原注：反，报纣也。言汝罪恶众多，参列在上，天诛且至，乃恃命于天乎）！"纣终不悛，比干强谏，纣怒曰："吾闻圣人之心有窍。"剖比干心。箕子惧，乃佯狂为奴。纣又囚之。微子恐殷绝祀，遂奔周。（《稽古录》卷七《殷下》）

郑 樵：微子曰："父子有骨肉之恩，而臣主以义属父。有过，子三谏不听则随而号之。君有过，臣三谏不听，义可以去矣。"太师、少师抱其祭器、乐器奔周。内史向挚载其图法亦奔周。（《通志》卷三《商》）

王骏观撰，王骏图续：《集解》孔安国曰：太师，三公箕子也；少师，孤卿比干也。观按：此解大误也。太师、少师皆乐部之官，即抱乐器奔周之太师疵、少师强也。（《史记旧注平义》）

【汇评】

陈 直：直按：《史记·礼书》云："仲尼没后，受业之徒，沈湮而不举，或适齐楚，或入河海，岂不痛哉。"太史公是以太师挚等为鲁哀公以后时人，与伪《孔传》相合。又《十二诸侯年表》序云："太史公读《春秋历谱牒》，至周厉王未尝不废书而叹也，曰呜呼师挚见之矣。"是太史公又以师挚等为周厉王时人，与郑注周平王时人略合。而本文又以师挚等为殷末时人，与《汉书·古今人表》相合。但以太史公一人之

书，盖皆采撷原文，不加改正，故有此差异也。（《史记新证》）

颜克述：《史记辨惑》："《殷纪》云：'纣淫乱不止，微子数谏不听，乃与太师少师谋，遂去。比干强谏纣。纣剖比干，观其心。箕子惧，佯狂为奴，纣又囚之。殷之太师少师乃持其祭器奔周。'按《尚书·微子篇》，所谓太师少师即箕子比干也。今乃言奔周，与《书》所记异矣。而《周纪》又云：'纣杀王子比干，囚箕子，太师疵、少师彊抱其乐器而奔周。'则迁所谓太师少师者，其乐工邪？若《殷纪》所称亦止于乐工，则微子何至与此辈谋，决去就，而此辈之奔亦何为并持祭器乎？至《宋世家》则曰：'武王克殷，微子持其祭器造于军门。'前后参差，殆不可晓。"（同书第57页）按：史迁自叙其书之作，乃"述故事，整齐其世传"，"厥协六经异传，整齐百家杂语"（《自序》）。此种情况，殆即"整齐"不够所致，亦可能是成书后修饰未尽之迹。然古时有所谓"师箴"，"瞽史教诲"，使天子斟酌行政之事（《周本纪》载召公谏厉王之言）。《正义》云："师，乐太师也。"韦昭云："瞽，乐太师。史，太史也。"则微子"与此辈谋，决去就"，于理并不悖，于事亦可能。古时又有所谓"大夫三庙二坛"，"大夫立三祀"。（《礼记·祭法》）又有所谓"凡家造，祭器为先"。郑注："大夫称家。""大夫士去国，祭器不逾境"。（均见《礼记·曲礼下》）是太师、少师之家必自有祭祀之礼，亦必自有其祭器。云"不逾境"，则是亦有逾境之事。这就是说太师少师并持其祭器奔周，其事亦有可能，不足为疑。谓此处所载之事"前后参差"可，谓"不可晓"则不可。（《王若虚〈史记辨惑〉质疑（上）》，载《中国历史文献研究集刊》第二集）

⑬【汇注】

姜　望：武王伐殷，先出于河。吕尚为后将，以四十七艘船济于河。（《六韬·逸文》）

吕不韦：三代所宝莫如因，因则无敌。……武王使人候殷，反报岐周曰："殷其乱矣。"武王曰："其乱焉至？"对曰："谗慝胜良。"武王曰："尚未也。"又复往，反报曰："其乱加矣。"武王曰："焉至？"对曰："百姓不敢诽怨矣！"武王曰："嘻！遽告太公。"太公对曰："谗慝胜良命曰戮，贤者出走命曰崩，百姓不敢诽怨命曰刑胜。其乱至矣。不可以驾矣。故选车三百，虎贲三千，朝要甲子之期，而纣为禽。则武王固知其无与为敌也。"（《吕氏春秋》卷一五《贵因》）

【汇评】

孟　子："汤放桀，武王伐纣，有诸？"孟子对曰："于传有之。"曰："臣弑其君可乎？"曰："贼仁者谓之贼，贼义者谓之残，残贼之人，谓之一夫。闻诛一夫纣矣，未闻弑君也。"（《孟子》卷一《梁惠王》）

刘　安：所为立君者，以禁暴讨乱也。今乘万民之力，而反为残贼，是为虎傅翼，曷为弗除？夫畜池鱼者必去猵獭，养禽兽者必去豺狼，又况治人乎？故霸王之兵，以论虑之，以策图之，以义扶之，非以亡存也，将以存亡也。故闻敌国之君有加虐于民者，则举兵而临其境，责之以不义，刺之以过行，兵至其郊，乃令军师曰："毋伐树木，毋抉坟墓，毋蓺五谷，毋焚积聚，毋捕民虏，毋收六畜。"乃发号令曰："其国之君，傲天侮鬼，决狱不辜，杀戮无罪，此天之所以诛也，民之所以仇也。兵之来也，以废不义而复有德也。有逆天之道，帅民之贼者，身死族灭。以家听者禄以家，以里听者赏以里，以乡听者封以乡，以县听者侯以县。"克国不及其民，废其君而易其政，尊其秀士而显其贤良，振其孤寡，恤其贫穷，出其囹圄，赏其有功，百姓开门而待之，渐米而储之，惟恐其不来也，此汤、武所以致王，而齐桓之所以成霸也。故君为无道，民之思兵也，若旱而望雨，渴而求饮，夫有谁与交兵接刃乎？故义兵之至也，至于不战而止。（《淮南子》卷一五《兵略训》）

张九成：及纣脯鄂侯，烹九侯，拘文王，杀比干，囚箕子，听妇人之言，行炮烙之刑，王道至此而绝矣。武王不忍王道之绝，故起而伐之。（《孟子传》卷六《公孙丑章句上》）

张广志：（祝中熹认为）此说既不合情理——"伐商大事只能暗中准备且要求一举成功，决不允许事前即大肆张扬"，又无任何先秦文献可资证明，且太史公诸处所言亦每相龃龉，故此说实不成立。之所以会产生这个问题，是太史公为了调和伏生弟子们因为《尚书大传》和武帝时新出《泰誓》的不同记载，把作为一次军事行动两个阶段的"观兵"（大战前休整、检阅与政治动员）和"伐纣"误为时隔两年的两次军事行动了。我们认为，祝氏所论颇有道理，可能是太史公搞错了。（《西周史与西周文明》，第55页）

⑭【汇注】

裴　骃：郑玄曰："牧野，纣南郊地名也。"（《史记集解》）

张守节：《括地志》云："今卫州城即殷牧野之地，周武王伐纣筑也。"（《史记正义》）

李大武：《帝王世纪》武王伐纣，纣起师自容间至浦水，与同恶诸侯五十国，凡七十万人，距周于牧野。《六韬》曰：纣之卒，握炭流汤者十八人。（引自《百大家评注史记·殷本纪》）

王　恢：牧野，《郡国志》："朝歌纣所都居，南有牧野。"《清水注》："自朝歌以南，南暨清水，土地平衍，据皋跨泽，悉牧野矣。"按：即牧畜之野。（《史记本纪地理图考·殷本纪·周武王伐纣》）

张大可：牧野：古地名，在殷都朝歌（今河南淇县南）南郊七十里。牧野即殷都南郊之总称。古称邑外为郊，郊外为牧，牧外为野。（《史记全本新注》卷三《殷本纪

第三》)

【汇评】

左丘明：恃才与众，亡之道也。商纣由之，故灭。(《左传》宣公十五年)

⑮**【汇注】**

姜　望：武王至殷，将战，纣之卒握炭流汤者十八人，以牛为礼以朝者三千人；举百石重沙者二十四人，趋行五百里，而矫矛杀百步之外者五千人，介士亿有八万。武王惧曰："夫天下以纣为大，以周为细；以纣为众，以周为寡；以周为弱，以纣为强；以周为危，以纣为安；以周为诸侯，以纣为天子。今日之事，以诸侯击天子，以细击大，以少击多，以弱击强，以危击安，以此五短，击此五长，其可以济功成事乎？"太公曰："审天子不可击，审大不可击，审众不可击，审强不可击，审安不可击。"王大恐以惧，太公曰："王无恐且惧。所谓大者，尽得天下之民；所谓众者，尽得天下之众；所谓强者，尽用天下之力；所谓安者，能得天下之所欲；所谓天子者，天下相爱如父子，此之谓天子。今日之事，为天下除残去贼也。周虽细，曾残贼一人之不当乎？"王大喜曰："何谓残贼？"太公曰："所谓残者，收天下珠玉美女，金钱彩帛，狗马谷粟，藏之不休，此谓残也。所谓贼者，收暴虐之吏，杀天下之民，无贵无贱，非以法度，此谓贼也。"(《六韬·逸文》)

司马光：纣专任嬖臣飞廉、恶来知政事。于是周武王伐纣。殷之士女皆赍其币帛迎周师，纣率其众如林，会战于牧野。纣卒皆不战，前徒倒戈攻于后，以北。纣走登鹿台，自焚死。周遂灭殷。自成汤受命，至是凡六百二十九年。(《稽古录》卷七《殷下》)

【汇评】

姜　望：夫纣无道，流毒诸侯，欺侮群臣，失百姓之心，秉明德以诛之，谁曰弗克？(《六韬·逸文》)

韩　婴：传曰：闻其末而达其本者，圣也。纣之为王，劳民力，冤酷之令加于百姓，僭悷之恶，施于大臣，群下不信，百姓疾怨，故天下叛，而愿为文王臣，纣自取之也。夫贵为天子，富有天下，及周师至，而令不行乎左右，悲夫！当是之时，索为匹夫，不可得也。(《韩诗外传》卷五)

杜　预：《大誓》曰："纣有亿兆夷人，亦有离德。"言纣众亿兆，兼有四夷，不能同德，终败亡。(《左传》"昭公二十四年"注)

编者按：孔颖达《疏》曰：孔安国云："夷人"谓平人。杜为夷狄之人者。按四年《传》曰：商纣为黎之蒐，东夷叛之。孔、杜各自为义，其意俱通，刘炫以杜为过而规其短，非也。按孔安国与刘炫之说为长。

⑯【汇校】

　　裴　骃：徐广曰："鹿，一作'廪'。"（《史记集解》）

　　编者按："纣走入，登鹿台"。中华书局点校本《史记》为"纣走，入登鹿台"。

【汇注】

　　刘　向：纣为鹿台，七年而成，其大三里，高千尺，临望云雨，作炮烙之刑，戮无辜，夺民力，冤暴施于百姓，惨毒加于大臣，天下叛之，愿臣文王，及周师至，令不行于左右。悲夫！当是时求为匹夫不可得也，纣自取之也。（《新序》卷六《刺奢》）

　　韩兆琦：按："走""入""登"三动词连用，"走"是向着鹿台的方向跑；"入"是进了鹿台所在的宫苑；"登"是上了台子，三个字表明了三个过程，一气直下，殷纣王无可挽救的败亡情景和盘托出。今有的本子在"走"字下断句，则方向不明，非司马迁原意。（《史记博议·史记的艺术性》四）

⑰【汇注】

　　左丘明：昔武王数纣之罪以告诸侯，曰："纣为天下逋逃主，萃渊薮。"故夫致死焉。（《左传·昭公七年》）

　　杜　佑：周武王伐纣，师至汜水牛头山，风甚雷疾，鼓旗毁折。王之骖乘惶震而死。太公曰："用兵者，顺天之道未必吉，逆之不必凶。若失人事，则三军败亡。且天道鬼神，视之不见，听之不闻，智将不法，而愚将拘之。若乃好贤而用能，举事而得时，此则不看时日而事利，不假卜筮而事吉，不祷祀而福从。"遂命驱之前进。周公曰："今时逆太岁，龟灼告凶，卜筮不吉，星变为灾，请还师。"太公怒曰："今纣刳比干，囚箕子，以飞廉为政，伐之，有何不可！枯草朽骨，安所知乎？"乃焚龟折蓍，援枹而鼓，率众先涉河，武王从之，遂灭纣。（《通典》卷一六二《兵十五·推人事破灾异》）

【汇评】

　　列　子：天下之善，归之尧舜；天下之恶，归之桀纣。（《列子·杨朱篇》）

　　孟　子：桀纣逆天暴万物，故天下弃之，故民去之，汤武从天理万物，故天下欲之，故民归之。纣昏昏以亡，武王谔谔以昌。（《孟子》）

　　荀　子：汤、武之诛桀、纣也，拱挹指麾而强暴之国莫不趋使。诛桀、纣若诛独夫。故《泰誓》曰"独夫纣"，此之谓也。（《荀子》卷十《议兵篇》）

　　王　符：汤、武非一善而王也，桀、纣非一恶而亡也。三代之所废兴也，在其所积，积善多者，虽有一恶，是谓过失；积恶多者，虽有一善，是谓误中。（《潜夫论·慎微篇》）

　　梁玉绳：按：此乃史公轻信《逸书》之语也。说见《周纪》。（《史记志疑》卷二《殷本纪》）

⑱【汇注】

班　固：故《书·序》曰："成汤既没，太甲元年，使伊尹作《伊训》。"《伊训》篇曰："惟太甲元年十有二月乙丑朔，伊尹祀于先王，诞资有牧方明。"言虽有成汤、太丁、外丙之服，以冬至越茀祀先王于方明以配上帝，是朔旦冬至之岁也。后九十五岁，商十二月甲申朔旦冬至，亡余分，是为孟统。自伐桀至武王伐纣，六百二十九岁，故传曰殷"载祀六百"。（《汉书·律历志下》）

又：凡殷世继嗣三十一王，六百二十九岁。（同上）

皇甫谧撰、徐宗元辑：纣造鹿台，饰以美玉，七年乃成。大三里，高千仞，余址宛然，在卫县城内，即纣自投火处。（《帝王世纪辑存·殷商第三》）

张守节：《周书》云："纣取天智玉琰五，环身以自焚。"（《史记正义》）

郑　樵：纣（原注：亦曰辛，亦曰受，亦曰受德）：纣在位三十三年，身灭国亡。（《通志》卷三《商》）

马端临：受辛，帝乙子，是为纣，以丁未嗣立，无道，三十二年戊寅，周武王伐之，战于牧野，师败，受死，殷亡。（《文献通考》卷二百五十《帝系·历年》）

蒋廷锡：汤灭夏，以至于受，二十九王，用岁四百九十六年。起癸亥，终戊寅。（见《古今图书集成·明伦汇编·皇极典》卷九《商·帝辛本纪》）

朱孔阳：商自成汤十八祀乙未代夏有天下，至纣三十二祀戊寅，凡二十八王，共六百四十有四年。（《历代陵寝备考》卷七《商》）

王国维：汤灭夏以至于受，二十九王，用岁四百九十六年（原注：始癸亥，终戊寅。《史记·殷本纪》集解引《纪年》，《文选·六代论》注、《通鉴外纪》分引。原注"戊寅"乃"庚寅"之讹。案：自癸亥至庚寅，实五百八年，而以诸帝积年计之亦同，并与都数不合。盖以汤元年为癸亥，本于《唐书·历志》张说《历议》，而以周始伐商为庚寅，则本《历议》所引《纪年》，二者本不同源，无怪与古《纪年》积年不合也。原注见其不合，乃改为戊寅，然不免与本书诸帝积年及岁名相龃龉。盖书与注亦非尽出一人之手，而前后未照也。古《纪年》"用岁四百九十六年"，与《易纬·稽览图》同）。（《今本竹书纪年疏证》）

陈登原：《史记·夏本纪·集解》："贼人多杀曰桀。"《史记·殷本纪·集解》："残义损善曰纣。"《缠子》（《御览》卷九〇八）："桀为天子，酒浊而杀厨人；纣为天子，熊掌不熟而杀庖人。"（《国史旧闻》第一分册《桀纣事迹类比》）

又：王国维《古本竹书纪年辑校》："后桀伐岷山。岷山进女二人：曰琬曰琰。桀受二女，而弃其元妃末喜氏于洛，末喜氏与伊尹交，遂以亡夏。"《晋语》一："夏桀伐有施，有施以末喜女焉。末喜有宠，于是与伊尹比而亡夏。殷辛伐有苏，有苏以妲己女焉，于是与胶鬲比而亡殷。《左》昭十一年："桀伐有缗，以亡其国；纣克东夷，

而陨其身。"（同上）

又：《帝王世纪》（《御览》卷一七三）："桀作倾宫，七年乃成，大十里，高十丈。"《新序·刺奢篇》："纣为鹿台，大十里，高十丈，临望云雨，故天下叛。"《文选》（卷七）《甘泉赋》注："夏之衰也，其王桀筑为璇台；殷之衰也，其王纣筑为倾宫。"《汲冢地下古文册书》（《文选·甘泉赋》注）："桀作倾宫，而饰瑶台，纣作琼室，而立玉门。"贾谊《新书》（《御览》卷四六六）："纣谓为天王，而桀自谓天父。既亡之后，民以相骂。"（同上）

泷川资言：《考证》：周武王以下，采《尚书·牧誓》篇，《诗·大雅·大明》篇，纣走以下，采《逸周书·克殷解》。古钞·三·南本："白旗"上有"大"字。张文虎曰："《洪范·序》疏引作'太白旗'。《周纪》云'县大白之旗'，此脱'大'字。"愚按：儒者多不信武王斩纣之事，然见于诸家之说尤多。《墨子·明鬼》篇云"武王以择车百两，虎贲之卒四百人与殷人战于牧之野，王手禽费中、恶来，众叛百走，武王遂奔入宫，斩纣而系之赤环，载之白旗，以为天下诸侯戮。"《荀子·正论》篇云："武王伐有商诛纣，断其首县之赤斾。"《尸子》云："武王亲射恶来之口，亲碎殷纣之颈，手汗于血不温不食。"当此之时，犹猛兽者。呜呼！亦甚矣。武王虽非圣人，必不至残暴如此也。（《史记会注考证卷三·殷本纪第三》）

⑲【汇评】

荀　子：昔者武王伐有商，诛纣，断其首，县之赤斾。夫征暴诛悍，治之盛也；杀人者死，伤人者刑，是百王之所同也，未有知其所由来者也。刑称罪则治，不称罪则乱。故治则刑重，乱则刑轻，犯治之罪固重，犯乱之罪固轻也。《书》曰："刑罚世轻世重"，此之谓也。（《荀子·正论》）

编者按：《荀子·解蔽篇》云："纣县于赤斾。"杨倞注曰："《史记》武王斩纣头县于太白旗，此云赤斾，所传闻异也。"

⑳【汇注】

伏　生：武王胜殷，继公子禄父，释箕子囚。箕子不忍周之释，走之朝鲜（郑玄注：诛我君而释己，嫌苟免也）。武王闻之，因以朝鲜封之（郑玄注：朝鲜，今乐浪郡）。箕子既受周之封，不得无臣礼，故于十三祀来朝。（《尚书大传》卷二《洪范》）

司马迁：其后箕子朝周，过故殷墟，感宫室毁坏生禾黍，箕子伤之。欲哭则不可，欲泣为其近妇人，乃作《麦秀》之诗以歌咏之。其诗曰："麦秀渐渐兮，禾黍油油。彼狡童兮，不与我好兮！"（《史记·宋微子世家》）

【汇评】

柳宗元：凡大人之道有三：一曰正蒙难；二曰法授圣；三曰化及民。殷有仁人曰箕子，实具兹道以立于世。故孔子述六经之旨，尤殷勤焉。当纣之时，大道悖乱，天威之动不能戒，圣人之言无所用，进死以併命，诚仁矣。无益吾祀，故不为委身以存祀，诚仁矣。与亡吾国，故不忍。具是二道，有行之者矣，是用保其明哲，与之俯仰，晦是薆范，辱于囚奴，昏而无邪，隤而不息，故在《易》曰"箕子之明夷"，正蒙难也。及天命既改，生人以正，乃出大法（即《洪范》），用为圣师。周人得以序彝伦而立大典，故在《书》曰"以箕子归作《洪范》"，法授圣也。及封朝鲜，推道训俗，惟德无陋，惟人无远，用广殷祀，俾夷为华，化及民也。率是大道，藂于厥躬，天地变化，我得其正，其大人欤！（《河东先生集·箕子碑》）

㉑【汇注】

刘　向：纣作炮烙之刑，王子比干曰："主暴不谏，非忠臣也。畏死不言，非勇士也。见过则谏，不用则死，忠之至也。"遂进谏，三日不去朝。纣因而杀之。《诗》曰："昊天太怃，予慎无辜。"无辜而死，不亦哀哉！（《新序》卷七《节士》）

洪　适：朝歌县牧野有殷大夫比干冢，前有石铭，题隶云"殷大夫比干之墓"。所记惟此，今已中折，不知谁所志也。（《隶释》卷二〇《比干碑》）

赵明诚：右后魏孝文《吊比干文》，其首已残缺，惟"元载"字可识，其下云："岁御次乎阉茂，望舒会于星纪。十有四日，日惟甲申。"按《尔雅》云："岁在戌曰阉茂。"又郑康成注《月令》："仲冬者，日月会于星纪。"《后魏书》孝文以太和十八年十一月甲申经比干墓，亲为吊文树碑而刊之，是岁甲戌，其说皆合，其未尝改元而称元载者，孝文以是岁迁都洛阳，盖以迁都之岁言之也。（《金石录》卷二一《后魏孝文吊比干文》）

郑　瑗：汲郡城北有比干墓，偃师县西北亦有比干墓。唐开元中，偃师人耕地得铜盘，篆文云："右林左泉，后冈前道，万世之藏，兹焉是宝。"予观其文奇峻匀丽，与三代钟鼎彝敦诸款识不类，辞语亦不似魏晋以前文字，其出于后世无疑。（《井观琐言》卷二）

毕　沅：《水经注》：清水东南历坶野，有殷大夫比干墓。太和中，高祖孝文皇帝南巡，亲幸其坟而加吊焉。刊石树碑，列于墓隧矣。《魏书》：太和十八年十一月，车驾幸邺，甲申，经比干之墓，亲为吊文，树碑而刻之，即此。（《中州金石记》卷一《孝文帝吊比干文并阴》）

又：殷比干墓题字：隶书，在汲县墓上。《金石略》有后魏比干墓刻，即此。《水经注》：清水东南历坶野，有殷大夫比干冢。前有石铭，题隶云"殷大夫比干之墓"。所记惟此，今已中折，不知谁所志也。按：今惟云殷比干墓，是又非郦道元所见之刻矣。汉隶字原云：石公弼跋云：上世传孔子书。然道元、郑樵俱不谓然。周时亦无隶字，足证世俗流传之妄也。其字当有旧刻，魏人复书之，故又脱"大夫"二字。汉隶字原谓当是汉人书，玩其笔迹亦非也。（《中州金石记》卷一《殷比干墓题字》）

【汇评】

韩　婴：天子有争臣七人，虽无道，不失其天下。昔殷王纣残贼百姓，绝逆天道，至斮朝涉、刳孕妇，脯鬼侯，醢梅伯，然所以不亡者，以其有箕子、比干之故，微子去之，箕子执囚为奴，比干谏而死，然后周加兵而诛绝之。（《韩诗外传》卷十）

班　固：（班伯侍成帝），"时乘舆座张屏风，画纣醉踞妲己，上顾伯问曰：'纣为无道，一至此乎？''乃用妇人之言，何至醉踞于此？所谓众恶归之，不若是之甚焉'"。（《汉书》卷一〇一上《序传》）

王　充：孔子曰："纣之不善，不若是之甚也。是以君子恶居下流，天下之恶皆归焉。"世常以桀纣与尧舜相反，称美则说尧舜，言恶则举纣桀。孔子曰："纣之不善，不若是之甚也。"则知尧舜之德，不若是其盛也。（《论衡·齐世篇》）

又：邹伯奇谓桀纣之恶，不如亡秦，亡秦之恶，不如王莽。（《论衡·感类篇》）

应　劭：世之毁誉，莫能得实。审形者少，随实者多，或至以有为无。故曰尧舜不胜其善，桀纣不胜其恶。（《风俗通》卷二）

梁玉绳：按：纣死无定说，《史》与《周书·克殷解》言自焚于火，而《尸子》言武王杀纣于鄗宫，（见《御览》八十二卷）贾子《连语》言纣斗死，其言死固已殊矣。《竹书》称"武王亲禽受于南单之台"（南单疑鹿台之异名，犹《周书》虞台），《淮南·氾论训》称"纣拘于宣室，不自反其过，而悔不诛文王于羑里"。又似但见拘禽，未尝即死。诸说不同，莫知其实。（《史记志疑》卷二《殷本纪第三》）

张新斌：比干的事迹是震撼人心的，因而先秦史籍保存了诸多先哲们对比干精神的体会。比干精神的核心是舍生忘死的果敢实践，杀身成仁的理想境界，精忠报国的高尚情操。比干是中国历史上最早的精忠报国、杀身成仁的楷模。对屈原、岳飞等民族精神有着深刻的影响。比干精神是中国文化思想史中极有价值的精神财富，对它的认真研究与挖掘，无论在过去、现在和将来都具有十分重要的意义。（《殷比干三论》，《殷都学刊》，1998年第4期）

㉒【汇注】

司马贞：皇甫谧云"商容与殷人观周军之人"，则以为人名。郑玄云："商家典乐之官，知礼容，所以礼署称容台。"（《史记索隐》）

王　筠：商容贤者，百姓爱之，纣废之。商容之为人名瞭如矣。郑注《礼记》"使之行商容而复其位，乃以为商容貌之官，是郑君犹不免疏急也。后学可不敬慎乎？"（《史记校》卷上《殷本纪》）

【汇评】

刘　安：武王伐纣，发钜桥之粟，散鹿台之钱，封比干之墓，表商容之闾，朝成汤之庙，解箕子之囚，使各处其宅，田其田，无故无新，惟贤是亲，用非其有，使非其人，晏然若故有之，由是观之，则圣人之志大也。文王、周公观得失，遍览是非，尧舜所以昌，桀纣所以亡者，皆著于明堂。于是略智博问，以应无方，由此观之，则圣人之智圆矣。(《淮南子》卷九《主术训》)

徐莉莉：《汉书·张良传》"表商容闾、式箕子门、封比干墓"，记述的是武王克殷后对殷贵族中的商容、箕子、比干等所谓贤人智士表示尊崇的做法。这段史实，《荀子》《吕氏春秋》《礼记》《史记》《新序》《逸周书》《尚书·武成》《后汉书》等古籍中都有记载或援引，而所述略有参差。如"表商容闾"，《尚书·武成》作"式商容闾"，《后汉书·卢植传》作"封商容之闾"等。对于其中"表""式""封"的意义及其相互关系，历来不得确解，因而妨碍了对史实及古代习俗的了解及研究，有必要加以考释。先将有关旧注略述于下：表，释为表彰、显异。《汉书·张良传》"表商容闾"，颜师古注："里门曰闾，表谓显异之。"《荀子·大略》"表商容之闾"，王先谦《集解》云："表，筑旌之。"韩兆琦《史记选注集说》说得比较具体，《留侯世家》"表商容之闾"注："在商容所住过的里巷口上立表以彰显之。表，标也，如碑碣匾额之类，用以彰显善行者也。"式，《尚书·武成》"式商容闾"，孔颖达《疏》释"式"为轼敬，谓："式者，车上横木，男子立乘，有所敬则俯而凭式，遂以式为敬名。"颜师古注《汉》取两可说，《张良传》"式箕子门"注："式亦表也。一说，至其门而抚车式，所以敬之。"后世注家则沿袭孔氏轼敬之说。封，诸家皆释为在墓上增土加高。《吕氏春秋·慎大》："封比干之墓。"高诱注："封崇其墓以彰贤也。"《礼记·乐记》"封比干之墓"，郑玄注："积土为封。"《逸周书·克殷解》："封比干之墓"，孔晁注："益其缘也。"后世释"封"皆从旧注，未见新说。按释"表"为抽象的表彰并不很贴切，而释"式"为轼敬、"封"为在墓上积土的说法则是不对的。若如旧注所说，"表""式""封"是三种不同的做法，且不说同是殷商遗贤何以礼遇不同而厚此薄彼，更无法解释为什么同是"商容之闾"，而有的书用"表"，有的书用"式"，有的书则作"封"。对于意义不同的做法，在等级森严的封建社会，是不会随便乱用名称的。至若对闾门采用封积其土的做法，更是不可思议。由此观之，旧注对"表商容闾、式箕子门、封比干墓"的解释大有可疑之处。其实，"表商容闾、式箕子门、封比干墓"中的"表""式""封"说的是同一回事，都指竖立某种标志，用来标榜、彰显这些前代遗贤。(《"表商容闾、式箕子门、封比干墓"新诠》，《天津师范大学学报》，1985年第6期)

㉓【汇注】

皇甫谧撰、徐宗元辑：商之享国也，三十一王，是见居位者，实三十王。而言三十一王者，兼数太子丁也。自汤得位至纣，凡六百二十九年。成汤一、外丙二、仲壬三、太甲四、沃丁五、太康六、小甲七、雍己八、太戊九、仲丁十、外壬十一、河亶甲十二、祖乙十三、祖辛十四、沃甲十五、祖丁十六、南庚十七、阳甲十八、盘庚十九、小辛二十、小乙二十一、武丁二十二、祖庚二十三、祖甲二十四、廪辛二十五、庚丁二十六、武乙二十七、太丁二十八、帝乙二十九、纣三十。《商书》曰：成汤既没，太甲元年。孔安国注云：太甲，太丁子，汤孙也。太丁未立而卒。及汤没而太甲立，称元年。《谥法》：残义损善曰纣。败于牧野，悬首白旗，从黄帝至纣，三十六世。纣二年，纳妲己，二十年，囚文王，三十年，武王观兵于孟津。（《帝王世纪辑存·殷商第三》）

司马贞：谯周曰："殷凡三十一世，六百余年。"《汲冢纪年》曰："汤灭夏以至于受二十九王，右用岁四百九十六年也。"（《史记索隐》）

郑　樵：商之世，起汤元年庚戌，终纣三十三年戊寅，三十君十七世，六百二十九年（原注：《商历》曰，起丙戌，终癸亥，四百五十八年。《汲冢纪年》曰二十九王，四百九十六年）。（《通志》卷三《商》）

王国维：有商一代二十九帝，其未见卜辞者，仲壬、沃丁、雍己、河亶甲、沃甲、廪辛、帝乙、帝辛八帝也。而卜辞出于殷墟，乃自盘庚至帝乙时所刻辞，自当无帝乙、帝辛之名，则名不见于卜辞者，于二十七帝中实六帝耳。又卜辞中人名，若□甲、若祖丙、若小丁、若祖戊、若祖己、若中己、若南壬、若小癸，其名号与祀之之礼与先王同。而史无其人。又卜辞所见父甲、兄乙等人名颇众，求之迁殷以后诸帝之父兄，或无其人，曩颇疑《世本》及《史记》于有商一代帝系不无遗漏，今由种种研究，知卜辞中所未见之诸帝，或名亡而实存。至卜辞所有而史所无者，与夫父某，兄某等之史无其人以当之者，皆诸帝兄弟之未立而殂者。或诸帝之异名也。试详证之。一事，商之继统法，以弟及为主，而以子继辅之。无弟然后传子。自汤至于帝辛二十九帝中，以弟继兄者凡十四帝；其传子者，亦多传弟之子，而罕传兄之子。盖周时以嫡庶长幼为贵贱之制，商无有也。故兄弟之中有未立而死者，其祀之也与已立者同。王亥之弟王恒，其立否不可考，而亦在祀典。且卜辞于王亥王恒外又有王矢，亦在祀典，疑亦王亥兄弟也。又自上甲至于示癸，《史记》仅有六君，而卜辞称自甲十有三示，又或称九示，十示，盖亦并诸先公兄弟之立与未立者数之；逮有天下后亦然。孟子称大丁未立，今观其祀礼则与大乙、大甲同。……然则上所举祖丙、小丁诸人名，与礼视先王无异者，非诸帝之异名，必诸帝兄弟之未立者矣。周初之制犹与之同。《逸周书·克殷解》曰：王烈祖太王、太伯、王季、虞公、文王、邑考以列升。盖周公未制礼以前，殷礼固如斯矣。（《观堂集林》卷九《殷卜辞中所见先公先王考·祖某、父某、兄某》）

又：《史记·殷本纪》《三代世表》及《汉书·古今人表》所记殷君数同，而于世数则互相违异。据《殷本纪》，则商三十一帝，共十七世。《三代世表》以小甲、雍己、大戊为大庚弟，则为十六世。《古今人表》以中丁、外壬、河亶甲为大戊弟，祖乙为河亶甲弟，小辛为盘庚子，则增一世，减二世，亦为十六世。今由卜辞证之，则以《殷本纪》所记为近。……惟据《殷本纪》，则祖乙乃河亶甲子，而非中丁子，今此片中有中丁而无河亶甲，则祖乙自当为中丁子，《史记》盖误也。且据此，则大甲之后有大庚，则大戊自当为大庚子，其兄小甲，雍己亦然。知《三代世表》以小甲、雍己、大戊为大庚弟者非矣。大戊之后有中丁，中丁之后有祖乙，则中丁、外壬、河亶甲自当为大戊子，祖乙自当为中丁子，知《人表》以中丁、外壬、河亶甲、祖乙皆为大戊弟者非矣。卜辞又云："父甲一牡，父庚一牡，父辛一牡。"甲为阳甲，庚则盘庚，辛则小辛，皆武丁之诸父，故曰父甲，父庚、父辛，则《人表》以小辛为盘庚子者非矣。凡此诸证，皆与《殷本纪》合，而与《世表》《人表》不合。是故殷自小乙以上之世数，可由此二片证之；小乙以下之世数，可由祖乙、祖丁、祖甲、康祖丁、武乙一条证之。考古者得此，可以无遗憾矣。

附殷世数异同表

帝 名	殷本纪	三代世表	古今人表	卜 辞
汤	主癸子	主癸子	主癸子	一世
大 丁	汤 子	汤 子	汤 子	汤子二世
外 丙	大丁弟	大丁弟	大丁弟	
中 壬	外丙弟	外丙弟	外丙弟	
大 甲	大丁子	大丁子	大丁子	大丁子三世
沃 丁	大甲子	大甲子	大甲子	
大 庚	沃丁弟	沃丁弟	沃丁弟	大甲子四世
小 甲	大庚子	大庚弟	大庚子	
雍 己	小甲弟	小甲弟	小甲弟	
大 戊	雍己弟	雍己弟	雍己弟	大庚子五世
中 丁	大戊子	大戊子	大戊弟	大戊子六世
外 壬	中丁弟	中丁弟	中丁弟	
河亶甲	外壬弟	外壬弟	外壬弟	
祖 乙	河亶甲子	河亶甲子	河亶甲弟	中丁子七世
祖 辛	祖乙子	祖乙子	祖乙子	祖乙子八世
沃 甲	祖辛弟	祖辛弟	祖辛弟	

祖　丁	祖辛子	祖辛子	祖辛子	祖辛子九世
南　庚	沃甲子	沃甲子	沃甲子	
阳　甲	祖丁子	祖丁子	祖丁子	祖丁子十世
盘　庚	阳甲弟	阳甲弟	阳甲弟	阳甲弟十世
小　辛	盘庚弟	盘庚弟	盘庚子	盘庚弟十世
小　乙	小辛弟	小辛弟	小辛弟	小辛弟十世
武　丁	小乙子	小乙子	小乙子	小乙子十一世
祖　庚	武丁子	武丁子	武丁子	武丁子十二世
祖　甲	祖庚弟	祖庚弟	祖庚弟	祖庚弟十二世
廪　辛	祖甲子	祖甲子	祖甲子	
庚　丁	廪辛弟	廪辛弟	廪辛弟	祖甲子十三世
武　乙	庚丁子	庚丁子	庚丁子	庚丁子十四世
大　丁	武乙子	武乙子	武乙子	
帝　乙	大丁子	大丁子	大丁子	
帝　辛	帝乙子	帝乙子	帝乙子	

（《观堂集林》卷九《殷卜辞中所见先公先王续考·商先王世数》）

方诗铭：（《文选·六代论》注引）《纪年》曰：殷自成汤灭夏以至于受，二十九王。……《晋书·束晳传》："（《纪年》）夏年多殷。"夏年为四百七十一年，而殷年为四百九十六年，非"夏年多殷"，而是殷年多夏，与束晳语不合。（朱右曾《〈竹书纪年〉存真》）云"夏年多殷"，今据诸书所引，乃殷年多夏。疑今所见《纪年》夏殷年数，为和峤、荀勖所释，故与束晳之语不合。《存真》云："《易纬·稽览图》亦云'殷年四百九十六'与此同。今所见《稽览图》，收《右经解汇函·易纬八种》，称郑康成注。"（《古本竹书纪年辑证·殷纪》）

㉔ 【汇评】

梁玉绳：附按：武庚之封，何以不告其遵成汤之法，三宗之道，而云盘庚之政乎？《吕子·慎大》篇："武王命周公旦进殷之遗老，问众之所说，民之所欲。殷遗老曰：'欲复盘庚之政。'武王于是复盘庚之政。"《史》盖本此。（《史记志疑》卷二《殷本纪第三》）

艾　兰：周克商之时，他们并没有与商截然不同的宗教意识形态，且他们的礼仪在前一百年也与商的相似，即他们采纳了商的宫廷文化。然而，商与周的一个重要区别是，甲骨文所揭示的商的政治关系网络都有点随意性、偶然性，表明这种关系是逐渐地出于实用目的发展起来的;而周则承袭了一个现存的政治结构。于是,周能够建立一个较系统的关系网与政权权力。青铜礼器在这个系统中很重要,而把铭文刻于容器上,以将这种关系神圣化,这是周的一个创造。周王建立了一个系统,地方权威被"命"为宗族的首领。这些诰封载于青铜器上。(《二里头与中华文明的形成:一种新的思维》,引自荆志淳、唐际根、高岛谦一编:《多维视角——商王朝与中国早期文明研究》,第25页。)

㉕【汇注】

伏　生:武王与纣,战于牧之野。纣之卒辐分,纣之车瓦裂,纣之甲鱼鳞下。贺乎武王。纣死,武王皇皇,若天下之未定,召太公而问曰:"入殷奈何?"太公曰:"臣闻之也,爱人者兼其屋上之乌,不爱人者及其骨余(原注:骨余,里落之壁),何如?"武王曰:"不可。"召公趋而进,曰:"有罪者杀,无罪者活,咸刘厥敌,毋使有余烈,如何?"武王曰:"不可。"周公趋而进,曰:"臣闻之也,各安其宅,各田其田,毋故毋私,惟仁之亲,何如?"武王旷乎若天下之已定,遂入殷,封比干之墓,表商容之闾,发钜桥之粟,散鹿台之财,归倾宫之女,而民知方。曰:王之于仁人也,死者封其墓,况于生者乎?王之于贤人也,亡者表其闾,况于在者乎?王之于财也,聚者散之,况于复藉乎?王之于色也,在者归其父母,况于复徵乎?(《尚书大传》卷三《大战篇》)

刘　向:武王将伐纣。召太公望而问之曰:"吾欲不战而知胜,不卜而知吉,使非其人,为之有道乎?"太公对曰:"有道。王得众人之心,以图不道,则不战而知胜矣;以贤伐不肖,则不卜而知吉矣。彼害之,我利之。虽非吾民,可得而使也。"武王曰:"善。"乃召周公而问焉,曰:"天下之图事者,皆以殷为天子,以周为诸侯,以诸侯攻天子,胜之有道乎?"周公对曰:"殷信天子,周信诸侯,则无胜之道矣,何可攻乎?"武王忿然曰:"汝言有说乎?"周公对曰:"臣闻之,攻礼者为贼,攻义者为残,失其民制为匹夫,王攻其失民者也,何攻天子乎?"武王曰:"善。"乃起众举师,与殷战于牧之野,大败殷人。上堂见玉,曰:"谁之玉也?"曰:"诸侯之玉。"即取而归之于诸侯。天下闻之,曰:"武王廉于财矣。"入室见女,曰:"谁之女也?"曰:"诸侯之女也。"即取而归之于诸侯。天下闻之,曰:"武王廉于色也。"于是发巨桥之粟,散鹿台之财、金钱以与士民,黜其战车而不乘,弛其甲兵而弗用,纵马华山,放牛桃林,示不复用。天下闻者,咸谓武王行义于天下,岂不大哉?(《说苑》卷一五《指武》)

郑　樵:武王命周公访商之遗老,而知民之所欲,乃修盘庚之政,亲商如周,视仇如戚,裂鼓折枹,弛弓绝括,去舍宿露,解剑带笏,商人忘亡。(《通志》卷三《商》)

彭裕商:周初迁居洛地的"殷遗",主要是两部分人,"殷多士""殷士"是与商王有血缘关系的殷代贵族，相当于甲骨文的"王族"和"多子族"，"有方多士"是一些在殷代较有势力的异姓贵族，相当于甲骨文的"多生"族。至于《召诰》提到的"庶殷"，他们从事具体的劳作，以理推之，应是属于各殷代贵族的族人。这些众多的殷代贵族，就是本文最前面提到的"名民三百六十夫"。（《周初的殷代遗民》，引自《纪念殷墟甲骨文发现一百周年国际学术研讨会论文集》，第 572 页）

【汇评】

姜　望：武王胜殷，召太公问曰："今殷民不安其处，奈何使天下安乎？"太公曰："夫民之所利，辟之如冬日之阳夏日之阴。冬日之从阳，夏日之从阴，不召自来。故生民之道，先定其所利，而民自至。民有三几，不可数动，动之有凶。明赏则不足，不足则民怨生，明罚则民慑畏，民慑畏则变故出。明察则民扰，民扰则不安其处，易以成变。故明王之民，不知所好，不知所恶，不知所从，不知所去，使民各安其所生，而天下静矣。乐哉圣人，与天下之民皆安乐也。"武王曰："为之奈何？"太公曰："圣人守无穷之府，用无穷之财，而天下仰之。天下仰之，而天下治矣。神农之禁，春夏之所生，不伤不害，谨修地利，以成万物。无夺民之所利，而农顺其时矣。任贤使能，而官有其材，而贤者归之矣。故赏在于成民之生，罚在于使人无罪，是以赏罚施民，而天下化矣。"（《六韬·逸文》）

㉖【汇注】

王　圻：武王克殷，得二虏，问之曰："若国有妖乎？"一虏曰："昼见星，天雨血、雨灰，雨石如瓮。六月雨雪，此妖也。"一虏曰："殷有大妖，此不与也。子不听父，弟不听兄，君令不行，又喜刑杀。割人心，以人馈虎，以信为欺，欺者为忠。忠为不忠，阿谀者赏，女子为政，君子为下，小人为上，急令暴取，万民愁苦。田猎毕弋，走狗试马，不避风雨寒暑。好治宫室，修池台。大宫百里者七十三所，坐起以金鼓，无长幼贵贱之序。无礼义忠信，无尺寸权衡。此妖之大者也。"王善其言，避席而拜之。（《稗史汇编》卷一七二《志异门·殷有大妖》）

【汇评】

苏　辙：商之有天下者三十世，而周之世三十有七。商之既衰，而复兴者五王，而周之既衰而复兴者宣王一人而已。盖商之多贤君，宜若其世之过于周，周之贤君不如商之多，而其久于商者乃数百岁，其故何也？周公之治天下，务以文章繁缛之礼，和柔驯扰刚强之民，故其道本于尊尊而亲亲，贵老而慈幼，使民之父子相爱，兄弟相悦，以无犯上难制之气，行其至柔之道，以揉天下之戾心，而去其刚毅果敢之志。故其享天下至久，而诸侯内侵，京师不振，卒于废。为至弱之国，何者？优柔和易，可以为久，而不可以为强也。若夫商人之所以为天下者，不可复见矣。尝试求之《诗》《书》。《诗》之宽缓而和柔，《书》之委曲而繁重者，皆周也；而商人之《诗》，骏发而严厉，其《书》简洁而明肃，以为商人之风俗，盖在乎此矣。夫惟天下有刚强不屈之俗也，故其后世有以自振于衰微，然至其败也，一散而不可复止。盖物之强者易以折，而柔忍者可以久存。柔者可以久存而常困于不胜。强者易以折，而其末也可以有所立，此商之所以不长，而周之所以不振也。呜呼，圣人之为天下，亦有所就而已，不能使之无弊也。使之能久而不能强，能以自振而不能以及远，此二者存乎其后世之贤与不贤矣。(《古史》卷四《殷本纪》)

㉗【汇注】

司马贞：按：夏、殷天子亦皆称帝，代以德薄不及五帝，始贬帝号，号之为王，故本纪皆帝，而后总曰"三王"也。(《史记索隐》)

张大可：贬帝号，号为王：夏、殷天子皆称帝，故本纪称帝。周人自称王，并以夏、殷德薄不及五帝，贬称王，故后世总称三代为"三王"。(《史记全本新注》卷三《殷本纪第三》)

【汇评】

梁玉绳：按：夏、殷、周三代本皆称王，间亦杂称后，从未闻有帝称，《史》谓夏、殷称帝，故以为贬号为王耳。夫皇帝皇后者，俱有天下之通号，本无甚分别，《尔雅》云"天、帝、皇、王、后、辟，君也"，安得有升降褒贬之说哉。《礼运》曰"先王未有宫室"，是皇亦称王。《大禹谟》曰"四夷来王"，《吕刑》曰"皇帝哀矜"，"皇帝请问"，是帝亦称皇王。《洪范》曰"五皇极"，《文王有声》之诗曰"皇王烝哉"，是王亦称皇。《诗·玄鸟》曰"商之先后"，《盘庚》曰前后、古后、先后、神后，《礼·内则》曰"后王命冢宰"，是商、周亦称后，不独夏称之，其义一也。然自三皇、五帝、三王之递嬗异称，遂若因世会而有高下之殊，于是皇与帝之号容或互称，而三代之称王一定不易。稽之经传，无称三王为帝者。司马光《稽古录》称夏、殷为王，是也。既不称帝，尚何贬号，史公之说奚据乎？《索隐》乃顺非而为之词云"夏、殷天子皆称帝，代以德薄不及五帝，始贬号为王，故本纪皆帝，而后总曰'三王'"。《旧唐书·沈既济传》云"夏、殷为帝，周名之曰王"，何其诞也。若以周初贬之，则武王不过卑以自牧，如夏称后之比，改帝为王而已，安得贬及夏、殷。若以周末贬之，则战国齐、秦犹称帝，更不应贬及先代。且即云后世贬之，则如《甘誓》"王曰六事之人"，此真《夏书》也，其谁贬之？《汤誓》"王曰格尔众，夏王率遏众力"，《盘庚》三篇，"王"凡十一见，《高宗肜日》篇"王"三见，《西伯戡黎》篇"王"五见，《微子》一举"先王"，三呼"王子"，此真《商书》也；《玄鸟》之诗曰"武王靡不胜"，《长发》曰"玄王桓拨"，"武王载旆"，"实左右商王"，《殷武》曰"莫敢不来王"，此《商颂》也，又谁贬之？况史公于《夏纪》特著之曰"国号夏后"，即汤为创业之祖亦未尝书曰"帝"，则与称帝贬号之说自相矛盾。而既云贬号，何以夏、殷二代无不号之为帝耶？可知其妄加之矣。或曰：迁见《周易》《尚书》屡称"帝乙"，故谓夏、殷称帝，非凿空附会也。曰：不然。帝乙乃其名，不得错认为号，（《左传·哀九年》注"立为天子，故称帝乙"，而《人表》但书曰"乙"，去"帝"字，并误以为号也。魏崔鸿《十六国春秋》西秦乞伏炽磐有折冲将军信帝，后世人臣犹有以帝为名者）尤不得因一帝乙概商之诸王，并上概夏氏。盖《史》之误由《国语》来，《周语》卫彪傒以祖甲为帝甲，祭公谋父以纣为帝辛（《人表》书曰"辛"，去"帝"字，《史》亦曰"子辛立"，韦注"帝辛纣名"，非），并属载笔之失，不可为训。倘欲援作典据，则《左传》辛甲《虞箴》曰"在帝夷羿"，以篡乱僭窃之贼而号之为帝，亦将信之耶？《穆天子传》"河伯号帝曰穆满"，又将谓周亦称帝耶？他若唐刘长卿《隋州集·送荀八过山阴》诗"空山禹帝祠"，宋欧阳修《文忠集·应天以实不以文赋》"雉鸣于鼎，成商帝之功勋"，虽行文趁笔，然固本于《史记》，未曾细考耳。后世僭称王者自徐偃始，僭称帝者自秦昭、齐闵始，合称皇帝则自秦始。汉以下封王为臣位之极，而王之名替矣。或又曰：《曲礼》"措之庙立之主曰帝"，故谯周有夏、殷庙号为帝之论，未知是否？曰：非也。孔仲达引崔灵恩云，"古者帝王生死同称，生称帝死亦称帝，生称王死亦称王"。斯言极为精核。观《盘庚》三篇可见。若果祔庙称帝，则盘庚何以称先王、先后，而不称先帝乎？《曲礼》汉儒所记，必周末变礼，如秦昭、齐闵辈忽王忽帝，或追尊其祖考而题帝于木主，或卒哭祔庙而子孙题称为帝，违经背制，何所不有，记者特以著礼之变，乌得例诸夏、殷哉。《战国策》称赵襄子为"王"，称秦、赵之先王为"先帝"（说在《六国表》），夫大夫也而谓之王，诸侯也而谓之帝，岂非衰周乱礼，入庙称帝之的证欤？（《竹书》于夏俱称帝，于商或帝或王。《左传·襄四年》疏云"后人之称先代，或以王言帝"。《春秋繁露·三代改制》篇言"《春秋》作新王之事，黜夏改号禹谓之帝"，并不足信）（《史记志疑》卷二《殷本纪第三》）

㉘【汇注】

马端临：右殷二十八世，共六百四十四年。首乙未，尽戊寅。（《文献通考》卷二百五十《帝系·历年》）

㉙【汇注】

张守节：即武庚禄父也。（《史记正义》）

【汇评】

焦　竑：虽无几句言语，而悲思感慨之情俱发于笔端。（引自《百大家评注史记·殷本纪》）

周武王崩，武庚与管叔、蔡叔作乱①。成王命周公诛之，而立微子于宋②，以续殷后焉③。

① 【汇注】

伏　生：武王杀纣，而继公子禄父（郑玄注：继者以武庚为商后也）。使管叔、蔡叔监禄父（郑玄注：不及霍叔者，盖赦之也）。武王死，成王幼，周公盛，养成王（郑玄注：盛，犹长也）。使召公奭为傅。周公身居位，听天下为政。管叔疑周公，流言于国曰："公将不利于王。"奄君薄姑（郑玄注：元或疑焉。薄姑，齐地，非奄君名也），谓禄父曰："武王既死矣，今王尚幼矣，周公见疑矣：此世之将乱也。请举事（郑玄注：言周弱且不和，欲伐之而复政也）。"然后禄父及三监叛也。周公以成王之命杀禄父。遂践奄，践之云者，谓杀其身，执其家，潴其宫。（《尚书大传》卷四《金縢》）

司马迁：文王长子曰伯邑考，次子曰武王发，次曰管叔鲜，次曰周公旦，次曰蔡叔度。武王平天下，封叔鲜于管，封叔度于蔡，相纣子武庚禄父，治殷遗民。封叔旦于鲁而相周，为周公。武王崩，成王少，周公旦专王室。管叔、蔡叔疑周公为之不利于成王，乃挟武庚作乱。周公承成王命，伐诛武庚，杀管叔而放蔡叔。（《史记·管蔡世家》）

【汇评】

嵇　康：昔文、武之用管蔡以实；周公之诛管蔡以权。权事显，实理沈。……夫管蔡皆服教殉义，忠诚自然，是以文王列而显之，发旦二圣举而任之，非以情亲而相私也。乃所以崇德礼贤，济殷弊民，绥辅武庚，以与顽俗，功业有绩，故旷世不废，名冠当时，列为藩臣。逮至武卒，嗣诵幼冲，周公践政，率朝诸侯。思光前载，以隆王业。而管蔡服教，不达圣权；卒遇大变，不能自通，忠疑乃心，思在王室。遂乃抗言率众，欲除国患。翼存天子，甘心毁旦。斯乃愚诚愤发，所以徼福也。（《嵇康集》卷六《管蔡论》）

梁玉绳：附按：监殷者为管、蔡、霍，所谓三监也。《史记》诸处但言管、蔡而不及霍叔，《书序》《左传》亦然，以管、蔡为主，遂略之耳。盖叔处以罪轻不废，仍国于霍，《竹书》及《穆天子传》有霍侯旧，后为晋献公所灭，故康成谓《书序》不言霍叔，是赦之也（见《卫诗谱·疏》）。若孔仲达谓其时霍叔在京邑，（见《蔡仲之命·疏》）。《路史·后纪十》谓与管叔同经死，皆臆造之词，而伪古文复有"降为庶人，三年不齿"之说，不足信也（《商子·赏刑》篇云"周公流霍叔"，亦未可据）。（《史记志疑》卷二《殷本纪第三》）

孟世凯：这些论述，都认为是武庚主动联络管、蔡二叔。我认为，从当时的情况看，武庚据有一隅之地，兵少势弱，又在蔡、管、霍三叔的包围、监视之下，他不敢先去主动联结，而是管、蔡二叔从反对周公与谋取王位的企图出发，主动去联络武庚，并通过武庚再去联合东夷。三叔中又以管叔最为激烈，蔡叔次之，霍叔更次之。因此说管叔是这次叛乱的元凶。（《商周文化比较研究》，引自《西周文明论集》，第59页。）

② 【汇校】

梁玉绳：按：《书序》云"成王既黜殷命杀武庚，命微子启代殷后"，盖谓成王命微子代殷后为上公，非谓成王始封微子于宋也。《乐记》曰："武王下车，投殷之后于宋。"《韩诗外传》三同。（《越绝书》谓"未下车封宋"）《荀子·成相》篇曰"武王克殷，封殷于宋"。《文选》张士然《表》曰"武王入殷而建宋"。《潜夫论·氏姓》篇曰"微子开，武王封于宋"。又《吕氏春秋·慎大》篇：" 武王下辇，命立成汤之后于宋以奉桑林。"而《诚廉》篇载武王使召公盟微子曰："世为长侯，守殷常祀，相奉桑林，宜私孟诸。"俱可证武王已封微子，并知初封宋为侯爵。自史公误读《书序》，以封微子在成王时，后儒多从其说，殊不知微子归周即封于宋矣。郑注《乐记》云"武王所徙者微子，后周公更封而大之"，想必以《史记》为非，故不从耳。（《史记志疑》卷二《殷本纪第三》）

【汇注】

王　恢：宋，《汉志》："梁国睢阳，故宋国，微子所封。"《睢水注》："睢水东迳睢阳故城南，周成王封微子启于宋以嗣殷后为宋都也。"睢阳，即今商丘，以其为殷宗邑，足证与上洛之商无涉也。《史记本纪地理图考·殷本纪·周武王伐纣》）

【汇评】

贾　至：昔者高宗既殁，殷始错命，政有斁伦败纪，事有梗神虐天，迄于独夫，稼慝乃稔。武庚不化，茅土再衅，元鸟之祀，宜其忽诸。噫！汤之德未衰，故微子复兴于宋矣。微子讳启，实帝乙元子。帝乙懵贤之故，而神器不集于君，肃恭神人，恪慎克孝，才兼八元之伟德，首三仁之列。始在择嗣，箕子赞焉。尹兹东夏，周公嘉焉。殁而不朽，仲尼称焉。睹其进思尽忠，则忤主以竭谏，退将保祀，则全身以避难，去就生死之途，沈吟出处之域，有以见圣达之情也。若乃受为不道，暴殄天物，剖谏辅之心，解忠良之骨，亿兆坠于涂炭，宗祧困于巇厜。而君崎岖险阻，避迹藏时。……卒能修复旧物，统承先祀七百余年，歆我神祇，非明德至仁，其孰能与于此？於戏！国之兴亡，不独天命，向使帝乙舍受而立启，前箕子而后少师，则文王未可专征于诸侯，武王未可誓师于牧野，虽周公之圣，不过子户之相矣；太公之贤，不过穮蔉之法矣。是太王立季历而昌，帝乙舍微子而亡。成败系本，不其昭彰乎？皇帝三十有一载，余作吏于宋，思其先圣遗事，求于故老舆人，则得君之祠庙存焉。盛衰纷纶，年祀超忽，乔木老矣，灵仪俨然。檀栾茨墍者月继，苹蘩牲币者日接，何百代之后而仁风独扬乎？留连庙庭，乃作颂曰："天革元命，皇符在木。元天降灾，上惨下黩，人怨神怒，川崩鬼哭。赫赫周邦，如临深谷。逖矣微子，逢时颠沛。居亡念存，处否求泰。谏以明节，仁而远害。作诰父师，全身而退。龙战于野，鸟焚其巢，桓桓周王，奄有商郊。面缚就执，牵羊投庖。祀商修器，启宋分茅。嗟尔宋人，来苏是仰。穆如雨润，霭若春阳。以戴以翼，是宗是长。芒芒旧封，千载余响。我来祠庙，永挹遗芬。荒阶蔓草，古木重云，惆怅怀贤，徘徊日黑。镌石纪德，用流斯文。"（《唐贾至碑记》，载《河南通志》卷四十八《祠祀》）

崔　述：唐、虞、夏、商之天子，其与上古异者，在相承不绝；而与上古同者，皆起于一国之君，既治其一国，又治天下之国。《大学》曰："古以天下授舜而其子君于丹，舜以天下授禹而其子君于商，桀放而其子孙君于杞，纣诛而其子君于殷，殷畔而微子君于宋。"则犹循上古圣人既为天子而没，其子仍君一国之风焉。（《崔东壁遗书》附录《览古》）

陈立柱：微子启助周武王伐纣，被封于孟渚之滨（今山东曹县），筑庙曰薄（亳）邑，奉祀其父帝乙，不久老死其地，曹县因有微子墓以及亳邑之设。周公成王东征后，迁微子之侄、微仲之子稽于宋（今河南商丘），立为宋公亦即商公，奉殷先祀，另建宗庙于其国都，即南亳，以备日常之祀。后世附会汤之"景亳"或"景亳之会"在曹县，即北亳，以及成王封微子国于宋等，都非事实，而且造成商汤之亳与微子封邑的长期混淆不清……商朝末年，纣王暴政不得人心，周族乘机发展起来。微子启等殷贵族为使殷族不被夷灭，祖先得以血食，纷纷投奔周，助其伐纣，企图得到周王的谅解，以达其"自献于先王"的目的。古人以祭祀事大，存其族的具体表示就是能祭其祖，故而不惜一切成全之。微子去商投周时年已在耄耋，武王伐纣后置于孟渚之滨，既是安抚也是保护，不久老死其地。纣子武庚不愿臣周，复又起事，三年后败北。周公成王改变了以往的统治政策，分崩离析殷族，层层包围宋国，只让微子之侄、微仲之子稽于宋掌其先祖之祀，命为宋公。宋之宗邑不在国都商丘，微子兄弟不称宋公，稽第一个称名宋公，以及微子死于薄邑而不是宋国都，所有这一切都已暗示微子不曾封宋。但是，因为孔子说过微子是仁人，《管子》《孟子》也说他是大贤德长之人，他和周人联手倒纣的事，儒家之徒便讳言之，因而其去纣后的作为也就视而不见。此事不明，则其"存殷之祀"之心不能落实，宋初之史实也就隐晦不明。现代学者多忙于考古文献的整理、研究，而宋国出土的铜器文物很少且直到目前为止尚未见有早期的，这也影响了对于宋初之史事的关注，是以近些年来出版的一些研究周初封邦建国的论著，对微子之封多是一笔带过，加之有关于当时情况的文献记载大多模糊不清，只有《史记》所述整齐有序，是以也多误从《史记》，相信成王封微子国于宋。（《微子封建考》，《历史研究》，2005年第6期）

刘　敏：不管纣王是否如周人所记载的那样"暴虐无道"，但身死国亡却是事实，死与亡的原因也许不止一条，但有一条是明确的，也是至关重要的，那就是商朝贵族内部的矛盾，特别是纣王和其兄微子启之间的矛盾。有几个事情可以证明这一点：一是微子启是兄而没有继立为王，纣王为弟却做了王；二是微子启屡谏纣王，纣王不听，反映出二人在许多问题上有分歧；三是在商朝败亡的过程中，微子启投降了周，后来周朝还分封他为诸侯，建立了宋国。毛泽东认为微子启是内奸，我们虽然不敢如此肯定，但以他为代表的政治反对派和纣王的矛盾斗争，却肯定是促使商朝灭亡的主要原因。(《中国王朝兴衰史十七讲》，第11页。)

③【汇注】

刘　坦：殷帝纪年，既多不详，故殷历年总数，亦无可考。但据《楚世家》庄王八年，载王孙满谓殷载祀六百，其文云："昔虞、夏之盛，远方至，贡金九牧，铸鼎象物，百物而为之备，使民知神奸。桀有乱德，鼎迁于殷，载祀六百，殷纣暴虐，鼎迁于周。"(《史记纪年考》卷二《唐虞夏商纪年考》)

> 太史公曰：余以《颂》次契之事，自成汤以来，采于《书》《诗》①。契为子姓，其后公封，以国为姓②，有殷氏、来氏、宋氏、空桐氏、稚氏③、北殷氏④、目夷氏⑤。孔子曰⑥："殷路车为善⑦。"而色尚白⑧。

①【汇注】

陈蒲清：按：商代从汤到纣，共十七代三十王（太丁早死不在内），其中兄死弟继位的十四王。《竹书纪年》说共四百九十六年，《三统历》说六百二十九年，具体年代难以查考。有人据《纪元通谱》列出殷代君主继承表：汤（12年）——太甲（33年）——沃丁（29年）——太庚（25年）——小甲（17年）——雍己（12年）——太戊（75年）——仲丁（13年）——外壬（15年）——河亶甲（9年）——祖乙（19年）——祖辛（16年）——沃甲（25年）——祖丁（32年）——南庚（25年）——阳甲（7年）——盘庚（28年）——小辛（21年）——小乙（28年）——武丁（59年）——祖庚（7年）——祖甲（33年）——廪辛（6年）——康丁（21年）——武乙（4年）——太丁（3年）——帝乙（37年）——纣（32年）。以汤即位为公元前1766年，纣亡在公元前1123年，共二十八帝（无外丙、中壬），六百四十三年。可供参考。（引自王利器主编《史记注译·殷本纪》）

【汇评】

安　东：论赞表述《殷本纪》所依据的资料……考之本文，汤以前事迹采《大戴礼记·帝系姓》《诗经·商颂·玄鸟》《尚书·尧典》，汤以后事迹所采除《诗经·大雅·大明》《国语》《逸周书·商誓解》《墨子·尚贤》，《孟子》之《万章》《告子》，《吕氏春秋·异同》等外，仍以《尚书》为主。《尚书》之《帝诰》《汤征》《汝鸠汝方》《典宝》《夏社》《仲虺之诰》《汤诰》《咸有一德》《明居》《伊训》《肆命》《徂后》《太甲》《沃丁》《咸艾》《太戊》《原命》《盘庚》《高宗肜日》《高宗之训》《大诰》《微子之命》诸篇之序，及《汤誓》《高宗肜日》《高宗之训》《牧誓》《微子》《西伯戡黎》诸篇之文，均被采撮征引。采辑时作者摒弃门户之见，不论今文、古文（真壁中古文），均酌加引用。原文中古涩难通的地方也被作者译成当时通用的书面语言，与作者的叙述语融为一体，"文庄而不苟，辞复而不烦"（李景星语），可为作史者垂范。王国维在《殷卜辞中所见先公先王考》和《续考》（《观堂集林》卷九）两文中曾将《殷本纪》《三代世表》与殷墟甲骨文所载殷代帝王人名、世系进行考释对勘，均能吻合，从而证明司马迁所引据的材料是真实、准确的。虽然所引《尚书》，部分已经亡佚，但司马迁的求实精神和《史记》一书的史料价值却由此得到有力证明。（见韩兆琦编《史记题评·殷本纪》）

② 【汇校】

　　梁玉绳：按："姓"字误，当作"氏"。（《史记志疑》卷二《殷本纪第三》）

③ 【汇校】

　　司马贞：按：《系本》子姓无稚氏。（《史记索隐》）

④ 【汇校】

　　司马贞：《系本》作"髦氏"，又有时氏、萧氏、黎氏。然北殷氏盖秦宁公所伐亳王，汤之后也。（《史记索隐》）

⑤ 【汇校】

　　郑　樵：目夷，公子鱼之字也，安得为国？空桐氏、稚氏，并非国号。（《通志》卷三《商》）

　　梁玉绳：案：《史》所述子姓分氏，据《潜夫论》以较《索隐》所引《世本》，则《史》有缺略。而稚氏又《世本》《潜夫论》所无，疑"稚氏"乃"时氏"之讹，音相近也。北殷氏，《潜夫论》作"北段"，《世本》作"髦氏"，《索隐》谓"秦宁公所伐亳王"，即是北殷。《路史·国名纪》四谓"庚丁徙河北号北殷"，疑莫能定矣。（《史记志疑》卷二《殷本纪第三》）

【汇注】

　　陈梦家：陕西邠县于1951年出土一件卜骨，凡九钻九兆而无凿。侯外庐先生摹图见告，并说："同时出土者尚有绳纹陶及石斧，现存西北大学地质系。"《史记·殷本纪》有"北殷氏"，即《秦本纪》所述秦宁公所伐的亳王，《正义》以为在"三原始平之界",去邠县不甚远。这块卜骨,其形制与殷的卜骨相近,可能是北殷的遗物。豫、鲁两省以外所出的卜骨,这还是第一次。(《解放后甲骨的新资料和整理研究》,《文物参考资料》,1959 年第 4 期)

⑥【汇注】

张大可:《论语·卫灵公》第十五章,孔子说:"乘殷之辂。"《礼记·檀弓》:"殷人尚白。"司马迁综述孔子大意,自铸新词。辂,又作"路",殷代天子用车,又叫大辂。周代的车比商代的华丽,以"殷路车为善",就是说朴质要比华丽好。(《史记论赞辑释》之《殷本纪赞》)

⑦【汇注】

刘咸炘:"太史公曰"著"殷辂",与《夏本纪》著《小正》同意。(《太史公书知意·殷本纪》)

⑧【汇注】

崔 适:按:各本作"孔子曰,殷路车为善,而色尚白"。"曰"字误。车即路也;"色尚白"纪已言之,此何复言,皆衍文也。(《史记探源》卷二《殷本纪》)

【汇评】

司马贞:《论语》孔子曰"乘殷之辂",《礼记》曰"殷人尚白",太史公为赞,不取成文,遂作此语,亦疏略也。(《史记索隐》)

【篇评】

司马贞:简狄吞乙,是为殷祖。玄王启商,伊尹负俎。上开三面,下献九主。旋师泰卷,继相臣扈。迁嚣圯耿,不常厥土。武乙无道,祸因射天。帝辛淫乱,拒谏贼贤。九侯见醢,炮格兴焉。黄钺斯杖,白旗是悬。哀哉琼室,殷祀用迁。(《史记索隐述赞》)

宫梦仁:《孟子》:"殷贤圣六七作":汤、太甲、太戊、祖乙、盘庚、武丁。(《读书纪数略》卷一八《称号类·殷贤圣》)

安 东:作者在殷朝兴衰的历史叙述中主张举贤任能,向往贤人政治,突出股肱辅弼的重要作用。文章记述殷始祖契曾佐禹治水有功,被大禹任命为司徒,功业著于百姓,从而形成殷人举贤任能的好传统。至汤时有伊尹负鼎俎,以滋味说汤;太戊时殷王朝人才济济,有伊陟、巫咸等为贤佐,君臣相敬,殷道复兴;其后,帝祖乙有巫贤任职;武丁礼贤下士,举傅说于傅险中,"殷国大治",而商纣却用善谀好利的费中与善毁谗的恶来为政,殷人弗亲,诸侯益疏,至于醢九侯,脯鄂侯,囚西伯,废商容,使微子去,比干剖,箕子佯狂为奴,大师少师持祭器奔周,则是殷商灭亡的直接原因。

本篇的记述为历代统治者提供了有关贤人政治的正反两方面的优秀例则，用来说明统治者如果自毁长城，则亡国灭祀。这是司马迁"原始察终""稽其成败兴坏之纪""通古今之变"所得出的重要结论。（见韩兆琦编《史记题评·殷本纪》）

郭沫若： 靠着殷墟的发现，我们得到一大批殷代的第一手资料，是我们现代考古者的最幸福的一件事。就靠着这一发现，中国古代的真面目才强半表露了出来。以前由后世史家所累积构成的三皇五帝的古史系统已被证明全属子虚，即是夏代的有无，在卜辞中也还没有找到直接的证据。但至少殷代的存在是确实被保证着了。（《十批判书·古代研究的自我批判·关于卜辞的处理》）

又： 卜辞的研究要感谢王国维，是他首先由卜辞中把殷代的先公先王剔发了出来，使《史记·殷本纪》和《帝王世纪》等书所传的殷代王统得到了物证，并且改正了它们的讹传。如上甲之次为报乙、报丙、报丁，而非报丁、报乙、报丙，主壬、主癸本作示壬、示癸，中宗乃祖乙而非大戊，庚丁乃康丁之讹，大丁以文丁为是，均抉发了三千年来所久被埋没的秘密。我们要说殷墟的发现是新史学的开端，王国维的业绩是新史学的开山，那样评价是不算过分的。（同上）

洪家义、王贵民：（一）商代是奴隶社会，这一点突出地表现在滥刑思想方面。这种思想从汤到纣，贯彻始终。这在军事民主制时期，或是封建社会——除了个别时期和个别帝王的特例，都不可能具有这种意识形态。这种意识形态只能适应中国的奴隶社会。

（二）商朝是一个君主专制的国家。这一点充分表现在一神教和宗亲观念方面。上帝的威灵便是君主的权威。这种权威不仅施加于奴隶和平民，也施加于统治阶级内部。君主的权威是君主专制的表现。但商代的君主专制是以内外贵族联合为基础的。这一点主要反映在宗亲观念上。

（三）商代的社会组织是以宗族、家族、家长制家庭为特征的。这一点主要反映在孝道方面。孝道是维护宗主、族长、家长的权威的。

（四）商代的奴隶社会经历了一个发展过程——从不发达的奴隶制到发达的奴隶制。这在意识形态上有多方面的反映。从总体上看，各种意识形态的出现有早有晚，利用的程度有多有少。一神教和宗亲观念出现最早，利用也最多，其次是孝道，最后才是德和忠。这种层次反映了历史发展由低到高的动态，从个别意识形态看，也是在不断变化的。从宗教看，开始"王"是"帝"之子，"王"死后上宾于"帝"。后来，教主称"上帝"，人王称"下帝"，逐渐形成了上帝——祖灵——时王三位一体的结构，共同主宰着天上人间，完成了神权与王权一体化，实现了神道设教的完整体系。同时也反映了神权下降和王权上升的趋势。从宗亲观念看，先是普遍祭祀先公、先王、诸父、诸母……后来逐渐形成了系统的祀典。宗庙有大宗、小宗之分，神主有大示、小示之别，合祭先王只提直系祖先，周祭祀典中只特祭直系先妣。这反映了王位继承制的不断完备。从滥刑思想看，在殷墟早期，简直是杀人如麻。到了晚期，滥杀之风逐渐有所收敛，殷墟发掘的人殉、人牲和甲骨文记载的伐祭数量，不断减少，便是明证。在滥刑思想中开始渗入了"德"的观念。这反映了人的价值在不断提高。（《从意识形态看商代社会状况》，《殷都学刊》1984 年第 4 期）

宋　建：《史记·殷本纪》所载帝王名字与甲骨文中所载殷帝王的名谥，差不多完全符合，就是世代的次序，也大体一致，无何差异。《殷本纪》所载殷帝王名谥，世次等，甲骨文字差不多都可以证明不误了。（《超越疑古走出迷茫》，《光明日报》，1996 年 5 月 21 日）

胡厚宣：殷墟甲骨文发现至今，历年已出土约在 15 万片以上。几十年来，研究甲骨文并有著述的学者先后将近 500 人，专著和论文达 3000 余种。如今甲骨学在全世界已成为一门重要的学科。

殷墟发掘，解放前在 1928 年至 1937 年的十年间共发掘了 15 次。在小屯村殷代都城中心区进行了 12 次发掘；在侯家庄西北岗殷代王陵区发掘了 3 次。另外还在洹河两岸属于殷墟范围的 12 处遗址进行了发掘。

解放后，在党和政府的关怀和支持下，中国科学院成立了考古研究所（现属中国社会科学院），并在安阳殷墟建立工作站。35 年来，几乎年年都有发掘，单是重要的地点就有一二十处，重要的发掘共有二三十次之多。另外河南省文物工作队和安阳市文化局也作了不少工作。

殷墟发掘是我国近代考古学上的重要工作之一，它的成绩是辉煌的。它不仅解决了这里乃是商朝后期的都城，而且发现了殷代王室的大墓及其附属的小墓、王朝的宫殿和各种作坊遗址，并使我们明确了殷代的社会发展和阶级关系。殷墟发掘出土了非常丰富的青铜器、玉器、灰陶、白陶和釉陶，极为精致的石骨象牙雕刻和绚丽无比的贝蚌猪牙绿松石镶嵌，以及各种各样文化水平很高的遗迹和遗物，更重要的是还发现了大量的地层坑位清楚的甲骨文。（《全国商史学术讨论会论文集·前言》，《殷都学刊》增刊，1985 年 2 月）

研究综述

司马迁《史记》问世两千余年以来,历代持续不断对其所记载的史事予以研究探讨,索隐勾陈,成就斐然,使我们对先人开创的璀璨历史文化有了更全面的了解及更深层次的认识,由此也充分证实司马迁的确是一位令人钦敬而伟大的信史学家。对《史记·殷本纪》的研究探索,同样也获得了令人瞩目且振奋的研究成果。本文拟在前人研究的基础上,从下列六个方面,扼要综述有关对《史记·殷本纪》的研究状况。

一、商王朝是历史的真实存在

"三代"——夏、商、周,体现在司马迁《史记》中,就是三篇"本纪"。狭义的历史是人类曾经走过的历程,"三代"应该是中国先人曾经走过的历程。过去的历史认识者无法亲历其中,只能间接认识——透过史料这个中介。一般认为,文字形成之后,人类才有了记载自身发展变化的确切历史。文字记载是公认最重要的系统的史料(实际上也会受到多重因素影响而导致偏离真实),再辅以实物、遗迹等,则最终可以确定某一历史是否真实存在,或者仅仅是"传说"。对《史记·殷本纪》的研究探索充分证明了这一点。

《殷本纪》记述商王朝的历史极为简略,加之《尚书》中的"今文"《汤誓》《盘庚》(3篇)《高宗肜日》《西伯戡黎》《微子》等篇,总字数仅5000余字;其他先秦典籍仅有零星的只言片语。因此,无法让人相信曾经有一个存在了数百年的商王朝是真实的历史存在。这种状况一直延续到20世纪初叶。"20世纪新式中国通史的第一部成名作,应数张元济初建编译所特聘夏曾佑编著的《中国古代史》。此书最初名为《最新中学中国历史教科书》,上册于1904年6月出版。全书三册,至1906年出齐。1933年商务印书馆辑印大学教科书,将本书升格为《大学丛书》之一,易名《中国古代史》,此后多次重印(20世纪50年代由三联书店重印一次,而后至90年代才再度重印)。"① 《中国古代史》作为"新式中国通史的第一部成名作",限于史料的匮乏,不得不将商王朝放在上古"传疑期"。这种局面的打破,得益于甲骨文的发现和将西方考古学引入历史研究。

1899年王懿荣发现甲骨文后(发现者至今仍有争议),逐渐引起重视,形成了一

---

① 王家范:《中国通史编纂百年回顾》,《史林》,2003年第6期。

个收求、整理、出版、研究的热潮。其中,王国维研究成果突出,尤为令人瞩目,也格外使人振奋。王国维利用甲骨文史料先后发表《殷卜辞中所见先公先王考》《殷卜辞所见先公先王续考》《殷周制度论》①等论文。首先从世系、庙号进行考证,证明了《史记·殷本纪》所载殷商先公先王世系可信无疑,又从礼制等宏观角度比较殷、周的彼此差别。夏、商、周三代世系的确定对研究中国上古文明史具有极其重要的意义。王国维利用甲骨史料证明《史记·殷本纪》所载殷商先公先王世系可信无疑,既直接证明司马迁确为一名信史学学家,所言不虚,言必有据,由是也间接证明被商汤灭掉的夏王朝的真实存在。此后,王国维在清华大学讲授《古史新证》时,提出"二重证据法",此研究方法曾广泛影响几代学人。随之,新老几代学人共同努力,将甲骨文运用于对商王朝的全方位历史研究之中。

为了在文献基础上更深入研究中国古代史及弥补文献史料的不足,1921年在瑞典汉学家安特生协助下,中国历史学者将西方考古学引入中国古代史研究,通过考古发掘、实地实物验证补充文献之不足,并于1921年、1927年分别发现了仰韶文化遗址和龙山文化遗址。这些考古发掘成果,极大地鼓舞了当时的历史学界。历史学家从1928年开始了对殷墟长达10年的考古发掘,并且成果喜人。② 历经数代学人的持续研究,甲骨学已成为一门专业的学科,且研究名家辈出,相关著述丰富。③ 中国考古学者在对商王朝遗址的考古发掘中,取得了令人瞩目的成果,如殷墟的考古发掘,郑州、盘龙、偃师、洹北等地商城的考古发掘。④ 借助于甲骨文的发现、发掘、整理、研究,以及将考古学引入历史研究,在文字史料及实物、遗址发掘的多重证据下,可以证明商王朝曾是真实的历史存在,这是毋庸置疑的。并且,伴随着考古发掘新成果的发现,我们对商王朝的认识会更加清晰、深入、全面。由宋镇豪主编、中国社会科学出版社出版的十一卷本700余万字的《商代史》就是对以往商王朝历史研究成果的阶段性汇总和升华,并为人们展示了目前所知晓的商王朝的一幅恢弘立体历史画卷。

二、殷、商名称的辨析

商王朝现在已经被确证为是历史的真实存在。"经过部分先秦史、古文字、考古、天文学史等二百余位学者的共同努力,在2000年公布了《夏商周断代工程1996—2000年阶段成果报告》,将夏王朝定为公元前2070年至前1600年;将商王朝定为公元前

---

① 吴浩坤、潘悠著:《中国甲骨学史》,上海人民出版社1985年版,第380、381页。
② 中国社会科学院考古研究所编著:《殷墟的发现及研究》,科学出版社2001年版。
③ 参见吴浩坤、潘悠著:《中国甲骨学史》。孟世凯等编著:《甲骨学一百年》,社会科学文献出版社1999年版。王宇信、宋镇豪主编:《纪念殷墟甲骨文发现一百周年国际学术研讨会论文集》,社会科学文献出版社2003年版。
④ 参见中国社会科学院考古研究所编著:《新中国的考古发现和研究》,文物出版社1984年版。文物出版社编:《新中国考古五十年》,文物出版社1999年版。

1600 年至前 1046 年；将周武王伐商纣定在公元前 1046 年，即周灭商之年，也是周王朝建立之年"。① 这虽然是大致推定的夏商存亡时间，但由此推定可知，商王朝大约曾经历了五百余年的发展变化历程。可是，这个由汤灭夏之后建立并且存在五百余年的统一王朝，却在名称上一直存在着异议与纷争。

商王朝在先秦历史典籍上有时被称为"商"，有时被称为"殷"，有时又连称为"殷商"，司马迁则选择以"殷"命名其"本纪"。究竟何者为是，种种异称是否具有某种特别含义，还是仅仅是一个普通的别称，历来存有不同的认识，直至目前仍然莫衷一是。

关于商王朝名称的古今争议，概括言之有所谓盘庚迁都（殷）前称商，其后称殷，其名称源自于地名，持此说者以南朝宋裴骃的《史记集解》为代表。此说较早，历史影响也比较大，受朱熹等人编撰的《资治通鉴纲目》的启发与影响，清代学者吴乘权编辑的简明中国通史读本《纲鉴易知录》，是一部记载从传说时代至明末历史的纲目体通史。该书初刻于康熙五十年（1711）。三百多年以来，此书重版了二十余次，并且译成外文，传播海外。吴乘权在该书中，将盘庚之前的商王朝称商，将盘庚迁殷及其后称为殷。其说法影响十分巨大。

近代学者关于对商王朝的称谓，虽然也分别依据某些史料各陈己见，然而，仔细考察，并无实质性分歧。即使有人偶尔标新立异、故出惊人之语，如郭沫若《奴隶制时代》比类商人自称"商"而不称"殷"，有如楚国自称"楚"，而被别国称之为"荆"，"大约是出于敌忾，……也是应该出于敌忾"。② 但因缺乏实据，也仅仅是主观推测而已。

在关于商人始终自称"商"而不称"殷"的问题认识上，诸多学者的认识是趋同的。如罗振玉在《殷墟书契考释·序》中说："史称盘庚以后商改称殷，而遍搜卜辞，既不见殷字，又屡言入商。田游所至，曰往曰出，商独言入，可知文丁帝乙之世，虽居河北，国尚号商。"郭沫若也认为："殷人自己自始至终都称为商而不称为殷的，在周初的铜器铭文中才称之为殷，起先是用'衣'字，后来才定为殷……殷代无所谓盘庚以前称商，盘庚以后称殷的事实，旧式历史中的殷、商之分是毫无根据的。"（郭沫若：《奴隶制时代》，第 19 页）在对这个问题的认识上，目前基本趋向于达成共识。

司马迁《史记·殷本纪》写作所依据的史料，其自言是"余以《颂》次契之事，自成汤以来，采于《书》《诗》。"实际上，汤以前事迹采用《大戴礼·帝系姓》《诗经·商颂·玄鸟》《尚书·尧典》，汤以后事迹所采用的除《诗经》《国语》《逸周书》

---

① 孟世凯：《商史与商代文明·前言》，见李学勤主编：《中国古代历史与文明》丛书，上海科学技术文献出版社 2012 年版。

② 郭沫若：《奴隶制时代》，人民出版社 1972 年版。

《墨子》《孟子》《吕氏春秋》等之外，仍是以《尚书》为主。据朱彦民统计，《尚书》中称"商"者共16次，称"殷"者共13次。在《诗经》中，"殷商"合称者，共17次。此外，《诗经》中，既有《诗经·商颂·玄鸟》"天命玄鸟，降而生商"，又有"殷受命咸宜"的混合称谓。

综括有关殷、商名称辨析的古今学者论述，"商"为商人始终的自称，"殷"及"殷商"为商亡后周人对他们的称谓，且在传世文献中沿袭，所以，司马迁选择尊重传统，将商王朝的世系政绩历史名之为"殷本纪"。本质上，无论称"商"、称"殷"，还是称"殷商"，都是同体异名之别。目前，既然已经确知商王朝是历史的真实存在，因此，在称谓上，正在向真实的历史还原靠近，称"商"是认同共识趋势，例如将对商王朝的整体叙述或探寻的著述称为"商史""商代史""商文化""商文明"，等等，当然，这种趋同整合统一的实现还需要假以时日。

三、商族起源的探讨

契是商人的始祖。《史记·殷本纪》记载，契因为"佐禹治水有功"，被舜任命为负责教化的司徒并"封于商，赐姓子氏"。契的始封之地，涉及到商族的起源问题。有关商族的起源问题，目前仍处于不断探讨之中。综括古今学者主要观点，大略有如下五种。

第一为陕西说。认为商族起源于今陕西渭水流域，此说出现最早。《史记·六国年表》记载："夫作事者必于东南，收实功者常在西北。故禹兴于西羌，汤起于亳，周之王也，以丰镐伐殷，秦之地用雍州兴，汉之兴自蜀汉。"《书序》言"汤始居亳，从先王居"。东汉郑玄、西晋皇甫谧二人都认为汤从先王所居之亳在今"太华之阳"。东汉许慎《说文解字》则认为："亳，京兆杜陵亭也。"徐广在《史记·封禅书》之《索隐》引文中，也持同样见解，认为"京兆杜县有亳亭"。如上所言，陕西说又可细分为二，具体凿实，则其地一是"太华之阳"——华山之南，一是杜亳——今陕西西安长安区。

第二为山东说。认为商的起源地当在今河南东部和山东一带，主要是山东。此说首倡者是王国维，他在《说自契至于成汤八迁》一文中认为："自五帝以来，政治文物所自出之都邑，皆在东方，惟周独崛起西土。"又说："以地理言之，则虞、夏、商皆居东土，周独起于西方。"① 经考证认为，"商"即今河南商丘；"亳"即今山东曹县。此即所谓"北亳说"。此说得到较多学者支持。徐中舒早在1930年《殷人服象及象之南迁》一文中，就曾提出商族起于环渤海地区，并有由东西渐之势。后来又在《殷商史中的几个问题》一文中，重申了自己的观点。郭沫若、王玉哲等人也均赞同此说。②

---

① 王国维：《观堂集林》卷十二，中华书局2004年版。
② 见郭沫若：《中国史稿》第一册，人民出版社1976年版，第156页。王玉哲：《商族的来源地望试探》，《历史研究》，1984年第1期。

第三为河北说。认为商族起源于河北中部。李亚农在《殷代社会生活》一书中认为："殷人的发祥地是在易水流域和渤海湾。"丁山在《商周史料考证》一书中认为："商人发祥地在今永定河与滱河之间。"朱彦民在《商族的起源、迁徙与发展》一书中认为："商族发源于河北燕山以南，今京津唐一带渤海湾地区的观点，河北唐山大城山遗址可能就是商族发展初期的考古学文化。"王震中在《商族起源与先商社会变迁》一书中认为"契封于商"之"商"，即是今河北的磁县。

第四为东北说。20世纪30年代，傅斯年在《夷夏东西说》一文中提出商族发迹于东北、建业于渤海及古兖州的观点。1978年，金景芳考证文献，认为契居北方，昭明所居之砥石在辽水发源处，即今内蒙古昭乌达盟克什克腾旗的白岔山，从而明确提出商族起源于东北说。① 近年以来，辽西红山文化的一系列重大发现学术界高度重视，于志耿等人在《商先起源于幽燕说》一文认为："只有在红山文化中才能找到商先文化的基因、主干和渊源。"

第五为山西说。此说认为商族起源于中国中部或南部。邹衡在对考古资料做了缜密细致的类型学分析后，指出商文化来源于先商文化漳河型，分布于豫北、冀南，而漳河型"来自黄河西边的冀州之域，是沿着太行山麓逐步南下的。"② 李民则认为，商族发源地在今永济县至华县之间，后沿黄河北岸向东迁徙，昭明时到达今沁水县，相土时迁到豫北并在那里兴旺发达。③ 具体详情请参阅其刊载于《郑州大学学报》1984年第1期《关于商族的起源》一文。

以上所列有关对商族起源问题认识的分歧，主要是由于各位研究者对文献资料的解释不同。要研究解决商族起源问题，必须将文献与考古资料相互结合，全面深入综合考察，才能做出合理的判断。

四、商王朝建国前后迁徙问题的探索

有关商王朝建国前后迁徙问题的探索，学界一直聚讼纷纭，莫衷一是，现择其要者，予以概略叙述如下。

张衡《西京赋》说："殷人屡迁，前八后五。"《史记·殷本纪》记载："自契至汤八迁。汤始居亳，从先王居，作《帝诰》。""帝仲丁迁于隞。河亶甲居相。祖乙迁于邢"。"帝盘庚之时，殷已都河北，盘庚渡河南，复居成汤之故居"。《古本竹书纪年》说："南庚自庇迁于奄。阳甲即位，居于奄。"后"五迁"顺序依次为仲丁迁于隞，河亶甲迁于相，祖乙迁于邢，南庚迁于奄，盘庚迁于殷。学界围绕着商王朝建国前的"八迁"之地，汤始居之"亳"，建国后都城"五迁"之地，进行了持续不断的研究。

---

① 金景芳：《商文化起源于东北说》，《中华文史论丛》，1978第7辑。
② 邹衡：《试论夏文化》，《夏商周考古学论文集》，文物出版社1980年版。
③ 李民：《关于商族的起源》，《郑州大学学报》，1984年第1期。

王国维在《说自契至于成汤八迁》一文中，引用《世本》《左传》《荀子》今本《竹书纪年》等文献典籍进行考据，认为八迁顺序如下：一迁为契自亳迁于蕃，二迁为昭明自蕃迁于砥石，三迁为昭明自砥石迁于商，四迁为相土自商迁于商丘，五迁为相土自商丘迁于泰山下之东都，六迁为上甲微自商丘迁于殷，七迁为上甲微自殷又迁于商丘，八迁为汤始居亳。"王国维的考证虽也凑成了'八迁'之数，但其疑点也是很多的"。① 此外，不少学者撰文或著书考证"八迁"之地，异说纷呈，但皆能自圆其说。②

关于商族建国前频繁迁徙的原因，历来众说纷纭，如丁山、王玉哲持游牧迁徙说。张了且持水患迁徙说。朱彦民等持半游农迁徙说及政治迁徙说。

商汤灭夏桀，建立商王朝。"汤始居亳"——定都于亳。"商汤都亳为史家所公认，但关于汤亳地望问题，始终未能达到共识"。③ 从古至今，围绕"亳"的具体地望所在，形成了众多的观点。有关"商汤都亳"研讨争论，扼要言之，主要可以归纳如下几种。

第一种，长安杜陵杜亳说。此说源于《史记·六国年表》。杜亳所在即今西安市长安区。第二种，谷熟南亳说。此说源于《史记·殷本纪》《集解》引皇甫谧语及《史记·殷本纪》《正义》引《括地志》所言。谷熟所在即今商丘市睢阳区高辛镇。第三种，汉山阳薄县说。此说源于《汉书·地理志》山阳郡薄县下颜师古之注文，汉之薄县即今山东省曹县南。王国维《说亳》亦持此说。第四种，郑亳说。最早提出郑地有亳者，见之于《左传·襄公十一年》西晋杜预注，杜预所本亳城条目也见于东汉服虔《史记·晋世家》《集解》引文与三国韦昭《国语·晋语》注。"郑亳"即1950年考古发现并多次发掘的郑州商城。邹衡在《郑州商城即汤都亳考》中主张此说且影响较大，如彭邦炯在《商史探微》中赞同此说。第五种，西亳说。此说源于《汉书·地理志》。1983年发现并多次发掘河南偃师商城。曲英杰在《先秦都城复原研究》、王震中在《商代都邑》亦持此说。

商王朝建国后的都城"五迁"，历来受到学者们的高度重视，纷纷著书立说，阐释自己的见解。"五迁"从仲丁至盘庚，其间经历五世十王（仲丁、外壬、河亶甲、祖乙、祖辛、沃甲、祖丁、南庚、阳甲、盘庚）。据《尚书·盘庚》记载："先王有服，恪谨天命，兹犹不常宁，不常厥邑，于今五邦。"说是到盘庚时代，商王朝已经五次迁都。《书序》则明确说："盘庚五迁，将治亳殷。"于是自汉代以来，历代学者纷纷考证，其说颇多分歧。有的认为盘庚一人在位时就有五次迁都。但多数以为是指到盘庚之间的历次迁徙。至于每次所迁的地方，也是众说纷纭，莫衷一是。

---

① 王震中：《商族起源与先商社会变迁》，中国社会科学出版社2010年版，第27页。
② 参阅《商族八迁之地诸家观点异同一览表》，朱彦民：《商族的起源、迁徙与发展》，商务印书馆2007年版，第244页。
③ 胡厚宣、胡振宇：《殷商史》，上海人民出版社2003年版，第36页。

记载商王朝都城迁徙的可信文献，有《尚书》《古本竹书纪年》《史记·殷本纪》等。仲丁迁于隞之"隞"，《书序》和《古本竹书纪年》皆为"嚣"，二字音近相通。据考其地在今山东沂蒙地区的新泰县境。丁山在《商周史料考证》中认为仲丁所迁隞即是此地。河亶甲居相之"相"，《书序》《古本竹书纪年》与之相同。大多数人以为其地在今河南安阳东的内黄县境。祖乙迁于邢之"邢"，《书序》为"耿"，《古本竹书纪年》为"庇"。"邢"、"耿"古音相同，实为一地。徐文靖《竹书纪年统笺》认为，"庇"与"耿"也是同地异名。其地所在多有分歧，一般倾向于河北邢台说。《古本竹书纪年》记载："南庚自庇迁于奄。"《书序》和《史记·殷本纪》无记载。南庚所迁之"奄"，历来没有分歧，历代学者都认同其地即今山东曲阜。

　　商都"五迁"之中，盘庚迁殷最重要，对商王朝此后的发展意义重大，对其争议也最多。学界关于盘庚迁殷存在诸多见解。① 值得注意的是，本来因为殷墟考古发掘的重大成果，学界已经逐渐趋于共识而认同"殷墟"即是盘庚所迁之"殷"，但是由于某些考古成果证据不足，还不能完全证实此说。如甲骨文记载始于武丁，往上到盘庚还缺乏有力证据。洹北商城的发掘对"殷墟"即是盘庚所迁之"殷"的说法提出了挑战。洹北商城遗址的发掘始于20世纪60年代初，在1999年秋，发掘工作取得了突破性进展。洹北商城遗址从原先认为的150万平方米扩大到300万平方米，随后又钻探出一段夯土城墙的墙槽遗迹，洹北商城遗址于当年12月份完成对全部城墙基槽的钻探，确认这是一处中商时期的城址，实际面积约4.7平方公里。目前，更多学者倾向于认同洹北商城可能是盘庚所迁的都城——殷。至于商王朝建国后都城"五迁"的原因，除前述商族"八迁"的原因之外，学者们还提出"去奢行俭说""水患所迫说""战争需要说"等观点。此不赘述。

五、商王朝历史人物的研究评价

　　王国维在《古史新证》中说："今日幸于纸上之材料外，更得地下之新材料，由此种材料，我辈固得据以补正纸上之材料，亦得证明古书之某部分全为实录，即百家不雅训之言，亦不无表示一面之事实。此二重证据法，惟在今日始得为之。古书中未得证明者，不能加以否定，而其已得证明者，不能不加以肯定断言也。""百年来甲骨文的发现、研究成果及殷商考古遗迹的发掘，由地下出土的新材料，印证文献记载的商史，为订补《史记·殷本纪》打下了坚实的基础。对《殷本纪》在研究商史的价值、其引用史料的可靠性及存在的局限性分析后，充分吸收百年来商史研究的新观点，订补《史记·殷本纪》已具备了条件"。②

---

① 郭倩：《20世纪80年代以来盘庚迁殷地点研究综述》，《殷都学刊》，2015年第3期。
② 韩江苏、江林昌：《〈殷本纪〉订补与商史人物征》，中国社会科学出版社2010年版，第30页。

《〈殷本纪〉订补与商史人物徵》一书,是十一卷本《商代史》的第二卷。该书在前人研究成果的基础上,按照商王世系的主线,分为前、中、后三段历史时期,对《殷本纪》予以订补,并对涉及相关人物予以评价。现简述如下:

前期订补。一是对成汤史实的订补。这对正确认识成汤立国的必然性,具有重要意义。一是对太丁、妣戊、外丙、妣甲、中壬、(沃丁)、太庚、妣壬、小甲、雍己、大戊史实的订补。据此,可以更加正确认识商王朝建国之初的宗法制度。

中期订补。一是对大戊——雍己——中(仲)丁的王位传承的订补,一是对中(仲)丁——河亶甲——祖乙的王位传承订补。订补后,可以清楚地看出(嫡)长子继承制破坏后,王位争夺的激烈程度,以及商王朝中期国势衰弱的历史——"比九世乱"。这对正确认识商后期重新实行嫡长子继承制及西周建立后实行严密的宗法制度具有重要作用。

后期订补。分别是盘庚迁殷地望的补充,武丁时期史实的补充,祖乙、祖庚、祖甲时期史实的订补,(廪辛)、康丁世系的订补,武乙及其以后史实的订补。廪辛一世,不见于甲骨文,对此进行订补后,可以看出自祖甲改制后,商代后期已经初步建立起严密的宗法制度。武乙后史实的订补,可以看出至帝辛时期,商王朝统治集团内部,分裂成以"微子"为首和以"纣王"为首的两大政治派系。因为商纣王是亡国之君,不仅背负着"千古罪人"恶名,而且成就了其反对派"微子"的"圣贤"。据《尚书·微子》《诗经·周颂·有客》《吕氏春秋·诚廉》《吕氏春秋·贵因》《国语·晋语》《韩非子·喻老》《史记·殷本纪》《史记·宋微子世家》及朱公叔鼎铭文等的记载,微子在助周灭商的重大事件上,发挥了重要作用,牧野之战的"前徒倒戈",是微子策划的结果。

此外,还有为数众多的论文,涉及到对商史中人物的研究与评价,因为数量浩繁,在此不一一列举。不过,有一点新的研究动向值得留意,即是利用新出史料对商史进行研究,譬如利用"清华简"史料对商代史实进行更深一步评价。所谓"清华简",系清华大学校友赵伟国于 2008 年 7 月,向母校捐赠的 2388 枚战国竹简,简称"清华简"。竹简是由赵伟国从境外拍卖所得后捐赠给清华大学的。至于这批竹简的出土时间、流散过程,如今已不得而知。竹简上记录的"经、史"类书,大多数前所未见,曾任夏商周断代工程首席科学家、专家组组长的李学勤评价说,"这将极大地改变中国古史研究的面貌,价值难以估计"。"清华简"目前正在陆续整理、发表,其中有些史料涉及对一些商代人物的研究评价。

六、商王朝的历史地位及影响

商王朝历时五百余年,在夏、商、周"三代"中处于承上启下的地位。商王朝的社会性质,学界至今仍存在诸多分歧。中国古史分期从 20 世纪 30 年代纷争讨论至今,在"五种社会形态"理论框架内,仍然诸说林立,各据一是。① 其中,居于主导地位的是以郭沫若为代表的分期观点,即夏、商、周均为奴隶社会,春秋是由奴隶社会向封建社会的过渡阶段,战国各个诸侯国先后进入封建社会。② 郭说曾进入教材,历时长久,影响广泛。张岂之主编的《中国历史》认为夏、商、周是宗族制国家。③ 王国维《殷周制度论》认为商处于"方国联盟"之"盟主"阶段。王震中《商代都邑》认为商建国前后是由"邦国"到"王国"。然而,无论商王朝社会性质定位如何,其在夏、商、周"三代"中承上启下的历史地位是确定无疑的,其对后世的影响也是巨大而深远的。主要体现在以下几个方面:

(一)职官制度。商汤灭掉夏桀,建立商王朝之后,首先加强并突出王权,此后,历代商王一直延续此传统。"根据甲骨卜辞,殷代的最高统治者称王,在天上的至上神,则称为帝"。④ 有时,王又称"余一人"或"予一人"。王称谓的独特性,体现了其地位的特殊性。由是,强化了王的权威性。各项制度的建立与相应完善,也是加强王权的必要措施。如在王位继承制方面,经历了父死子继,辅以兄终弟及,过渡到嫡子继承制。在史官制度上也在逐步完善。据《世本·作篇》:"沮诵、苍颉,并黄帝时史官。"刘知幾《史通·史官建置》:"史官制作,肇自黄帝,备于周室,名目既多,职务咸异。"《周礼·春官》有太史、小史、内史、外史、御史,《周礼》六官所属,又都有史官。一般而言,史官为"记事之官",属于文官系列。据考证,甲骨文中的"史"也是武官。加之巫觋贞卜职官系列、教化刑罚制度等,商王朝形成了较为完备的职官制度,这为西周礼乐制度的完备兴盛,奠定了坚实的基础。

(二)甲骨文字。先秦传世文献较之后世而言,不但数量上相对少,而且因为时间久远,变劫迭起,导致真伪参半,杂糅难辨。先秦传世文献作为史料,除上述缺失之外,在流传的过程中,又辗转历经多重人为的加工润色,导致逐渐偏离历史真实。诚如《孟子·尽心下》所言:"尽信《书》,则不如无《书》。吾于《武成》,取二三策而已矣。"甲骨文的发现、收求、发掘、整理、研究,弥补和丰富了传世文献的不足之处。甲骨文作为商王朝沟通人神的中介"档案"记录,保存下来后,没有经过人为的二次以上加工,成为极其可贵的信史史料。"甲骨文的发现为20世纪中国上古史的发展奠定了坚实的基础。20世纪初,王国维等学者利用甲骨文,把其中的殷先公先王剔发出来,从而使《史记·殷本纪》等书所传的殷代王统得到了物证,同时也纠正了

---

① 参见《历史研究》编辑部编:《中国古代史分期问题讨论集》,生活·读书·新知三联书店1957年版。林甘泉:《中国古代史分期讨论五十年》,上海:上海人民出版社,1982年版。
② 郭沫若:《中国史稿》,人民出版社1976年版。
③ 张岂之主编:《中国历史》,高等教育出版社2001年版。
④ 胡厚宣、胡振宇:《殷商史》,上海人民出版社2003年版,第82页。

《史记》对个别殷代王世记载的失误。因此，甲骨文的发现，一下子便把中国有文字记载的历史上提了一千年。这对以往学术界的'东周以上无史'论和某些外国学者主张'中国文明只能上溯至公元前七八世纪'的错误看法，无疑是一个有力的反驳"。① 考之许慎"六书"造字法，甲骨文属于已经成熟的文字。它是我国目前发现最早的文字。除却史料价值外，甲骨文也是中国书法艺术的一个重要构成部分。

（三）青铜文化。商王朝是中国青铜文化高度发达时期。商王朝传世和发掘出土的各种青铜器已有近万件，且种类繁多，如按用途可以分为礼器、乐器、工具、兵器、车马器等。礼器是商王和贵族举行祭祀、宴会等重要仪式时所用的器物，是身份、等级与地位的象征。历年出土的礼器已经多达数千件，其器形主要有鼎、簋、彝、鬲、甗、卣、尊、觥、觚、斝、爵、盉、角、盘、盂等，其中又可以分成食器、酒器、水器等。乐器有铃、铙等。工具有斧、锛、刀、凿、铲等。兵器有戈、矛、戚、钺、刀、箭镞等。青铜器纹饰主要有饕餮纹、夔纹、云雷纹、蟠龙纹、蝉纹等。商王朝的青铜器造型奇巧，工艺高超，制作精良，文饰精美，具有高度的实用价值和艺术价值。商王朝后期的部分青铜器上有铭文，但内容价值不大。商王朝的青铜文化对西周有直接影响，而西周铜器铭文又继甲骨文之后，成为中国文字发展史上一个重要的时期，并且保留了大量的宝贵的信史文字史料。② 商王朝在农业生产、畜牧业、房屋建筑、陶器制造、原始青瓷、社会生活、饮食医药、宗教观念等众多方面，都曾对西周产生了直接影响，并且对其后世也产生过不同程度的影响，其历史意义是不容忽视的。

以上从六个方面对《史记·殷本纪》研究状况做了概略的回顾与叙述。因为历史跨越度时间段较长，其中所涉及认识研究对象众多，并且其内部门类复杂，专业性较强，又独具特色，所以，难以详细全面予以叙述阐释，仅能尽"窥豹""见斑"之力而已。假如读者能够从中对《史记·殷本纪》的古今研究状况叙述中有所获益，则足以慰笔者之初衷。

商国君

2017年10月于陕西师范大学

---

① 王宇信、宋镇豪主编：《纪念殷墟甲骨文发现一百周年国际学术研讨会论文集》，社会科学文献出版社2003年版，第1页。

② 具体请参阅郭宝钧：《中国青铜器时代》，生活·读书·新知三联书店1963年版。马承源主编：《中国青铜器》，上海古籍出版社1988年版。朱凤瀚：《中国古代青铜器》，南开大学出版社1995年版。《中国青铜器全集》编辑委员会编：《中国青铜器全集》，文物出版社1998年版。朱凤瀚著：《中国青铜器综论》，上海古籍出版社2009年版。

附 录

甲骨学的发展与商代史研究

孟世凯

甲骨学是我国近代产生的一门新兴学科，是我国历史学和古文字学的分支学科。它产生于清朝光绪末年，即1898至1899年（清朝光绪二十四至二十五年）"殷墟"甲骨文被发现之时。自1928年开始对"殷墟"进行考古发掘以后，甲骨学逐渐形成一种专门学科，八十多年来发展较快，不但研究刻在甲骨上之文字，也研究发现甲骨之历史，甲骨出土情况，甲骨文流传过程，著录出版和论述；对龟甲、兽骨的种属、来源、采用部位、占卜过程、契刻工具、分期断代、碎片拼兑、著录缀合、重片校对、真伪辨别等都做了不少研究。参加研究的国内外学者中不仅有历史学家、古文字学家、考古学家，还有古生物学家、动物学家、地质学家和天文学家等等。运用"殷墟"甲骨文资料研究古代问题亦日渐广泛，不但研究古代社会历史，也研究古代自然现象，为我国科技史的研究提供了更早的证据。目前甲骨学在国内外学术活动中可以说是较活跃的学科之一。

甲骨学的产生源于今河南省安阳市西北郊小屯村发现商代后半期遗物——甲骨。而甲骨上所刻的文字是商朝当时通行文字的一部分。小屯村及其周围地区是商王朝后半期之王都。经过1928年至1936年对此地区的考古发掘，从出土大量的文物和发现的遗址，证明此地就是史籍中所记载之"殷墟"。截至1973年在小屯村南地出土四千多片有字甲骨，先后在"殷墟"出土有字甲骨有十万片之多。所以八十多年来甲骨学的研究主要是"殷墟"甲骨、甲骨文字及其有关问题。1977年以来，"周原"地区出土一万七千余片甲骨。目前所知刻有文字者，只有二百余片。近五十年来在北京、河南、河北、山东、山西、辽宁、吉林、陕西、甘肃、江苏、湖北、四川、云南等省市考古发掘中，出土不少古代占卜所用之甲骨。最早为新石器时代，但尚未发现刻有文字。其中极少数刻有文字者皆为商周时代遗物。所以目前论述甲骨学之问题仍以"殷墟"出土之商代甲骨和甲骨文字为主。故甲骨学之产生、形成体系和发展，与商代史研究是密不可分的。

"殷墟"甲骨文的发现和大量出土，不但将我国文字可证之历史提前数百年，而且将一部商代社会史较具体地展现出来。《论语·八佾》中记载有："子曰，夏礼，吾能言之，杞不足征也。殷礼，吾能言之，宋不足征也，文献不足故也。足，则吾能征之矣。"孔子是春秋末期之人，去商约五百年，对商代史已感文献之不足，难以言之。司马迁编写《史记》时，博览群籍，阅百家著述，以二千八百六十字写成《殷本纪》，算是对商代约六百年历史的系统著述。其后流传下来之秦典籍中保存商之史料较多者，如《尚书》中之《盘庚》三篇，《高宗肜日》和《微子》各一篇。即使五篇皆可信，亦不足两千字。其他如《易经》《诗经》《春秋》三传，《三礼》《国语》《楚辞》《国策》和先秦诸子以及《山海经》等书中虽保存有商代之史料，然多为片言只语。而《世本》《竹书纪年》此类书中也只有商王朝世系简略记载。迄至清末，叙述商代史仍然是一个概况。经八十多年来对"殷墟"的多次考古发掘和甲骨学的研究，现在叙述商代史就较为全面而具体。

郭沫若说："靠着殷墟的发现，我们得到一大批研究殷代的第一手资料，是我们现代考古者的最幸福的一件事，就靠着这一发现，中国古代的真面目才强半表露了出来。"（《十批判书·古代研究的自我批判》）由于对甲骨文的研究，不但对商王朝之先王世系有了系统了解，而且对商先公远祖亦有所了解，这主要因甲骨卜辞是商王朝祭祀鬼神时占卜记事文录，而商王朝统治者又最迷信，凡事必占卜而后决，故《礼记·表记》中说："殷人尊神，率民以事神，先鬼而后礼。"尽管卜辞中掺杂有迷信之成分，但因反映之事非常广泛，为我们今天研究商代各方面的问题提供了可靠之资料。周谷城先生对此作了全面分析，他说："人类既有历史，终于发明历史的记录。我国记录历史事迹的文字，最早出世而留存至今的，当推殷商时代的甲骨文字。这等文字，虽大多数系古人举行贞卜之后，得到吉凶的朕兆，而刻在龟甲或兽骨上的；却可视为历史事迹的记录。因古人行事，不能自决，常迷信鬼神，故贞人以求吉凶之兆的办法几乎适用于一切行为，因之甲骨文字所涉及的范围，几乎达到了古人日常活动的任何方面。而且甲骨文字亦有不著贞卜二字而纯为记事用的，如帚矛刻辞即其例。我们凭常识判断，古人于贞卜之后，既能用文字把吉凶记下，甲骨文之纯记事的实例，是可以承认的。"（《中国通史·导论》，1981年版）所以甲骨学自产生以后，从对甲骨文字研究开始，就一直是和商代史研究紧密结合。有的论著就是以甲骨学商史命名。如宋芳圃的《甲骨学商史编》（1935年2月版）、胡厚宣的《甲骨学商史论丛》（1944年3月版）。

甲骨学和商代史研究八十多年来的历史，可分为三个发展阶段。

一

"殷墟"甲骨文发现之后，1903年（清光绪二十九年）刘鹗编著第一部甲骨文著录书《铁云藏龟》，次年孙诒让写成了第一部甲骨文考释专书《契文举例》。刘铁云和孙诒让是甲骨学之开创者，他们都为甲骨学和商代史的研究作出了创建之贡献。刘鹗于《铁云藏龟》自序中明确指出："不意二千余年后转得目睹殷人刀笔文字，非大幸与！""龟板虽皆残破，幸其卜之爻辞文本甚简，往往可得其概"。"以天干为名，实为殷人之确据也"。刘鹗是第一个将甲骨文字公诸于世，又是指出商代占卜文字的第一人。孙诒让根据《铁云藏龟》所著录之甲骨文字，作了考释，为甲骨文字研究之先导，虽有未确之处，但对于商代的卜法、祭祀、官制、方国等的考论，已见商史研究之端倪。

继刘、孙之后，在甲骨学和商代史研究上，以罗振玉和王国维之贡献最大。罗振玉在甲骨文的搜集、流传、著录出版和考释文字方面用力最勤，成果最多。他自1901年（清光绪二十七年）在刘铁云家中看见甲骨文之后开始搜集，至1910年先后得到有字甲骨约有二至三万片之多。自1913年至1933年先后著录出版了《殷墟书契前编》（1913年）、《殷墟书契菁华》（1914年）、《铁云藏龟之余》（1915年）、《殷墟书契后编》（1916年）、《殷墟古器物图录》（1916年）和《殷墟书契续编》（1933年）。他的《殷商贞卜文字考》（1910年）和《殷墟书契考释》（1915年）可以说是甲骨学一个雏形。在商代史研究上虽只证补史籍记载之遗，但已初见其概貌。王国维自1915年先后发表了《殷墟卜辞中所见地名考》（1915年）、《殷卜辞中所见先公先王考》和《续考》《殷周制度论》《古史新证》（1925年）、《殷礼征文》（1927年）等论文。为运用甲骨文资料研究古代史开创一个范例，将商代史研究向前推进了一大步。郭沫若说："卜辞的研究要感谢王国维，是他首先由卜辞中把殷代的先公先王剔发了出来，使《史记·殷本纪》和《帝王世纪》等书所传的殷代王统得到了物证，并且改正了它们的讹传。如上甲之次为报乙、报丙、报丁，而非报丁、报乙、报丙，主壬、主癸本作示壬、示癸，中宗乃祖乙而非大戊，庚丁乃康丁之讹，大丁以文丁为是，均抉发了三千年来所久被埋没的秘密。我们要说殷墟的发现是新史学的开端，王国维的业绩是新史学的开山，那是丝毫也不算过分的。"（《十批判书·古代研究的自我批判》）。

自1898年至1928年这一阶段为甲骨学创建时期，也是商代史研究的初期阶段。在这一阶段中除刘铁云、孙诒让、罗振玉、王国维之外，王襄、叶玉森、商承祚、容庚、刘邦怀、柯昌济和加拿大的明义士，美国的方法敛，日本的林泰辅、富冈谦藏、内藤虎次郎，英国的金璋等人都为甲骨学之创建、商代史之研究作出了不少的贡献，都是甲骨学的奠基者。

二

1928年秋至1937年6月，中央研究所在"殷墟"进行十五次考古发掘；1929年秋至1930年春，原河南省博物馆在"殷墟"进行了两次考古发掘。在这十七次考古发掘中不仅出土了二万三千多片有字甲骨，还出土了大批商代其他文物和发现商王朝后半期之宫殿遗址及其陵墓。因是科学的考古发掘就更加具备了对甲骨、甲骨文字和商代史之全面研究。1937年7月7日抗日战争爆发，"殷墟"考古发掘虽中断，但到1949年的二十多年间，甲骨学和商代史的研究一直未中断。甲骨学成为有体系的学科也是在这一阶段。运用"殷墟"甲骨文，结合其他考古资料对商代社会史作全面研究，亦始自这一阶段。

这一阶段中在山东、河南、辽宁等地的考古发掘中，出土一些占卜甲骨，虽无一片刻有文字，但为更广泛地研究甲骨提供了资料。尤其是1930至1931年在山东省历城县城子崖的考古发掘中，出土了十五片"龙山式"的占卜兽骨，将甲骨学的研究时间上溯至新石器时代。

这一阶段"殷墟"出土的甲骨文著录发表增至三十多种，如《新获卜辞写本》（1928年12月）、《殷墟文字存真》（1931年）、《大龟四版考释》（1931年）、《安阳侯家庄出土之甲骨文字》（1935年）、《甲骨文录》（1935年）、《殷墟文字甲编》（1948年）、《殷墟文字乙编》上、中辑（1949年）都是新出土之资料，至此在甲骨学研究上，由文字之考释发展为对龟甲、兽骨、古代占卜术和"殷墟"的地理沿革等全面展开研究。

一批甲骨学的工具书如《甲骨文论著目录》《殷契目录》《甲骨学文字编》《甲骨文编》《甲骨年表》等等，亦先后发表，为甲骨学的研究提供了方便条件。

董作宾在这一阶段关于甲骨学的一系列著述，形成了甲骨学研究体系，促进了甲骨学的进一步发展，尤其是1932年他写成的《甲骨文断代研究例》一文，为研究"殷墟"甲骨文和商代史之时代，奠定了一个系统的基础。他根据已出土的甲骨文资料，提出十个标准，将"殷墟"甲骨文分为五个时期的断代法，在甲骨学中是一个重大贡献。

胡厚宣先生有关甲骨学和商代史的论述以及《甲骨学商史论丛》的出版，体现了这一阶段甲骨学全面研究之成果，推动了甲骨学和商代史研究进一步的发展。

……

继《中国古代社会研究》之后，郭沫若又先后出版和发表了《甲骨文字研究》（1931年）、《卜辞通纂》《古代铭刻汇考·殷契余论》（均1933年）、《古代铭刻汇考续编》（1934年）、《殷契粹编》（1937年）、《殷周是奴隶社会考》（1942年）、《论古代社会》（1943年）、《十批判书》（1944年）、《青铜时代》（1945年）等著述。他的这些著述给甲骨学和古代史研究开创了一条发展的新道路。

对于商代社会性质的研究，在这一阶段中还有许多学者从各个不同的方面发表了许多论述。用甲骨卜辞的资料研究商代社会经济状况亦自这一阶段开始，许多学者从不同的角度在这方面进行了探讨。

商代的天象和历法也是这一阶段开展研究而争论最多的一个内容。自1931年6月董作宾发表《卜辞中所见之殷历》（刊于《安阳发掘报告》第三期），同年12月刘朝阳发表《殷历质疑》（刊于《燕京学报》第十期）以后，国内不少的历史学家、天文学家和日、英、法、德等国的学者，根据甲骨卜辞中所记载的天象和历法的资料，发表各自的看法，其研究之内容有商代之日食、月食、日珥、岁星、二十八宿之起源、干支起源、纪年、置闰、大小月、旬、纪时法、年岁称谓、四时考辩等等。

总之，在这一阶段的二十年中运用甲骨文资料，对商代的阶级关系、社会生产、文化制度、自然现象等都做了全面的研究。虽然有些问题的研究还仅仅是一个开始，但为后一个阶段的继续深入研究奠定了有利的基础。

在这一阶段中如王襄、商承祚、容庚、唐兰、朱芳圃、孙海波、于省吾、陈梦家、陈邦怀、李亚农、张政烺、金祖同、丁山、吴其昌、杨树达、胡光炜、石璋如、屈万里、李孝定、曾毅公、刘朝阳、闻一多、周传儒和加拿大的明义士、美国的白瑞华等学者，都在甲骨学的发展和商代史研究中作出过不少贡献，还有许多的历史学家、考古学家、天文学家、地质学家，也先后撰写过有关论述，为推动甲骨学之发展和商代史的研究作出过不同的贡献。今天他们中的许多人虽已谢世，但他们的成果是一笔宝贵的财富，他们的贡献是永远值得我们学习和纪念的。

三

最近三十多年来，甲骨学不但发展较快，而且在国际学术研究活动中也是一种较活跃之学科。1949年10月1日新中国诞生后，结束了前五十年中"殷墟"甲骨被私挖滥掘、任意盗卖、经常流散于国外之状况。许多分散在私人手中的有字甲骨陆续集中到博物馆、图书馆、研究所等单位。如北京图书馆现在收藏的三万二千多片有字甲骨中有二万八千二百多片（其中有伪刻一百一十二片），就是解放初由上海的收藏家刘体智捐献给文化部的。由分散在私人手中到集中到公家保存，为全面整理、研究创造了有利条件。

自五十年代以来，"殷墟"甲骨文资料的编著共出版了四十二种，虽然有的是缀合重著，如曾毅公的《甲骨缀合编》（1950年）、郭若愚、曾毅公、李学勤的《殷墟文字缀合》（1955年）、张秉权的《殷墟文字丙编》（1957—1972年）、严一萍的《甲骨缀合新编》（1975年）等，但其内容更加完整。特别是郭沫若主编、中国社会科学院历史研究所编辑的《甲骨文合集》是集七十年代以前"殷墟"出土甲骨文之大成。它是从约十万片有字甲骨中选编为41956片（包括缀合版在内），全部十三册，将已出土的商代甲骨文资料绝大部分集中起来，为甲骨学和商代史之研究提供了方便，预料将会起到推动甲骨学和商代史研究深入发展的作用。

这一阶段不仅有关甲骨和甲骨文的著述超过前五十年，而且出版了如陈梦家的《殷墟卜辞综述》（1956年）、严一萍的《甲骨学》（上下册1978年）这样甲骨学的大型专著。又如日本岛邦男的《殷墟卜辞研究》（1958年初版，1975年再版）、饶宗颐的《殷代贞卜人物通考》（1959年）都是专门研究商代甲骨文的综合专著。在研究商代甲骨文的工具书方面，也出版了如金祥恒的《续甲骨文编》（1959年）、孙海波的《甲骨文编》（修订本，1965年）、李孝定的《甲骨文字集释》（1965年初版，1970年再版）、日本岛邦男的《殷墟卜辞综类》（1967年初版，1977年增订再版）这样一类工具书，给研究甲骨学和古代史的人们提供了使用甲骨文资料之方便。

关于"殷墟"出土甲骨的分期断代，在这三十年中伴随新资料的不断发现，有了新的发展，如陈梦家、胡厚宣、李学勤、贝塚茂树、岛邦男等先生都先后发表过一些论述，提出新的见解。但尚未有重大突破，有的问题仍有很大的分歧，如关于"历组卜辞"的讨论就是其中之一。除了根据甲骨文字来研究分期断代外，近十多年来还开始研究甲骨上钻凿形态来作为标准进行分期断代。如许进雄的《钻凿对卜辞断代的重要性》（1970年）、《卜骨上的钻凿形态——断代分期的重要标准》（1973年）等著述，就是在董作宾建立的"五期"法标准之外发展的一条新径，虽然仅仅是一个开端，但也预示着有发展之前途。

这一阶段中有关甲骨学之论述，不但超过前一阶段，而且自五十年代初期就开始陆续产生了专门研究甲骨学或包括甲骨文在内之古文字刊物，如日本于1952年成立了甲骨学会，当时会员达二百多人，出版了不定期的《甲骨学》杂志。1960年台湾大学文学院古文字研究室主编出版了《中国文字》。中国古文字学会主办的《古文字研究》，中国社会科学院历史所先秦史研究室主编的《甲骨文与殷商史》也相继出版。这些国内外刊物的出版，为甲骨学提供了交流研究成果的园地，推动着甲骨学的研究向纵深发展。

碎片的缀合、重著的校对、伪片的辨认在这一阶段中也取得了不少的成果。除前述几部缀合专著外，研究者还利用现代科学技术对甲骨碎片拼兑，如童恩正、张升楷、陈景春同志的《关于使用电子计算机缀合商代卜甲碎片的初步报告》（刊《考古》1977年第三期）。这虽仅仅是做一些初步之试验，但它预示着在甲骨学发展进程中，借助现代科学技术之方法，终会突破一些难题。著录书中重著之甲骨文，是到目前为止都存在的问题，它给整理工作增加一些困难，也给研究中使用资料带来一些有利因素，如重片相互比较后会得到更准确的资料，目前尚无一本完备的"校重"专书，但《甲骨文合集》编辑组已在做这方面的工作；伪片的辨认大多无分歧，只有极少数真伪难辨，研究者各持己见，如《库方二氏藏甲骨卜辞》一书中的伪片问题就是如此。

商代史的研究在近三十年来有了很大的发展，虽然甲骨学的发展，主要是"殷墟"甲骨文的研究成果，并不能完全代替商代社会史，但是在考古发掘和民族调查方面近三十年来也取得了不小的成就。运用三方面的资料结合着史籍记载，对商代社会史进行综合研究，就显示出这一阶段商史研究的特点。对于商代的社会性质，国内绝大多数的研究者都能自觉地运用马列主义的观点、方法去进行探讨。

商代阶级关系的探讨，是这一阶段商代史研究中的一个重要问题。甲骨卜辞中有"众"和"众人"两词的记载，这是一个集合名词，还是一种身份？是奴隶、自由民、公社成员，或"众人"是奴隶、"众"是奴隶主？这些分歧至今仍在继续探讨中。

商代阶级斗争的问题，在近十年来是商代史研究中探讨较多的问题之一。甲骨卜辞中确实记载有奴隶反抗压迫斗争的资料，也有商王朝镇压奴隶的资料，有不少用人作牺牲祭祀的资料，但是否就是天天在杀人、遍地是监狱？对于商代这样一个社会经济较发达，尤其是农业、畜牧业、手工业和商业等方面的发展都是比较突出的奴隶社会，不适当地夸大阶级斗争，许多问题是难以探讨清楚的。何况甲骨卜辞中许多是占辞，并不是每一条都是验辞。所以这方面的问题也是值得继续深入探讨的。

商代地理的研究，较之前五十年有新的发展。较系统的研究商代疆域和地名的论著也较前增多，如陈梦家的《殷墟卜辞综述》、岛邦男的《殷墟卜辞研究》、丁山的《甲骨文所见氏族及其制度》（1956年）、李学勤的《殷代地理简论》（1959年）、饶宗颐的《殷代贞卜人物通考》等著述中都有较多的研究。但根据目前所见，甲骨文中所记载的商代方国、地名有一千零几十个，其地望大多还有待进一步研究。

商代社会经济的研究，在讨论商代社会性质中有较多的探讨，大多认为农业、畜牧业、田猎、手工业和商业都比较发达。还有许多问题尚需继续研究，如田制、生产者的身份、商业中的交换形式、货币问题等都要充分运用有关商代的各种资料具体探讨。

商代科技史的研究也是近三十年来的新课题，目前研究我国古代科技史大多要从甲骨文中追根寻源。尤其是近几年来，研究我国的医学史、古代动物、植物、纺织、酿酒、水利、气象和体育等等都十分注重甲骨文中的资料。这给甲骨学和商代史的研究开辟了更广阔的道路，增添了研究的新内容。

这一阶段在甲骨学和商代史研究的发展过程中，尽管产生了一些曲折，碰到了不少的困难，但是研究队伍还是逐渐在扩大。老一辈的专家不仅作出了许多新贡献，还培养了一些中青年的研究工作者。尤其可喜的是近几年来在社会上出现了一批有志于此的青年业余研究者，他们好学、肯钻研；在图书、资料极端缺乏的困难条件下，在有限的业余时间中，还写出了一些较好的论述。其中有的就是通过自修而考上了研究生，得到进一步深造的机会。据我们目前不完全的统计，国内外专门从事甲骨学和商代史研究的人，包括业余自修的青年在内，约近百人，对这门既古老而又新兴的学科来说，应当说是一种欣欣向荣的景象。

　　总之，自从"殷墟"出土的商代甲骨文发现以后，八十多年来甲骨这门新兴学科经历了三个发展阶段：即自1898年至1899年发现甲骨文，至1928年冬对"殷墟"考古发掘的三十年为甲骨学产生的初期阶段。1929年至1949年的二十年为甲骨学成为有体系之专门学科阶段。1949年以后至今的三十多年为甲骨学全面发展阶段。(《殷都学刊》增刊，1985年2月)

引用文献及资料
（按姓氏笔画及朝代先后排序）

书　籍

二画

丁山. 商周史料考证［M］. 北京：中华书局，1988.
丁山. 中国古代宗教与神话考［M］. 上海：上海书店出版社，2011.

三画

［宋］马端临. 文献通考［M］. 北京：中华书局，1986.
马持盈. 史记今注［M］. 台北：商务印书馆，1983.

四画

［汉］孔鲋. 孔丛子［M］. 北京：中华书局，1985.
［汉］孔安国传，［唐］孔颖达正义. 尚书正义［M］. 上海：上海古籍出版社，2007.
［汉］王充著，张宗祥校注，郑绍昌标点. 论衡校注［M］. 上海：上海古籍出版社，2010.
［汉］王逸. 楚辞章句［M］. 长沙：岳麓书社，1983.
［汉］王符著，王健注说. 潜夫论［M］. 开封：河南大学出版社，2008.
［魏］王肃著，廖名春、邹新明校点. 孔子家语［M］. 沈阳：辽宁教育出版社，1997.
［宋］王钦若等编纂，周勋初等校订. 册府元龟［M］. 南京：凤凰出版集团，2006.
［宋］王应麟. 诗地理考［M］. 北京：书目文献出版社，2006.
［宋］王应麟撰，傅林祥点校. 通鉴地理通释［M］. 北京：中华书局，2013.
［金］王若虚. 滹南遗老集［M］. 北京：人民文学出版社，1983.

［元］方回. 续古今考［M］. 上海：上海古籍出版社，1992.

［明］王在晋. 历代山陵考［M］. 北京：中华书局，1991.

［明］王樵. 尚书日记［M］. 文渊阁四库全书本.

［明］王圻. 稗史汇编［M］. 北京：北京出版社，1993.

［明］仇俊卿. 通史它石［M］. 北京：中华书局，1985.

［清］王夫之. 读通鉴论［M］. 北京：中华书局，1975.

［清］王引之. 经义述闻［M］. 南京：江苏古籍出版社，1985.

［清］王先谦. 荀子集解［M］. 北京：中华书局，2013.

［清］王鸣盛. 十七史商榷［M］. 上海：上海古籍出版社，2013.

［清］王筠. 史记校［M］. 台北：商务印书馆，1983.

［清］王士俊. 河南通志［M］. 文渊阁四库全书本.

［清］王闿运. 尚书大传补注［M］. 北京：中华书局，1991.

［清］毛奇龄. 春秋卜筮书［M］. 上海：上海古籍出版社，1990.

［清］牛运震. 读史纠谬［M］. 济南：齐鲁书社，1989.

［清］方苞. 史记注补正［M］. 北京：中华书局，1991.

［清］方濬师. 蕉轩随录［M］. 北京：中华书局，1995.

方诗铭、王修龄. 古本竹书纪年辑证［M］. 上海：上海古籍出版社，1981.

中国国家博物馆编. 文物夏商周史［M］. 北京：中华书局，2009.

王骏图撰、王骏观续. 史记旧注平义［M］. 台北：正中书局，1936.

王国维. 观堂集林［M］. 北京：中华书局，1961.

王恢. 史记本纪地理图考［M］. 台北：国立编译馆，1990.

王玉哲. 中华远古史［M］. 上海：上海人民出版社，2000.

王晖. 商周文化比较研究［M］. 北京：人民出版社，2000.

王晖. 古文字与商周史新证［M］. 北京：中华书局，2003.

王和. 中国早期国家史话［M］. 北京：社会科学文献出版社，2011.

五画

［汉］司马迁撰，［南朝宋］裴骃集解，［唐］司马贞索隐，［唐］张守节正义. 史记［M］. 北京：中华书局，1959.

［汉］司马迁撰，［南朝宋］裴骃集解，［唐］司马贞索隐，［唐］张守节正义. 史记（点校本二十四史修订本）［M］. 北京：中华书局，2014.

［宋］司马光编著，［元］胡三省音注. 资治通鉴［M］. 北京：中华书局，2013.

［明］冯梦龙. 纲鉴统一［M］. 上海：上海古籍出版社，1993.

［清］卢文弨著，杨晓春点校. 读史札记［M］. 北京：中华书局，2010.

［清］叶奕苞. 金石录补［M］. 北京：中华书局，1985.

丘述尧. 史记新探［M］. 台北：成文出版社，1992.

六画

［战国］列御寇. 列子［M］. 北京：中华书局，1985.

［汉］扬雄. 法言［M］. 北京：中华书局，1985.

［汉］刘向. 列女传［M］. 哈尔滨：哈尔滨出版社，2009.

［汉］刘向著，卢元骏注译. 新序今注今译［M］. 天津：天津古籍出版社，1987.

［汉］刘向著，卢元骏注译. 说苑今注今译［M］. 天津：天津古籍出版社，1977.

［魏］刘劭著，杨新平等注译. 人物志［M］. 郑州：中州古籍出版社，2007.

［晋］陈寿著，[南朝宋] 裴松之注. 三国志［M］. 北京：中华书局，1982.

［唐］刘知幾. 史通［M］. 上海：上海古籍出版社，2009.

［宋］朱熹. 朱子语类［M］. 北京：中华书局，1986.

［宋］朱熹著，徐德明校点. 四书章句集注［M］. 上海：上海古籍出版社，2001.

［明］朱之蕃汇辑，[明] 汤宾尹校正，焦丽波整理，赵望秦审定. 百大家评注史记［M］. 西安：陕西师范大学出版社，2016.

［明］吕柟著，米文科点校. 泾野先生文集［M］. 西安：西北大学出版社，2015.

［清］毕沅. 中州金石记［M］. 北京：商务印书馆，1985.

［清］毕沅著，张沛校点. 关中胜迹图志［M］. 西安：三秦出版社，2004.

［清］朱孔阳. 历代陵寝备考［M］. 扬州：广陵书籍刻印社，1990.

［清］刘咸炘. 太史公书知意［M］. 上海：上海科学技术文献出版社，2008.

［清］齐召南. 历代帝王年表［M］. 北京：中华书局，1989.

［清］纪昀. 四库全书总目［M］. 北京：中华书局，1997.

［清］孙德谦. 古书读法略例［M］. 上海：上海书店出版社，1983.

吕思勉. 论学集林［M］. 上海：上海古籍出版社，1987.

吕思勉. 中国民族史［M］. 上海：上海古籍出版社，2008.

吕振羽. 殷周时代的中国社会［M］. 北京：生活·读书·新知三联书店，1962.

吕振羽. 吕振羽全集［M］. 北京：人民出版社，2014.

朱绍侯主编. 中国古代史研究入门［M］. 郑州，河南人民出版社，1989.

刘坦. 史记纪年考［M］. 上海：商务印书馆，1937年石印线装版.

刘体智. 辟园史学四种［M］. 台北：中新书局，1977.

许倬云. 求古编［M］. 台北：联经出版事业公司，1982.

孙淼. 夏商史稿 [M]. 北京：文物出版社，1987.

孙中家、林黎明编著. 中国帝王陵寝 [M]. 哈尔滨：黑龙江人民出版社，1987.

江灏、钱宗武. 尚书今古文全译 [M]. 贵阳：贵州人民出版社，1990.

曲英杰. 先秦都城复原研究 [M]. 哈尔滨：黑龙江人民出版社，1991.

刘毓庆. 雅颂新考 [M]. 太原：山西高校联合出版社，1996.

刘敏. 中国王朝兴衰史十七讲 [M]. 长春：长春出版社，2009.

朱凤瀚. 先秦史研究概要 [M]. 天津：天津教育出版社，1996.

七画

［汉］陆贾撰、庄大钧校点. 新语 [M]. 沈阳：辽宁教育出版社，1998.

［汉］应劭. 风俗通 [M]. 北京：中华书局，1985.

［曹魏］何晏集解. 论语注疏 [M]. 济南：山东画报出版社，2004.

［晋］杜预. 春秋左传集解 [M]. 上海：上海人民出版社，1977.

［唐］杜佑撰，王文锦等点校. 通典 [M]. 北京：中华书局，1992.

［唐］陆德明. 经典释文 [M]. 北京：中华书局，1983.

［唐］李吉甫. 元和郡县图志 [M]. 北京：中华书局，1983.

［宋］苏轼. 苏轼文集 [M]. 北京：中国文史出版社，1999.

［宋］苏辙. 古史 [M]. 文渊阁四库全书本.

［宋］陆唐老. 陆状元通鉴 [M]. 济南：齐鲁书社，1996.

［宋］李昉等编. 太平御览 [M]. 北京：中华书局，1960.

［宋］张九成. 横浦集 [M]. 上海：上海古籍出版社，1987.

［宋］时澜. 增修东莱书说 [M]. 北京：中华书局，1985.

［元］陈栎. 历代通略 [M]. 台北：商务印书馆，1983.

［明］李贽. 藏书 [M]. 北京：中华书局，1984.

［明］李贽. 史纲评要 [M]. 北京：中华书局，1974.

［明］杨一奇辑，［明］陈简补辑. 史谈补 [M]. 济南：齐鲁书社，1996.

［清］李景星. 史记评议 [M]. 上海：上海古籍出版社，2008.

［清］李元度. 天岳山馆文钞 [M]. 长沙：岳麓书社，2009.

［清］陈遇夫. 史见 [M]. 北京：中华书局，1985.

［清］吴汝纶. 桐城吴先生点勘史记读本 [M]. 北京：都门书局，1919.

［清］汪之昌. 青学斋集 [M]. 北京：中国书店出版社，1981.

［清］沈钦韩. 汉书疏证 [M]. 上海：上海古籍出版社，2006.

［清］沈廷芳. 十三经注疏正字 [M]. 文渊阁四库全书本.

［清］张潮等辑. 昭代丛书［M］. 上海：上海古籍出版社，1990.

［清］邵泰衢. 史记疑问［M］. 台北：商务印书馆，1983.

张大可. 史记全本新注［M］. 西安：三秦出版社，1990.

张家英.《史记》十二本纪疑诂［M］. 哈尔滨：黑龙江教育出版社，1997.

张光直. 商文明［M］. 沈阳：辽宁教育出版社，2002.

吴汝煜. 史记论稿［M］. 南京：江苏教育出版社，1986.

陈直. 史记新证［M］. 北京：中华书局，2006.

陈梦家. 殷墟卜辞综述［M］. 北京：中华书局，1988.

陈登原. 国史旧闻［M］. 沈阳：辽宁教育出版社，2000.

来新夏、王连升. 史记选注［M］. 济南：齐鲁书社，1998.

李学功、张广志. 三代社会形态——中国无奴隶社会发展阶段研究［M］. 西安：陕西师范大学出版社，2001.

李学勤编. 清华大学藏战国竹简（一）［M］. 北京：中西书局，2010.

李学勤. 三代文明研究［M］. 北京：商务印书馆，2011.

李学勤. 中国古代历史与文明［M］. 上海：上海科学技术文献出版社，2012.

沈长云. 中国古代国家起源与形成研究［M］. 北京：人民出版社，2009.

宋镇豪. 商代史论纲［M］. 北京：中国社会科学出版社，2011.

宋镇豪主编. 商族起源与先商社会变迁［M］. 北京：中国社会科学出版社，2010.

宋镇豪主编. 商代史［M］. 北京：中国社会科学出版社，2011.

八画

［战国］孟轲著，杨伯峻、杨逢彬注译. 孟子［M］. 长沙：岳麓书社，2000.

［汉］郑玄注，［唐］孔颖达正义. 礼记正义［M］. 上海：上海古籍出版社，1990.

［南朝宋］范晔. 后汉书［M］. 北京：中华书局，1965.

［宋］林之奇. 尚书全解［M］. 济南：山东友谊出版社，1992.

［宋］罗泌. 路史［M］. 北京：北京图书馆出版社，2003.

［宋］罗愿. 尔雅翼［M］. 台北：商务印书馆，1983.

［宋］范浚. 香溪集［M］. 北京：中华书局，1985.

［明］范槚. 洗心居雅言集［M］. 济南：齐鲁书社，1996.

［明］茅坤辑. 史记钞［M］. 文渊阁四库全书本.

［日］泷川资言. 史记会注考证［M］. 上海：上海古籍出版社，2015.

孟世凯. 中国古代历史与文明：商史与商代文明［M］. 上海：上海科学技术文献出版社, 2007.

金景芳. 中国奴隶社会史［M］. 上海：上海人民出版社, 1983.

罗琨. 商代战争与军制［M］. 北京：中国社会科学出版社, 2010.

九画

［战国］荀况著, 潘嘉卓译注. 荀子［M］. 广州：广州出版社, 2001.

［北魏］郦道元著, 陈桥驿校释. 水经注［M］. 杭州：浙江古籍出版社, 2001.

［汉］荀悦. 前汉纪［M］. 台北：商务印书馆, 1983.

［宋］赵明诚. 金石录［M］. 济南：齐鲁书社, 2009.

［宋］胡宏. 五峰集［M］. 上海：上海古籍出版社, 1987.

［元］胡一桂. 十七史纂古今通要［M］. 北京：书目文献出版社, 2003.

［明］姚允明辑. 史书［M］. 文渊阁四库全书本.

［明］胡应麟. 少室山房笔丛［M］. 上海：上海书店出版社, 2009.

［清］赵翼. 陔余丛考［M］. 上海：上海古籍出版社, 2011.

［清］赵翼. 廿二史札记［M］. 北京：商务印书馆, 1987.

［清］段玉裁. 说文解字注［M］. 上海：上海古籍出版社, 1988.

［清］俞樾. 春在堂全书［M］. 北京：中华书局, 1995.

［清］俞樾. 茶香室续钞［M］. 北京：中华书局, 1995.

［清］俞正燮. 癸巳存稿［M］. 沈阳：辽宁教育出版社, 2003.

［清］宫梦仁. 读书纪数略［M］. 上海：上海古籍出版社, 1994.

闻一多. 神话与诗［M］. 上海：上海人民出版社, 2006.

胡厚宣. 殷墟发掘［M］. 北京：学习生活出版社, 1955.

胡厚宣. 殷商史［M］. 上海：上海人民出版社, 2003.

施蛰存. 水经注碑录［M］. 天津：天津古籍出版社, 1987.

荆志淳、唐际根、高嶋谦一. 多维视角——商王朝与中国早期文明研究［M］. 北京：科学出版社, 2009.

十画

［汉］高诱. 淮南子注［M］. 上海：上海书店出版社, 1986.

［汉］袁康. 越绝书［M］. 杭州：浙江古籍出版社, 2013.

［汉］班固. 白虎通［M］. 北京：北京图书馆出版社, 2006.

［汉］班固撰, ［唐］颜师古注. 汉书［M］. 北京：中华书局, 1985.

［宋］唐仲友. 经世帝王图谱［M］. 北京：中华书局，1985.

［宋］高似松. 纬略［M］. 北京：中华书局，1985.

［明］袁黄、王世贞. 纲鉴合编［M］. 北京：中国书店出版社，1985.

［明］凌稚隆辑校，［明］李光缙增补，于亦时整理. 史记评林［M］. 天津：天津古籍出版社.

［清］顾炎武著，［清］黄汝成集释，栾保群、吕宗力校点. 日知录集释［M］. 上海：上海古籍出版社，2006.

［清］钱大昕著，方诗铭、周殿杰校点. 廿二史考异［M］. 上海：上海古籍出版社，2004.

［清］徐文靖. 竹书纪年统笺［M］. 上海：上海图书集成局，1897.

［清］徐鼒著，阎振益、钟夏点校. 读书杂释［M］. 北京：中华书局，1997.

［清］郭嵩焘. 史记札记［M］. 北京：商务印书馆，1957.

［清］浦起龙撰，王熙华整理. 史通通释［M］. 上海：上海古籍出版社，2009.

钱穆. 先秦诸子系年考辨［M］. 上海：上海书店出版社，1992.

钱穆. 史记地名考［M］. 北京：商务印书馆，2004.

郭沫若. 金文丛考［M］. 北京：人民出版社，1954.

唐嘉弘主编. 先秦史论集［M］. 郑州：中州古籍出版社，1989.

徐仁甫. 史记注解辨正［M］. 成都：四川大学出版社，1989.

徐中舒. 先秦史论稿［M］. 成都：巴蜀书社，1992.

晁福林. 夏商西周的社会变迁［M］. 北京：北京师范大学出版社，1996.

十一画

［宋］黄伦. 尚书精义［M］北京：中华书局，1985.

［宋］章衡. 编年通载［M］. 上海：上海古籍出版社，1996.

［清］阎若璩. 潜邱札记［M］. 台北：商务印书馆，1983.

［清］梁玉绳撰，贺次君点校. 史记志疑［M］. 北京：中华书局，1981.

［清］崔述. 崔东壁先生遗书［M］. 北京：北京图书馆出版社，2007.

［清］崔述. 丰镐考信录［M］. 北京：中华书局，1985.

崔适. 史记探源［M］. 北京：中华书局，1986.

十二画

［战国］韩非著，张三夕等译注. 韩非子［M］. 北京：中华书局，2010.

［汉］韩婴著，刘永平等编译. 韩诗外传选译［M］. 北京：书目文献出版

社，1986．

［晋］葛洪．西京杂记［M］．北京：中华书局，1985．

［清］傅山．霜红龛集［M］．太原：山西古籍出版社，2004．

程馀庆．历代名家评注史记集说［M］．西安：三秦出版社，2011．

韩兆琦．史记选注汇评［M］．郑州：中州古籍出版社，1990．

韩兆琦．史记题评［M］．西安：陕西人民出版社，2000．

彭邦炯．商史探微［M］．北京：中华书局，1988．

十三画

［清］雷学淇．介庵经说［M］．北京：中华书局，1985．

解惠全、张德萍．全译史记［M］．西安：三秦出版社，2007．

十五画

［清］潘永圜．读史津逮［M］．济南：齐鲁书社，1996．

十七画

［汉］戴圣编，崔高维点校．礼记［M］．沈阳：辽宁教育出版社，2000．

期　刊

三画

马世之．文王伐崇考——兼论崇的地望问题［J］．史学月刊，1989（2）．

四画

王献唐．山东的历史和文物［J］．文物参考资料，1957（2）．

王奇伟、何宏波．从武乙射天看商代的人神关系［J］．郑州大学学报，2001（5）．

王冠英．殷周的外服及其演变［J］．历史研究，1984（5）．

王宇信．谈上甲至汤灭夏前商族早期国家的形成［J］．殷都学刊，2007年（1）．

王家义等．从意识形态看商代社会社会状况［J］．殷都学刊（增刊），1985（2）．

方燕．“纣囚西伯"发微［J］．四川师范大学学报（社会科学版），1995（1）．

方酉生．从郑州白家庄时期商文化说到仲丁都隞［J］．武汉大学学报，1997（5）．

五画

田昌五. 谈偃师商城的一些问题［J］. 殷都学刊（增刊），1985（2）.

冯治利. 试论伊尹与汤、太甲的历史关系［J］. 西安社会科学，2010（3）.

六画

朱桢."殷人尚白"问题试析［J］. 殷都学刊，1995（3）.

朱彦民. 商汤"景亳"地望及其他［J］. 中国历史地理论丛，2002（2）.

朱彦民. 殷商名辨［J］. 南开大学学报，1998（1）.

任孔闪. "曹国"新考［J］. 济南大学学报，2002（3）.

刘起釪. 谈《高宗肜日》［J］. 殷都学刊（增刊），1985（2）.

刘启益. 隞都质疑［J］. 文物，1961（10）.

刘宝才. 巫咸事迹小考［J］. 西北大学学报，1982（4）.

刘绪. 洹北花园庄遗址与河亶甲居相［J］. 文物世界，1999（4）.

江林昌. 《商颂》所见伊尹、商汤祭与"禅让制"遗风及先商社会性质［J］. 民族艺术文化研究，2000（2）.

江林昌. 《商颂》与商汤之"亳"［J］. 历史研究，2000（5）.

江林昌. 商代前期：部落联盟共主向方国联盟共主的过渡［J］. 殷都学刊，2006（2）.

安金槐. 试论郑州商代城址——隞都［J］. 文物，1961（4）、（5）.

七画

杜金鹏. 商汤伐桀之史实与其历史地理问题［J］. 史学月刊，1988（1）.

杜金鹏. 先商济亳考略［J］. 殷都学刊，1988（3）.

李龙海. 商代的继承制度［D］. 郑州大学硕士学位论文，2002（5）.

李裕民. 伊尹的出身及其姓名考辨［J］. 山西大学学报，1983（4）.

李德方、吴倩. 夏末商汤居亳与韦地同域说——议新郑望京楼二里头文化城址性质［J］. 中国国家博物馆馆刊，2011（10）.

李锋. 郑州商城隞都说合理性辑补［J］. 郑州大学学报，2004（4）.

李学勤. 论周初的鄂国［J］. 中华文史论丛，2008（4）.

李学勤. 新整理清华简六种概述［J］. 文物，2012（8）.

杨育彬. 夏商周断代工程与夏商考古学的发展［J］. 中原文物，2007（6）.

吴其昌. 卜辞所见殷先公先王三续考［J］. 燕京学报总（14）.

吴新勇．《尚书·无逸》探赜［D］．郑州大学博士学位论文，2012（5）．

吴浩坤．商朝王位继承制度论略［J］．学术月刊，1989（12）．

何光岳．崇国的来源和迁徙［J］．求索，1991（6）．

邹衡．偃师商城即太甲桐宫说［J］．北京大学学报，1984（1）．

宋健．超越疑古走出迷茫［N］．光明日报，1996－5－21．

张国硕．商汤"还亳"考辨［J］．殷都学刊，1997（3）．

张国硕．论夏末早商的商夷联盟［J］．郑州大学学报，2002（2）．

张国硕．盘庚自何地迁殷探索［J］．中原文物，2003（4）．

张国硕．盘庚迁都来龙去脉之推断［J］．郑州大学学报，2004（6）．

张新斌．商代邢都初探［J］．中原文物，2008（6）．

张富祥．商王名号与上古日名制研究［J］．历史研究，2005（2）．

张富祥．寒国考［J］．烟台大学学报，2011（3）．

张翠莲．商与东夷关系浅探［D］．河北师范大学硕士学位论文，2006（5）．

陈蒲清．箕子与箕子的文化地位［J］．长沙大学学报，2004（1）．

陈梦家．解放后甲骨的新资料和整理研究［J］．文物参考资料，1959（4）．

陈昌远．商族起源地望发微——兼论山西垣曲商城发现的意义［J］．历史研究，1987（1）．

陈立柱．微子封建考［J］．历史研究，2005（6）．

陈淳．安阳小屯考古研究的回顾与反思——纪念殷墟发掘八十周年［J］．文史哲，2008（2）．

陈旭．商代战争的性质及其历史意义［J］．史学月刊，1988（1）．

八画

郑慧生．"天子"考［J］．历史教学，1982（11）．

郑慧生．从商代的先公和帝王世系说到他的传位制度［J］．史学月刊，1985（6）．

郑宏卫．商代王位继承之实质——立壮［J］．殷都学刊，1991（4）．

孟世凯．甲骨学的发展与商代史研究［J］．殷都学刊（增刊），1985（2）．

九画

胡厚宣．释"余一人"［J］．历史研究，1957（1）．

胡厚宣．殷墟发掘［J］．殷都学刊（增刊），1985（2）．

胡阿祥．商国号考说［J］．中国历史地理论丛，1999（4）．

段宏广．先秦邢地综合研究［D］．河北师范大学硕士学位论文，2008（5）．

侯仰军. 商族起源考［J］. 殷都学刊，2006 年（1）.

姚苏杰. 微子在殷身份考论［J］. 清华大学学报（哲学社会科学版），2009 年增（2）.

十画

聂玉海. 商纣王释放周文王的原因［J］. 史学月刊，1990（4）.

夏增民、迟明霞. 儒学与汉代社会性别制度的理论建构——以"女祸史观"下末喜、妲己和褒姒的史事撰述为中心［J］. 华中科技大学学报（社会科学版），2012（4）.

晁福林. 殷墟卜辞中的商王名号与商代王权［J］. 历史研究，1986（5）.

徐喜辰. 论伊尹的出身及其在汤伐桀中的作用［J］. 人文杂志，1990（3）.

徐莉莉. "表商容闾、式箕子门、封比干墓"新诠［J］. 天津师范大学学报，1985（6）.

徐少华. 鄂国铜器及其历史地理综考［J］. 考古与文物，1994（2）.

殷涤非. 安徽地区四年来发现的考古材料［J］. 文物，1954（4）.

涂白奎. 从卜辞看商王朝的继统制度［J］. 史学月刊，2004（9）.

十一画

黄灵庚. 楚简与楚辞研究二题［J］. 华中师范大学学报，2007（5）.

崔红伟. 论商汤灭夏前后所居之亳［D］. 郑州大学硕士学位论文，2006（5）.

十二画

葛志毅. 分封制与原初政体［J］. 湖南科技学院学报，2005（9）.

董琦. 再谈偃师商城年代可定论［J］. 考古与文物，1996（1）.

鼎耳. 关于甲骨文收藏之数字［J］. 殷都学刊，1984（4）.

程峰. 祖乙迁都邢丘考［J］. 河南师范大学学报，1997（6）.

游寿. 略说商亳［J］. 殷都学刊（增刊），1985（2）.

十三画

路国权. 说"恶来"——秦族起源再探［J］. 咸阳师范学院学报，2011（9）.

十四画

蔡运章、洛夫. 商都西亳略论［J］. 华夏考古，1988（4）.

十五画

潘敏、孙全满. 商王庙号及商代谥法的推测［J］. 河北学刊，1995（1）.

十六画

薛立芳. "郑亳""西亳"两说平议［J］. 烟台师范学院学报，2004（2）.